FRANÇOISE GIROUD
JEAN-JACQUES
SERVAN-SCHREIBER

dans

L'EXPRESS

FRANÇOISE GIROUD
JEAN~JACQUES SERVAN~SCHREIBER

dans

L'EXPRESS

**Textes pour l'étude de la langue
et de la civilisation françaises**
présentation de
Ross Steele

éditorialistes de notre temps

Didier

Ross Steele
spécialiste de l'enseignement
du français langue étrangère
est actuellement maître de conférences
à l'Université de Sydney (Australie)

© Librairie Marcel Didier, Paris, 1977   Printed in France

ISBN 2-208-01932-6

Table des matières

Avant-propos

L'unité d'inspiration et la forme concise de l'éditorial comportent de nombreux avantages pour l'enseignement et l'apprentissage de la langue. Quand, en outre, les éditorialistes s'appellent Françoise Giroud et Jean-Jacques Servan-Schreiber, le lecteur se trouve immédiatement en prise directe sur les principaux événements de la vie en France.

Les éditoriaux que nous présentons ici ont paru entre 1965 et 1976 dans le magazine hebdomadaire *L'Express*. Pendant cette période, de profondes transformations structurelles modifient les objectifs et les aspirations des nouvelles générations de Français qui façonnent la Cinquième République. Le changement de format et d'orientation de *L'Express* en 1964 est en lui-même révélateur de l'évolution qui s'opère à cette époque dans les mentalités. Le douloureux conflit algérien ayant été réglé par l'indépendance accordée à l'Algérie en 1962, la France sort enfin de la période de l'après-guerre et des crises provoquées par la décolonisation. Les Français peuvent alors consacrer leurs efforts au renouveau économique de leur pays et bénéficier de l'amélioration générale du niveau de vie qui s'ensuit. Peu à peu ils entreront dans la « société de consommation ».

Il s'agit d'une véritable adaptation à la vie moderne par une société qui était restée fondamentalement attachée aux traditions paysannes et aux valeurs du passé. Cette mutation se reflète dans le nouveau format de *L'Express* où, sous les rubriques VIE MODERNE et VIE POLITIQUE, Françoise Giroud et Jean-Jacques Servan-Schreiber commentent et interprètent pour les lecteurs et les lectrices du « premier magazine français d'information » les changements que ceux-ci sont en train de vivre. Comme l'a si pertinemment remarqué Françoise Giroud lors de la parution du 1 001e numéro de *L'Express* : « Un homme endormi en 1953 (année où parut le premier numéro de *L'Express*) et réveillé aujourd'hui ne comprendrait pas de quoi nous nous préoccupons quand nous parlons d'environnement ou de linguistique, d'informatique ou de pollution, de management, de régionalisation, de contestation, d'urbanisme, de consommation. »

Public visé

Ce livre est destiné aux élèves et aux étudiants étrangers qui ont atteint le Niveau 2 de leur apprentissage du français et qui commencent l'étude de documents authentiques. Il pourrait s'utiliser soit dans des cours de langue, soit dans des cours de civilisation consacrés à la société française contemporaine.

La diversité des thèmes présentés et la variété des registres de langue intéresseront des adolescents et des adultes inscrits dans des lycées, des collèges, des Universités aussi bien que dans les cours des Instituts et Centres Culturels français, les cours de l'Alliance Française et les cours de formation permanente, tant en France que dans les pays étrangers.

Orientation pédagogique

Nous nous permettons de rappeler d'abord l'intérêt pédagogique de l'éditorial comme document authentique rédigé en français pour un public français. De par sa nature, l'éditorial présente et développe un point de vue sur un événement de la vie actuelle. Son but est de provoquer une réaction chez le lecteur. Aussi l'éditorial est-il appelé à jouer un rôle important dans la classe de langue : il constitue un texte qui incite l'élève à réagir, à exprimer son accord ou son désaccord, à formuler ses idées personnelles sur le sujet qui s'y trouve exposé. Nous ne saurions alors trop recommander au professeur d'utiliser les techniques propres à une pédagogie de la découverte.

Les éditoriaux figurant dans notre livre sont classés par thèmes. A l'intérieur de chaque thème il existe des textes dont les sources d'inspiration et la difficulté linguistique varient considérablement. Nous n'avons pas voulu indiquer une progression spécifique pour l'étude des textes car notre intention est de laisser au professeur et à ses élèves l'entière liberté de choisir les éditoriaux qui conviennent à leurs intérêts particuliers, à leur niveau linguistique et au programme d'enseignement qu'ils suivent.

Il en est de même pour l'ensemble des exercices, de nature très variée, qui accompagnent chaque éditorial. Loin de nous l'idée que l'élève doive faire tous les exercices. Nous souhaitons que le professeur les choisisse en fonction des besoins de ses élèves et de la manière dont il désire exploiter le texte. A une époque où les recherches en linguistique appliquée reconnaissent la validité et l'efficacité de méthodes d'enseignement extrêmement diverses et de stratégies d'apprentissage individuelles, nous proposons un manuel qui se prête à une utilisation « individualisée » selon les objectifs fixés par chaque professeur et par ses élèves. A chacun de faire son choix parmi les exercices d'entraînement à l'expression orale et à l'expression écrite, les exercices de simulation et ceux qui explorent des divergences culturelles.

La réussite de ces exercices dépend cependant de la compréhension à proprement parler de l'éditorial. Nous avons considéré comme déjà acquis les mots contenus dans le *Dictionnaire fondamental* de G. Gougenheim (Librairie Didier). Les notes que nous fournissons aident l'élève à éclaircir le sens du texte sur le plan de la langue et sur celui des connotations. D'autre part nous suggérons que l'élève, avant de lire l'éditorial et afin de faciliter sa première lecture du texte, se sensibilise au sujet en consultant les *Mots-thèmes* que nous indiquons.

Nous avons également extrait du texte les mots grammaticaux et les expressions de liaison dont l'éditorialiste se sert souvent pour articuler son raisonnement. Si l'élève reconnaît ces *Mots et Expressions fonctionnels,* sa compréhension du texte s'en trouvera améliorée dès le départ. D'ailleurs, nous avons regroupé ces tournures dans un appendice qui pourrait constituer éventuellement la base d'un travail plus approfondi sur les procédés de l'argumentation.

Bien que l'enquête sur la Nouvelle Vague date de 1968, nous l'avons incluse dans notre livre car elle constitue un point de repère et de comparaison pour les analyses et les sondages qui tentent actuellement de cerner l'évolution des attitudes de la jeunesse française. D'autre part, les numéros correspondants de *L'Express* se trouvant épuisés, cette enquête n'était plus disponible.

L'approche pédagogique que nous adoptons pour les éditoriaux de Jean-Jacques Servan-Schreiber diffère considérablement de celle que nous avons utilisée pour les textes de Françoise Giroud. En plus de notre désir d'épargner aux élèves la monotonie provenant d'une présentation toujours semblable, nous avons cherché à faire ressortir le caractère différent des deux parties principales de ce manuel car il est bien entendu que celles-ci sont tout à fait indépendantes l'une de l'autre et que l'étude de l'une d'elles n'entraîne pas obligatoirement l'étude de l'autre.

Les éditoriaux de Jean-Jacques Servan-Schreiber intéresseront en particulier tous ceux qui étudient la vie politique de la Cinquième République ou qui voudraient développer leurs connaissances du langage politique. Le ton délibérément polémique de certains textes nous a incité à proposer comme exercices l'étude des procédés et des techniques d'expression utilisés en français pour faire admettre une opinion, pour justifier une prise de position, en somme, pour convaincre. C'est une fonction essentielle de la langue dont nous négligeons souvent d'enseigner le maniement en faveur d'une langue neutre peu propice à des échanges d'idées vivement ressentis et à des discussions animées.

En conclusion, nous tenons à remercier tous nos collègues français et étrangers qui ont bien voulu expérimenter ces éditoriaux dans leurs cours ainsi que ceux dont les conseils et les encouragements nous ont été extrêmement précieux. En particulier, nous exprimons notre profonde gratitude à Madame Annie Bourlon dont l'aide inestimable nous a permis de donner à ce livre sa forme achevée.

Ross Steele.

Vie moderne

à travers
les éditoriaux de

FRANÇOISE GIROUD

Françoise GIROUD

Journaliste et femme de lettres.

Née le 21 septembre 1916.

La mort prématurée de son père l'oblige à interrompre ses études. Elle travaille d'abord dans une librairie puis est successivement script-girl, assistante-metteur en scène (la première femme en France à exercer cette fonction), collaboratrice des réalisateurs Marc Allegret et Jean Renoir; et, après la guerre, scénariste et dialoguiste de nombreux films dont *Antoine et Antoinette* de Jacques Becker qui obtient le premier grand prix du Festival de Cannes.

Agent de liaison d'un réseau de Résistance, elle est arrêtée en 1943 et emprisonnée jusqu'à la Libération de Paris.

Directrice de la rédaction du magazine *Elle* de 1945 à 1953, elle fonde en 1953, avec Jean-Jacques Servan-Schreiber, l'hebdomadaire *L'Express*. Directrice de la rédaction elle devient directrice de la publication de 1971 à 1974.

Nommée par le président Giscard d'Estaing Secrétaire d'État à la Condition féminine le 16 juillet 1974, elle devient Secrétaire d'État à la Culture en août 1976.

Françoise Giroud est l'auteur de recueils de portraits : *Le Tout-Paris* (1952), *La Nouvelle Vague, Portrait de la Jeunesse* (1958); d'un recueil de souvenirs, *Si je mens* (1972) et de chroniques, *Une Poignée d'Eau* (1973).

Condition féminine

UN WEEK-END A LA CRÈME

Depuis que le navigateur solitaire Bernard Moitessier avait tourné le dos à Plymouth, et à la civilisation, Henri S. n'était plus tout à fait le même homme.

« Il a raison, disait-il. Nous perdons notre âme dans cette Europe pleine de faux dieux. » Et quand son fils rapporta, à la fin du trimestre, des notes qui, pour n'en être plus, ne trahissaient pas moins une allergie persistante aux connaissances dès lors qu'il s'agissait de les contrôler, il murmura :

« Ces enfants, je les comprends... Qui a besoin de maths? Qui a besoin d'histoire? Qui a besoin de géographie?

— Moi, répondit sa femme, j'ai besoin d'un chèque pour le loyer et d'un autre pour l'assurance de ta voiture.

— De l'argent, dit Henri S. toujours de l'argent, encore de l'argent. Nous vivons comme des imbéciles. »

C'était le samedi de Pâques. Il avait refusé d'aller passer le week-end à la campagne, en famille, et écoutait, pour la septième fois consécutive, l'adagio d'Albinoni, en caressant sa joue rugueuse.

« Tu as des ennuis au bureau? » dit sa femme.

Henri S. haussa les épaules et s'enferma dans la salle de bains. Les enfants traversèrent la pièce.

« M'man, on va au cinoche, dirent-ils. A un de ces jours. »

Elle ouvrit la bouche, la referma et observa intensément une tache sur le tapis.

Henri S. annonça qu'il allait faire un tour.

« Tu vas en Polynésie? » dit-elle.

Il claqua la porte.

Quand il revint, il trouva sa femme allongée. L'obscurité avait envahi la pièce. « Paris est vide, dit-il. Tous en train de se tuer sur les routes. »

Il fourgonna dans le réfrigérateur. « Il n'y a plus d'eau gazeuse? »

Silence.

« Tu entends? Qu'est-ce que tu as?

— Moi? Rien, dit-elle. Je navigue.

— Quoi?

— Je dis que je navigue. Tu as raison. Nous menons une vie stupide. Alors, je me suis arrêtée et je lis Dostoïevski.

— Tu sais l'heure qu'il est?

— Ça m'est égal.

— Et dîner, ça t'est égal?

— Complètement. Tu ouvriras une boîte de conserves. Comme Moitessier.

— Tu te moques de moi?

— Pas du tout, dit-elle. Tu m'as ouvert les yeux. Il y a quinze ans que je vis comme une imbécile...

— Pas toi, dit-il. Moi.

— Toi, je ne sais pas, dit-elle. Moi, certainement. Je voulais vous faire une crème au chocolat! C'est bouffon.

— Tu es fatiguée? dit-il.

— Pas du tout, dit-elle. Je ne suis pas fatiguée, pas du tout. Mais qui a besoin d'une crème au chocolat?

— Tu te moques de moi, dit-elle. Tu as raison. Mais essaye de comprendre... »

Elle dit que, justement, elle avait compris. Qu'il perdait son âme à la Construcmec. Mais qu'elle aussi avait une âme et qu'elle la perdait dans la crème au chocolat, outre la crème pour les yeux, la crème pour le cou, la crème pour le nez, la crème nourrissante, la crème astringente, la crème pour les mains après la vaisselle, et quelques autres crèmes dont elle avait oublié la fonction exacte mais dont il était clair qu'une femme digne de ce nom ne pouvait esquiver l'emploi après avoir fait du yoga, avant de prendre un sauna, entre deux rinçages colorants à moins qu'ils ne soient décolorants, additionnés de moelle de veau mais on peut aussi mettre du sucre de banane à condition de marcher tous les matins sur la pointe des pieds et d'éviter les hydrates de carbone.

« Tu fais tout ça? dit-il.

— Non, dit-elle. Mais j'aurais dû.

— Ça sert à quoi?

— A rester jeune-z-et-belle, dit-elle. A garder son mari, son Espagnole, sa ligne, l'estime de ses enfants, la pratique de l'anglais, les tapis comme neufs et un teint de jeune fille. »

Toutes choses dont Bernard Moitessier lui avait fait comprendre qu'elle n'éprouvait aucun besoin réel pas même d'un tailleur pantalon et alors voilà elle avait pris son voilier mais chacun sa navigation et Dostoïevski pour l'âme c'était bien il y avait du thon dans le placard de droite au-dessus des petits pois.

Elle reprit sa lecture.

Il la contempla un instant, l'éclaira violemment. Elle eut un doux sourire et replongea dans son livre.

« Ecoute, dit-il, d'accord on vit bêtement. Mais on pourrait se remettre au tennis. Et puis souviens-toi... Où on habitait, il y a cinq ans, avec le train qui passait tout le temps.

— Le train, c'était bien, dit-elle. On rêvait du moment où on déménagerait.

— Maintenant aussi, on peut rêver.

— Tu crois? Non. Moi je n'ai envie de rien. C'est merveilleux. Laisse-moi lire, s'il te plaît. »

Il y eut un grand bruit dans l'entrée. Puis :

« B'soir... On bouffe?

— Arrangez-vous avec votre père, mes chéris, dit-elle. Moi, je me désaliène.

— Qu'est-ce qui se passe? dit l'aîné.

— Rien, dit Henri S. Tiens, voilà cinq mille francs. Allez au cinéma.

— Mais on en vient!

— Retournez-y.

— Mais on a faim!

— Et alors? Ça fait l'homme et ce n'est pas capable de se débrouiller sans papa-maman pour dîner?

— Bon, bon, dit le garçon. On reviendra quand vous serez calmés.

— Je crois que je vais aller faire un tour, dit-elle. J'ai besoin de pluie. »

Henri S. dit qu'elle était folle, qu'il allait appeler un médecin, la suppliait de se reprendre, de penser à lui, aux enfants, au fauteuil qu'elle était en train de brûler avec sa cigarette.

« En Polynésie, dit-elle, tu n'en auras plus besoin de ce fauteuil.

— La Polynésie, dit Henri S., c'est truqué, plein de touristes et de faux dieux. Allez, habille-toi, on prend la voiture et on file chez tes parents. Fais-le pour moi, je t'en supplie.

— Bon, dit-elle en soupirant. Mais j'emmène Dostoïevski. »

Elle s'enferma dans sa chambre, tandis qu'il buvait un double whisky, composa un numéro, et dit d'une voix posée :

« Allô, maman? Ça a marché. On arrive. Allô? Fais une crème au chocolat. »

F.G. ∎

Notes

I. - A voir d'abord

Mots-thèmes

Mener une vie stupide : mener une vie idiote.

Vivre comme un (une) imbécile / comme des imbéciles / comme des fous : vivre bêtement.

Cela (ça) m'est égal : cela me laisse indifférent.

Etre désenchanté : avoir perdu ses illusions, son enthousiasme.

Crème (f) : 1. partie grasse du lait, avec laquelle on fait du beurre.
2. dessert (m) fait à base de lait, d'œufs et de sucre, *ex.* une crème caramel, une crème au chocolat.
3. pâte utilisée pour le maquillage, pour les soins de beauté, etc., *ex.* une crème de beauté.

Mots et Expressions fonctionnels p. 271

dès lors que ; outre.

II. - Pour mieux comprendre

Navigateur solitaire : marin qui voyage seul sur un bateau (souvent un voilier).

Pleine de faux dieux : qui attache de l'importance à des choses qui n'en ont pas.

Son fils... contrôler : à l'école, son fils avait obtenu des notes faibles, un résultat médiocre.

Pour n'en être plus : les notes (0 à 20) données par le professeur quand il contrôle (vérifie) les connaissances de ses élèves sont aujourd'hui remplacées par des lettres (A, B, C...). Donc les notes ne sont plus des notes (n'en sont plus).

Trahir : *ici,* révéler, montrer.

Loyer : argent payé pour louer un appartement, une maison.

Rugueuse : *ici,* pas rasée.

Cinoche (fam) : cinéma.

A un de ces jours (fam) : à bientôt.

Faire un tour : sortir se promener.

Envahir : *ici,* remplir.

Tous en train de... (langue parlée) : ils sont tous en train de...

Fourgonner (fam) : chercher en déplaçant tout.

Naviguer : *ici,* s'évader en pensée pour échapper aux réalités désagréables de la vie quotidienne ; Cf. l'exemple de Bernard Moitessier.

Bouffon, onne : drôle, ridicule.

Justement : précisément.

Construcmec : nom fictif formé à partir de Construction mécanique pour désigner la société où travaille Henri.

(Faire) la vaisselle : laver plats, assiettes, etc., après le repas.

Digne de ce nom : véritable ; qui mérite le nom de femme.

Esquiver : éviter.

Rinçage colorant : lavage avec un colorant qui transforme la couleur des cheveux.

Additionnés de moelle de veau : contenant une substance qui rend les cheveux plus beaux.

Hydrate (m) de carbone : composant alimentaire qui fait grossir.

Jeune-z-et-belle : liaison 'z' ajoutée dans la langue parlée pour donner un sens ironique à l'expression.

A garder... jeune fille : série de slogans publicitaires.

Ligne : silhouette.

Pratique : habitude de parler.

Tailleur pantalon : vêtement de femme fait d'une veste et d'un pantalon de même tissu.

Voilier : *ici,* son moyen de s'échapper, c.-à-d. Dostoïevski.

Thon, petits pois : boîtes de conserves que l'on trouve dans toutes les cuisines françaises.

Replonger dans : *ici,* recommencer à lire en oubliant le reste.

Se remettre au tennis : recommencer à jouer au tennis.

Bouffer (fam) : manger.

Arrangez-vous : trouvez une solution, débrouillez-vous.

Se désaliéner verbe inventé à partir de l'idée de l'aliénation : *ici,* se libérer, retrouver une raison d'être.

Ça fait l'homme : (ça *ici,* péjoratif et ironique); on prétend être adulte.
Se débrouiller : savoir ce qu'il faut faire, trouver une solution.
Se reprendre : retrouver une attitude équilibrée.
Truqué,e : faux, artificiel; *contr* authentique.
Filer : partir, aller rapidement.
Composer : faire un numéro sur le cadran du téléphone.
Posé,e : calme.
Ça a marché : cela a réussi.

III. - Connotations culturelles

Bernard Moitessier : En 1968, ce navigateur, au moment où il menait la course des solitaires autour du monde, annonça qu'il renonçait au prix de £ 5.000 offert au gagnant et qu'il allait se retirer dans le Pacifique.
Plymouth : port d'Angleterre d'où partent des courses internationales de navigation solitaire.
France-Soir : journal populaire publié à Paris.
Albinoni : compositeur italien (1671-1750) dont *l'Adagio* est très connu. Écoutez, si possible, cette œuvre. A quel état d'esprit correspond son rythme lent et cérémonieux ?
La Polynésie : région du Pacifique composée d'un grand nombre d'îles; l'île principale de la Polynésie française s'appelle Tahiti. Le peintre Gauguin, attiré par la beauté naturelle de cette île et par la vie « primitive » de ses habitants, fut l'un des premiers à quitter la France pour échapper à son excès de civilisation et retrouver un paradis naturel.
Dostoïevski : écrivain russe (1821-1881) réputé difficile et dont la lecture peut exiger une attention totale qui vous fait oublier le monde qui vous entoure.
Espagnole (une) : à cette époque, la plupart des femmes de ménage à Paris venaient d'Espagne.

Exercices

I. - Questions

1. - Qu'est-ce que la femme d'Henri S. voulait faire pendant le week-end de Pâques ?
2. - Pourquoi Henri S. s'y est-il opposé ?
3. - Qu'est-ce qu'Henri S. reproche à la civilisation européenne ?
4. - « Pas toi, dit-il. Moi ». (col.2, lign.9). Montrez comment cette réplique marque une étape décisive de la discussion.
5. - Pourquoi la vie en Polynésie peut-elle paraître plus attrayante ?
   Cependant vouloir vivre en Polynésie n'est-ce pas un rêve illusoire ? Justifiez votre réponse.
6. - Dressez une liste des arguments employés par Henri S. et sa femme afin d'opposer le comportement de chacun des époux.
   Dans quel but la femme se comporte-t-elle ainsi ?
   Comment Henri S. essaie-t-il de se réconcilier avec elle ?
7. - A votre avis, Henri S. serait-il capable de mener une vie « solitaire » ?

II. - Situations

1. - Jouez la scène décrite dans le texte. Développez les dialogues qui y figurent en adaptant les descriptions et les passages en style indirect.
2. - Relevez dans le texte les détails qui indiquent le milieu social et le niveau de vie de cette famille. Imaginez la vie d'une famille de milieu plus modeste et présentez-la en précisant la situation professionnelle des parents et en indiquant les détails de leur vie correspondant à chaque détail relevé ci-dessus.

III. - Discussion

1. - La proportion de son budget qu'une femme doit consacrer à « rester jeune-z-et-belle ».
2. - L'influence de la publicité sur le comportement des femmes : « pin-up » ou « fée du logis ».
3. - Est-il possible de retrouver dans la société de consommation les joies d'une vie simple et sans contraintes sociales ?

IV. - Ici et ailleurs

Cherchez dans des revues féminines (et aussi à la radio et à la télévision) des exemples de publicité pour des crèmes de beauté, pour soigner ses cheveux, pour « garder sa ligne », etc. Quels sont les thèmes constants et les objectifs de cette publicité ? Commentez ensuite la parodie que Françoise Giroud en fait.

V. - Développons nos moyens d'expression

1. - Mettez au style direct :
   b) col. 2, lign. 52-60 et
   a) col. 3, lign. 37-42.
2. - Qu'est-ce qui caractérise la langue parlée des enfants dans ce texte ?
3. - Exprimez en langue standard écrite (NB *on → nous*) :
   On va au cinoche; on bouffe; on file chez tes parents; ça fait l'homme; ça a marché.
4. - Trouvez dans le texte les phrases à la forme emphatique qui correspondent aux phrases suivantes :
   Je comprends ces enfants.
   Je n'ai envie de rien.
   Tu n'auras plus besoin de ce fauteuil.
5. - Relevez les verbes employés au passé simple afin d'étudier l'emploi de ce temps dans le texte.

VI. - A vous d'écrire

1. - Donnez cinq adjectifs propres à décrire le tempérament d'Henri S., ou celui de sa femme et faites un portrait psychologique de l'un des époux.
2. - Rédigez un dialogue. Confrontation entre un mari et sa femme, qui veut changer sa vie. Le mari est d'accord pour que sa femme travaille mais ne l'est plus du tout dès que ses valeurs d'homme sont remises en question.
3. - Rédigez un dialogue. Avant le week-end de Pâques, la femme d'Henri S. et sa mère font le projet de passer les fêtes de Pâques ensemble à la campagne.

5 Francs

Nº 1270 - 10-16 novembre 1975

L'EXPRESS

LE DERNIER DEFI DE FRANCO

LES NOUVELLES CHANCES DE LA FAMILLE

Mme DILLEMANN ET SES ENFANTS, AMÉLIE ET PIERRE-ANTOINE
« Il n'est pas bon que l'homme soit seul » (La Bible.)

PROJET DE MARIAGE

Faut-il vraiment rendre le divorce plus aisé? Des théologiens étudient les conditions dans lesquelles l'Eglise pourrait admettre la dissolution du mariage. La question, soulevée au Concile, sera vraisemblablement évoquée, dans quelques jours, au Synode.

Des hommes de loi postulent pour une juridiction semblable à celle que la Grande-Bretagne vient d'adopter : à partir du 1er janvier, le divorce sera accordé automatiquement après deux ans de séparation. Après cinq ans, si l'un des deux refuse à l'autre sa liberté. Il sanctionnera un échec, et non une faute.

Peut-être y arrivera-t-on en France. Toujours les mœurs précèdent les lois, qui finissent, lentement, par les entériner. Aussi ose-t-on à peine suggérer que les lois pourraient avoir quelque influence sur les mœurs.

Imaginons, cependant, que pour aménager le divorce, un législateur hardi commence par s'interroger sur la façon dont le mariage est et sera vécu par ceux qui ont aujourd'hui moins de 30 ans. Le mariage civil, s'entend.

Nous savons à peu près comment on se mariait autrefois : pour la vie. Un jeune homme n'y songeait pas avant d'avoir fait sa situation, comme on disait. Les parents, dont l'adhésion ne pouvait pas être esquivée, avaient un souci très vif d'éviter les unions disparates. Milieu social, éducation, convictions politiques et religieuses étaient généralement en harmonie.

Toutes les études contemporaines sur le mariage montrent que les choses ont beaucoup changé qu'on ne le croit. La société française n'est pas devenue plus mobile parce que les jeunes gens se croient libres de leur choix. L'âge moyen du mariage n'a guère varié. Quand les garçons prennent femme avant d'être fixés professionnellement, c'est parce qu'ils achèvent de longues études. Et on se marie toujours « pour la vie ».

Seulement, la vie, aujourd'hui, c'est long. Au XIXe siècle, un couple sur deux ne célébrait pas le quinzième anniversaire de son mariage. En 1969, un jeune couple a de bonnes chances de s'engager dans cinquante années de vie commune. C'est ahurissant, quand on

y pense. On dira que personne n'y pense. Sans doute.

Il reste ce dont chacun se souvient, le cas échéant : que le divorce offre une issue désagréable mais non déshonorante à une union malheureuse. Et qu'au divorce peut succéder un nouveau mariage, satisfaisant et fécond. Si malheur il y a, il n'est plus inéluctable de s'y résigner. Il est aussi plus difficile de s'y résigner quand on est en droit de penser qu'avec un autre, ou une autre, on reconstruira « pour la vie ». Et serait-on celui qui souffre le plus de la séparation, il n'est plus permis, d'une certaine manière, de tenir l'autre emprisonné à perpétuité dans un triste mariage. Une morale, différente sans doute, est née qui s'oppose à cette mainmise sur autrui.

Ce progrès, car c'en est un, a un corollaire, l'insécurité. La plus médiocre des épouses, la plus sotte, la plus incapable, était assurée, une fois mariée, de la demeurer. Le plus volage des maris, le plus tyrannique, le plus maladroit, savait qu'il ne retrouverait jamais la maison vide. Querelles, discussions, reproches, bouderies, aventures extra-conjugales ne mettaient pas en question, sauf dans des circonstances exceptionnelles, le mariage. On ne se mariait pas pour être heureux, mais pour être mariés.

Aujourd'hui, nul ne sait où passe le point de rupture, où se situe le seuil de la tolérance au malheur que l'on éprouve, ou à celui que l'on inflige. Plus l'indépendance économique sera à portée des femmes, moins elles « fermeront les yeux », comme on le recommandait à leurs mères, sur leur agacement, leurs désillusions ou leurs peines. Plus elles seront capables d'assurer cette indépendance, moins les hommes se sentiront obligés de les supporter décevantes, ou pesantes.

La solidité du mariage, fût-il maussade, a fait place à la fragilité. Et on a tout lieu de penser que cette fragilité ira croissant, qu'il sera de plus en plus difficile de vivre, et de préserver, un long mariage tôt conclu.

Dès lors que l'insécurité tend à faire partie du mariage, que se passerait-il si elle était institutionnalisée, tout en protégeant ce qui doit être protégé, c'est-à-dire les jeunes enfants?

Supposons ceci :

Article 1 : aucun divorce ne peut être prononcé aussi longtemps qu'il y a au foyer un enfant de moins de 5 ans. C'est bien le moins que l'on puisse « sacrifier ».

Article 2 : le mariage devient un bail, reconduit par tranches de cinq ans. A la fin de chaque tranche, les deux époux doivent renouveler leur engagement. La séparation peut être légalement acquise par simple dénonciation de l'un des deux intéressés à l'échéance du bail. Entre-temps, elle ne peut pas être obtenue, sauf circonstances particulièrement graves.

Qu'arriverait-il ?

En premier lieu, quelle que soit l'aigreur de la mésentente, on la supporterait tout autrement, en sachant que le tunnel aura une fin. Et les premières années de la vie des enfants, les plus importantes pour leur développement futur, en seraient moins exposées.

En second lieu, on peut penser que la conduite d'un homme, d'une femme se sachant menacés d'entendre l'autre dire simplement : « Je ne renouvelle pas mon contrat... » serait sensiblement modifiée. De part et d'autre, on prendrait peut-être un plus grand soin de garder vivant ce qui les a unis. A l'insécurité insidieuse du mariage d'aujourd'hui se substituerait, à intervalles réguliers, la certitude que si l'autre persiste, c'est qu'il tient à vous. Qu'il en a délibéré avec lui-même en pleine liberté. Qu'il vous a, de nouveau, choisi. Si, pour sa part, on le souhaite, on fera quelque effort pour l'y inciter. Cela s'appellerait le mariage par respect mutuel.

Oui, il se passerait bien des choses, et bien des changements dans les postures psychologiques, si chaque couple était en situation de se dire aujourd'hui : « En 1974, il faudra qu'il (ou elle) ait envie de renouveler notre contrat. » Ou bien : « De toute façon, en 1974 je serai libre. » Que l'on y songe un peu, chacun pour soi...

Mais tout cela est fou. Comme le mariage. Cette invention qui donne la force de supporter à deux les ennuis que l'on ne connaîtrait pas si l'on ne s'était pas mariés.

F.G. ∎

I. - A voir d'abord

Mots-thèmes

Mariage (m) **(heureux / malheureux)** : union (f) (heureuse / malheureuse).

Conclure un mariage : s'unir.

Se marier (avec qqn) : épouser qqn. Adj. **marié,ée** : homme marié; femme mariée.

Divorce (m) : dissolution (f) du mariage.

Adj. **divorcée,ée** : homme divorcé; femme divorcée.

Divorcer (d'avec qqn) : se séparer.

Époux (m), **épouse** (f) (terme le plus souvent administratif) : mari (m), femme (f) (terme usuel).

Les époux : le mari et la femme, le couple.

La vie conjugale : la vie partagée par les époux, la vie commune.

Célibataire (S et Adj) : personne qui n'est pas mariée.

Veuf (m), **veuve** (f) (S et Adj) : personne dont l'époux est mort.

Contrat (m) : convention officielle qui établit des obligations entre plusieurs personnes.

Rompre (la rupture d') un contrat : ne plus respecter un contrat.

Terminer un contrat : *contr* renouveler (le renouvellement d') un contrat.

Mots et Expressions fonctionnels p. 271

S'entend; le cas échéant; serait-on; fût-il; dès lors; en premier lieu... en second lieu; de part et d'autre; pour sa part.

II. - Pour mieux comprendre

↑ **Aisé,e** : facile.

↑ **Soulever une question** : poser une question.

↑ **Postuler pour** : proposer.

Juridiction : *ici,* ensemble de lois.

Sanctionner, entériner : confirmer légalement, officialiser.

Moeurs (f. pl) : habitudes de vie, coutumes.

Aménager : donner une nouvelle forme à...

Hardi,e : audacieux, courageux.

S'entend : bien entendu; il ne s'agit pas du mariage religieux.

Faire sa situation : bien établir sa carrière.

↑ **Adhésion** (f) : consentement (m).

↑ **Esquiver** : éviter.

Disparate : *contr* en harmonie.

S'engager dans : commencer.

Ahurissant,e : étonnant, stupéfiant.

Issue : fin (f), solution (f).

↑ **Inéluctable** : inévitable.

Etre en droit de : avoir des raisons de, avoir tout lieu de...

Emprisonner à perpétuité : emprisonner pour toute la vie.

Mainmise : domination, possession exclusive.

Volage : infidèle.

Bouderie (f) : manifestation de mauvaise humeur.

Seuil : limite (f).

Supporter : tolérer, accepter.

Décevant,e : qui ne correspond pas à ce que l'on attend.

Maussade : ennuyeux, triste.

Aller croissant : augmenter.

Tôt conclu : fait quand on est jeune.

Bail... ans : contrat renouvelé par périodes de 5 ans.

Engagement : contrat, promesse.

Acquérir (p. p. acquis) : obtenir.

A l'échéance du bail : à la date à laquelle le bail se termine.

Mésentente : désaccord (m), *contr* entente (f).

Sensiblement : d'une manière appréciable.
Tenir à quelqu'un : être attaché à qqn.
Inciter : encourager.
Supporter à deux : être deux personnes à subir.

III. - **Connotations culturelles**

Concile (m) : assemblée de dignitaires de l'Eglise catholique qui a lieu à Rome; *Synode* (m) : assemblée qui a lieu dans chaque pays.

Mariage civil : mariage devant le maire en général et qui seul a valeur légale. Le mariage religieux, s'il a lieu, ne peut être célébré qu'après le mariage civil.

Contrat de mariage : très souvent en France les futurs époux signent devant un notaire, un contrat qui détermine la contribution de chacun en biens matériels. En cas de divorce les biens du ménage seront partagés selon ce contrat.

Le Divorce en France avant 1975 : jusqu'à cette date, le divorce ne pouvait être prononcé qu'aux torts exclusifs de l'un ou l'autre des époux ou aux torts réciproques. Donc le divorce était toujours lié à l'idée de faute (adultère, etc.).

La Réforme du divorce en 1975 : la loi du 11 juillet 1975 précise que le divorce peut être prononcé en cas :
— soit de consentement mutuel;
— soit de rupture de la vie commune (lorsque les époux vivent séparés de fait depuis six ans);
— soit de faute.

Exercices

I. - **Questions**

1. - Pourquoi la question du divorce concerne-t-elle : *a*) l'église ? *b*) les législateurs ?
2. - Comment se mariait-on autrefois ?
3. - La conception du mariage a-t-elle changé aujourd'hui ? Pourquoi ?
4. - En quoi la perspective de « cinquante années de vie commune » peut-elle sembler ahurissante ? Faut-il y penser avant de se marier ?
5. - Comment l'indépendance économique de la femme peut-elle changer les rapports entre les époux ?
6. - Quelles sont les propositions faites par Françoise Giroud pour institutionnaliser « le mariage par respect mutuel » ? Qu'en pensez-vous ?
7. - Quel jugement est porté sur le mariage au dernier paragraphe ? L'approuvez-vous ?

II. - **Situations**

1. - Faites un portrait plus complet de l'épouse et du mari décrits col. 2, lign. 21-27.
Donnez ensuite le contraire des adjectifs utilisés par Françoise Giroud. Le portrait ainsi obtenu est-il plus vrai ? Quel est l'effet produit si l'on transpose à l'épouse les adjectifs qui décrivent le mari et vice versa ? Que peut-on en conclure ?
2. - Un couple marié selon le contrat proposé par Françoise Giroud arrive à l'échéance du premier bail de cinq ans. Dialogue entre les époux pour savoir s'ils vont renouveler leur contrat.
3. - A l'occasion d'un dîner de famille qui réunit trois générations, un étudiant (une étudiante) annonce qu'il (elle) veut se marier avant de terminer ses études. Dans la conversation qui s'ensuit, chaque génération a son mot à dire... (Attribuez à chacun des participants un rôle précis.)

III. - **Discussion**

1. - Avez-vous envie de vous marier ? Pourquoi ?
2. - « Milieu social, éducation, convictions politiques et religieuses. » Faut-il en tenir compte en choisissant son époux ?
3. - Feriez-vous confiance à un ordinateur pour le choix de votre mari ou de votre femme ?
4. - Le divorce doit sanctionner un échec et non une faute.

IV. - Ici et ailleurs

1. - Étude ou enquête sur le divorce dans votre pays.
2. - Comparez la condition sociale des femmes dans votre pays et dans un pays où les lois sur le divorce sont différentes.

V. - Développons nos moyens d'expression

1. - Donnez un mot ayant le sens contraire de :
le malheur; la solidité; la sécurité; l'entente; la dépendance; triste; libre; agréable; mobile; légal.
2. - Donnez le substantif qui correspond à :
échouer; choisir; discuter; protéger; menacer; unir; divorcer; séparer; renouveler; refuser.
3. - Étudiez la structure *plus ... moins* col. 2, lign. 38-46.
Ensuite rédigez selon ce modèle trois phrases où vous contrasterez le comportement de deux époux.
4. - *Registre de langue*. Relevez dans le texte les mots et les tournures appartenant à la langue juridique et administrative. Examinez en particulier col. 3, lign. 2-16.
Qu'est-ce qui caractérise ce registre de langue ?

VI. - A vous d'écrire

1. - Après avoir relevé les mots-clés qui décrivent le mariage d'autrefois, le mariage d'aujourd'hui et le mariage « par respect mutuel », vous résumerez le texte.
Utilisez chaque fois que possible les termes des *Mots et Expressions fonctionnels* ci-dessus.
2. - Lettre à un ami (ou à une amie) qui va se marier.

MAJOR DE POLYTECHNIQUE

E.C.P. Armées.

Et elle n'a même pas le tact d'être laide, Mlle Chopinet.

Il est vrai que les filles laides, ça n'existe plus aujourd'hui, mais enfin... Disons que
5 cette blonde charmante ne met aucune bonne volonté à se faire pardonner l'indécence dont elle s'est rendue coupable en se classant première — major, comme on dit — au concours d'entrée à l'Ecole polytechnique,
10 concours ouvert cette année au deuxième sexe par la volonté du ministre de la Défense nationale, M. Debré. 80 candidates, 8 reçues, dans une promotion de 300 élèves. Un bon score.

15 Pour le cas où l'on parlerait de « dons exceptionnels », à propos de Mlle Chopinet, parce qu'elle a dépassé de 15 points son successeur immédiat, Mlle Ta Tu Thuy coupe cette retraite en se classant, elle aussi, première.
20 Première des élèves étrangers. Ah! mon cher, les femmes ne sont plus ce qu'elles étaient! Dans quel monde vivons-nous! Vous voyez nos soldats tirer sur l'ennemi avec un canon dessiné par Mlle Chopinet? Intolérable! Pas
25 les canons! Est-il possible que ce M. Debré qui paraissait si convenable se soit ainsi fourvoyé...

Quoi, la plus grande des Grandes Ecoles avec Normale sup, le tremplin le mieux
30 éprouvé de la promotion sociale, le fleuron de la méritocratie, l'institution à laquelle tout fils de petite-bourgeoisie un peu doué pour le calcul mental a été désigné dans le secret d'un cœur maternel avant qu'il faille en
35 rabattre, quoi, l'X devra désormais porter sa croix en forme de jeune fille?

Chère mademoiselle Chopinet, que vous calculiez des canons avec vos collègues de ce corps des mines choisi traditionnellement par
40 le major, que vous demandiez la main d'un beau jeune homme légèrement « mieux né » que vous, dont les parents diront : « On ne refuse pas son fils à un major de l'X », ou que vous mettiez un peu de piquant dans une
45 situation qui ne fournit pas, en masse, des rigolos, vous avez déjà fait un sacré travail.

Depuis que « ça » se sait, des centaines de femmes tenues en échec, traitées de haut, priées de se taire quand Il parle, sous-payées,
50 ou simplement conscientes de n'avoir pas été aidées, au contraire, dans leur développement, des centaines de femmes rient. Elles regardent tous ceux qui ont été, sont et restent incapables d'être major de Polytechnique, soit la totalité
55 de la population masculine moins une trentaine d'hommes vivants. Et, doucement, simplement, elles rient.

F.G. ∎

Notes

I. - A voir d'abord

Mots-thèmes

Concours (m) : examen sélectif où le nombre de candidats qui seront reçus (admis) est limité. Seuls les candidats ayant obtenu les meilleures notes seront admis.

Être candidat (m) / **candidate** (f) **à un concours** : se présenter à un concours.

Ensuite ... on passe un concours;
          on est reçu à un concours;
       ou on échoue à un concours;
     (fam) on rate un concours;
     (fam) on est collé à un concours.

Être major de la promotion d'une Grande École : obtenir la note la plus élevée de tous les candidats.

Promotion (f) : ensemble des élèves admis la même année dans une Grande École.

Mots et Expressions fonctionnels p. 271

Désormais.

II. - Pour mieux comprendre

Indécence (f) : action qui ne respecte pas les convenances, les habitudes.

Deuxième sexe (m) : le sexe féminin; expression rendue célèbre par le titre du livre de Simone de Beauvoir.

Score (m) : résultat (m), en général d'un match sportif.

Son successeur immédiat : le candidat reçu deuxième au concours.

Coupe cette retraite (image militaire) : empêche l'utilisation de cet argument.

Tirer... dessiné : allusion à la vocation militaire de l'École Polytechnique.

Convenable : *ici,* favorable au maintien des traditions.

Se fourvoyer : commettre une erreur de jugement.

Quoi ! : comment! (indique l'étonnement, une réaction vive d'opposition).

Tremplin... sociale : le point de départ le plus sûr pour passer dans une classe sociale supérieure; (promotion (f) : *ici,* au sens général, avancement).

Fleuron de la méritocratie : couronnement suprême des mérites.

En rabattre : perdre ses illusions.

Porter sa croix (allusion biblique) : supporter les malheurs avec résignation, souffrir dans la dignité.

Choisi... major : c.-à-d. à la fin de ses études à Polytechnique.

Piquant (m) : humour (m), gaieté (f), fantaisie (f).

Rigolo (m) (fam) : une personne drôle, amusante; Vb rigoler (fam) : rire.

Un sacré travail (fam) : un travail impressionnant.

« ça » : *ici,* cet événement.

Tenues en échec : empêchées d'agir librement.

De haut : de façon méprisante.

III. - Connotations culturelles

Les Grandes Écoles : établissements d'enseignement supérieur indépendants des Universités. Il y en a plus de 150 qui se classent parmi les catégories suivantes : Écoles normales supérieures, Écoles militaires, Écoles d'ingénieurs, Écoles commerciales, Écoles des Beaux-Arts et l'École nationale d'administration (E.N.A.). L'E.N.A. a pris une grande importance sous la Cinquième République car elle a formé la nouvelle classe des technocrates et la nouvelle génération des hommes politiques et des cadres supérieurs de l'Administration. Pour devenir élève d'une Grande École, il faut être reçu au concours d'entrée. Dans le cas des Écoles les plus prestigieuses, le concours est difficile et très sélectif.

L'École Polytechnique ou, en argot étudiant, *l'X.* (Les élèves s'appellent des Polytechniciens — et maintenant aussi des Polytechniciennes — ou des X) : cette Grande École dépend du Ministère des Armées et non pas du Ministère de l'Éducation. On y dispense surtout un enseignement mathématique et scientifique. Malgré le statut militaire de l'École, les Polytechniciens qui choisissent une carrière militaire sont peu nombreux. A la sortie de l'École, les meilleurs obtiennent une situation privilégiée dans un des grands Corps (Administrations) de l'État comme le *Corps des Mines,* des *Ponts et Chaussées,* etc.

En 1972, pour la première fois, les jeunes filles ont eu le droit de se présenter au concours d'entrée à Polytechnique. Dans cette promotion se trouvaient six Françaises et une jeune fille de nationalité étrangère.

Le Président Giscard d'Estaing est un ancien élève de l'École Polytechnique et aussi de l'École nationale d'administration.

Normale sup : désigne en argot étudiant l'illustre École normale supérieure qui se trouve rue d'Ulm à Paris. Les normaliens et les normaliennes (nom donné aux élèves) font des études littéraires ou scientifiques au niveau le plus élevé et se destinent à des carrières dans l'enseignement universitaire ou dans la recherche scientifique.

Le Président Pompidou était un ancien élève de la rue d'Ulm.

La méritocratie : le système du mérite qui permet aux individus intelligents, doués et travailleurs de réussir est un des principaux faits de société en France. Dans ce système, le concours et la « sacro-sainte » loi du diplôme jouent un rôle essentiel.

Debré, Michel (né en 1912) : Premier Ministre de janvier 1959 à avril 1962 (le premier de la Vᵉ République); en 1969 Ministre de la Défense Nationale au commencement de la présidence Pompidou. Il a toujours défendu avec vigueur la politique gaulliste.

Mlle Anne Chopinet (née en 1953) : à la sortie de l'École Polytechnique, elle a choisi le Corps des Mines et a poursuivi ses études d'ingénieur-élève à l'École des Mines. Elle s'y est spécialisée dans la recherche nucléaire.

Exercices

I. - Questions

1. - A quel stéréotype de jeune fille intelligente Françoise Giroud fait-elle allusion au début du texte ?
Comment faut-il interpréter : « Il est vrai que les filles laides, ça n'existe plus aujourd'hui. » ?

2. - Pourquoi Françoise Giroud parle-t-elle d' « indécence » en ce qui concerne Mademoiselle Chopinet ? Aux yeux de qui celle-ci est-elle « indécente » ?

3. - Qu'est-ce qui distingue en 1972 le concours d'entrée à l'École Polytechnique ?

4. - Relevez dans le texte tous les éléments qui montrent le prestige de l'École Polytechnique dans la société française.

5. - Comment l'admission à l'École Polytechnique peut-elle devenir un moyen d'ascension sociale ?

6. - En quoi l'ouverture de l'École Polytechnique aux jeunes filles peut-elle servir de symbole aux Françaises en général ?

II. - Situations

1. - Dialogue entre deux personnes qui applaudissent le succès de Mademoiselle Chopinet. (Faites rapidement le portrait social de chaque personne avant de commencer le dialogue.)

2. - Vous êtes une des femmes qui « rient doucement » en lisant cet éditorial. Il n'apprécie pas. Imaginez le dialogue qui s'ensuit.

3. - Les étudiants se divisent en groupes et participent à un débat qui oppose des hommes et des femmes appartenant à des générations et à des catégories sociales différentes. Sujet du débat : le droit des hommes à constituer l'élite de la nation. (Exagérez le contraste entre les attitudes et utilisez des tournures emphatiques.)

III. - Discussion

1. - Certains hommes ont trouvé que Françoise Giroud agrandit par cet éditorial, le fossé qui se creuse entre les femmes et les hommes alors que les unes et les autres devraient s'unir pour faire face à leur exploitation commune par la Société. Qu'en pensez-vous ?

2. - La promotion sociale par le mérite scolaire.

IV. - Ici et ailleurs

Existe-t-il dans votre pays une institution comparable sur le plan social à l'École Polytechnique ? Si oui, quelle influence exerce-t-elle sur l'évolution de la condition des femmes ? Si non, essayez d'en trouver une explication.

V. - Développons nos moyens d'expression

1. - Donnez le contraire des mots et expressions suivants pris dans le texte : laide; charmante; la bonne volonté; coupable; des dons exceptionnels; intolérable; convenable; le mieux éprouvé; maternel; un rigolo; conscientes; doucement.

2. - Analysez l'emploi du subjonctif dans la constitution de la phrase :
« que vous calculiez ..., que vous demandiez ... ou que vous mettiez ..., vous avez fait ... ».
Construisez d'après ce modèle trois phrases de votre propre inspiration.

3. - Françoise Giroud adopte un ton ironique et même caustique. Relevez des exemples de vocabulaire et des tournures de phrase qui caractérisent ce ton.

VI. - A vous d'écrire

1. - A l'aide des informations fournies par cet éditorial, présentez dans un style neutre l'École Polytechnique et soulignez son rôle dans la société française.

2. - Développez le pastiche « Ah! mon cher,... fourvoyé » pour en faire un dialogue d'une vingtaine de répliques. (Situez bien les interlocuteurs dans leur milieu social.)

N° 1220 - 25 novembre-1er décembre 1974

5 Franc

L'EXPRESS

POUR LA LOI SIMONE VEIL

PAGE 64

Mme SIMONE VEIL, MINISTRE DE LA SANTÉ
« Les lois doivent leurs forces aux mœurs. » (Helvétius)

SOMMAIRE
PAGE 63

EST-CE BIEN RAISONNABLE?

Le Révérend Père pense que...
— M. le Professeur a raison...
— Mais non, monsieur le Doyen...
— Mais si, monsieur le Ministre...
5 — Ce n'est pas ce que dit monsieur le Pasteur...
— Je crains, monsieur le Président...

Personne n'est plus que moi persuadée qu'il faut vivre avec les hommes, et non contre
10 les hommes, ne fût-ce que pour l'agrément de nos jours. Mais il y a, on en conviendra, quelque chose de saisissant dans la tournure qu'a prise, à travers la presse écrite et parlée, la controverse au sujet de l'avortement. La
15 voilà soudain muée en débat entre notables du sexe masculin.

Ainsi éclate, dans la situation la plus propre à impliquer les femmes, le fait que toutes les décisions concernant la collectivité nationale
20 continuent d'être prises par des hommes et par eux seuls. Est-ce bien raisonnable?

Plus de la moitié du corps électoral, plus du tiers de la population active, et pratiquement aucune représentation au cœur des organismes
25 de décision, est-ce bien raisonnable?

La participation aux affaires publiques, ce n'est pas une revendication que les femmes formulent largement. Et elles ont sans doute leur part de responsabilité dans le fait qu'elles
30 n'en reçoivent guère. C'est que tant de conditions doivent être réunies...

Et puis, on ne secoue pas en une génération, ni même en deux, le poids des siècles, et la division du travail a été longtemps une loi
35 non écrite.

Aux femmes le concret, le quotidien, la prise sur la vie et le soin de sa conservation. Aux hommes l'abstrait, la projection dans l'avenir, l'entreprise, l'imagination.
40 Les femmes avaient la charge de l'intérêt immédiat de la cellule familiale. Les hommes, seuls, se préoccupaient des intérêts de la collectivité.

Qu'on attribue cette situation millénaire à la
45 biologie ou à la culture, à un complot universel des hommes ou à l'insuffisance congénitale des femmes ou à des raisons plus subtiles, peu importe. Laissons le passé.

Aujourd'hui, monsieur le Professeur, mon-
50 sieur le Doyen, monsieur le Président, aujourd'hui, si vous avez un grain de raison, vous ne laisserez pas à M. Jean Foyer le soin de décider, sans les consulter, comment les Françaises avaleront la pilule.

F.G. ■

Notes

I. - A voir d'abord

Mots-thèmes

Collectivité (f) : pays (m), société (f).
Collectivité nationale (f) : les habitants de la nation.
Collectivité locale (f) : les habitants d'une même commune.
Population active (f) : les gens qui exercent une activité professionnelle.
Corps électoral (m) : l'ensemble des électeurs.
Cellule familiale (f) : la famille.
Avortement (m) : interruption volontaire de la grossesse; Vb : avorter, se faire avorter.
Grossesse (f) : état d'une femme enceinte.
Contraception (f) : moyen d'éviter de tomber enceinte.
« La pilule » : un des moyens contraceptifs les plus répandus.

Mots et Expressions fonctionnels p. 271
Ne fût-ce que; peu importe.

II. - Pour mieux comprendre

Agrément (m) : charme (m), plaisir (m); (Cf. agréable).
Saisissant, e : surprenant, étonnant.
Prendre tournure : prendre une forme, une orientation.
Muer : transformer, changer.
Notables (m) : personnes qui occupent un rang important dans les affaires publiques.
Revendication (f) : réclamation (f), exigence (f).
Prise (f) : Cf. prendre; *ici*, le souci, par exemple, des besoins de la famille.
Entreprise (f) : Cf. entreprendre; *ici*, l'esprit d'initiative.
Charge (f) : responsabilité (f).
Millénaire : qui dure depuis très longtemps.
Avaler la pilule (fam) : subir une chose désagréable sans protestation; *ici*, jeu de mots sur « la » pilule.

III. - Connotations culturelles

Foyer, Jean : parlementaire de droite et, à l'époque de cet éditorial, Ministre de la Santé publique.

L'avortement en France : c'est une femme magistrat, remarquable, Mme Simone Veil, nommée Ministre de la Santé publique par le Président Giscard d'Estaing, qui a fait voter par un Parlement plutôt hostile la loi (devenue officielle le 18 janvier 1975) sur l'interruption volontaire de la grossesse. Cette loi autorise l'avortement, pratiqué par un médecin, jusqu'à la dixième semaine de grossesse.

Les femmes au gouvernement : la première femme ministre a été Mme Poinsot-Chapuis (Santé publique et population) dans le cabinet de Robert Schuman (nov. 1947 - juillet 1948); la seconde, Mme Simone Veil, nommée en mai 1974. Entretemps, il n'y a eu jamais plus d'une femme au gouvernement sauf entre avril 1973 et février 1974 (deux femmes Secrétaires d'État de la Santé publique et de l'Éducation nationale). C'est après l'élection du président Giscard d'Estaing que la participation féminine au gouvernement a augmenté sensiblement. Le 16 juillet 1974, Mme Françoise Giroud a accepté le poste nouvellement créé, de Secrétaire d'État à la Condition féminine. Le gouvernement de janvier 1976 comptait cinq femmes sur quarante-trois membres. Rappelons que les Françaises ont le droit de vote depuis 1946 et ont constitué, lors des élections présidentielles de 1974, 53 % du corps électoral.

Exercices

I. - Questions

1. - A quelles catégories professionnelles appartiennent les hommes désignés au début du texte ?
2. - Quels ont été jusqu'à présent les rôles respectifs des hommes et des femmes dans la collectivité ?
3. - Pourquoi les femmes devraient-elles être mieux représentées au cœur des organismes de décision ?
4. - Quelle est la participation des femmes aux affaires publiques ? Pourquoi ?
5. - Qu'y a-t-il d'étonnant à propos de cette controverse au sujet de l'avortement ?

II. - Situations

1. - Lors d'un débat sur l'avortement ou sur la participation des femmes aux affaires publiques, les étudiants jouent le rôle des personnes désignées au début du texte.
   On introduira dans le débat des représentantes de différents groupes féminins. Précisez bien la catégorie professionnelle et la position idéologique de celles-ci.
   (Cette situation pourrait servir de prétexte à réviser les titres officiels et les formules protocolaires courantes en français).
2. - Organisez un débat radiophonique entre, d'un côté, deux journalistes (un homme et une femme) et, de l'autre, plusieurs employeurs (hommes et femmes) sur le thème : « Pour obtenir un poste de responsabilité, les femmes doivent être plus qualifiées que les hommes. »

III. - Discussion

1. - Croyez-vous que l'autorisation officielle de la contraception (et de l'avortement) soit un vrai premier pas vers la libération des femmes ?
2. - L'association *Laissez-les vivre* a appelé la loi sur l'interruption volontaire de la grossesse la loi du meurtre. Discutez.
3. - La responsabilité sexuelle : Qui est responsable ?
4. - A quoi attribuez-vous le manque de participation des femmes aux affaires publiques ? (V. lign. 44-48).

IV. - Ici et ailleurs

A quel degré les femmes participent-elles, dans votre pays, aux décisions concernant la collectivité nationale ? Quelles en sont les raisons ? Estimez-vous cette participation satisfaisante ?

V. - Développons nos moyens d'expression

1. - Donnez le contraire de : avoir raison; être persuadé; l'agrément; l'intérêt; la responsabilité; la conservation; concret; collectif; raisonnable.
2. - Remplacez chaque tiret par un verbe convenable et incorporez l'expression dans une phrase de votre choix :
   --------------- une tournure (+ Adj)
   --------------- une décision
   --------------- une revendication
   --------------- le soin de (+ Inf).
3. - D'après le modèle du paragraphe lign. 36-39, rédigez vous-même un paragraphe où vous opposerez :
   a) les enfants et les parents
   b) les filles et les garçons.

VI. - A vous d'écrire

1. - Rédigez un tract soit pour soit contre l'avortement.
2. - Faites, soit pour un journal populaire à grand tirage soit pour un hebdomadaire d'opinion, le résumé d'une controverse. Adaptez votre style au public visé. (Au besoin, cherchez-en des exemples dans la presse).

IMPLACABLE CHANEL

Elle ne pouvait mourir qu'un dimanche. En semaine, on travaille. Et seule, dans sa chambre de l'hôtel Ritz. S'écrouler, rue Cambon, au milieu de ses Coromandels et de ses bouquets, parmi les cris, le tohu-bohu, le brouhaha, l'émotion, risquer en tombant que son chapeau bascule, que sa jupe se retrousse, tout cela eût été d'une grande vulgarité. Et, tout au long de sa longue vie, Coco Chanel a combattu la vulgarité, celle du vêtement, mais surtout celle, plus importante, des manières, de l'esprit, du cœur, avec une pugnacité attentive.

Française jusqu'au bout des ongles, elle avait de toutes choses une conception aristocratique, élitaire.

« J'aime que la mode descende dans la rue, disait-elle de sa voix rêche, mais je n'admets pas qu'elle en vienne. »

Et elle, d'où venait-elle? Les versions variaient, selon les jours. La dernière fois qu'elle m'a raconté sa vie, son père était un négociant en vins de Béziers qui avait fait un enfant à sa mère — et peut-être pas dans les formes de la loi, mais cela restait obscur — avant de disparaître. Puis sa mère elle-même avait disparu. Peu importe la vérité. Ce qui compte, c'est la façon dont elle l'avait vécue. Il semblait que tous les parfums d'Arabie ne pouvaient effacer une petite tache, là, et que sa conduite en était affectée autant que le style de ses robes.

Bête, elle eût été snob. Intelligente, et de quelle intelligence plastique et vigoureuse à la fois, elle rallia dès qu'elle le put cette fraction de la société de son temps — l'entre-deux-guerres — qui réunissait la fleur de l'esprit, du talent, de la créativité, et d'un art de vivre poussé jusqu'au plus extrême raffinement. Cette petite société-là qui régnait sur le monde, parce qu'elle régnait sur Paris et Paris était, alors, la capitale de l'univers, Chanel en fut l'une des effrontées princesses.

Elle avait, en toutes choses, le sens de la qualité. Son discernement s'exerça aussi, semble-t-il, dans le choix des amants qui firent son éducation. Si Chanel commit des erreurs dans ce domaine, mais qui n'en commet pas, elles furent discrètes infiniment.

Bien sûr, l'histoire du duc de Westminster, qu'elle aurait refusé d'épouser en déclarant : « Il peut y avoir plusieurs duchesses de Westminster, mais il n'y a qu'une Coco Chanel », cette histoire est fausse. Un tel propos eût été précisément empreint de vulgarité et elle démentait avec force l'avoir jamais tenu.

Sa dénonciation du crime de vulgarité commis par celui-ci ou par celle-là était inlassable et, ces dernières années, lassante.

« Je vois tout », disait-elle. En effet. Mais au bout de la lucidité que ne compense pas l'indulgence, il ne reste que la solitude. Personne n'était plus seul que Chanel. « L'amour, disait-elle, pour qui? Un homme vieux? Quelle horreur ! Un homme jeune? Quelle honte ! »

Et quand quelqu'un suggérait que, tout de même, si elle avait eu des enfants... elle décrivait, avec une verve féroce, la vérité, selon elle, des rapports familiaux.

Tous les laxismes lui faisaient horreur, elle qui ne s'en permettait aucun. C'est dire qu'à cet égard elle n'était plus de son temps et qu'elle souffrait à chaque minute. Mais sans jamais donner le moindre signe de fléchissement. La tolérance lui était étrangère; la compassion, suspecte. Elle traitait et se traitait durement.

Dans son travail, elle se conduisait à la façon des grands chefs d'entreprise du XIXe siècle, implacable à la défaillance que, pour sa part, elle ignorait, n'admettant pas que l'on eût d'autre souci, d'autre intérêt, d'autre passion que la maison portant son nom, et sachant communiquer cette passion. Quant aux bénéfices, bien sûr, ils étaient pour elle, quoi de plus naturel? « J'ai tout fait ici, disait-elle, tout. »

Une couturière, Chanel? Allons donc! Un patron l'un des derniers grands patrons autocrates et créateurs de ce pays. Quand ils seront tous morts, et ce sera bientôt fait, on en parlera comme des dinosaures. L'espèce sera éteinte.

Pour elle, au physique comme au moral, elle avait atteint les grands âges en se desséchant. Et, persévérant dans son être comme dans la coupe de ses tailleurs, elle donnait un exemple impressionnant d'intégrité. A 87 ans, irréductible, impérieuse, piaffante, elle dégageait encore plus de force et de flamme que la plupart des jeunes gens. Mademoiselle Chanel, était au sens propre du terme, une personne extraordinaire.

Des robes... D'autres en ont fait. Elle qui avait si fort le sens des valeurs, elle n'eût pas aimé qu'on le perdît à son propos, et que l'on parlât de l'œuvre de Chanel comme de celle de Matisse.

« Nous ne sommes pas des artistes, disait-elle, parlant des couturiers. Nous sommes des fournisseurs. Le propre des véritables œuvres d'art, c'est de paraître laides et de devenir belles. Le propre de la mode, c'est de paraître jolie et de devenir laide. Nous n'avons pas besoin de génie, mais de beaucoup de métier et d'un peu de goût. »

Le plus étonnant, dans sa carrière, ce n'est pas la première partie. Jeanne Lanvin connut une réussite professionnelle aussi éclatante que Chanel et, dans les années 30, Elsa Schiaparelli occupa si bien le terrain qu'en 1938 Chanel abandonnait la couture.

Le plus étonnant, c'est sa résurrection et l'intelligence qu'elle mit à l'accomplir. C'était en 1954. Les Parisiennes n'étaient plus à la mode, ni la mode faite pour les Parisiennes, mais pour une nouvelle représentation de l'idéal féminin, l'androgyne longiligne.

Alors Chanel revint. Elle avait 71 ans. Elle n'avait rien fait depuis seize ans. Elle sut ne rien faire de neuf. Du Chanel, c'est tout. Ce n'est pas une mode, c'est un style.

On connaît la suite. Elle avait mis en d'autres temps toutes les femmes d'Europe et des deux Amériques en noir. Elle les mit en tailleurs imités des siens.

Depuis ce jour, elle se tenait furieuse et droite, comme un capitaine sur le pont d'un vaisseau qui sombre.

Car elle ne voulait pas douter que l'élégance sombrerait avec elle. En quoi elle se trompait. Et, au fond, elle le savait. L'élégance est là, éternelle, sur une fille, un garçon, une vieille dame, tout à coup, au détour d'une rue. Il suffit d'avoir le don pour la réinventer, dans son siècle.

F.G. ∎

Document Chanel.

Notes

I. - A voir d'abord

Mots-thèmes*

Couture (f) : action ou art de coudre.
La haute couture : la fabrication et le commerce de vêtements de luxe.
Un (grand) couturier : directeur d'une maison de (haute) couture.
Couturière (f) : femme dont le métier est de coudre.
Mode (f) : manière de s'habiller souvent inspirée par la haute couture.
La mode parisienne ; être à la mode.
Prêt-à-porter (m) : vêtements fabriqués en série ; *contr* sur mesure).
La coupe (d'un vêtement) : la forme.
Tailleur (m) : vêtement féminin composé d'une jupe et d'une veste de même tissu.
Raffinement (m) : élégance (f), finesse (f), recherche (f).
Adj. raffiné ; *contr* vulgaire (S. vulgarité (f)).
Laxisme (m) : absence de rigueur, de soin ; laisser-aller (m).
Implacable : sans pitié, très dur ; *contr* doux.
Irréductible : intransigeant, inflexible ; *contr* souple.
Impérieux,euse : autoritaire, tyrannique ; *contr* humble.

Mots et Expressions fonctionnels p. 271

(Cela) eût été ; semble-t-il ; tout de même ; à cet égard ; pour sa part ; allons donc! ; au sens propre du terme ; à son propos ; le propre de ; au fond.

* Voir aussi p. 112.

II. - Pour mieux comprendre

S'écrouler : tomber, *ici,* de façon théâtrale.

Tohu-bohu, brouhaha : mélange de bruit et de désordre.

Basculer : perdre l'équilibre et tomber; Chanel portait toujours un chapeau posé d'une façon précise.

↑ **Pugnacité** : esprit de combat.

Élitaire : Cf. l'élite (f).

Rêche : dur et sec.

Pas dans les formes de la loi : sans être marié.

Tache : marque sale; *ici,* sa naissance irrégulière.

Bête... snob : si elle avait été bête, elle aurait été snob.

Rallier : rejoindre, faire partie de.

L'entre-deux-guerres : la période entre 1918 et 1939.

La fleur de : l'élite de.

Effronté,e : qui n'a honte de rien, impudent.

Propos : remarque (f); *tenir un propos* : prononcer des paroles.

Empreint,e : marqué.

Démentir : nier.

Inlassable : incessant, continuel.

Lassant,e : fatigant, ennuyeux.

Fléchissement (m) : faiblesse (f); Cf. défaillance (f).

Chef d'entreprise : patron, directeur de société.

Maison : *ici,* maison de couture.

L'espèce sera éteinte : cette catégorie n'existera plus.

Atteint les grands âges : réussi à vivre vieille.

Se dessécher : devenir très maigre; devenir insensible.

Piaffant,e : pleine d'énergie et d'impatience.

Que l'on parlât... Matisse : elle connaissait ses limites et refusait qu'on la compare aux très grands artistes.

Métier (m) : *ici,* expérience.

Occuper le terrain : image militaire exprimant la domination.

L'androgyne longiligne : personne sans caractère sexuel apparent, longue et mince.

↑ **Vaisseau** : navire, bateau important.

Sombrer : couler, faire naufrage; *fig* disparaître.

Au détour de : au coin de.

III. - Connotations culturelles

Chanel, Gabrielle (1883-1971) : mieux connue sous le nom de Coco Chanel ou simplement de « Mademoiselle »; en 1912 elle a commencé à faire des chapeaux sans ornements et des robes simples et confortables qui ont libéré les femmes de la mode à corsets de l'époque. Au cours de sa carrière, elle a lancé la mode des cheveux courts, les bijoux de fantaisie, le jersey, le pantalon, la « petite robe noire », le célèbre tailleur Chanel et le parfum Numéro Cinq.

Lanvin, Jeanne (1867-1946) : fondatrice en 1889 de la plus vieille maison de haute couture de Paris, elle est renommée pour les tissus enrichis de broderies raffinées et un style qui respecte la qualité et l'élégance.

Schiaparelli, Elsa (1896-1973) : cette Italienne de tempérament passionné ouvre en 1929 sa maison de haute couture à Paris. Elle s'impose par un style extravagant et des couleurs audacieuses.

Matisse, Henri (1869-1954) : un des grands maîtres de la peinture et du dessin.

L'hôtel Ritz ou le Ritz : grand hôtel mondialement célèbre pour son luxe et situé Place Vendôme à Paris.

Rue Cambon : rue où se trouve la Maison de couture de Chanel.

Coromandels (m. pl.) : paravents en laque de Coromandel très recherchés pendant l'entre-deux-guerres; Chanel en possédait trente-deux.

Béziers : ville du Languedoc près de la Méditerranée.

Tous les parfums d'Arabie : allusion à une phrase prononcée par Lady Macbeth (Shakespeare, *Macbeth* V, sc. 1).

Alors Chanel revint : allusion stylistique au vers de Boileau dans son *Art poétique,* « Enfin Malherbe vint... ».

Exercices

I. - Questions

1. - En quoi la mort de Chanel correspond-elle à son personnage ?
2. - Que représentait Paris, aux yeux des autres pays, à l'époque de la première gloire de Chanel ?
3. - Quelles étaient les causes de la solitude de Chanel ?
4. - Comment se comportait-elle dans son travail ?
5. - Quelle était sa conception de la mode ?
6. - D'après l'éditorial, tracez un portrait moral et physique de Coco Chanel.

II. - Situations

1. - Recherchez une documentation (photographies et textes) sur Chanel.
2. - En 1947, Christian Dior lançait sa ligne « new-look » et de ce fait démodait toutes les gardes-robes. En 1965 André Courrèges changeait l'image de la femme en faisant remonter l'ourlet au-dessus du genou.
Préparez un dossier sur un grand couturier qui a exercé une profonde influence sur la mode.
3. - Chanel revient aujourd'hui et contemple la mode actuelle qui n'hésite pas à mélanger les styles : le court et le long, le sport, le folklorique et l'habillé. Des journalistes l'interviewent.

III. - Discussion

1. - Dans le domaine de la mode tout peut se faire sauf ce qui ne se fait pas.
2. - « Le propre des véritables œuvres d'art, c'est de paraître laides et de devenir belles. Le propre de la mode, c'est de paraître jolie et de devenir laide. »
3. - Les porte-parole de la contestation féminine s'élèvent contre la dictature des grands couturiers et contre la mode qui démode et la ligne imposée qui dépersonnalise. Qu'en pensez-vous ?

IV. - Ici et ailleurs

1. - « La Française est la femme la mieux habillée du monde, celle qui a le plus de goût et de jugement. » Qu'en pensez-vous ?
2. - Rassemblez des documents publicitaires trouvés dans des magazines de votre pays et qui font allusion à la mode parisienne. Comment expliquez-vous cette influence ?

V. - Développons nos moyens d'expression

1. - Retrouvez dans le texte les adjectifs suivants : vigoureux, extrême, inlassable, féroce, acharné, implacable, impressionnant, extraordinaire, éclatant. Donnez pour cinq d'entre eux un autre adjectif exprimant la même idée avec moins d'intensité et utilisez les deux dans des phrases qui mettent en valeur cette différence.
2. - Remarquez la construction suivante qui met en relief l'adjectif :
« Le plus étonnant, ce n'est pas la première partie de sa carrière; le plus étonnant, c'est sa résurrection. »
D'après ce modèle, construisez trois phrases en remplaçant *étonnant* par un autre adjectif et en changeant le contexte.
3. - Observez l'emploi du subjonctif dans la phrase suivante : « J'aime que la mode descende dans la rue mais je n'admets pas qu'elle en vienne. »
a) Écrivez trois phrases où vous utiliserez : J'aime que... mais je n'admets pas que...
b) Remplacez les verbes *aimer* et *admettre* par d'autres verbes qui sont suivis du subjonctif.

VI. - A vous d'écrire

1. - Choisissez une photo de mode et faites le portrait du mannequin.
2. - Rédigez pour un magazine féminin le portrait d'une personne extraordinaire que vous aimeriez rencontrer.
3. - « L'élégance a cessé d'être celle de l'année pour devenir celle d'une personne. » Commentez.

LES VOLEUSES D'EMPLOI

Que les femmes sont donc contrariantes! Le chômage menace? Qu'elles restent donc à la maison, et, en un trait de plume, le nombre des demandeurs d'emploi diminuerait de moitié.

Qu'elles cèdent leur place aux hommes, et les offres d'emploi se multiplieraient. Pas toutes à la fois, évidemment. Huit millions d'emplois sans titulaire, le commerce, l'industrie, l'enseignement, les hôpitaux, les postes paralysés? Non, pas toutes à la fois. Mais petit paquet par petit paquet, docilement, à la demande. Et prêtes, cela va de soi, à réintégrer immédiatement l'usine, le magasin ou le bureau, le jour où elles y seraient à nouveau nécessaires.

Entre-temps, si elles faisaient un enfant? C'est cela qui arrangerait les statistiques, de tous les côtés. Et pas seulement les statistiques. Ceux — et celles — qui ne se résignent pas à voir les femmes émerger d'une certaine torpeur, parfois douce, d'ailleurs.

Alors, voilà les vieilles légendes, celle de « la voleuse d'emploi », celle de la femme « qui serait tellement plus heureuse chez elle », prêtes à resurgir.

Voleuses d'emploi? Même en période de récession, les travailleuses de tous ordres sont indispensables, et par millions, à l'activité économique du pays. C'est à elles, et aux plus mal payées d'entre elles, qu'est due pour une bonne part l'expansion des belles années. Pour ne rien dire de celles, nombreuses, qui sont chefs de famille et assurent seules leurs ressources et celles de leurs enfants.

Plus heureuses chez elles? Sans doute, lorsqu'elles ont fait ce choix. Et combien il serait souhaitable que chacune puisse le faire, à tel ou tel moment de sa vie où elle le jugerait bon. Et combien il serait souhaitable, aussi, que *chacun* puisse le faire, qu'un homme puisse souffler un temps, refaire sa substance, se consacrer à ses enfants, pourquoi pas?

C'est le plus grand espoir que l'on puisse fonder sur la libre conception : que des hommes et des femmes, ayant délibérément les enfants qu'ils souhaitent, assument pleinement la responsabilité qu'ils prennent. Y en a-t-il de plus grave que de donner la vie?

Tout cela viendra. Dans un an, dans un siècle. En attendant, il faut vivre aujourd'hui.

Et, aujourd'hui, les femmes en situation d'activité professionnelle (c'est-à-dire environ une sur deux en âge de travailler) n'ont pas envie, c'est un fait, de rester chez elles.

Question d'argent? Bien sûr. Mais un sondage, qui vient d'être réalisé à ma demande, confirme ce que l'observation et l'écoute quotidienne des femmes donnaient à penser : la majorité de celles qui ont un emploi — 60 % — continuerait à travailler si aucun problème financier ne se posait.

Ce chiffre est d'autant plus éloquent que, chacun le sait, les femmes salariées sont encore loin d'occuper les emplois du haut de l'échelle, celle de la hiérarchie comme celle des salaires. Les trois quarts gagnent moins de 1 800 Francs par mois.

Dans un pays où, il faut bien le dire, les femmes ne sont guère incitées à travailler par les conditions qui leur sont faites, où la quasi-totalité des charges ménagères continue de leur incomber, où les employeurs soupirent, lorsque la maternité arrête un temps les jeunes femmes, comme si elles faisaient un caprice, où les journées lourdes succèdent à des dimanches si pénibles que, disent-elles, « c'est le plus mauvais jour de la semaine », celui où, le soir, les scènes éclatent, l'attachement à la vie professionnelle mérite d'être considéré dans toute sa signification.

Un chiffre, encore, qui le confirme. Même si une allocation mensuelle de 1 000 Francs leur était versée, il s'en trouverait 42 % pour persister à lui préférer un travail rétribué. Compte-tenu de la moyenne des salaires féminins, et des dépenses qu'entraîne inévitablement l'activité hors du foyer, l'indication est nette.

Que disent-elles d'autre?

Que la famille idéale est constituée par deux enfants. Pourquoi pas trois? « Cela cause trop de soucis », ont répondu 59 % des femmes qui travaillent.

Et comme le bon sens ne leur fait pas défaut, 72 % jugeraient préférable d'interrompre toute activité professionnelle jusqu'à ce que les enfants entrent à la maternelle (36 %), à l'école primaire (36 %), et de se remettre ensuite au travail.

Les uns diront que s'il y avait davantage de crèches... Et ils auront raison. Les autres, que si les horaires de travail étaient mieux adaptés aux horaires scolaires... Et ils auront raison. L'expérience des pays étrangers mieux équipés et organisés, à cet égard, que le nôtre, parce que le travail féminin y est encouragé, semble indiquer, cependant, que les choses ne sont pas si simples.

Mais c'est une autre histoire, dont nous aurons l'occasion de reparler.

Pour l'heure, il est clair que la manipulation des femmes, dont nous avons connu beaucoup d'exemples dans le passé, risque de se reproduire. Insertion dans le circuit du travail au gré de l'expansion et programme de crèches, expulsion au gré de la récession, tout en leur soufflant qu'elles sont coupables de ne pas s'occuper de leurs enfants. C'est la tentation normale des sociétés.

Il faut retenir de ce sondage qu'elle rencontrerait, sans doute, une résistance dure.

D'ailleurs, qu'est-ce que la normale? Tout ce qui paraissait « normal » n'est-il pas en train d'achopper sur l'« anormal » d'une situation générale qu'aucun futurologue n'a jamais envisagée?

Ce qui manque le plus, aujourd'hui, c'est peut-être le courage d'inventer, d'inventer une nouvelle façon d'être un homme, une femme, un père, une mère, un couple « normal ».

F.G. ∎

RÉSULTATS DU SONDAGE

Les femmes et le travail

Sans penser à l'aspect financier du problème, si vous aviez le choix entre vous arrêter de travailler et continuer de travailler, que feriez-vous?

- ■ Je continuerais de travailler .... 60 %
- ■ Je m'arrêterais de travailler .... 39 %
- ■ Sans opinion... 1 %

Le nombre idéal d'enfants

Quel est, d'après vous, le nombre idéal d'enfants qu'un foyer devrait avoir?

- ■ Un 3
- ■ Deux 63
- ■ Trois 28
- ■ Quatre... 3
- ■ Cinq ou plus 1
- ■ Sans opinion.. 2

Les femmes et l'argent

Si une allocation mensuelle de 500 Francs était attribuée à chaque mère de famille restant au foyer, continueriez-vous de travailler ou bien vous arrêteriez-vous?
Et si l'allocation était de 750 Francs?
Et si l'allocation était de 1 000 Francs?

- ■ S'arrêteraient si l'allocation était de 500 Francs .... 18 %
- ■ S'arrêteraient si l'allocation était de 750 Francs .... 13 %
- ■ S'arrêteraient si l'allocation était de 1 000 Francs.......... 27 %
- ■ Continueraient même si l'allocation était de 1 000 Francs ... 42 %

Ensemble des femmes ayant des enfants de moins de 17 ans.

Le travail et les enfants

A votre avis, vaut-il mieux qu'une femme, quand elle a des enfants, s'interrompe de travailler...

- ■ Jusqu'à ce que les enfants entrent à l'école maternelle....... 36 %
- ■ Jusqu'à ce que les enfants entrent à l'école primaire......... 36 %
- ■ Jusqu'à ce que les enfants entrent à l'école secondaire ..... 17 %
- ■ Définitivement ou, en tout cas, jusqu'à çe que les enfants aient quitté le foyer .... 10 %

I. - A voir d'abord

Mots-thèmes

Chômage (m) : situation où l'on ne trouve pas de travail.
Vb : chômer; S : chômeur, euse (personne qui est involontairement en chômage).

Le chômage pendant la récession économique : *contr* le plein-emploi pendant l'expansion économique.

Une demande d'emploi : *contr* une offre d'emploi.
Un demandeur / une demandeuse d'emploi.

Occuper / posséder un emploi : être titulaire d'un emploi.
Un employé, une employée (dans un bureau, un magasin).
Un ouvrier, une ouvrière (spécialement dans une usine).
Les travailleurs, plus rarement les travailleuses : terme générique, utilisé souvent par les syndicats, pour désigner les salariés.
Toucher un salaire : être salarié(e),

Mots et Expressions fonctionnels p. 271

Cela va de soi; pour une bonne part; chacun le sait; compte tenu de; à cet égard; pour l'heure; au gré de.

II. - Pour mieux comprendre

Contrariant,e : prendre toujours le contre-pied, ne pas faire ce qu'on attend de vous; *contr* sociable.

Plume (f) : instrument pour écrire; *En un trait de plume :* aussitôt, immédiatement.

↑ **Céder :** laisser.

Les postes (f. pl) : services (m) de la poste (courrier, télégrammes, etc.).

Réintégrer l'usine : retourner à l'usine pour travailler.

De tous les côtés : non seulement les statistiques du chômage mais aussi celles des naissances; (allusion à la baisse de la natalité en France).

Resurgir : réapparaître.

Souffler un temps (fam) : reprendre haleine, se reposer.

Sondage (m) : enquête (f) réalisée sur un échantillon de la population.

Éloquent,e : significatif.

Échelle (f) : ensemble des différents degrés dans une hiérarchie (*Ex.* les salaires, les classes sociales).

· **1 800 francs :** environ 360 dollars.

↑ **Inciter :** encourager.

La quasi-totalité... ménagère : presque tous les travaux domestiques.

Incomber : appartenir.

Scène (f) : scène de ménage, dispute (f).

Allocation mensuelle : somme d'argent versée chaque mois par l'État.

Verser : payer.

Rétribué : rémunéré, payé.

Faire défaut : manquer.

Souffler : dire à voix basse, suggérer.

Achopper sur : se heurter à, être arrêté par.

Futurologue (m) : expert qui étudie scientifiquement l'avenir.

III. - Connotations culturelles

Dans un an, dans un siècle : allusion au vers de Racine « Dans un mois, dans un an... » *(Bérénice).*

Salaire féminin : en principe « à travail égal, salaire égal » mais ce n'est souvent pas le cas dans la réalité.

Crèche (f) : établissement qui reçoit les bébés de la naissance jusqu'à 3 ans pendant que leur mère travaille.

La maternelle : l'école maternelle où vont les enfants de 3 à 6 ans (enseignement non obligatoire); la scolarité obligatoire commence à l'école primaire à l'âge de 6 ans).

Exercices

I. - Questions

1. - Quelle attitude est souvent adoptée en période de récession envers les femmes qui travaillent ?
2. - Que devient cette attitude en période d'expansion ?
3. - Que peut-on conclure en ce qui concerne l'attitude générale envers les femmes qui travaillent ?
4. - Quels sont les arguments employés pour retenir les femmes au foyer, surtout en période de récession ?
5. - Est-ce que l'opinion des femmes, exprimée dans ce sondage, correspond à cette attitude générale ?
6. - Pourquoi Françoise Giroud cite-t-elle en particulier le commerce, l'industrie, l'enseignement et les postes ?
7. - En quoi la vie d'une femme qui travaille est-elle différente de celle de son mari ?
8. - Les raisons financières sont-elles les seules pour lesquelles les femmes décident de travailler ?

II. - Situations

1. - Dressez une liste des revendications des femmes qui travaillent suivant les catégories sociales.
2. - Dialogue entre une femme qui travaille et son mari au sujet de la répartition des charges ménagères et familiales. (Ils ont deux enfants). Précisez leur niveau social et le ton du dialogue (agressif, ironique, humoristique, etc.).

III. - Discussion

1. - Table ronde. Un employeur masculin, un ouvrier, un cadre, une féministe, une femme au foyer, une étudiante (et d'autres personnes au besoin) : « En période de chômage, la priorité à l'emploi devrait être accordée aux hommes. »
2. - A votre avis, les femmes devraient-elles accepter ou rejeter le nouveau modèle qu'on leur propose de « Mère, épouse et travailleuse » ?

IV. - Ici et ailleurs

1. - Rassemblez une documentation sur les conditions de la femme qui travaille dans votre pays (lois sociales, salaires, congés, garde des enfants, etc.).
2. - Comparez les attitudes envers les femmes qui travaillent avec celles qui sont exprimées dans ce texte.

V. - Développons nos moyens d'expression

1. - Donnez un ou plusieurs substantifs correspondant aux verbes suivants : voler; employer; chômer; travailler; demander; souhaiter; juger; espérer; sonder; titulariser.
2. - Comparez l'exclamation suivante :
« Que les femmes sont donc contrariantes! »
à l'affirmation neutre :
« Les femmes sont contrariantes. »
Exprimez de façon neutre, puis de façon exclamative, trois opinions différentes sur des sujets variés.
3. - *Registre de langue*. Les trois premiers paragraphes du texte contiennent de nombreuses tournures propres à la langue parlée. Récrivez ces paragraphes en langue standard.

VI. - Sondage

Posez les questions de l'enquête ci-contre dans votre classe ou à des ami(e)s. Analysez l'ensemble des réponses.

N° 1280 - 19-25 janvier 1976

5 Francs

L'EXPRESS

LA REVOLTE DES PATRONS
PAGE 42

COMMENT LES FRANÇAISES SE VOIENT

PAR FRANÇOISE GIROUD

« Il en est des mythologies comme des bûches perdues au fond des bois.
Elles brûlent longuement avec des flammes. » (Robert Desnos.)

COMMENT LES FRANÇAISES SE VOIENT

Françoise Giroud fit procéder en 1975 à une série d'investigations : enquêtes menées région par région, cahiers de propositions déposés à travers tout le territoire, sondages, interviews non directives, etc. Cet énorme matériel, dépouillé, traité et classé, va étayer le nouveau programme d'action que le secrétaire d'Etat à la Condition féminine propose au gouvernement. De cette documentation considérable, une photo surgit : non pas celle de la Française moyenne, qui n'existe pas plus que le Français moyen, mais la photo de la population féminine française saisie dans ses conduites, avec ses craintes, ses désirs, ses contradictions et ses espoirs : la photo des Françaises telles qu'elles se voient.

« Nulle dans la société... », constatait Diderot.

« Propriété de l'Homme... », déclarait Napoléon.

« Ménagère ou courtisane », décrétait Proudhon.

« Emmerdeuse, emmerdante ou emmerderesse... », soupirait Paul Valéry.

C'est, on l'aura compris, de la Femme qu'il s'agit. La Femme, avec une majuscule. Celle qui alimente les rêves, les amours, les dépits, les désirs, les dégoûts, les terreurs, les fantasmes des hommes.

A eux d'en parler, s'ils en ont encore envie.

Mais *les* femmes, qui sont-elles aujourd'hui, en France, où en sont-elles ?

Après une longue et minutieuse investigation, qui a duré plus d'un an, et qui a pris des formes multiples, il est possible aujourd'hui de dire : « Voilà ce que, au-delà des préjugés et des clameurs, on peut avancer sérieusement sur un sujet sérieux, car il recèle quelques-uns des explosifs de notre société, qui n'en manque pas. Chacun en tirera les conclusions qu'il voudra. »

Alors que 90 % des hommes peuvent se situer sur l'éventail politique, 41 % des femmes s'en déclarent incapables

La matière de ces investigations constituant huit forts volumes, elle ne sera pas, ici, cela va de soi, épuisée.

Elle appelle d'abord une remarque d'ordre général : alors que 90 % des hommes peuvent se situer sur l'éventail politique, 41 % des femmes s'en déclarent incapables. Et, ce qui est remarquable, ce pourcentage est pratiquement le même dans toutes les tranches d'âge à partir de 18 ans.

Quarante et un pour cent... Cela représentera, au cours des prochaines consultations, plus de 6 millions d'électrices. Les autres se répartissent en deux masses égales : gauche, centre gauche, droite, centre droite.

Première question à laquelle nous avons cherché une réponse : les femmes françaises sont-elles vraiment mécontentes de leur condition, ont-elles vraiment envie de changement, ou bien sont-elles atteintes par cette espèce d'urticaire que l'on trouve toujours sur la peau de la société française ?

37 % des femmes de plus de 18 ans préféreraient être un homme

A une écrasante majorité, les Françaises de tous âges estiment que « les femmes sont plus heureuses qu'il y a cinquante ans ». Progrès dans le domaine ménager, liberté et indépendance accrues, extension des pouvoirs féminins viennent en tête des raisons avancées.

Mais, en même temps, 37 % des plus de 18 ans préféreraient être un homme.

C'est un chiffre assez impressionnant. Celles qui le disent ont le sentiment évident que leur condition est moins favorable que celle des hommes, sentiment d'autant plus vif que l'on descend dans l'échelle sociale. Que ce soit juste ou faux importe peu, en l'occurrence. Cela signifie que le « vécu » féminin est, dans une assez large proportion, inconfortable, voire malheureux. Peut-être l'a-t-il toujours été, mais, pour des raisons diverses, il n'est plus accompagné de la même résignation.

Sans entrer dans le détail de ces raisons, il est clair que la plus puissante est le déclin de la pratique religieuse et de l'influence de l'Eglise. En matière de pratique, les chiffres sont éloquents : 16 % seulement des femmes vont à la messe tous les dimanches, dont plus de la moitié se situent parmi les agricultrices et les plus de 55 ans.

En d'autres termes, il semble que la résignation féminine, qui était relativement sereine lorsqu'elle était faite d'une obéissance à la loi de Dieu, disparaît ou devient hargneuse dès lors qu'il ne reste plus que la loi des hommes.

Peut-on dire que les femmes ont, pour autant, envie que les choses changent pour elles ?

Elles sont, comme il est normal, le lieu de beaucoup de contradictions, quand il s'agit d'exprimer ce qu'elles veulent.

Mais elles savent bien ce qu'elles refusent : c'est le statut social dans lequel la tradition les a enfermées.

20 % des femmes environ manifestent une volonté offensive de changement

Il existe naturellement un courant conservateur. Il se situe presque exclusivement dans les classes les plus défavorisées de la société, et aussi parmi les plus de 55 ans. Quarante pour cent environ des femmes s'y rattachent, soit qu'elles se trouvent tout bonnement heureuses, il y en a, soit, ce qui est plus courant, qu'elles redoutent tout changement, ou encore qu'elles déclarent : « De toute façon, il n'y a rien à faire. »

En face, on trouve un groupe actif : 20 % des femmes environ manifestent une volonté offensive de changement. C'est un pourcentage considérable. Pour autant qu'on le sache, la fraction activiste d'une collectivité humaine quelle qu'elle soit, et dans quelque domaine qu'elle se situe, n'est jamais supérieure à 10 %.

Restent 40 % qui appellent ce changement de leurs vœux, mais sans aller jusqu'à agir pour modfier leur situation.

Sur tous les sujets, le travail, le mariage, les enfants, le rôle, une véritable ligne de clivage traverse la collectivité féminine. Elle sépare les moins de 35 ans des plus de 35 ans.

Il ne s'agit pas d'un seuil biologique, mais de la coupure brutale qu'a provoquée la guerre.

Les femmes qui ont aujourd'hui plus de 35 ans sont nées avant 1940. Cela signifie qu'elles ont été élevées par, et qu'elles se sont identifiées à une mère dont le système de valeur était profondément différent, et beaucoup plus stable, que celui de l'après-guerre.

Parmi les 18/35 ans, ce ne sont ni les plus jeunes ni les plus démunies qui sont les plus revendicatives, ou les plus activistes. Ce sont les femmes des classes moyennes qui ont entre 25 et 35 ans.

Le noyau à la fois dur et sérieux de la contestation féminine se trouve là, et il se forme autour de problèmes bien concrets, qui sont assez clairement exprimés.

Le plus vivement ressenti, c'est évidemment la difficulté croissante qu'il y a, dans les centres urbains, à associer vie professionnelle et vie familiale. Or, les jeunes femmes, c'est-à-dire celles qui sont en âge de se marier et d'avoir des enfants, ne veulent renoncer ni à l'une ni à l'autre.

Depuis 1968, le nombre de femmes actives a augmenté de 1 400 000 unités. Tandis que le nombre d'hommes augmentait de 150 000 unités. C'est dire l'ampleur du courant qui entraîne les femmes vers la vie professionnelle.

Les sources du conflit sont simples : la France est entièrement structurée sur le modèle bourgeois, où la mère était constamment disponible. Et ce postulat, fictif, continue à fournir la base de l'organisation scolaire, par exemple. Alors que, sur l'ensemble de l'année,

l'école ne retient les enfants qu'un jour sur deux. Mais tout se passe comme s'il n'y avait rien de changé depuis le début du siècle, où les femmes actives, proportionnellement plus nombreuses qu'aujourd'hui, n'appartenaient qu'à la classe ouvrière, au monde agricole, ou au personnel domestique.

En ce temps-là, les femmes de la bourgeoisie urbaine, petite, moyenne ou grande, n'étaient pas concernées. Aucune politique n'a donc été élaborée par les dirigeants au sujet du travail des autres et de ses conséquences sur la famille. Or, les jeunes femmes dont nous parlons aujourd'hui, et qui vivent une situation conflictuelle, ne sont plus les mêmes.

Elles appartiennent massivement aux couches moyennes, qui fournissent les gros bataillons du secteur tertiaire : près de 5 millions et demi sur 8 300 000 femmes actives.

Ces jeunes femmes ont de l'instruction, des ambitions sociales, un permis de conduire (64 %), un équipement électroménager, des mains soignées, une silhouette, une coiffure, un langage qui ne les distinguent pas de celles qui sont favorisées par la fortune. Mais elles ne se rapprochent du « modèle bourgeois » que pour mieux sentir ce qui les en sépare, dans le quotidien de la vie.

Aussi sont-elles plus renvendicatrices que les femmes de la classe ouvrière.

La demande de responsabilité est beaucoup plus forte avant 25 ans qu'après

Ni les unes ni les autres ne se plaignent, dans l'ensemble, de leur travail. C'est un fait. Et il n'y en a pas 10 % qui souhaiteraient pouvoir renoncer à une activité professionnelle. Elles y trouvent ce qui leur manque le plus, disent-elles, lorsqu'elles restent chez elles, c'est-à-dire des contacts humains, un groupe auquel s'agréger. Quant aux femmes de moins de 35 ans qui restent au foyer, elles souhaiteraient avoir, dès aujourd'hui, une activité professionnelle.

Si les travailleuses de l'industrie (qui sont 2 millions) ont un souci dominant, la crainte de perdre leur

travail, les jeunes femmes des couches moyennes, que n'épargne pas ce souci, sont de plus en plus sensibles au barrage sournois qui s'oppose à leur promotion, même lorsqu'elles ont tous les titres et toutes les capacités requises.

En même temps que l'on constate la réalité de ce barrage, apparaît la nature des freins que les intéressées elles-mêmes mettent à leur développement professionnel.

Prise globalement, la majorité des femmes continue d'adhérer aux valeurs qui les excluent des postes d'encadrement, de direction. Dans la mesure où elles ont épousé les préjugés masculins quant à leur propre aptitude à ces fonctions, elles sont handicapées pour les vaincre.

Cette disposition disparaît chez les plus jeunes, beaucoup plus assurées de leurs capacités que ne l'étaient leurs mères. Mais, une fois mariées, il n'est pas évident qu'elles soient prêtes à une compétition qui pourrait les porter plus haut que leur compagnon dans la hiérarchie sociale.

L'écart de salaire en faveur de l'épouse est, semble-t-il, mieux supporté par les deux éléments du couple lorsqu'il se produit au cours du mariage, qu'un écart dans la valeur sociale des fonctions.

Effets de la pression sociale imposant un modèle, reproduction de la relation fille-père, mosaïque de cas individuels qui interdisent toute généralisation ? Il y a là, en tout cas, une zone obscure où gît un certain comportement féminin (« Je trouvais confortable de l'estimer plus que moi-même » : Simone de Beauvoir à propos de Sartre) qui n'exclut pas, cela va de soi, les exceptions.

Mais les exceptions n'ont pas leur place ici.

La demande de responsabilité est beaucoup plus forte avant 25 ans qu'après.

Les femmes voudraient que les loisirs hebdomadaires et les vacances des enfants scolarisés soient largement pris en charge par l'Ecole

Une fois nés les enfants souhaités, ce que veulent les jeunes femmes est clair : elles voudraient la faculté de suspendre longuement leur travail après une maternité. Mais avec la certitude de retrouver leur poste. Elles voudraient des emplois à temps réduit. Elles voudraient des systèmes collectifs de garde souples, adaptés aux situations locales.

Elles voudraient les conditions matérielles d'habitat qui ne rendent pas les enfants intolérables dans la maison et la maison intolérable aux enfants. Elles pensent, et comment leur donner tort, qu'une société qui trouve de la surface dans les grands ensembles pour les parkings, mais qui n'en trouve pas pour les enfants et leurs jeux a perdu la tête.

Elles voudraient que les loisirs hebdomadaires et les vacances des enfants scolarisés soient largement pris en charge par l'Ecole.

Et puis, il y a, vivace, ce qui est plus confusément exprimé mais qui englobe le tout : le désir d'être reconnues comme égales, ou plutôt comme équivalentes.

Parmi les salariés qui gagnent moins de 2 000 F par mois, on trouve 64 % des femmes, soit 5 300 000 d'entre elles

Le pouvoir des femmes existe si fortement en France, dans toutes les relations privées, de personne à personne, que ce soit en qualité de mère, ou de croqueuse de diamants, que ce désir est, parfois, difficile à comprendre.

On peut se demander pourquoi elles voudraient échanger ce pouvoir, parfois exorbitant, contre celui d'être conseiller municipal, directeur commercial, ingénieur en chef, ou même ministre. Mais veulent-elles l'échanger ?

Amante, mère, éducatrice, inspiratrice, consolatrice, cuisinière, on les voit beaucoup moins récusant ce rôle que cherchant à en faire craquer les limites, à élargir leur compétence du domaine privé au domaine social.

Car, ce rôle-là, elles ont le sentiment de le jouer dans une pièce dont elles ne sont jamais l'auteur.

Au-delà des aménagements nécessaires qu'exige le rôle féminin traditionnel, travaux domestiques, élevage des enfants, repos du guerrier et salaire d'appoint gagné par

Qui travaille parmi les femmes mariées de 25 à 35 ans ?

60 % des épouses d'agriculteurs;
40 à 45 % des épouses de cadres moyens, d'employés, de patrons de l'industrie et du commerce;
30 % des épouses d'ouvriers;
29 % des épouses de cadres supérieurs et de professions libérales;
12 % des épouses de salariés agricoles.

Où travaillent les femmes ?

Sur 8 306 000 femmes actives, on en dénombrait, en 1975 :
684 000 dans le secteur primaire (agriculture);
2 021 000 dans le secteur secondaire (industrie);
5 238 000 dans le secteur tertiaire (commerce et services);
363 000 en chômage.

intermittence la demande féminine moderne dans ce qu'elle a de bouleversement, au sens propre du terme, porte sur la reconnaissance par la société d'une valeur égale dans le champ social.

Ce à quoi, progressivement, la législation procède, d'ailleurs. Mais quand on observe les résultats de l'application de la loi sur l'égalité des salaires, par exemple, on voit les limites du juridisme, si nécessaire qu'il soit.

Comment faire la preuve de la valeur égale de deux emplois de nature différente? Et, aussi, comment accéder aux mêmes emplois lorsque la formation initiale, la qualification nécessaire n'ont pas été acquises?

Alors, parmi les salariés qui gagnent moins de 2 000 Francs par mois, on trouve 64 % des femmes, soit 5 300 000 d'entre elles. Et seulement 35 % des hommes. Et, dans notre société, que cela plaise ou non, l'argent sert d'étalon à « la valeur ».

Il est intéressant, à cet égard, d'analyser ce qui soutient la demande de « Smic de la mère de

famille » sans activité professionnelle, exprimée par certaines associations qui se rattachent au courant conservateur.

En effet, le travail domestique et relatif aux enfants *est* rémunéré. La mère de famille est logée, nourrie, vêtue; au sens strict du terme, elle est bel et bien rétribuée en nature. Mais par l'époux, pas par l'Etat.

C'est là que le bât la blesse. C'est par la collectivité que voudraient être reconnues celles qui posent cette demande (matériellement irréalisable dans quelque système politico-économique que ce soit, toute question de principe mise à part). Elles voudraient qu'il soit dit qu'elles ont une profession et que, la preuve! elles sont salariées, pour l'exercer.

C'est dire combien est vif ce désir d'exister autrement que comme ayant-droit. Ayant droit à la sécurité sociale de l'époux, ayant droit au nom de l'époux, et toujours désignée comme la femme de. Du boulanger ou du procureur.

L'indépendance dont jouissent aujourd'hui les jeunes filles à tous égards ne les prépare pas à vivre ensuite par procuration et à s'en satisfaire.

Il va de soi que la notion d'indépendance à l'intérieur du couple et de la famille est ambiguë.

40 % des femmes déclarent le mariage nullement nécessaire à l'accomplissement d'une femme

Dès qu'il y a couple, mariage, famille, il y a interdépendance, et celle-ci doit fatalement être acceptée par tous les membres de la communauté familiale.

Les Françaises semblent en être bien conscientes, et, dans leur majorité, en tout cas, ne remettent pas en cause cette interdépendance et ses aspects positifs. Elles déclarent d'ailleurs un grand besoin de sécurité affective.

Le partage des tâches? Le décloisonnement des rôles maternel et paternel?

Entre 24 et 35 ans, 57 % souhaitent une stricte équivalence et 38 % que l'époux sache les aider et s'occupe aussi des enfants. Aide qu'une solide majorité des 18/24 ans déclare recevoir déjà largement, à l'inverse de leur mère.

D'où leur agacement devant une certaine représentation du couple, 5 et les modèles de comportement diffusés par l'école, la télévision, la publicité.

On assiste là à un phénomène de sensibilisation rapide.

10 La contre-publicité que la publicité télévisée fait à la vie conjugale ne suffit sûrement pas à expliquer que 40 % des femmes déclarent le mariage nullement nécessaire à 15 l'accomplissement d'une femme.

Mais le fait est que cette vie, racontée comme une longue lessive au service d'un mari irascible que son épouse cherche à amadouer à 20 coups de fromages et de sucreries, n'est pas de nature à encourager la nuptialité !

Si la majorité continue à penser qu'il y a des métiers plus féminins 25 que d'autres, elle pense également que ces métiers ne devraient pas, pour autant, être plus mal payés, et que le problème n'est pas de savoir si les femmes font de meilleures 30 infirmières, et les hommes de meilleurs conducteurs de travaux, mais de permettre à chacun et à chacune de se diriger vers ce pour quoi il se sent le plus de goût ou d'aptitude. 35 Et, surtout, de permettre l'éveil de ces goûts et de ces aptitudes, au lieu qu'ils soient biaisés par la pression sociale, dans quelque sens que s'exerce cette pression. Après tout, 40 pourquoi le projet fondamental d'une femme ne serait-il pas d'avoir six enfants et de s'y consacrer ?

Qui suis-je et pour quoi faire ? se demandent à leur tour les jeunes 45 femmes. Et c'est là que surgit, semble-t-il, la grande novation : ce désir de pouvoir, comme les jeunes hommes, concevoir un projet fondamental personnel, parallèle au ma- 50 riage et non subordonné au mariage.

Ce qui suppose, pour le réaliser, une véritable symétrie des chances, du développement, des droits, et aussi des devoirs.

55 Rien ne permet de dire que cette symétrie sera facile à vivre, mais tout indique qu'elle sera de plus en plus recherchée, sans que les jeunes gens se détournent, d'ailleurs, de la 60 famille, bien au contraire.

C'est la monarchie domestique, telle qu'elle a commencé à s'instituer au XVIᵉ siècle, qui achève de dépérir.

F.G. ∎

Nous conseillons l'utilisation de ce texte-document comme point de départ de discussions portant sur la condition féminine en général. Plutôt que d'en étudier la langue en détail, il nous semble préférable de viser à une compréhension globale.

Voici quelques explications pour vous y aider :

Diderot, Denis (1713-1784) : philosophe français qui dirigea en particulier la rédaction de *l'Encyclopédie* (1751).

Napoléon Bonaparte (1769-1821) : empereur des Français (1804-1815); ses innovations administratives marquent encore la France d'aujourd'hui (*Code civil,* système scolaire, centralisation...).

Proudhon, Pierre-Joseph (1809-1865) : théoricien socialiste français qui a proclamé : « La propriété, c'est le vol ».

Valéry, Paul (1871-1945) : poète et penseur qui a profondément influencé le monde des arts et des lettres.

Emmerdeur,euse (S) (pop) : dérivé comme emmerdant,e (Adj) et emmerderesse (néologisme), du verbe emmerder (pop) : ennuyer, embêter. (Ces mots sont proscrits par la bienséance).

Alimenter : servir à entretenir, nourrir.

Receler : contenir, renfermer.

Éventail (m) : *fig* échelle (f); les possibilités de choix.

Tranche (f) : catégorie.

Consultation (f) : *ici,* consultation électorale, élection (f).

Etre atteint d'urticaire (f) : avoir une démangeaison, une irritation passagère (*ici* dans le contexte de l'agitation sociale).

Accru,e (p. p. d'accroître) : qui est devenu plus grand; Cf *croissant :* qui devient plus grand.

Vécu (m) **(p. p. de vivre) :** expérience de la vie.

Hargneux,euse : agressif, méchant (*contr* doux).

Tout bonnement : simplement.

Appeler de ses voeux : souhaiter, désirer.

Clivage (m) : distinction (f), séparation (f).

Seuil (m) : limite (f).

Démuni,e : pauvre.

Revendicatif,ive : qui revendique, demande avec force ce que l'on considère comme un droit; Cf. revendicateur,trice (S).

Contestation (f) : protestation (f), refus (m), remise en question.

Femmes actives : femmes qui travaillent.

Couche (f) : classe sociale.

Bataillon (m) : *ici,* évoque un très grand nombre.

Équipement (m) **électroménager :** divers appareils électriques qui aident à faire la cuisine, le ménage, etc.

S'agréger : s'intégrer.

Que... souci : qui ont aussi cette inquiétude.

Poste (m)... **direction :** emploi (m) comme cadre, comme directrice.

Écart (m) : différence (f).

↑ **Gît :** se trouve caché.

Scolarisé,e : inscrit dans un établissement scolaire.

Prendre en charge : prendre la responsabilité de, s'occuper de.

Garde (f) : surveillance (f) (*ici,* des enfants); Cf. une garderie d'enfants.

Grand ensemble (m) : groupement d'immeubles comprenant de nombreux appartements.

Vivace : indestructible.

Croqueuse (f) **de diamants** (fam) : femme légère qui exige en cadeau des bijoux qu'elle gaspille.

Récuser : refuser d'accepter.

Aménagement (m) : transformation partielle.

Repos (m) **du guerrier** (fam) : rôle traditionnel de l'épouse qui attend à la maison le retour de son mari fatigué.

Salaire (m) **d'appoint** : salaire de la femme qui s'ajoute à celui du chef de la famille.

Étalon (m) : unité (f) de mesure.

Smic (m) : salaire minimal d'un travailleur.

C'est... blesse : c'est de là que vient l'irritation.

Collectivité (f) : société.

Ayant-droit (m) (terme administratif) : dépendant.

Avoir droit à... : pouvoir bénéficier de...

Sécurité sociale (f) : système d'assurance médicale et de protection sociale.

Procureur (m) : magistrat qui représente à la Cour le Ministère Public.

Par procuration : indirectement, à travers une autre personne.

Remettre en cause : remettre en question, contester.

Décloisonnement (m) : *ici,* suppression de la séparation traditionnelle des rôles.

Amadouer : rendre aimable.

A coups de : au moyen de.

Biaiser : orienter, influencer.

↑ **Dépérir** : s'affaiblir.

Pour amorcer la discussion

1. - Quel rôle a joué l'église dans la condition de la femme ?
2. - Comment expliquez-vous que le courant conservateur se trouve dans les classes les plus défavorisées de la société ?
3. - A votre avis, la majorité des femmes devraient-elles pouvoir se définir politiquement ? Pourquoi ?
4. - Y a-t-il un rôle strictement maternel ou paternel ?
5. - Pour ou contre la rémunération de la femme au foyer ?
6. - Les femmes devraient-elles revendiquer l'égalité ou l'équivalence avec les hommes ?
7. - Aimeriez-vous être un homme ? (une femme ?)

Sondage

Effectuez une enquête au niveau de votre classe ou de votre ville pour savoir comment les hommes voient les femmes et réciproquement. Rédigez ensuite un rapport en vous aidant de la liste des *Mots et Expressions* ci-après p. 44.

Mots et Expressions utiles à la rédaction d'un rapport

Analyser; souligner; noter; remarquer.

Signifier; exprimer; manifester; modifier.

Constater; déclarer; décréter; estimer.

Il s'agit de... (N. B. Expression impersonnelle).

Il est possible de (dire, affirmer) que...

Il est intéressant de (souligner, remarquer) que...

Il est (clair, évident, très net) que...

Il va de soi que... / Il va sans dire que...

Cela va de soi / Cela va sans dire.

Cela (ne) suffit (pas) à expliquer que (pourquoi)...

On peut se demander pourquoi.

On assiste (là, ici) à (un changement, un phénomène).

Le problème (n') est (pas) de savoir si...

Le fait est que...

Rien ne permet de dire que...

Tout indique que...

Tout se passe comme si...

Sans entrer dans le détail.

Pour autant qu'on le sache / selon nos connaissances actuelles.

Ce qui suppose / ce qui présuppose / ce qui exige.

Tirer les conclusions de qqch.

Faire la preuve de qqch.

(Ne pas) être de nature à / (ne pas) être susceptible de.

Se répartir / se distribuer.

Venir en tête de qqch.

Un chiffre / un nombre / un pourcentage (assez) impressionnant / considérable.

Il n'y en a pas x % qui...

Dans une assez large proportion.

La majorité (minorité) de.

A une écrasante majorité; à une infime minorité.

Dans leur majorité / dans l'ensemble.

Proportionnellement.

Dans la mesure où...

Pour des raisons diverses.

En d'autres termes.

A l'inverse (de) / au contraire (de) / bien au contraire.

A cet égard / à ce propos.

A tous égards / de tous les points de vue / dans tous les domaines.

En matière de... / sur le plan de... / dans le domaine de...

Au sujet de...

Quant à... / en ce qui concerne...

En l'occurrence / dans ce cas précis.

De toute façon / en tout cas.

Après tout / tout compte fait.

A (son, leur) tour / après d'autres.

Par exemple.

En effet.

Mis (e, es) à part / excepté.

↑ Voire / même.

D'où / ceci explique.

Alors que... (pour exprimer une opposition).

D'autant plus (moins) que...

Soit que... soit que... (pour exprimer l'alternative entre deux causes).

Les jeunes face à la société

LE LIVRE « BLANC »

Il suffit de voir M. François Missoffe, ministre de la Jeunesse et des Sports, pour être assuré de ses intentions. Elles sont pures. Mais quelles sont-elles ?

Au fil des pages du « Livre Blanc de la Jeunesse » qu'il vient de rendre public, on lit ceci : « ... Cette situation met en évidence la difficulté d'élaborer une politique de la jeunesse dans une société libérale fortement divisée entre des courants idéologiques et culturels divergents... »

Osons ajouter : « Heureusement. » Les sociétés totalitaires et les colonels grecs n'ont jamais eu, en effet, de difficultés à élaborer une « politique de la jeunesse ». Au demeurant, il ne s'agit pas de se battre autour de l'enseignement du latin.

L'accès du Livre Blanc demeure, pour le moment, réservé aux personnes méticuleuses et musclées, capables de manipuler sans faux mouvement plus de cinq cents feuillets mobiles et non numérotés, pesant ensemble 1,400 kg. Il y a là comme un défaut de conception au niveau pratique, dont on nous assure qu'il sera corrigé pour une prochaine édition.

Au niveau théorique, le contenu ne répond pas à ce qui avait été annoncé — les besoins et les exigences des 15-24 ans formulés par les intéressés eux-mêmes — mais il présente un incontestable intérêt, dans la mesure où il fait la somme de tout ce qui a été dit, écrit, mesuré, chiffré à ce sujet.

Il ne va ni plus loin ni moins loin. Il déroule un panorama honnête où s'inscrit la situation matérielle, morale, scolaire, psychique, professionnelle d'une classe d'âge. Situation qui n'est pas bonne. Mais on ne voit guère pourquoi une situation générale difficile et parfois cruelle aux adultes serait rose pour leurs enfants. On voit assez bien, en revanche, où la responsabilité des pouvoirs publics est engagée, et où il s'agit d'un problème de civilisation.

Quelques informations seront utilement diffusées et méditées. Par exemple :

76 % des jeunes gens du continent n'ont pas dépassé le certificat d'études. Le pourcentage du Produit National Brut consacré à l'enseignement est de 4,35 % en France contre 5,80 aux Etats-Unis, 5,80 aux Pays-Bas et 5,04 en U.R.S.S.

Un tiers des jeunes gens ne reçoivent aucune formation professionnelle. Tous souffrent d'une grave sous-information en matière d'orientation professionnelle et ignorent dans quelle spécialité ils trouveraient un emploi. En sont-ils instruits qu'ils ne reçoivent pas de formation appropriée, car celle-ci est conditionnée par les écoles existantes et non par les besoins du pays.

70 % des 16-21 ans sont au travail et gagnent environ 520 francs par mois, 63 % font des économies, disposent, à 15-16 ans, de 60 à 80 francs par mois d'argent de poche. Tous dépensent ensemble 5 milliards par an et sont animés en premier lieu par le désir d'être motorisés, désir d'autant plus fort que les horizons sociaux et professionnels sont bouchés.

226 000 jeunes maris ont moins de 25 ans. « Leur impuissance économique (je cite) limite actuellement leur accès aux logements nouveaux. » Dès à présent, 39 000 jeunes ménages totalisent 127 000 personnes ne disposent ensemble que de 47 000 pièces d'habitation. Situation qui ira s'aggravant.

La lecture reste le passe-temps favori des jeunes gens. Non seulement parmi les lycéens, mais parmi les apprentis de Renault. Mais qu'il s'agisse de lecture ou de sports, ce sont les adolescents qui ont déjà été éveillés ou éduqués à l'école qui saisissent les occasions offertes de cultiver leur corps ou leur esprit.

Le Livre Blanc du ministre des Sports n'hésite pas à préciser : « C'est peut-être parce que l'école et même l'armée sont en partie défaillantes dans le rôle d'incitation à la pratique sportive qu'elles devraient assumer que l'on a pu considérer que le sport français, en dépit de succès occasionnels, était malade... »

Tout cela, on le voit, n'est pas complaisant.

S'y ajoute une très forte partie consacrée à l'étude des difficultés proprement psychologiques, les unes éternelles, mais qui commencent seulement à être éclaircies, les autres aggravées — où, en tout cas, rendues différentes par l'évolution de la société et des rapports entre hommes et femmes, l'urbanisation, la coïncidence entre une nouvelle précocité physique et un allongement du temps de dépendance à l'égard de la famille, qui prolonge l'ambiguïté de l'adolescence.

Le passage à l'âge d'homme n'a jamais été une mince histoire. Il est bon de montrer comment il s'articule, aujourd'hui, sur les problèmes concrets tels que la nature de l'enseignement, le statut des apprentis et les carences de la construction. Et il est remarquable d'avoir évité, dans cette analyse, la classique projection que les adultes font, sur la jeunesse, de leurs propres angoisses par rapport à ce qu'ils appellent « la dégradation des valeurs », ou « la société technique ». D'autres valeurs naissent. Une autre société se construit. Et puis voilà. La vie continue. La nostalgie comme l'excès d'espoir dans le devenir de cette société sont également suspects.

De cet énorme Livre Blanc on retire, en définitive, deux sentiments.

L'un : l'anxiété de la jeunesse devant l'avenir est fondée, et il est normal qu'elle l'expulse, fût-ce de bruyante façon.

L'autre : aussi longtemps que les enfants issus des classes dirigeantes ne seront pas gravement handicapés matériellement dans leurs études, leur développement, leur santé, leur insertion professionnelle, leur habitat, on peut craindre que rien de cohérent ne soit entrepris pour mieux assurer l'avenir des enfants des autres. Et l'on se demande combien de temps il faudra pour que, au niveau de ces classes dirigeantes, on comprenne que l'avenir ne se divisera pas. Les enfants d'aujourd'hui seront, demain, tous dans le même bateau.

F.G. ∎

Il nous semble intéressant de présenter ce texte qui permet des comparaisons avec les résultats de l'Enquête sur la Nouvelle Vague (V. p. 159) et révèle en même temps chez les jeunes une certaine inquiétude qui devait se manifester brutalement un an plus tard en mai 1968 (Cf. col 3, lign. 37-40).

Au fil du texte

Missoffe, François : Ministre de la Jeunesse et des Sports de 1966 à 1968.

Les colonels grecs : allusion à la junte militaire qui a pris le pouvoir en Grèce en avril 1967.

Comme un défaut : une sorte d'erreur.

Le contingent : ensemble des jeunes gens qui sont en train d'accomplir leur service militaire obligatoire.

Le certificat d'études : certificat obtenu à la fin des études primaires.

La formation professionnelle : préparation directe à un métier.

520 Francs : 100 dollars environ; **60 Francs** : 12 dollars.

Être motorisé (fam) : posséder une voiture.

L'accès à... : leur possibilité d'avoir.

Renault : Usine de fabrication de voitures. L'apprenti chez Renault représente la classe ouvrière alors que le lycéen représente la classe bourgeoise.

Les carences de la construction : le nombre insuffisant de logements, d'écoles, d'installations sportives, etc.

Leur insertion professionnelle : le fait de trouver un emploi.

Thèmes de discussion

1. - Pourquoi ce Livre Blanc est-il décevant ?
2. - Dans quels secteurs les pouvoirs publics peuvent-ils agir ? Quels sont les « problèmes de civilisation » qui sont plus difficiles à résoudre ?
3. - Qu'est-ce qui peut inciter les jeunes à indiquer que la lecture est leur passe-temps favori ?
4. - Quelles angoisses sont nées de la « société technique ? »
5. - Le rôle de l'école dans la formation culturelle.
6. - L'importance accordée au sport dans l'éducation et la vie en France.
7. - Est-il possible d'assurer à chaque enfant des chances égales dans la vie ?
8. - Les difficultés d'élaborer une « politique de la jeunesse ».

Sujets de dossiers

1. - Après avoir dressé une liste des idoles et des porte-parole de la jeunesse contemporaine, faites le portrait de celui ou de celle que vous admirez le plus, en donnant vos raisons.
2. - L'image de la jeunesse offerte par les média. Rassemblez des documents.
3. - Faites une enquête parmi les jeunes filles et les jeunes gens que vous connaissez pour établir leurs passe-temps, leurs souhaits, leurs craintes, leurs préoccupations, ce qu'ils considèrent comme leurs droits et leurs devoirs.
4. - Comparez les résultats qui figurent dans ce « Livre Blanc » à ceux que l'on trouve dans « La Nouvelle Vague ».
   Ensuite comparez-les aux résultats de rapports récents, au niveau national, sur la jeunesse de votre pays. Voyez-vous des problèmes particuliers à l'un des deux pays ? Quelles en sont les raisons ?

N° 1211 - 23-29 septembre 1974 5 Franc

L'EXPRESS

PAGE 55 QU' ATTEND GISCARD?

LES NOUVEAUX LYCÉENS ADULTES

« Il y a toujours dans notre enfance un moment où la porte s'ouvre et laisse entrer l'avenir. » (Graham Greene.)

MAJEURS A 18 ANS

Ainsi, il a suffi que M. Giscard d'Estaing dise : « Je le veux et j'y tiens », pour que le Conseil des ministres, tout grommelant qu'il ait été, se résigne et que le Parlement soit
5 immédiatement saisi d'un projet de loi.

Le fait est maintenant acquis : Français et Françaises seront majeurs à 18 ans, et de toutes les manières.

Que voilà donc un dangereux précédent !
10 Car il risque d'éclairer d'une lumière crue les réformes qui n'en finiraient pas de n'être pas entreprises. Il n'y manquerait que la volonté politique, rien de plus, rien de moins.

On connaît le mot fameux de Clémenceau :
15 « Quand vous voulez faire quelque chose, faites-le. Sinon, nommez une commission. » Il reste d'actualité.

L'abaissement jusqu'à 18 ans de l'âge de la majorité civile et civique ne se heurtait pas,
20 il est vrai, à l'opposition de l'opinion, où l'on pouvait difficilement déclarer : « C'est insuffisant ». Mais l'hostilité était vive dans les partis qui soutiennent, en principe, le gouvernement. Incertitude quant aux incidences
25 électorales, inquiétude quant aux incidences sur l'autorité parentale déjà durement éprouvée par des rejetons goguenards, on se fût bien passé de ce tourment nouveau. Mais, pour apprendre à se conduire de façon responsable,
30 il n'y a encore jamais eu de meilleure école que l'apprentissage de la responsabilité. Bonaparte était général de brigade et menait la campagne d'Italie à 25 ans, que diable !

Les jeunes gens, ceux qui font des études, du
35 moins, n'ont pas trop de responsabilités. Ils n'en ont pas assez. Non que la jeunesse soit sacrée. Il lui arrive d'être sotte, alternativement dure et molle, turbulente et apathique, spontanément conformiste à l'égard des modes en
40 tout genre de sa génération. Mais ce qu'elle possède en propre, et fugitivement, est sans prix : c'est la fraîcheur du regard qu'elle pose sur le monde. Tous les jeunes gens ne sont pas novateurs, oh non ! Mais toute novation, toute
45 création procède de ce regard.

Ce que les jeunes Français feront de leur bulletin de vote, nous le verrons bien. Il n'y a pas de réforme inoffensive. Mais le pire danger est, généralement, de n'en pas faire. C'est la
50 tradition française constante, sur laquelle on s'entend tacitement de l'extrême droite à l'extrême gauche, où l'on attend la Révolution en maugréant quand il s'agit de bouger une chaise. Grâce à quoi nous procédons par explo-
55 sions espacées au lieu de procéder par évolution continue. A croire qu'il y a dans tout Français de l'après-moi-le-déluge.

Bien qu'il descende, assure-t-on, de Louis XV, il semble que M. Giscard d'Estaing ait échappé,
60 cette fois, aux lois de l'hérédité.

Mais « ce n'est qu'un début, camarades, le combat continue ».

F.G. ∎

Notes

I. - A voir d'abord

Mots-thèmes

Majorité (f) : âge à partir duquel on est, devant la loi, responsable de ce que l'on fait.
Etre majeur (e) : avoir atteint cet âge. Jusqu'au 5 juillet 1974, la majorité était fixée à 21 ans. A cette date, le Parlement français a voté une loi l'abaissant à 18 ans.

Mots et Expressions fonctionnels p. 271

Rien de plus; rien de moins; que diable; en tout genre; grâce à quoi; à croire que.

II. - Pour mieux comprendre

Tenir à qqch : vouloir avec détermination.
Grommelant (e) : exprimant à mi-voix ses réserves.
Se résigner : accepter contre son gré.
Etre saisi de (langue officielle) : être appelé à débattre.
Cru, e : vif, fort.
Ne pas en finir de (fam) : continuer toujours à.
Rester d'actualité : être encore valable aujourd'hui.
Se heurter à : *ici,* rencontrer.
Incidence (f) : conséquence.
Eprouver : *ici,* remettre en question.
Rejeton (m) (pop) : enfant.
Goguenard,e : ironique, sarcastique.
Fût : *ici,* serait.
Posséder en propre : être seul à posséder, avoir comme qualité distinctive.
Novateur,trice : qui crée qqch de neuf.
Novation (f) : *ici,* innovation.
S'entendre : être d'accord.
Maugréer : manifester son mécontentement; Cf. grommeler.

III. - Connotations culturelles

Giscard d'Estaing : une des premières réformes introduites par le nouveau Président Giscard d'Estaing a été d'abaisser à 18 ans l'âge de la majorité légale.
Le Conseil des Ministres : ensemble des Ministres et Secrétaires d'État du gouvernement.
Le Parlement : ensemble des députés élus par le peuple.
Un projet de loi : nouvelle loi proposée par le gouvernement; après un débat, le Parlement vote et si le projet est accepté il devient loi.
Clemenceau, Georges (1841-1929) : homme politique français qui a joué un rôle important pendant la guerre de 1914-1918; Président du Conseil des Ministres.
Bonaparte : Napoléon 1er.
« Après moi le déluge ! » : mot historique du roi Louis XV exprimant son indifférence vis-à-vis de l'état du pays après sa mort.
« Ce n'est qu'un début, camarades, le combat continue » : phrase de Gabriel Péri, fusillé par les Allemands en 1941, reprise comme slogan par les manifestants de mai 1968 sous la forme : « Ce n'est qu'un début, continuons le combat. »

Exercices

I. - Questions

1. - Quel rôle le Président a-t-il joué dans l'abaissement de l'âge de la majorité ?
2. - Pourquoi le procédé utilisé crée-t-il « un dangereux précédent » ?
3. - Est-ce que tous les hommes politiques approuvaient cette réforme ? Pourquoi ?
4. - Selon Françoise Giroud, qu'est-ce qui fait la valeur de l'opinion des jeunes ?
5. - D'après Françoise Giroud, qu'est-ce qui caractérise la tradition politique française ?
6. - Quel espoir Françoise Giroud fonde-t-elle sur cette réforme ?

II. - Situations

1. - Mettez en scène un débat au Parlement au sujet de l'abaissement de l'âge de la majorité.
2. - Scène familiale : imaginez un dialogue entre des parents peu compréhensifs et leurs « rejetons goguenards » qui viennent d'obtenir le droit de vote à 18 ans.

III. - Discussion

1. - « On devrait être majeur dès que l'on travaille pour gagner sa vie ». En tant qu'étudiant, qu'en pensez-vous ?
2. - La jeunesse est « spontanément conformiste à l'égard des modes en tout genre de sa génération ». Cette remarque vous paraît-elle juste ? Donnez des exemples précis de conformisme et d'anti-conformisme.

IV. - Ici et ailleurs

1. - Quel est l'âge de la majorité dans votre pays ?
2. - Si vous êtes majeur, est-ce que ce fait a changé votre façon de vivre ? Si non, qu'en attendez-vous ?

V. - Développons nos moyens d'expression

1. - Comparez les phrases suivantes :
   « Nous verrons bien ce que les jeunes Français feront de leur bulletin de vote. »
   « Ce que les jeunes Français feront de leur bulletin de vote, nous le verrons bien. »
   Utilisez cette construction emphatique dans trois phrases de votre inspiration.
2. - « Il a suffi que M. Giscard d'Estaing dise cela, pour que le Conseil des Ministres se résigne. »
   Notez l'emploi du subjonctif et le changement de sujet.
   Construisez vous-même des phrases sur ce modèle.

VI. - A vous d'écrire

1. - Cherchez dans l'histoire de France depuis 1789 des exemples illustrant l'opinion de Françoise Giroud exprimée lign. 54-56.
2. - Lisez la phrase lign. 37-40. Développez ce portrait en donnant des exemples précis.

L'EXPRESS

N° 748 - 18-24 octobre 1965

(2) F belges - 3 F suisses) 2 Francs

QUE
PENSENT
LES
JEUNES
?

NICOLE M., 22 ANS, ETUDIANTE A CAEN.
« Une vie sans examen n'est pas une vie. » (Suez...)

L'EXPRESS

N° 1157 - 10-16 septembre 1973

3,50 Francs

RENTREE
FAUT-IL
COUPER
LES
ETUDES ?

Un Français
sur cinq
est à l'école.
C'est trop, dit
M. Messmer.

« Efforcez-vous d'entrer par la porte étroite. » (Saint Matthieu, XXIII, 24.)

CES CHERS PETITS

Ils osent à peine l'exprimer, mais ils n'en pensent pas moins.

Ceux qui ont connu le temps où l'on faisait « durer », le temps où l'on ne jetait
5 jamais un vêtement, un ustensile, un morceau de ruban, ceux qui ont appris, enfants, à éteindre en sortant d'une pièce et à plier soigneusement le papier d'emballage de leurs cadeaux de Noël, ceux qui ont été
10 grondés parce qu' « on ne doit rien laisser dans son assiette », ceux qui ont gardé vingt ans le stylo ou la montre reçus pour leur première communion, bref, ceux qui sont nés avant le temps du gaspillage éprou-
15 vent une sorte de plaisir sombre, et vaguement sadique, à l'idée que les enfants gâtés de la société de consommation sont sans doute au point d'apprendre le vrai prix des choses.

20 Ces crayons à bille et ces briquets que l'on jette, une fois épuisés, ils n'en ont jamais usé sans un vague sentiment de culpabilité.

Ces jeunes gens qui égarent, gâchent,
25 prêtent, empruntent en affichant leur indifférence aux biens matériels, les irritent à la mesure de la peine qu'ils ont eue à acquérir ce qu'ils possèdent.

Aussi se sentiraient-ils facilement nar-
30 quois, au milieu de leurs inquiétudes, à l'idée de la tête que vont faire ces chers petits quand ils seront privés de chauffage. De quoi se consoler un peu.

Ce ne sont pas de bien jolis sentiments,
35 mais on peut les comprendre. Une génération tout entière a été placée en posture d'accusée parce que, en entrant dans la spirale production - consommation - croissance, elle a créé ce qu'il est convenu
40 d'appeler de faux besoins.

Il y en a donc de vrais ? La distinction, à laquelle prétendent beaucoup d'économistes, est aussi subtile que subjective. Tous les besoins matériels sont à la fois faux et
45 vrais, artificiels et réels. Qui a besoin, ce qui s'appelle besoin de se laver ? Personne. Dira-t-on cependant qu'il s'agit d'un faux besoin ?

La faim exceptée, nous n'avons que deux
50 besoins vitaux à satisfaire : être aimé et espérer. De tout le reste, on peut s'arranger.

F.G. ■

Notes

I. - A voir d'abord

Mots-thèmes

Gaspiller : gâcher; dépenser inutilement son argent.

Gaspillage (m) : *contr* économie (f), épargne (f).

Gâcher : abîmer, mal utiliser.

Gâchis (m) : perte inutile.

Consommer : *contr* économiser, entretenir. S : consommation (f).

Société (f) **de consommation** : société dont l'équilibre économique repose sur la consommation.

Mots et Expressions fonctionnels p. 271

A peine; bref; de quoi (+ Inf); ce qui s'appelle.

II. - Pour mieux comprendre

Ces chers petits : expression familière et ironique qui désigne des personnes gâtées, protégées.

Ils n'en pensent pas moins : ils ne disent rien mais ils ont leur opinion sur la question.

Faire durer : prolonger l'utilisation de...

Gronder : réprimander un enfant.

Épuisé,e : *ici*, qui n'a plus d'utilité, vide.

Égarer : perdre momentanément.

Afficher : montrer d'une manière voyante.

Peine (f) : difficulté (f), mal (m).

Narquois,e : moqueur, ironique.

La tête qu'ils vont faire (fam) : l'expression sur leur visage qui révèle leur frustration.

Placé en posture d'accusé : considéré comme coupable.

Prétendre à : *ici*, proposer.

S'arranger de qqch : s'en contenter, s'en satisfaire.

III. - Connotations culturelles

La première communion (ou la communion solennelle) : cérémonie religieuse traditionnelle ayant lieu vers l'âge de 11 ans; à cette occasion le communiant ou la communiante reçoit des cadeaux de sa famille et de ses parrain et marraine.

Privés de chauffage : éditorial écrit pendant l'hiver 1973 alors que l'Europe souffrait de la crise de l'énergie.

Exercices

I. - Questions

1. - Qui est désigné par « Ils » (lign. 1) ?
2. - Quels étaient les réflexes des gens vivant « avant le temps du gaspillage »?
3. - Donnez des exemples de « gaspillage » dans la société de consommation.

4. - Quels sont les sentiments éprouvés par la génération des parents devant le gaspillage ? Devant les restrictions dont les jeunes risquent d'être victimes ?

5. - Qu'est-ce que la jeune génération reproche à ses aînés ?

II. - Situations

1. - Au tribunal. Dans le box des accusés, les adultes. Leur crime : Un trop grand attachement aux biens matériels. Thème de la défense : Les jeunes, en revanche, gaspillent tout.

2. - Une catastrophe s'abat sur votre communauté. Un économiste, un homme politique, un homme d'église, une infirmière, une mère de famille, une étudiante doivent dresser ensemble une liste des besoins prioritaires.

3. - Chaque élève dresse une liste de cinq exemples de gaspillage (a) dans la vie quotidienne, (b) au niveau de l'économie nationale. Comparaison et commentaire, en classe, des listes.

III. - Discussion

1. - Discutez le dernier paragraphe de l'éditorial en faisant la distinction entre le plan matériel et le plan moral.

2. - Vous classez-vous parmi les « enfants gâtés » de la société ou parmi les « mal-aimés » ?

3. - La publicité et les faux besoins.

IV. - Ici et ailleurs

Cherchez des statistiques qui révèlent l'importance relative des vrais besoins et des faux besoins dans le budget familial.

V. - Développons nos moyens d'expression

1. - Donnez pour chacun des verbes suivants un verbe ayant un sens contraire à celui qu'ils ont dans le texte : oser; éteindre; garder; recevoir; égarer; gâcher; prêter; espérer.

2. - « On ne doit rien laisser dans son assiette. »
Rédigez sur le même modèle cinq phrases qui expriment un précepte (conseil de savoir-vivre; comment élever les enfants, etc.).

3. - Observez l'utilisation de « ceux qui ... » au deuxième paragraphe et rédigez trois phrases qui commencent par « Celui qui ... », « Celle qui ... » et « Celles qui ... ». (N'oubliez pas le verbe de la proposition principale.)

VI. - A vous d'écrire

1. - Trouvez des exemples de publicité caractéristique de la société de consommation et rédigez vous-même un message publicitaire pour un produit de votre invention.

2. - Rédigez un dialogue entre des grands-parents qui veulent offrir à leur petite-fille — ou à leur petit-fils —, à l'occasion de sa majorité, un cadeau qui va « durer » et une jeune fille — ou un jeune homme — à qui ils demandent conseil.

3. - Analysez un proverbe parlant de la jeunesse. Par exemple : « Il faut que jeunesse se passe »; « Si jeunesse savait, si vieillesse pouvait. »

N° 874 - 18-24 mars 1968

2 Fr

L'EXPRESS

RAYMOND ARON: DE GAULLE ET LES JUIFS

la révolte des étudiants

DISCUSSION A LA CAFETERIA DE LA FACULTÉ DE NANTERRE.
« Être jeune, c'est pouvoir se dresser et pousser les chaînes d'une civilisation périmée. » (Thomas Mann.)

N° 1184 - 18-24 mars 1974

L'EXPRE

**UNE ...
DE LA ...**
L'EXPRESS VA PLUS LOIN AV...

QUE VEULENT LES LYCÉENS ?

CET et LYCÉES TECHNIQUES EN LUTTE   COORDINATION

LA MANIFESTATION DES LYCÉENS A PARIS.
« C'est un grand problème que de savoir changer. » (Alfred Sauvy.)

L'AGE INGRAT

« Cette jeunesse qui monte va décider de notre destin. Ou bien, en refusant de reconnaître ses besoins en écoles, en logements, en emplois, la classe parvenue — à la fois en âge et en situation sociale — parviendra à la refouler, à la décourager, et finalement à réduire son nombre. Ou bien cette jeunesse qui grandit va faire éclater le cadre malthusien qui l'enserre.

« Elle le fera par ses propres besoins d'abord, par sa turbulence ensuite. Et ainsi s'ouvriront, avant même 1970 sans doute, de nouvelles pages peut-être moins sereines, mais à coup sûr plus vives dans tous les sens du mot, plus glorieuses aussi. »

Ainsi s'achève une étude d'Alfred Sauvy publiée, en 1954, par l'Express, et intitulée « La France a rendez-vous en 1970 ».

Nous y sommes.

Peu de pronostics souffriraient d'être ainsi relus après seize ans. Outre la perspicacité de l'auteur, son texte s'appuyait sur des faits scientifiquement observés et réunis. La pression démographique était, en particulier, inscrite dans les chiffres.

On sait que la proportion des moins de 30 ans, par rapport aux autres classes d'âge, proportion tout à fait inédite, est l'une des explications que l'on donne aujourd'hui à l'exubérance agressive de la jeunesse, la France n'étant qu'un théâtre parmi d'autres de cette exubérance.

Ce phénomène devrait être ressenti comme particulièrement heureux. La jeunesse, n'est-ce pas la plus précieuse des richesses nationales ? Ne l'a-t-on pas assez répété, qu'elle porte toutes les facultés de générosité, d'enthousiasme, d'innovation, d'invention, qui se retirent des hommes avec l'âge...

Or la voilà qui s'enfle de telle sorte que l'ancienne alchimie entre les générations en est transformée. Et le réflexe qu'elle inspire le plus couramment, il est bien clair que c'est la peur.

Que des jeunes gens déambulent, dans une rue, qu'ils entrent dans un lieu public en parlant un peu fort, et l'on voit des gens s'écarter, comme en Amérique devant les Noirs.

Que le chef d'une grande entreprise soit sollicité d'engager des étudiants, et il déclare : « Vous plaisantez... Je ne veux pas mettre la vérole chez moi... »

Que des adolescents demandent à leurs parents l'autorisation d'organiser une « partie » à la maison, et c'est l'envahissement par les Barbares à quoi l'on consent douloureusement.

En bref, les adultes sont en train de découvrir qu'ils n'aiment pas la jeunesse. Ils aiment les enfants, c'est bien différent.

Tout se passe comme si la jeunesse était assimilée, inconsciemment, à une race étrangère, envahissant le territoire et que l'on craint de voir, soudain, inexpugnable.

Il est vrai que, sur le territoire familial, elle pille, elle occupe, elle viole le réfrigérateur, la baignoire, le téléphone, le silence. Et, comme tout occupant, elle méprise l'occupé, qu'il soit coopératif ou réfractaire. La ségrégation opère des deux côtés.

Il est vrai que, sur le territoire national, elle se déplace par bandes parfois féroces, elle vole, elle casse, elle insulte, compensant, comme les enfants, son impuissance par des fantasmes de puissance.

Il est vrai que, s'il existe encore des garçons aux cheveux propres, des vierges de 16 ans, et des lycéens qui n'ont jamais vu une cigarette de marijuana, personne ne saurait affirmer qu'il y en aura encore l'année prochaine ou dans deux ans.

Il est vrai que la jeunesse propage ses mœurs et ses modes à la vitesse d'un incendie de forêt, qu'elle manifeste par bien des signes, et en particulier par ses costumes, son refus d'intégration à la collectivité qu'elle a envahie. Théoriquement, elle parle français. Mais ce qui parle par sa bouche est plus impénétrable que si elle parlait chinois. Il y a des interprètes : il faut accueillir leurs traductions avec précaution, la psychanalyse de cuisine ayant trouvé, depuis Mai, un terrain de choix.

Il est vrai que, omniprésente, bruyante, insolente, exigeante, moralisante, la jeunesse est à tuer. Et, justement, on ne la tue pas. Enfin ! Aucune guerre, mobilisant tous les jeunes hommes du pays, ne vient le soulager, si l'on ose dire, de son surplus démographique et de l'énergie qui provoquerait, si l'on en croit les experts en polémologie, une sursaturation d'agressivité.

A l'appui de cette théorie, ils font remarquer que l'Onu a recensé en 1968, cinquante pays où des manifestations juvéniles avaient eu lieu, mais qu'Israël a été épargné.

Il est vrai que la jeunesse exerce, sur les adultes, une demande épuisante parce que, en échange, elle ne donne rien. Autrefois, elle donnait les signes extérieurs du respect, qui console de vieillir, et, plus précieux encore, le sentiment de l'importance que conféraient le savoir, l'expérience, la sagesse.

Aujourd'hui, l'adulte est un compte en banque sur lequel elle tire des chèques.

Si on lui reconnaît un savoir, c'est pour le sommer de le restituer.

Il est vrai que la jeunesse est, en un mot, insupportable. C'est-à-dire qu'un grand nombre de gens n'ont simplement plus la force de la supporter.

Le seuil de tolérance est variable avec chacun. Les plus affectés rêvent d'une longue retraite dans un lieu interdit aux moins de 30 ans, et se barricadent, psychologiquement, voire physiquement. Parfois, ils s'inquiètent : où trouver un vaccin qui immunise leurs enfants contre la jeunesse comme on les immunise contre la typhoïde ?

Les plus résistants se disent que, à la fin, la jeunesse a toujours raison, mais qu'ils en seraient davantage convaincus si, en l'occurrence, elle consentait à expliquer ce qu'elle veut. « Qu'est-ce qu'ils veulent ? » est en passe de devenir la phrase la plus courante du vocabulaire français. On exprime par là à la fois une anxiété diffuse, et sa bonne volonté. Allons, soyez gentils, dites-le, ce que vous voulez. Si c'est possible, nous vous le donnerons, nous ne sommes pas des sauvages, nous avons été jeunes, nous aussi... Cette société, il ne faut pas croire que nous y tenons tellement. si vous avez quelque chose d'original à suggérer, nous ne serions pas contre, mais dites-nous donc ce que vous voulez...

Un jeune homme de 22 ans a répondu, dans une revue confidentielle : « Age ingrat ! le seul âge que nous souhaitons avoir. Il est toujours nôtre, l'enfant qui sanglote et mord ses draps parce qu'il a peur de devenir un jour semblable à son père.

« Age ingrat ! nom qui sera celui de l'ère qu'a ouverte Rimbaud. Notre siècle a commencé avec le geste de l'enfant qui, dans un square de Charleville, a brandi une chaise contre sa mère en disant : « Merde » parce qu'elle ne voulait pas lui acheter une nonnette.

« Et pourtant, je l'ai engendré dans la douleur, a gémi la femme. Enfin, c'est l'âge ingrat. Il y en a pour quelques années. »

« L'âge ingrat ne finira plus, madame Rimbaud. »

Cette apostrophe date de 1929. Elle était signée Roger Vailland. Elle pourrait être signée, aujourd'hui, par tous ceux qui, comme l'enfant de Charleville, veulent changer la vie au lieu que la vie les change.

Quelqu'un a-t-il un meilleur projet à leur proposer ?

F.G. ∎

I. - A voir d'abord

Mots-thèmes

Envahir : occuper un lieu, s'imposer dans un endroit.
S : envahissement (m) (Cf. ↑ invasion (f)); envahisseur (m).
Envahissant,e : qui envahit; *fam* qui impose sa présence.
Agression (f) : attaque soudaine et violente.
Agresseur (m) : celui qui attaque (une personne ou un pays).
Agressivité (f) : attitude violente, combattive et provocante.
Adj : agressif, ive.

Mots et Expressions fonctionnels p. 271

Nous y sommes; à coup sûr; outre; par rapport à; or; en bref; tout se passe comme si; à l'appui de; en un mot; voire; en l'occurrence; en passe de.

II. - Pour mieux comprendre

Ingrat,e : (i) qui n'exprime pas de reconnaissance; (ii) qui manque de grâce, gauche, désagréable.
âge ingrat : début de l'adolescence; Françoise Giroud joue sur les deux valeurs de cet adjectif.
Parvenue : *ici,* qui a atteint son but; (parvenir à qqch).
Refouler : repousser.
Enserrer : entourer, contenir dans des limites étroites.
Souffrir : *ici,* pourraient subir sans dommage.
S'appuyer sur : être fondé sur.
Inédit,e : *ici,* nouveau.
Ressentir : éprouver; accepter.
S'enfler : prendre de l'importance.
Alchimie (f) : *ici,* équilibre (m).
↑ **Déambuler** : marcher lentement, sans but précis.
S'écarter : se séparer pour laisser passer.
Engager : donner du travail à.
Je ne veux pas... moi (vulg) : Je ne veux pas introduire le désordre dans mon usine.
Assimiler à : considérer comme.
↑ **Inexpugnable** : invincible.
Piller : voler (souvent en période de guerre).
Réfractaire : qui refuse de coopérer.
Opérer des deux côtés : fonctionner dans les deux sens.
Moeurs (f. pl) : façon de vivre.
Collectivité : société.
Impénétrable : incompréhensible.
« de cuisine » (fam et péj) : vulgarisée.
Terrain de choix : endroit très favorable.
Mobiliser : recruter, réquisitionner.
Soulager : *ici,* débarrasser.
Polémologie (f) : étude scientifique, sociologique de la guerre.
Recenser : dénombrer, compter.
Etre épargné : ne pas subir.
Conférer : donner, apporter.
↑ **Sommer** : demander avec insistance, exiger.
Insupportable : trop pénible pour être accepté; désagréable.
Seuil (m) : limite (f).
Diffus,e : vague; imprécis.
Allons... vous voulez : série de clichés typiques du ton paternaliste que les parents emploient souvent avec leurs enfants.
Tenir à qqch : être attaché à qqch.
Revue confidentielle : magazine publié à très peu d'exemplaires.
↑ **Ère** (f) : époque.
↑ **Brandir** : lever en signe de menace.
Nonette (f) : petit gâteau.
Engendrer dans la douleur (expression archaïque et biblique) : accoucher.
Apostrophe : expression d'une opinion visant à choquer et à provoquer.

III. - Connotations culturelles

Malthus, Thomas (1766-1834) : économiste anglais qui a proposé la limitation de la croissance démographique pour éviter d'épuiser les ressources du monde; *malthusien, enne :* restrictif, limitatif.

Sauvy, Alfred (né en 1898) : sociologue français; auteur d'importantes études économiques et démographiques.

La pression démographique : en France comme dans beaucoup de pays, il y a eu après la Seconde Guerre Mondiale une augmentation spectaculaire de la natalité, le « baby-boom ».

Les Barbares : nom sous lequel les Grecs désignaient tous les non-Grecs et que les Romains appliquaient aux non-Romains. Par ce nom un Français désigne tous ceux qui ne se conforment pas à l'idée qu'il se fait de gens civilisés.

Depuis Mai : depuis les événements de mai 1968.

L'O.N.U. : l'Organisation des Nations Unies.

Rimbaud, Arthur : célèbre poète français qui naît à Charleville en 1854 et meurt à Marseille en 1891. Pendant sa jeunesse, il a écrit des poèmes exprimant sa révolte contre la société et dont la sensibilité profonde a exercé une influence majeure sur la poésie moderne.

Vailland, Roger (1907-1965) : journaliste et écrivain français dont l'œuvre révèle un refus des contraintes morales et la quête de la liberté.

Exercices

I. - Questions

1. - Quelles étaient les prévisions du sociologue Alfred Sauvy ?
2. - Qu'est-ce qui a contribué à donner à la jeunesse la place importante qu'elle occupe dans la société d'aujourd'hui ?
3. - Comment les adultes réagissent-ils devant ce phénomène ?
4. - Donnez les raisons pour lesquelles « il est vrai que » la jeunesse est, aux yeux des adultes, insupportable.
5. - Pourquoi les adultes posent-ils la question « Qu'est-ce qu'ils veulent ? » (col. 3, lign. 23) ?
6. - En quoi le geste de Rimbaud est-il, selon Roger Vailland, significatif ?

II. - Situations

1. - Des adolescents demandent à leurs parents l'autorisation d'organiser une « partie » à la maison. Jouez cette scène. Ensuite imaginez le dialogue après cette « partie ».
2. - Cherchez dans la presse des articles révélateurs d'une attitude favorable ou défavorable envers la jeunesse.
3. - Un dialogue comique où les participants proposent des solutions extrêmes pour se débarrasser de cette jeunesse « à tuer ».

III. - Discussion

1. - « Ils veulent changer la vie au lieu que la vie les change ». Discutez.
2. - « Les adultes sont en train de découvrir qu'ils n'aiment pas la jeunesse. Ils aiment les enfants, c'est bien différent. » A votre avis, quelle est la différence ? Êtes-vous d'accord ?
3. - Être jeune, est-ce un handicap ? Discutez.

IV. - Ici et ailleurs

1. - Existe-t-il un conflit de générations dans votre pays ? Analysez-en les causes et les manifestations.
2. - La jeunesse exerce-t-elle une influence significative dans votre société ?

V. - Développons nos moyens d'expression

1. - Lisez à haute voix le passage col 3, lign. 27-37 en adoptant l'intonation qui convient.
2. - Utilisez dans un court dialogue quelques-uns des mots suivants à la mode chez les jeunes. (*Registre* : langue parlée familière).
   Rigolo; marrant; sensas; terrible; (vraiment) génial; (drôlement) chouette; sympa; extra; furax; un machin; un truc; un copain / une copine; un mec / une nana; un boulot; sans blague; piger; ça marche.
3. - Relevez dans le texte les emprunts faits au vocabulaire militaire et les images évoquant la guerre.

VI. - A vous d'écrire

1. - Dans une lettre adressée à un journal, un adulte se plaint que la jeunesse ne donne plus aujourd'hui « les signes extérieurs du respect ». Rédigez votre réponse.
2. - Rédigez un échange de lettres entre deux amis d'une soixantaine d'années : l'un vit en ville et supporte mal l'envahissement de la jeunesse; l'autre lui vante les avantages de prendre « une longue retraite dans un lieu interdit aux moins de 30 ans ».

N° 910 - 16-22 décembre 1968

l'aventure italienne

L'EXPRESS

2,50 Fran

la révolution commerciale

LE SUPERMARCHÉ DE CHAMBOURCY (YVELINES),
« L'homme est une création du désir, non pas une création du besoin. » (Bachelard.)

Images de la vie sociale

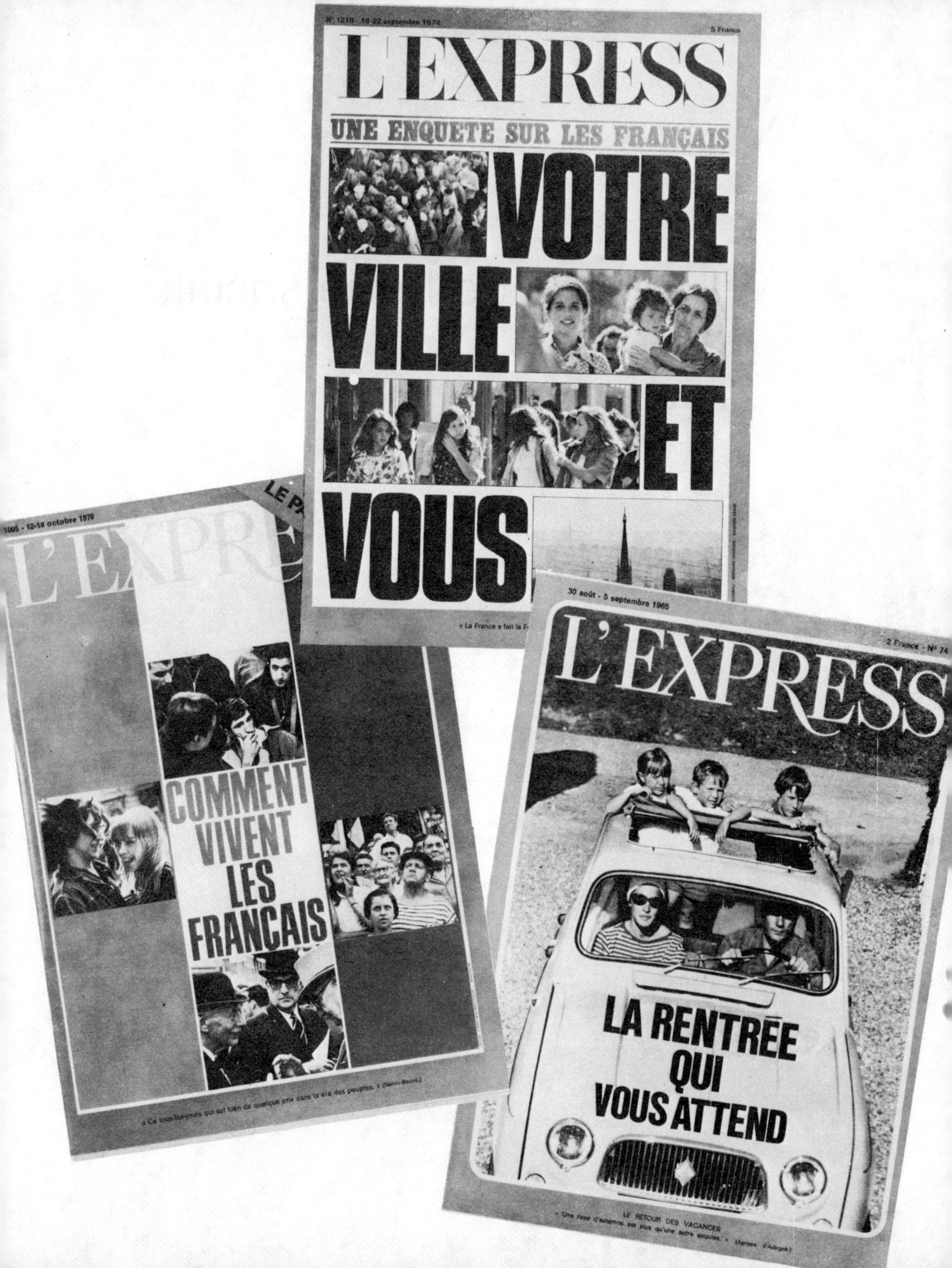
N° 1210 - 16-22 septembre 1974
5 Francs
L'EXPRESS
UNE ENQUETE SUR LES FRANÇAIS
VOTRE VILLE ET VOUS
1005 - 12-18 octobre 1970
L'EXPRESS
COMMENT VIVENT LES FRANÇAIS
« Ce tous-les-jours qui est bien de quelque prix dans la vie des peuples. » (Sainte-Beuve.)
30 août - 5 septembre 1965
2 Francs - N° 74
L'EXPRESS
LA RENTRÉE QUI VOUS ATTEND
LE RETOUR DES VACANCES
« Une rose d'automne est plus qu'une autre exquise. » (Agrippa d'Aubigné.)

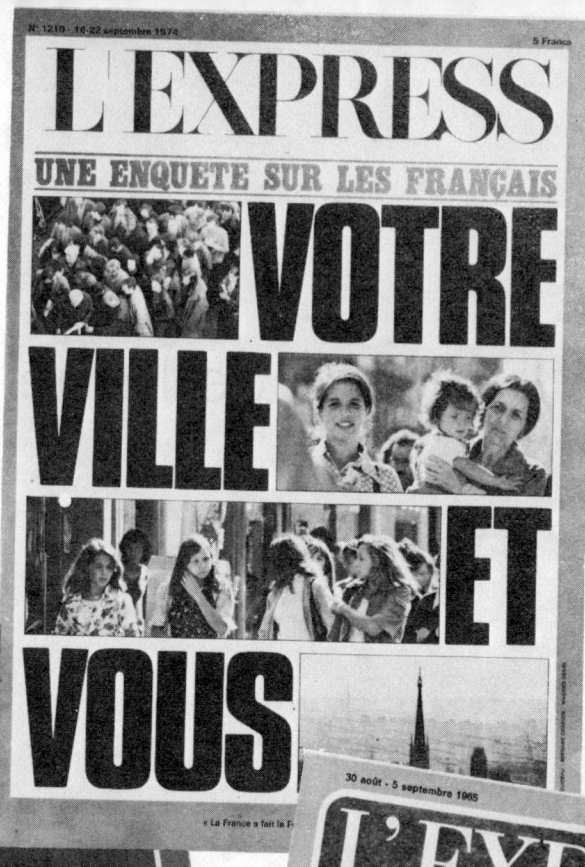

SERMONS DE NOËL

Et les huîtres, et le foie gras, et la dinde, et la bûche, et le champagne... De quoi nourrir dix Indiens pendant une semaine avec un seul de nos repas, ô honte... Sans compter les millions dilapidés en objets futiles pendant que les Vietnamiens... Sans rien dire de l'absurdité d'une société de consommation imitée de l'Amérique, où nous immolons notre identité à nos voitures automobiles et à nos résidences « grand standing », tandis que notre spiritualisme s'étiole au fond des réfrigérateurs...

Tel est le langage qu'il convient de tenir aujourd'hui, quand on est un esprit distingué qui lit Mme de Beauvoir et qui philosophe avec Jean-Luc Godard.

Qu'on me pardonne : je ne crois pas à l'efficacité de ma honte comme moteur de l'industrialisation de l'Inde, ni à sa valeur exemplaire. Que chacun soulage sa propre conscience en versant à l'UNICEF ou à l'Association du Milliard pour le Vietnam les sommes qu'il eût, autrement, consacrées à des réjouissances, c'est affaire personnelle impropre à l'exhibition. Quant à l'enfer de la société de consommation, pour brûlant qu'il puisse devenir, on ne voit pas que la France soit déjà en train d'y rôtir tout entière ni que quelque paradis l'ait précédé. Les hommes d'autrefois valaient mieux que ceux d'aujourd'hui, disait déjà Homère.

Autrefois ? En marchant dans la capitale en habit de lumière, ruisselante de tous ses feux pour que, comme des insectes, hommes et femmes viennent y brûler leurs billets, un Français de 50 ans m'a raconté ses Noëls d'enfant.

Dans ses sabots, il trouvait, comme ses cinq frères et sœurs, une orange enveloppée dans du papier d'argent. Le père était un modeste fonctionnaire. Il est tombé malade. La Sécurité sociale n'existait pas plus que les Allocations familiales. Les deux aînés, qui marchaient bien en classe, ont dû s'embaucher en usine, à 13 et 14 ans. La mère s'est mise à des travaux de couture. Toute la famille s'est nourrie de pommes de terre et de pain perdu jusqu'à ce que le père puisse reprendre une activité. Pour les aînés, c'était trop tard. Ils n'ont jamais pu surmonter le handicap de l'instruction manquée, de cinq années d'adolescence perdues.

Aujourd'hui, dans la même petite ville, celui qui occupe la même fonction a cinq enfants. L'aîné est parti dans la neige. Pour Noël, il a reçu son équipement de ski et chacun des enfants a été également gâté. La soirée du Réveillon s'est passée autour de la télévision, après un repas de fête. La mère assure tous les soins du ménage, mais, pour la lessive, elle dispose d'une machine. Peut-être faut-il avoir soulevé une lessiveuse pleine de draps pour apprécier la différence. Les chaussettes ne se reprisent plus, les fibres synthétiques ne se repassent plus, les revêtements de sol ne se cirent plus. C'est dur, de cirer.

Si le père tombe malade, la vie deviendra plus rude, la viande plus rare, mais il sera convenablement soigné et les enfants poursuivront leurs études. Cela signifie qu'ils pourront, plus tard, choisir leur travail, y prendre plaisir, en retirer estime et considération, au lieu d'être strictement esclaves du salaire reçu. Il n'y a aucune manière d'être un fraiseur heureux de fraiser ou une bobineuse heureuse de bobiner. Il y a « la paye ».

Ce ne sont ni les bons sentiments ni l'exaltation d'une quelconque solidarité humaine qui ont transformé fondamentalement la situation en moins de cinquante ans. C'est le progrès technique, après quatre mille ans de stagnation. Il n'a pas éliminé complètement le travail mécanique — cela viendra — mais il en a sensiblement diminué la durée. Il a accru la productivité, donc la possibilité de répandre le bien-être.

Tels sont les hommes, qu'ils déprécient ce bien-être dès qu'il est partagé et que, à chacun de nos besoins satisfaits, succède un nouveau besoin, de nouvelles convoitises. Freud l'avait dit avant que les économistes s'en aperçoivent. Convoitises artificiellement créées par la publicité ? Les Russes sont atteints par la même fringale sans que s'exerce sur eux aucune pression. Simplement, le désir est le moteur même de la vie. Désir d'avoir plus, d'avoir mieux, mais aussi de faire plus, de faire mieux, d'aller plus vite, plus haut, plus loin.

C'est l'absence de désir qui est redoutable. Si nous savions nous satisfaire de ce que nous avons et de ce que nous sommes, nous en serions encore à l'âge de pierre.

L'objet de nos désirs est vulgaire ? C'est vrai. L'arriéré de plaisirs matériels, que le plus grand nombre se sent encore avide de combler, est lourd. Il faut du temps pour apprendre qu'avoir n'est pas être. Mais on en parle à son aise quand on a soi-même épuisé une bonne part de ces plaisirs. Ou quand on a pu se distinguer du grand nombre par la vertu de ses talents plutôt que par la puissance de sa voiture.

Il y a tout à inventer pour que l'orientation de nos convoitises soit infléchie dans un sens plus fécond et plus noble, pour que le désir de faire plus et de savoir plus l'emporte sur le désir d'avoir plus, pour que l'instruction et l'éducation — au sens le plus large, celle par exemple — créent et stimulent le goût des plaisirs non matériels : la lecture, l'art, la connaissance scientifique, en un mot, la culture.

Mais c'est d'imagination et d'audace que nous avons besoin pour concevoir l'avenir en fonction du progrès technique, de ses pièges et de ses promesses. Les sermons, eux, n'ont jamais servi qu'au bonheur de ceux qui les prononcent. Que la prochaine année nous en garde !

F.G. ∎

I. - A voir d'abord

Mots-thèmes

Bien-être (m) : confort matériel, physique et moral.
Réjouissances (f. pl) : fêtes, plaisirs; Vb : se réjouir.
Convoitise (f) : désir ardent; Vb : convoiter.
Avide de + S, de + Inf : fortement désireux; impatient; *contr* détaché.
Soulager : apaiser, diminuer.
Apprécier : estimer à sa juste valeur.
Déprécier : estimer au-dessous de sa juste valeur.

Mots et Expressions fonctionnels p. 271

Sans rien dire de; autrement.

II. - Pour mieux comprendre

Dilapider des millions : gaspiller des millions de francs.
Immoler : sacrifier.
Grand standing : de très grand confort.
S'étioler : perdre sa force, s'évanouir.
Moteur (m) : *ici* moyen.
Les sommes (f. pl) : l'argent.
Impropre à l'exhibition : qu'il n'est pas convenable de montrer avec ostentation.
Enfer, brûlant, rôtir : image empruntée à l'enfer biblique.
En habit de lumière, ruisselante de tous ses feux : Paris est illuminé par les décorations de Noël.
Billet (m) : billet de banque.
Modeste : qui gagne peu d'argent.
Marchaient bien en classe : étaient de bons élèves.
S'embaucher : commencer à travailler.
L'instruction manquée : les études non faites.
Lessiveuse (f) : grande bassine utilisée autrefois pour faire bouillir et laver le linge.
Repriser : raccommoder.
Revêtement de sol : ce qui recouvre le sol (linoléum, carrelage, moquette...).
Fraiseur (m), **bobineuse** (f) : exemples d'emplois monotones en usine.
La paye : terme employé pour le salaire des ouvriers.
Sensiblement : d'une manière appréciable.
Accru (p. p. d'accroître) : augmenter.
Être atteint par : ne pas échapper à.
Fringale (f) : faim excessive; *ici,* convoitise.
Redoutable : à craindre, dangereux.
Arriéré : retard à combler.
Combler : satisfaire pleinement.
A son aise : facilement.
Le grand nombre : la majorité.
Infléchir : diriger, modifier.
L'emporter sur : dominer.
Que... garde ! : que la prochaine année nous évite ces sermons! ; phrase imitée de la langue religieuse, « Que Dieu vous en garde! ».

III. - Connotations culturelles

Huîtres, foie gras, dinde, bûche (gâteau), champagne : éléments traditionnels du repas de Noël en France.
Sabot (m) : chaussure en bois dans laquelle le Père Noël dépose traditionnellement les cadeaux.
Réveillon (m) : soirée et repas de la veille de Noël et du Nouvel An; Vb : réveillonner.
Les Vietnamiens : allusion à la guerre du Vietnam.
Simone de Beauvoir (née en 1908) : écrivain qui a toujours défendu les causes humanitaires et l'émancipation de la femme.
Jean-Luc Godard (né en 1930) : cinéaste engagé dont les premiers films ont profondément influencé la Nouvelle Vague.
L'U.N.I.C.E.F. : le Fonds des Nations Unies pour l'Enfance.
Homère : poète épique grec de l'Antiquité.
Fonctionnaire (m) : employé de l'État.
Sécurité sociale : système national (créé en 1945) d'assurance médicale et de protection sociale.
Allocations familiales : somme d'argent payée par l'État pour aider les familles à élever leurs enfants.
Le pain perdu : dessert fait avec les restes du pain.
Se nourrir de pommes de terre et de pain perdu : repas très pauvre sans viande.

Partir dans la neige : partir faire du ski. Les vacances de neige, autrefois réservées aux classes riches, sont maintenant accessibles aux classes moyennes et même aux enfants de classe ouvrière grâce aux classes de neige organisées par l'école.

Freud, Sigmund (1856-1939) : inventeur de la psychanalyse.

Exercices

I. - Questions

1. - Quels reproches fait-on à la société de consommation (au premier paragraphe) ? Qui fait ces reproches ?
2. - Selon Françoise Giroud, qui est-ce qui profite d'abord des dons charitables ?
3. - Quels exemples, tirés du texte, font ressortir les différences entre la vie d'autrefois et la vie d'aujourd'hui.
4. - Qu'est-ce qui a transformé cette situation ?
5. - Est-ce que les hommes se contentent de ce qu'ils ont ? Quelle en est la conséquence ?
6. - Quelle est l'explication donnée pour le goût des plaisirs matériels ?
7. - Comment ce goût peut-il se transformer en celui des plaisirs non matériels ?

II. - Situations

1. - C'est le jour de Noël et à la place des nombreux cadeaux auxquels vous vous attendiez vous trouvez une orange enveloppée dans du papier d'argent. Comment réagissez-vous ? Envisagez toutes les explications possibles (message ? mauvaise plaisanterie ?).
2. - Travail de groupe. Élaborez ensemble un sermon qui reproche à vos auditeurs leur consommation excessive de nourriture.

III. - Discussion

1. - « Les hommes d'autrefois valaient mieux que ceux d'aujourd'hui. »
2. - Le progrès technique nous rend-il plus heureux ?
3. - « Il faut du temps pour apprendre qu'avoir n'est pas être. » La société de consommation et la publicité en tiennent-elles compte ?
4. - La charité : œuvre utile à la société ou à notre bonne conscience ?

IV. - Ici et ailleurs

1. - Est-ce qu'il existe chez vous un débat pour ou contre la société de consommation ? Qui sont les personnalités qui mènent ce débat ?
2. - Le progrès technique et l'amélioration du niveau de vie. Cherchez-en des exemples dans votre pays.

V. - Développons nos moyens d'expression

1. - Relevez dans le texte tous les objets dont il est question. Classez-les en objets utiles et « objets futiles ». Complétez la liste à votre choix.
2. - Révisez les formules des vœux de Noël et de Nouvel An.
3. - Cherchez tous les équivalents de « salaire » selon les catégories professionnelles.
4. - « Les chaussettes ne se reprisent plus, les fibres synthétiques ne se repassent plus, les revêtements de sol ne se cirent plus ». Récrivez cette phrase avec le pronom *on* comme sujet. Rédigez sur ce modèle deux phrases qui se prêtent à la même transformation.

VI. - A vous d'écrire

1. - Décrivez votre maison ou votre ville décorée à l'occasion des fêtes de fin d'année.
2. - Rédigez un conte de Noël.

Rédigez un rapport qui analyse les chiffres cités ci-dessous concernant l'équipement des ménages en France.
Selon la composition de la famille, 60 à 85 % des ménages ont une voiture; 85 % des ménages avec deux enfants; 83,5 % des ménages sans enfant dont le chef de famille a moins de 35 ans; 79,3 % des ménages avec un enfant et 75,7 % des ménages avec trois enfants et plus.
Presque 85 % des ménages ont un réfrigérateur (94,8 % des ménages avec deux enfants).
62,3 % ont une machine à laver le linge (88 % des ménages avec trois enfants et plus).
24,8 % ont une machine à coudre électrique (37,9 % des ménages avec deux enfants).
3,3 % ont une machine à laver la vaisselle (6,6 % des ménages avec trois enfants et plus).
76 % des ménages ont la télévision (87,5 % des ménages avec trois enfants et plus).
(Source : I.N.S.E.E. 1976)

N° 1068 - 27 décembre 1971 - 2 janvier 1972

3 Francs

L'EXPRESS

JÉRUSALEM : LES NOUVEAUX MARCHANDS DU TEMPLE

QUI VIT AVEC
1 000
FRANCS
PAR MOIS
?

« Si notre condition est basse, la faute n'en est pas aux étoiles. » (Shakespeare.)

2,50 Francs

N° 1011 - 23-29 novembre

l'enfer parisien

L'EXPRESS

28.000 F.
PAR MOIS

SALAIRES :
l'écart est
trop
grand

700 F.
PAR
MOIS

« Il ne se trouve point d'aussi grande distance de bête à bête que d'homme à homme. » (Plutarque.)

DANS SIX MOIS, DANS UN AN...

Englué dans un caviar de voitures, ou réduit à l'usage de ses pieds pour atteindre son lieu de travail, rejoindre son domicile, ce sont des termes vigoureux qui vous viennent aux lèvres pour qualifier les grévistes.

Quand s'y ajoute le sentiment que le moment n'était pas le mieux choisi, que la situation économique où nous sommes exigerait un minimum de discipline collective, la vigueur atteint parfois la brutalité dans l'expression.

A des degrés divers, tous les Parisiens affectés par la coïncidence entre l'arrêt des trains et celui du métro, tous les non-Parisiens paralysés par la grève, s'en sont trouvés exaspérés. Légitimement.

Mais oublions un instant les désagréments personnels qui nous sont ainsi infligés, les analyses sur la stratégie subtile de syndicats, les appréciations sur leur politique : il reste les grévistes eux-mêmes. C'est-à-dire des hommes. Des hommes très semblables à ceux qui pestent dans leur voiture ou sur le quai du métro. Pour tout dire, ce sont les mêmes.

Ils n'ont nulle envie que la France se détériore davantage. Ils trouvent les impôts bien lourds. La libération sexuelle est le cadet de leurs soucis. Ils ont une femme qui aime à être gentiment habillée et qui voudrait bien voir son mari le dimanche; des enfants qui vont à l'école et qui voudraient bien que Papa ne soit pas toujours fatigué; un intérieur généralement soigné et trop étroit; une voiture, souvent, la télévision toujours. Ils ne sont ni misérables, ni affamés, ni opulents, ni satisfaits. Et ils ne demandent aucune commisération de la part des « bourgeois » au grand cœur.

Avec des yeux pour voir et des oreilles pour entendre, ils n'ont aucun besoin d'être endoctrinés pour être sensibles aux formidables disparités de revenus qui existent au sein de la société française. Si l'on vend des Ferrari, des croisières aux Caraïbes, des appartements « grand standing » et autres chatteries, c'est bien qu'il y a des personnes en situation de les acheter. Et il faut trois minutes de réflexion

pour calculer qu'à l'échelon le plus élevé des salaires, on ne saurait avoir le train de vie qu'un bon nombre de dirigeants français, hommes politiques ou industriels, ne craignent pas de soutenir, quittes à dire, candides : « Aujourd'hui, vous savez, avec les vacances, la voiture et le mal qu'on a à trouver des domestiques, tout le monde vit de la même manière. »

De la même manière avec 1 500 francs par mois ou 3 000? Avec 3 000 ou avec 6 000? Avec 6 000 ou avec 60 000? Le plus fort est qu'ils y croient.

Or que font les grévistes, ceux d'aujourd'hui ou ceux de demain? Ils ne cassent rien, ils ne pendent personne, ils ne se livrent à aucune violence. Ils se comportent comme des gens parfaitement insérés dans la réalité, n'exigent nullement une égalité subite et utopique de tous les revenus et ne demandent même pas d'augmentation de salaire. Ils veulent seulement que les progrès de la productivité se traduisent, pour eux, par une amélioration de leurs conditions de travail. Et il est bien clair que ce sera désormais le thème constant de la revendication sociale.

Alors, encore une fois, on peut contester l'opportunité des grèves de ces derniers jours et s'inquiéter de ce qu'elles annoncent, on peut déplorer que la trêve nécessaire ne semble pas devoir être respectée, et s'interroger sur les motifs des chefs syndicalistes.

Mais enfin. Qui, parmi ceux qui prêchent la patience parce que cette fois vous verrez ensuite tout va changer, qui vous l'a déjà dit mais ça comptait pour du beurre, qui se soumettrait joyeusement au mode de vie des « roulants » de la S.N.C.F., ceux qui ont déclenché le mouvement? Qui a simplement conscience de ce qu'est l'existence non pas d'un smigard, ou d'un manœuvre, mais d'un conducteur de train?

C'est un salarié relativement privilégié puisqu'il perçoit chaque mois de 1 200 à 2 000 francs, qu'il prend sa retraite à 50 ans, et qu'il aime son métier, malgré — ou grâce aux lourdes responsabilités qu'il implique. Mais son horaire de travail

s'établit couramment ainsi : trois heures de conduite, deux heures d'arrêt, trois heures de conduite, quatre heures d'arrêt, huit heures de conduite entre minuit et 9 heures du matin. Soit une « journée » de dix-neuf ou vingt heures, lardée de tranches de sommeil qu'il lui faut prendre au dépôt de la gare où il se trouve, à un rythme irrégulier. Pour ne rien dire de ses repas.

Le conducteur de train n'est pas seul à supporter un tel régime, biologiquement dévastateur et incompatible avec toute vie familiale. Le travail ininterrompu en usine, pendant lequel les équipes se relayent, est devenu pratique banale. Il est rendu nécessaire par le prix exorbitant des machines, qui doivent être amorties avant d'être périmées. L'un de ces systèmes de roulement s'appelle les 4 × 8.

Ce n'est pas inhumain puisque des hommes le font nombreux. C'est épuisant, chaotique, cela perturbe à la fois l'organisme, le psychisme et tout ce qui peut ressembler à une vie privée.

De surcroît, il s'agit le plus souvent d'un travail qui n'est guère rémunérateur en satisfactions intimes, la satisfaction du créateur, du médecin, de l'homme de gouvernement — et parfois du journaliste — de tous ceux qui vivent, eux aussi, « comme des dingues », mais non comme des machines à faire marcher des machines.

Ne faut-il pas que cela soit rappelé à ceux qui gouvernent comme à ceux qui les ont élus et qui s'offusquent quand les grévistes font des misères à M. Chaban-Delmas en débrayant?

Leur mode de vie, ils auraient pu, certes, le supporter six mois de plus. Mais dans six mois les entendra-t-on sans qu'ils crient? Les considérera-t-on sans qu'ils menacent? On admettra que le monde du travail a quelque raison de n'en être pas persuadé. Et que les contours de la « nouvelle société » promise aux Français s'ils sont sages sont un peu flous pour y accrocher l'espoir concret de dormir plus souvent dans son lit.

F.G. ∎

I. - A voir d'abord

Mots-thèmes

Grève (f) : arrêt collectif du travail pour obtenir des avantages matériels ou sociaux.

Gréviste (m. ou f) : Personne qui fait grève / est en grève.

Se mettre en grève : débrayer (fam); S : débrayage (m).

Déclencher / commencer un mouvement de grève : lancer un ordre de grève.

Revendiquer : exiger ce que l'on considère comme un droit; S : revendication (f).
Les syndicats revendiquent une amélioration des conditions de travail.

Un système / régime de travail par roulement : les équipes de travailleurs se relayent / se remplacent alternativement.

Toucher / percevoir un salaire de 3 000 francs par mois.

Échelon (m) **des salaires** : chacun des degrés successifs dans l'échelle des salaires. Être à l'échelon le plus bas / *contr* le plus élevé.

Revenu (m) **ou revenus** (m. pl) : la somme d'argent que l'on gagne par an; s'y ajoutent les rentes, les actions, etc.
Avoir de gros revenus / *contr* des revenus faibles.

L'égalité / la parité des revenus : *contr* l'inégalité / la disparité des revenus.

Mots et Expressions fonctionnels p. 271

A des degrés divers; au sein de; en situation de; le plus fort est que; or; désormais; mais enfin; de surcroît.

II. - Pour mieux comprendre

Englué... voitures : *ici,* immobilisé dans un embouteillage.

Termes vigoureux : jurons, paroles vives; S : vigueur (f).

Qualifier : dire ce que l'on pense de...

Le moment : c.-à-d. pour la grève.

La coïncidence entre l'arrêt : la grève simultanée.

Légitimement : avec raison.

Désagrément (m) : inconvénient.

Appréciation (f) : jugement (m).

Pester : manifester son irritation en utilisant « des termes vigoureux »; rouspéter (fam).

Le cadet de leurs soucis : la moindre de leurs préoccupations.

Soigné : bien entretenu, net.

Commisération : pitié mêlée de condescendance.

Être sensible à : constater, se rendre compte de...

Chatterie (f) (fam) : objet de luxe, frivolité.

Soutenir un train de vie : avoir une manière de vivre en fonction de ses revenus.

Quittes à dire candides : tout en n'hésitant pas à dire de façon faussement naïve.

Mal (m) : *ici,* difficulté (f).

Ils y croient : c.-à-d. les dirigeants.

Se livrer à : pratiquer, commettre.

Insérés... réalité : réalistes.

Subit,e : immédiat.

Se traduisent... par : leur apportent.

Contester... grèves : Cf. col 1, lign. 9.

Trêve : pause dans une lutte sociale.

S'interroger... syndicalistes : Cf. col 1, lign. 23-25.

Chef (m) **syndicaliste** : dirigeant d'un syndicat.

Cette fois... beurre : passage au style direct et en langue parlée familière.

Ensuite : plus tard.

On : c.-à-d. « ceux qui gouvernent ».

Ça comptait pour du beurre : ça n'était pas vrai.

Se soumettre à : accepter.

« Roulants » : le personnel qui travaille dans les trains (conducteur, contrôleur, etc...

Manœuvre (m) : ouvrier non qualifié.

Qu'il implique : que ce métier comporte.

Couramment : normalement, souvent.

Soit : *ici,* c'est-à-dire.

Lardée... sommeil : entrecoupée de brèves périodes de sommeil.

Supporter un tel régime : subir un tel rythme de travail.

Pratique (f) banale : habitude courante.

Qui... amorties : dont le prix d'achat doit être compensé par les bénéfices.

Périmées : usées, démodées.

Chaotique : Cf. le chaos.

Être rémunérateur en : procurer.

Vivre comme des dingues (fam) : mener une vie de fous.

S'offusquer : s'offenser, se fâcher.

Faire des misères à qqn (fam) : (*ici,* ironique) lui créer des ennuis.

Contour (m) : forme (f).

Accrocher : suspendre.

III. - Connotations culturelles

Syndicat (m) : les principaux syndicats ouvriers en France sont la C.G.T. (Confédération Générale du Travail; d'inspiration communiste), la C.F.D.T. (Confédération Française Démocratique du Travail) et la F.O. (Force Ouvrière). En France, il n'est pas obligatoire d'appartenir à un syndicat.

Gentiment : correctement mais sans excès d'élégance; mot utilisé fréquemment dans le milieu de la petite bourgeoisie.

Ferrari (f) : voiture italienne de grand luxe.

La S.N.C.F. : La Société Nationale des Chemins de Fer Français.

Smigard (m) : travailleur qui reçoit le SMIG (salaire minimum interprofessionnel garanti). C'est le salaire minimum imposé par la loi et qui est révisé régulièrement en fonction de l'augmentation du coût de la vie. En novembre 1976, la moitié des salariés français gagnait moins de 2 200 francs net par mois (environ 450 dollars).

Les 4 × 8 : système de travail par roulement selon lequel les équipes d'ouvriers se relaient toutes les huit heures (à 4 h, à midi, et à 20 h).

Chaban-Delmas, Jacques : Premier ministre de 1969 à 1972. Il a proposé un programme pour une nouvelle société où la concertation permanente entre les syndicats et l'État devait jouer un rôle fondamental (V. p. 233).

Exercices

I. - Questions

1. - De quelle grève s'agit-il ?
2. - Quelle est la réaction du public ? Pourquoi ?
3. - Comparez le mode de vie du gréviste (col 1, lign. 26) et celui d'un dirigeant.
4. - Comment les grévistes se rendent-ils compte de la disparité des revenus ?
5. - Pourquoi les travailleurs se mettent-ils traditionnellement en grève ? Qu'est-ce qui est nouveau dans les revendications de ces grévistes ?
6. - Qui sont « ceux qui prêchent la patience » ? (col 2, lign. 41-42) ?
7. - Quels sont les privilèges qu'apporte l'exercice d'une profession libérale ?

II. - Situations

1. - Un groupe de « riches bourgeois » essaie de convaincre un groupe d'ouvriers qu'« avec les vacances et la voiture... » tout le monde vit de la même manière.
2. - Dans un embouteillage ou à un arrêt d'autobus, des gens de classes sociales différentes, dérangés par la grève, commentent l'action des grévistes. (Adaptez le registre de langue au milieu social des interlocuteurs.)

III. - Discussion

1. - Croyez-vous à la grève comme moyen de contestation ?
2. - Les membres des professions libérales devraient-ils accepter d'être moins bien payés qu'un ouvrier qualifié puisque leur travail leur apporte davantage de satisfactions personnelles ?
3. - « Nous vivons tous comme des machines. » Qu'en pensez-vous ?

IV. - Ici et ailleurs

Faites une enquête sur les motifs d'une grève ouvrière dans votre pays. La revendication principale des grévistes est-elle la même que celle dont il est question dans cet éditorial ?

V. - Développons nos moyens d'expression

1. - Donnez le substantif qui correspond aux adjectifs suivants en indiquant son genre :
vigoureux ; exaspéré ; subtil ; fatigué ; soigné ; misérable ; affamé ; satisfait ; utopique ; nécessaire ; familial ; sage.

2. - Remplacez les tirets par un adjectif convenable :

un travail .... ;   des impôts .... ;   un prix .... ;

un rythme .... ;   un échelon .... ;   une grève .... ;

3. - Remplacez les tirets par un verbe convenable (à l'infinitif) :

.... un horaire de travail ;   .... une augmentation de salaire ;

.... un train de vie ;   .... sa retraite ;

.... un régime de travail ;   .... un mouvement de grève.

4. - Étudiez et comparez la valeur de la construction négative dans les phrases suivantes. D'après le modèle de chaque phrase, rédigez vous-même une phrase :
   a) Ils ne demandent aucune commisération.
   b) Ils ne se livrent à aucune violence.
   c) Ils n'ont aucun besoin d'être endoctrinés.
   d) Ils n'ont nulle envie que la France se détériore davantage.
   e) Ils n'exigent nullement l'égalité des revenus.

VI. - A vous d'écrire

1. - Imaginez-vous dans la situation d'un(e) gréviste et rédigez un tract pour faire connaître vos revendications.
2. - La femme d'un conducteur de train écrit à sa sœur qui a épousé un employé de bureau et se plaint de l'impossibilité de mener une vie familiale normale.
3. - Décrivez le mode de vie que vous aimeriez avoir et les satisfactions que vous en attendez.

LA SOIRÉE D'UN AGENT TIMIDE

Qu'y avait-il donc, dans l'air de Paris, lundi? La fragrance du printemps, la clémence du ciel où les oiseaux n'en finissaient pas de coudre les toiles bleues de la nuit, les corps déliés, sous leur robe, de ces jolies filles que l'on doit enfermer, l'hiver, dans des serres puisqu'on ne les rencontre qu'aux beaux jours...?

Et puis, l'agent n'avait pas vu le film. L'agent qui assurait la circulation devant le cinéma Balzac, où passe la version originale de « Bullitt ».

Une file d'attente s'allongeait sur le trottoir étroit, entre le mur et la chaussée, vide de voitures en stationnement sur vingt mètres. Une foule patiente, polie, pacifique, a-référendaire, a-querelleuse, a-contestatrice.

Survint une petite Austin-Cooper rouge. La conductrice manœuvra pour se ranger, arrêta son moteur. L'agent s'approcha. Stationnement interdit, dit-il. Elle obéit.

Puis ce fut une DS 21 grise. Le conducteur fit ce qu'il put, c'est-à-dire qu'il bloqua derrière lui une, deux, trois voitures. Le temps de tourner quatorze fois son volant pour s'insérer au centre de la belle place vide. Il arrêta son moteur. L'agent s'approcha. Stationnement interdit, dit-il. Le conducteur obtempéra.

Tour à tour, une Simca, une Renault, un imposant cabriolet Mercedes et leurs conducteurs respectifs crurent au bonheur, et y renoncèrent sans humeur. Le dernier fut accueilli par les rires amusés de la foule. Mais qu'y avait-il dans l'air ce soir-là? Il se mit à rire, lui aussi, et s'en fut, pied au plancher.

Enfin Matra vint. Une Matra blanche, immatriculée 8474 WWD 75. S'en extirpa un couple assorti. Assorti à la Matra. L'agent poussa un petit coup de sifflet. L'homme à la Matra poussa un petit rire. Il avait cet air propre aux messieurs bronzés qui trouvent toujours des tables dans les restaurants où je suis désolé Monsieur mais si vous n'avez pas retenu, des wagons-lits veille de Pentecôte quand je suis désolé Monsieur mais tout est loué depuis un mois et une place à 8 heures sur les Champs-Elysées. Bref, le genre d'homme autour duquel les files d'attente se transforment en autant de baïonnettes prêtes à bouter l'intrus hors du sol sacré du trottoir pour peu qu'il insiste.

Mais qu'y avait-il dans l'air ce soir-là? Il insista, et entreprit de convaincre l'agent de son droit à stationner. Montrant sur son pare-brise le caducée des médecins. Et une houle de rires parcourut la foule comme la houle d'un vent tiède dans les marronniers. Et c'était bien le genre d'homme qu'on croyait puisque ce fut l'agent qui obtempéra, sans même lui demander une consultation pour les yeux qu'il devait avoir faibles, puisqu'il les protégeait derrière des lunettes noires.

Aussi bien, puisque la conversation avait lieu exactement devant l'entrée du cinéma, l'homme à la Matra et sa compagne y restèrent, faisant ainsi reculer de deux places ceux qui n'étaient déjà pas assurés de voir « Bullitt » une demi-heure plus tard. Et pas une baïonnette ne se leva.

Quelques minutes passèrent. Un automobiliste libéra un rectangle sacré derrière la Matra. L'agent eut un geste vague. Grand seigneur, l'homme à la Matra poussa la bonne grâce jusqu'à remonter dans sa voiture pour la reculer, puis retourna dans la file d'attente.

C'est alors que parut la Ford. Une sorte de cuirassé immatriculé 3746 US 75 qui piqua dans l'espace vide. La foule, secouée par le fou rire, guetta le petit coup de sifflet. Oserait-il? Il n'osa. Le conducteur de la Ford était peut-être GIG (Grand invalide de guerre) ou CD (Corps diplomatique) et l'agent avait perçu la plaque qui l'indiquait? Pas de plaque. Le conducteur de la Ford allait-il être la goutte d'eau qui fait déborder le vase?

Il descendit, étonné de voir cent paires d'yeux braqués sur lui, cent paires de lèvres retroussées sur un sourire, vérifia discrètement sa tenue et disparut quelque part, très loin, au bout de la file d'attente.

Comme sur un court de tennis, les cent paires d'yeux revinrent se poser sur l'agent? Contravention? Non. La seule goutte d'eau, on aurait juré qu'elle perlait de ses yeux, là, derrière les lunettes noires, parce qu'une foule parisienne tendrement amusée par un petit agent timide un beau soir de printemps, c'est l'inconnu, l'angoissant imprévu... A sale flic, mort aux vaches, C.R.S. — S.S., on a de la réponse. Mais quand le refrain n'est pas celui de la chanson, comment savoir?

A cette foule qui ne lui voulait aucun mal, que pouvait-il dire? « Moi aussi, j'ai passé la journée dans l'herbe avant de prendre mon service et il faisait doux à Nogent, et l'ordre il en faut, mais cette espèce de folie française du désordre, de la fière resquille, du week-end de Pâques où l'on part 60 000 voitures vers l'ouest et où l'on revient 40 000 parce que les autres ont dit : « Il fait si beau, tant pis, on rentrera demain. Ou après-demain. Le travail, il nous attendra... » Ces week-ends où il n'y a « que » cent vingt-deux morts sur les routes et ces barricades où il n'y en a pas... Ce chef d'État auquel il faut rappeler tous les six mois qu'on l'a élu pour sept ans si bien qu'on finira par oublier de lui crier « bis » après son grand morceau, surtout s'il fait ce temps-là le 27, vous pensez qu'il y aura du monde à la pêche... Cette folie française, pourquoi moi, le petit agent de la rue Balzac, je n'y participerais pas? »

Mais il n'a rien dit. Il s'est volatilisé, englouti dans le flot des spectateurs qui sortaient, tandis que les autres commençaient d'entrer et préparez la monnaie s'il vous plaît.

Sur l'écran, il y eut soudain une vraie bagarre, de vrais morts, de vraies voitures aux pneus hurlant dans les rues en toboggan de San Francisco, sous le vrai soleil de Californie. Et un vrai policier qui ressemblait à Steve MacQueen et qui s'y connaissait, lui, en ordre et en vertu.

On se retrouvait entre gens sérieux. La comédie de la rue Balzac était finie.

F.G. ∎

Notes

I. - A voir d'abord

Mots-thèmes*

Stationner : garer, ranger sa voiture.
S : stationnement (m); voiture (f) en stationnement.
Stationnement interdit, *contr* stationnement autorisé.
Se ranger : se garer.
Avancer / reculer une voiture : manœuvrer.
Contravention (f) : amende (f) (pour excès de vitesse, pour stationnement interdit, etc.).

Mots et Expressions fonctionnels p. 271

Tour à tour; bref; c'est bien + S; aussi bien.

II. - Pour mieux comprendre

↑ **Fragrance** : odeur agréable.
↑ **Clémence** : douceur.
Toile (f) : tissu (m).
Délié,e : libéré.
Serre (f) : construction vitrée où l'on garde en hiver les plantes fragiles.
Assurer : *ici,* diriger.
Version originale : la voix des acteurs n'a pas été doublée (en français).
S'allonger : devenir de plus en plus long.
A-référendaire, etc. : indifférent au référendum...
Survenir : arriver.
S'insérer : se mettre.
Obtempérer (vocabulaire administratif) : obéir.
Cabriolet : voiture décapotable.
Sans humeur : sans manifester de mauvaise humeur.
S'en fut : partit.
S'extirper : sortir avec peine.
Assorti à : en parfait accord avec.
Bronzé,e : dont la peau a été brunie par le soleil.
Je suis... retenu ; je suis... mois : transcription directe de la réponse qui serait donnée par le maître d'hôtel ou par le contrôleur du train.
Place à 8 heures : *ici,* une place de stationnement...
Entreprendre de : essayer de.
Houle (f) : mouvement en forme de vagues.
Sans même... faibles : allusion au fait que le propriétaire de la Matra est médecin.
Compagne : la femme qui l'accompagne; euphémisme contemporain pour maîtresse.
Rectangle sacré : « sacré » parce que les places de stationnement sont extrêmement difficiles à trouver dans le quartier des Champs-Elysées.
Grand seigneur : agissant à la façon d'un prince qui accepte d'accorder une faveur.
Poussa... grâce : consentit à faire preuve de bonne volonté.
Cuirassé (m) : navire de guerre.
Piquer dans : *ici,* se précipiter sur la place comme un bombardier.
Le fou rire : rire intense et incontrôlable.
Guetter : *ici,* attendre et espérer.
Percevoir : remarquer.
La goutte d'eau... vase : le dernier événement d'une série qui finit par faire perdre patience
Braquer sur : diriger fixement vers.
Retrousser : relever.
Perler : sortir en forme de perle.
Sale flic, mort aux vaches, C.R.S.-S.S. : trois insultes habituelles qu'on adresse à la police.
Resquille : « l'art » d'obtenir des avantages sans y avoir droit et qui provoque chez le resquilleur un sentiment de fierté; Vb : resquiller.
Tous les six mois : très souvent.

* Voir aussi p. 84.

Se volatiliser : disparaître.

Préparez la monnaie s'il vous plaît : expression utilisée par les caissières à l'entrée des cinémas.

Bagarre : ↓ combat, échange de brutalités.

S'y connaître en : être expert en.

III. - Connotations culturelles

Le cinéma Balzac : cinéma d'exclusivité situé dans la rue Balzac en haut des Champs-Elysées.

« Bullitt » : film américain (1969) mettant en scène un policier casse-cou (appelé Bullitt, joué par Steve McQueen) qui risque sa vie au cours d'une spectaculaire poursuite en voiture pour arrêter un malfaiteur.

Une DS 21 : voiture Citroën, symbole pour les Français d'une certaine aisance.

Une Simca, une Renault : voitures populaires.

Une Matra : première voiture de sport française; évoque le luxe avec ostentation.

Une Ford : cette puissante voiture américaine est en France le signe extérieur d'une richesse récemment acquise. Par rapport aux voitures européennes généralement plus petites, les grosses voitures américaines sont souvent comparées à des tanks, bateaux, etc. (cf. *cuirassé*).

WWD 75 : la lettre W indique une voiture neuve à l'immatriculation provisoire; 75 est le numéro de code de Paris.

Enfin Matra vint : pastiche du vers célèbre de *Art Poétique* de Boileau : « Enfin Malherbe vint... ».

Bouter l'intrus hors du sol sacré : allusion à la phrase historique de Jeanne d'Arc et au slogan patriotique français de la Première Guerre Mondiale. L'image est utilisée ici pour évoquer l'hostilité que le conducteur de la Matra provoque en profitant de ses privilèges.

Le caducée des médecins : signe symbolique représentant la profession médicale et qui, collé sur le pare-brise, permet aux médecins de se garer partout.

C.R.S. : Compagnie Républicaine de Sécurité; section de la police affectée à la répression des manifestations.

Nogent-sur-Marne : ville de la banlieue parisienne au bord de la Marne; cet endroit a été longtemps un lieu de promenade et de bals populaires où les ouvriers allaient s'amuser le dimanche.

Ces barricades... pas : A l'occasion des révoltes populaires qui ont éclaté à Paris depuis la Révolution, les insurgés ont dressé des barricades dans les rues. Ici l'auteur fait allusion aux barricades de mai 1968 où contrairement aux émeutes précédentes, il n'y a pas eu un seul mort malgré la violence des affrontements.

Ce chef de l'État : allusion au général de Gaulle qui a utilisé souvent le procédé du référendum pour obtenir une nouvelle preuve de sa popularité. Depuis le référendum d'octobre 1962, le président est élu au suffrage universel pour une période de sept ans.

Le 27 avril 1969, une majorité de Français a voté « non » au référendum sur la réforme du Sénat et sur la régionalisation, ce qui a provoqué la démission du général de Gaulle.

Exercices

I. - Questions

1. - A quelle époque de l'année se passe cette scène ? Est-ce important ?
2. - Classez les différentes voitures dont il est question et décrivez le comportement de leurs conducteurs. Comment peut-on expliquer ce comportement ?
3. - Pourquoi l'agent ne donne-t-il pas une contravention au conducteur de la Ford ?
4. - Comment décrit-on la foule au début de cette scène ?
   Analysez ses réactions par la suite. Sont-elles surprenantes ? Pourquoi ?
5. - En quoi le policier du film correspond-il davantage à l'image classique du policier que l'agent timide de la rue Balzac ?
6. - « On se retrouvait entre gens sérieux ». Pourquoi cette remarque est-elle ironique ?
7. - Quelle est l'image des Français qui ressort de ce texte ?

II. - Situations

1. - Relevez dans le texte les détails comiques puis élaborez en classe le scénario d'un petit film muet sur ce thème à la manière de Charlie Chaplin. N'oubliez pas d'indiquer les mouvements des acteurs.
2. - Une semaine plus tard, l'agent timide a vu le film et décide qu'il sera désormais un « vrai policier ». Distribuez des rôles et jouez la scène de la rue Balzac.
3. - Des étrangers dans un restaurant français ont du mal à commander leur menu. Un garçon, une serveuse et le patron essaient de les aider.

III. - **Discussion**

1. - Quels sont les inconvénients de l'invasion des grandes villes par les voitures ?
2. - L'esprit de discipline ou la resquille. De ces deux attitudes, laquelle est préférable dans la vie sociale ?
3. - Pour ou contre les films de violence.

IV. - **Ici et ailleurs**

1. - Est-ce qu'il existe dans votre pays des exemples de la « folie française » telle qu'elle s'exprime ici par une série de contradictions ?
2. - Demandez à chaque étudiant de la classe ou à des personnes aussi différentes que possible de vous donner quatre adjectifs qui décrivent le comportement des Français. Comparez les réponses.

V. - **Développons nos moyens d'expression**

1. - Relevez dans ce texte les expressions qui appartiennent à la langue parlée.
2. - Relevez ensuite des exemples du style littéraire (vocabulaire, temps des verbes, inversion du sujet...).
3. - Quel est l'effet obtenu ici par le mélange de la langue parlée et du style littéraire ?
4. - Notez toutes les expressions dans le texte ayant un rapport avec le rire et classez-les par ordre d'intensité.

VI. - **A vous d'écrire**

1. - Décrivez cette même scène en la situant en hiver (vent froid, pluie glaciale et mauvaise humeur générale). Imaginez alors une fin toute à fait différente.
2. - Dialogue entre un agent de police et un automobiliste arrogant qui veut absolument garer sa voiture dans un endroit interdit.

Qualité de la vie

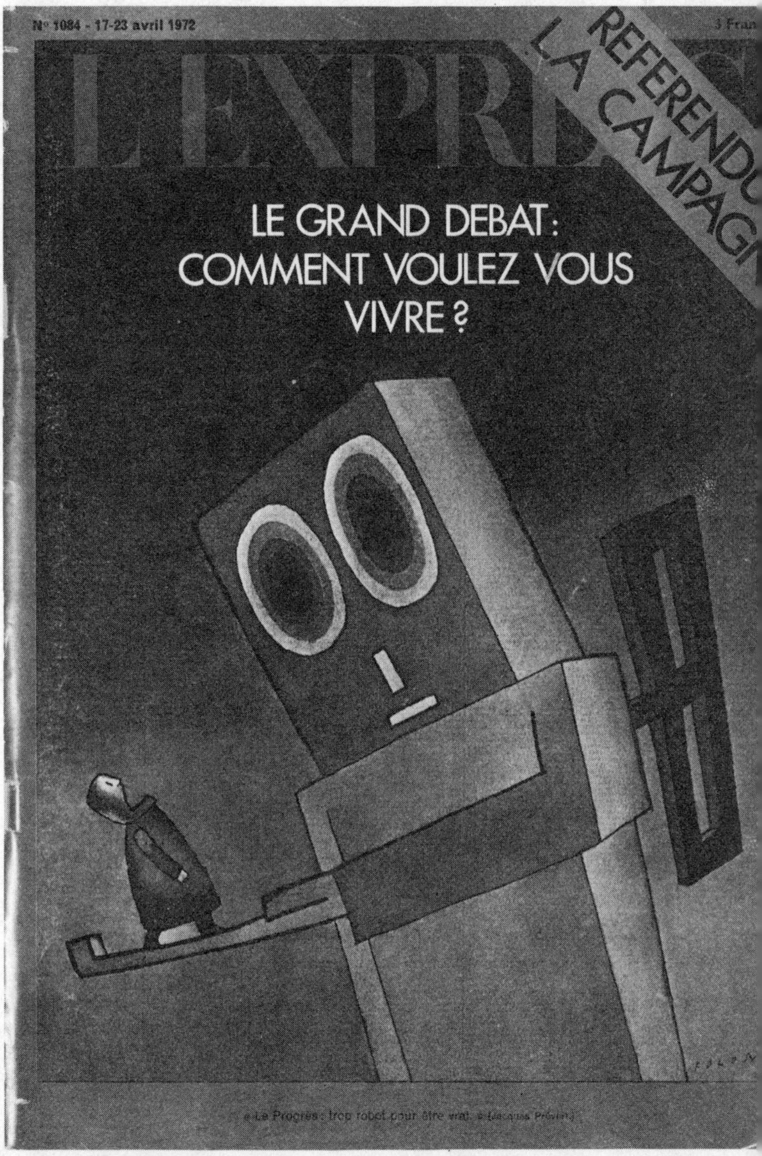
N° 1084 - 17-23 avril 1972
3 Fran
L'EXPRES
REFERENDU
LA CAMPAGN
LE GRAND DEBAT :
COMMENT VOULEZ VOUS
VIVRE ?
« Le Progrès : trop robot pour être vrai. » (Jacques Prévert)

POURQUOI LA CROISSANCE?

Donc, nous sommes dans un monde fini, la Terre. Nous y sommes trop nombreux, nous dilapidons ses ressources naturelles à une cadence telle que nous aurons bientôt épuisé ses matières premières, nous polluons l'air, nous polluons l'eau, nous appartenons globalement à l'espèce méprisable qui a inventé l'automobile et quelques autres produits également répugnants. Bref, si nous avions la moindre pudeur, nous draperions nos miroirs de crêpe, et, si nous possédions une once de sagesse, la stérilisation serait déjà rendue obligatoire par les Nations unies, en même temps que la bicyclette.

Il faut des usines pour fabriquer des bicyclettes? Alors, pas de bicyclettes non plus. Pieds nus dans la rosée du matin.

Tels sont, du moins, les sentiments qu'il convient d'éprouver et d'exprimer aujourd'hui. Car il y a aussi, et combien tyrannique, une mode dans les idées.

Loin de moi la pensée que le débat qui s'est ouvert et qui se développe autour de « la finalité de la croissance » et des buts de l'expansion soit frivole. Il est majeur. Simplement, il y a deux façons de le considérer.

La première : le progrès est échec; la machine à laver ne dissipe pas l'angoisse existentielle, au contraire, elle lui laisse le temps de s'exprimer; le mieux-être matériel, oublié à peine est-il acquis, ne s'accompagne d'aucun sentiment subjectif de bonheur; à être mal partagés, les fruits de la productivité agacent l'amertume plus qu'ils n'assouvissent les désirs. Alors : zéro pour la croissance.

La seconde : jamais le progrès n'a eu pour fin le mieux-vivre et le bonheur de la collectivité humaine, mais l'accroissement de la puissance de quelques-uns, le reste n'étant que retombées aveugles — fécondes d'ailleurs, mais aveugles — sur le grand nombre.

Ce qui est neuf, c'est que l'on en prenne largement conscience et que, singulièrement parmi les plus jeunes, seule la notion de progrès collectif étendu à tous, et dirigé en priorité vers le mieux-vivre, ait désormais un sens.

Reste à élaborer le modèle de développement qui permettra d'y parvenir. C'est un bon et vaste programme pour une génération. Il peut s'accommoder de colère ou d'impatience. Pas de neurasthénie.

F.G.

Notes

EXPRESS, N° 1094 - 26 juin 1972

I. - A voir d'abord

Mots-thèmes

Polluer : rendre malsain, dangereux. S : pollution (f).

Croissance (f) : (en économie) augmentation de la production et du niveau de vie; *Syn* expansion (f); progrès (m) (terme plus général). *Contr* régression (f); récession (f); recul (m).

Croissance (f); Vb : croître (augmenter); Adj : croissant,e. Accroissement (m) : Augmentation (f); Vb : accroître; Adj : accru,e. Progrès (m); Vb : progresser; Adj : progressif,ive.

Finalité (f) : fin (f), but (m), objectif (m).

Mots et Expressions fonctionnels p. 271
Bref; désormais.

II. - Pour mieux comprendre

Un monde fini : un monde aux ressources limitées; Cf. *contr* infini.

Dilapider : dépenser d'une manière excessive, gaspiller.

Cadence (f) : rythme (m), vitesse (f).

Matière première : produit destiné à être transformé, *ex.* le charbon.

Répugnant,e : dégoûtant, détestable.

Une once de... : une très petite quantité de.

Stérilisation (f) : opération qui empêche l'homme ou la femme de procréer.

Dissiper : éliminer, faire disparaître.

L'angoisse existentielle : la vive inquiétude provoquée par les questions que l'on se pose sur les raisons d'exister.

Mieux-être (m) : Cf. le bien-être (la satisfaction des besoins, le confort).

Fruit (m) : *fig* résultat avantageux, profit.

Agacer : provoquer, exaspérer.

Assouvir : satisfaire.

La collectivité humaine : tous les hommes.

Retombée (f) : conséquence.

S'accommoder de : s'accompagner de.

Neurasthénie (f) : état de dépression et de tristesse.

III. - Connotations culturelles

Draper de crêpe (m) : orner de tissu noir à l'occasion de la mort de qqn.

Les Nations Unies : l'Organisation des Nations Unies (l'O.N.U.).

Zéro pour la croissance : tournure tirée de l'expression « zéro pour la question »; le système de notation scolaire va de 0 à 20. Ici l'auteur fait également allusion à « la croissance zéro », formule lancée par les économistes qui s'opposent à une politique de croissance excessive et désordonnée.

Exercices

I. - Questions

1. - Quelle image de la collectivité humaine actuelle Françoise Giroud présente-t-elle dans les deux premiers paragraphes ?
2. - Pourquoi exagère-t-elle cette image ? Est-ce qu'elle partage elle-même entièrement ces opinions ?
3. - La stérilisation et la bicyclette ont-elles la même importance ? Quel est l'effet produit ici par cette association ?
4. - Pourquoi peut-on dire que « le progrès est échec » (lign. 28) ?
5. - Qu'est-ce qui vous paraît cynique dans la seconde façon de considérer le progrès ?
6. - De quelle façon « les plus jeunes » peuvent-ils influencer le débat sur la croissance ?
7. - Dans quelle mesure la colère et l'impatience peuvent-elles jouer un rôle plus positif que la neurasthénie dans l'élaboration de ce programme.

II. - Situations

1. - Les étudiants se divisent en groupes pour présenter ensuite à la classe en justifiant leur choix :
   a) les 10 machines et appareils qu'ils jugent les plus indispensables à la vie quotidienne;
   b) d'autres produits « répugnants » comme l'automobile;
   c) les grandes idées actuellement à la mode;
   d) les cinq priorités qu'ils estiment nécessaires au bonheur futur de la collectivité humaine.

III. - Discussion

1. - Le progrès et la pollution.
2. - Il ne s'agit pas de bien vivre mais de mieux vivre.
3. - Quels devraient être selon vous les objectifs de la croissance ?

IV. - Ici et ailleurs

1. - Comparez les idées exprimées dans ce texte à celles qui ont cours actuellement dans votre pays.
2. - Faites une enquête sur un événement significatif qui a opposé ceux qui veulent protéger l'environnement à ceux qui soutiennent la croissance à tout prix.

V. - Développons nos moyens d'expression

1. - Quelle est la différence entre « le crêpe » et « la crêpe » ?
2. - Étudiez les constructions suivantes et rédigez vous-même deux phrases d'après chaque modèle :
   a) Il y a aussi, *et combien tyrannique,* une mode dans les idées. (= Il y a aussi une mode dans les idées et elle est très tyrannique). Tournure qui, en langue soutenue, exprime l'intensité.
   b) Loin de moi la pensée (l'idée) que... (= je ne pense pas du tout que...). Tournure exclamative et emphatique.
   c) ... oublié, à peine est-il acquis... (= ... oublié aussitôt après avoir été obtenu...). *A peine* indique une succession rapide entre deux événements.
   d) *A* être mal partagés... (= Parce qu'ils sont mal partagés...). Tournure qui indique la cause.
3. - « Pas de neurasthénie ». Dans le contexte, développez cette tournure elliptique pour en faire une phrase sans ellipse. Pourquoi Françoise Giroud a-t-elle employé la tournure elliptique ? Relevez les autres phrases sans verbe dans ce texte. Quel effet produisent-elles ?

VI. - A vous d'écrire

1. - Rédigez pour votre journal local le compte-rendu de l'une des discussions proposées ci-dessus.
2. - Rédigez un tract s'opposant pour des raisons écologiques à un projet qui ne respecte pas l'environnement.
3. - Rédigez une publicité pour l'adoption de la bicyclette comme moyen de transport.

N° 963 - 22-28 décembre 1969

2,50 Francs

entretien:
le prieur destitué

L'EXPRESS

sports d'hiver
LE GRAND BOND EN AVANT

LA STATION D'AVORIAZ (HAUTE-SAVOIE.)
« Il est bon de suivre sa pente, pourvu que ce soit en montant. » (André Gide.)

L'EXPRESS

N° 810 - 26 déc. 1966-1er janv. 1967

POUR DES VACANCES PERMANENTES

AU SOLEIL EN HIVER.
« Un jour de loisir, c'est un jour d'immortalité. » (Proverbe chinois.)

DOUX PAYS

Il paraît que nous devenons contagieux.

Les Anglais, à leur tour, seraient atteints par une forme atténuée de ce virus spécifiquement français : le virus des vacances.

Non que, sur la durée globale d'une année, nous fournissions moins de travail que les citoyens des autres pays industriels. Au contraire. Les Français travaillent davantage. Mais la répartition de leur activité se fait autrement, leurs journées sont plus longues, leurs semaines aussi. De sorte qu'ils se retrouvent riches de quatre semaines de congé consécutives.

Or rien ne saurait les dissuader, semble-t-il, de les prendre en juillet (8 millions) ou en août (11 millions). Grâce à quoi la France est le seul pays au monde qui traverse l'été plongé dans une sorte de torpeur inconnue ailleurs.

L'Université? Partout, il y a abondance de sessions d'été, de séminaires, voire de cours réguliers. En France, ce ne sont pas les vacances universitaires qui marquent une trêve dans l'année de travail. Ce sont les périodes d'enseignement qui interrompent parfois les vacances.

Paris? C'est l'unique capitale pratiquement privée de spectacles.

Le monde des affaires? Il sommeille. Le monde politique? On voudrait avoir envie de fomenter un coup d'Etat pour le tenter à la mi-août et le réussir. Qui s'y opposerait? Peut-être les huissiers des ministères. Mais les comploteurs eux-mêmes, s'il y en a, sont en vacances. Doux pays, il faut bien le dire, celui où, au creux de l'été, lorsque les révolutionnaires revendiquent, il s'agit du droit au même sable pour tous sur les plages de Juan-les-Pins.

Tout se passe comme si la France engourdie rêvait de vivre au régime de ses écoliers, le seul régime qu'elle ne songe jamais à renverser et qui nous est d'ailleurs bien particulier.

Nulle part ailleurs, on ne parle de « rentrée ». Parce qu'il n'y a pas de sortie. Cette rentrée, on la prévoit toujours difficile, on l'annonce toujours parsemée de tumultueux rendez-vous, comme pour justifier l'espèce d'armistice qui s'établit l'été. Et cela donne à des antagonismes pourtant bien réels un curieux caractère d'artifice.

Les visiteurs étrangers qui traversent Paris s'étonnent et repartent rêveurs : tout un pays peut donc, ainsi, suspendre son souffle? Détendre ses ressorts? Peut-être ne le peut-il pas. Mais il le fait. Et rien n'indique qu'il soit sur la voie du changement.

Obstinément, tous ceux qui se déplacent pour leurs vacances partent ensemble et rentrent ensemble. Ils s'entrechoquent sur les rivages, ils s'entretuent sur les routes, ils vivent de purs cauchemars. N'importe. Ils persistent.

Chaque année, les injonctions au gouvernement d'avoir à « faire quelque chose » redoublent. Injonctions humoristiques quand on imagine les hurlements que provoquerait la moindre mesure autoritaire qui prétendrait réglementer les vacances. Et peut-il en avoir d'autres?

Chaque année, la concentration d'automobiles sur les routes aux dates charnières va croissant. Ce n'est pas le résultat d'une fatalité. Ni d'une contrainte pesant sur tous, puisqu'il n'y a pas d'enfants d'âge scolaire dans tous les foyers, il s'en faut. Alors, si le nombre de Français prenant simultanément leurs vacances augmente, au lieu que se réalise spontanément l'étalement que chacun préconise dans l'abstrait, c'est qu'il doit y avoir une bonne raison. Si c'était le résultat d'un choix?

Ils ne sont pas fous, les Français. Ils savent bien que la mer est froide, en juin, sur les côtes de leur pays. Et qu'en septembre les journées sont courtes.

Ils savent bien que juillet et août sont les mois les plus abondants en journées chaudes et orageuses, donc fatigantes et peu engageantes au travail.

Le président de la République, par exemple, ne s'y trompe pas. Il choisit lui aussi le mois d'août pour prendre du repos et pour en accorder à ses ministres. Il ne met pas le gouvernement en vacances en novembre ou en mars.

N'importe quel bénéficiaire de congés payés est assez malin pour comprendre qu'en la matière l'exemple qui vient de haut est bon à suivre.

On voit bien toutes les raisons, économiques en particulier, qui postulent en faveur de départs échelonnés tout au long de l'année. Mais ce qu'on ne voit pas, ce sont les raisons individuelles que les intéressés auraient d'y soumettre leurs habitudes.

« Vous êtes bien bêtes, leur dit-on. Partez plutôt au printemps, il n'y a personne, c'est délicieux! »

Mais qui va en vacances pour ne rencontrer personne? Ce sont là des choses que l'on raconte. « Nous allons dans un endroit formidable où il n'y a personne. » Eh bien, allez-y, et sauf à être deux éperdument amoureux, bonnes soirées!

Personne, c'est délicieux, en effet. Quand on est nombreux. Quand on peut alterner à son gré l'espace, le silence, la solitude, avec l'animation, le bruit, la présence de compagnons de sport, de jeu ou de conversation. Entre deux inconvénients, l'oppression de la foule et celle de la solitude, la cohue et l'isolement, le premier est généralement ressenti comme moins pénible, c'est un fait.

« Partez en février, leur dit-on encore. La montagne est superbe. »

Ils sont prêts à en convenir. S'ils bénéficient dans l'avenir de cinq ou de six semaines de congé, ils ne refuseront pas d'aller aussi à la montagne. Mais cela ne les empêchera pas de partir, l'été, en juillet-août.

Ils ne sont pas fous, les Français. Ils savent bien que, du temps où seules les familles bourgeoises bien nanties partaient en villégiature comme on disait alors, elles quittaient la ville du 1er juillet au 15 septembre. Quand on veut infléchir les mœurs, on oublie toujours à quel point le mode de vie qui a été celui de ces familles est resté, en France, le modèle inconscient du bien vivre. Avec de bonnes raisons. Nul n'a mieux vécu.

F.G. ∎

Notes

I. - A voir d'abord

Mots-thèmes

Partir en villégiature : partir en vacances.

Congés payés : vacances annuelles payées auxquelles ont droit tous les salariés français. (Loi votée en 1936).

Étaler : répartir, échelonner.

L'étalement des vacances : la répartition, l'échelonnement des départs en vacances sur une période plus étendue, par exemple de mai à octobre et non pas uniquement en juillet-août.

Mots et Expressions fonctionnels p. 271

A leur tour; non que *(+ subjonctif);* autrement; or; grâce à quoi; voire; tout se passe comme si; d'ailleurs; n'importe; aller croissant; il s'en faut; en la matière; à son gré.

II. - Pour mieux comprendre

Atteints par : touchés par.

Atténué,e : faible.

Trêve (f) : pause, coupure.

Privé de : sans.

Fomenter : provoquer.

Tenter (un coup d'État) : exécuter, réaliser.

Huissier (m) : fonctionnaire chargé de diriger et d'introduire le public à l'intérieur des bâtiments officiels.

Comploteur (m) : personne qui participe à un complot.

Au creux de : au milieu de.

Engourdi,e : somnolent, dont l'activité s'est ralentie.

Régime : jeu de mots sur le régime des écoliers (importance et longueur des vacances scolaires par rapport aux périodes de travail) et le système du gouvernement (appelé le régime).

Nulle part ailleurs : dans aucun autre pays.

Artifice (m) : la trêve dans la « lutte » (qui oppose le gouvernement et l'opposition, les syndicats et le patronat), étant acceptée par les deux adversaires pourrait donner l'impression fausse que leurs sujets de désaccord ne sont pas réels.

Repartent rêveurs : rentrent chez eux en se posant un certain nombre de questions.

Sur la voie du changement : en train de changer.

Obstinément : sans vouloir changer leurs habitudes.

S'entrechoquer : il y a tellement de monde que tout le monde se heurte.

Rivage (m) : plage (f).

Injonction (f) : ordre (m).

Redoubler : augmenter; *ici,* être répétées avec plus d'insistance.

Prétendre : *ici,* oser.

Contrainte : obligation.

Préconiser : recommander, conseiller.

Peu engageantes à : qui incitent peu à.

Ne s'y trompe pas : le sait bien, lui aussi.

Malin,igne : intelligent, astucieux.

Soumettre : *ici,* conformer.

↑ **Sauf à être :** sauf si vous êtes.

Éperdument : follement.

Bonnes soirées (*ici* ironique) : amusez-vous bien!

Oppression (f) : *ici,* sentiment de gêne et même d'angoisse.

Cohue : foule bruyante et désordonnée.

Ressentir : éprouver.

Convenir : être d'accord.

Nanti,e : riche.

Infléchir : changer.

Nul ne... : personne ne...

III. - Connotations culturelles

Fermer la maison : allusion à la formule utilisée par les commerçants pour annoncer la date de leurs vacances annuelles « La maison sera fermée du ... au ... »

Juan-les-Pins : station balnéaire de la Côte d'Azur qui attire surtout un public élégant et fortuné.

La « rentrée » : à l'origine cela signifiait la date du retour en classe des écoliers; peu à peu la « rentrée » est devenue aussi la reprise de l'activité économique et politique du pays en septembre après les vacances d'été. Cette rentrée est souvent « chaude » (difficile) car les problèmes laissés en suspens pendant l'été doivent être résolus au cours de nouvelles rencontres entre les syndicats et le gouvernement.

Dates charnières : les dates de grand départ et de grand retour de vacances se situent autour du 14 juillet, du 1er, du 15, et du 31 août.

Ils ne sont pas fous, les Français : allusion à une phrase souvent répétée par Obélix dans *Astérix chez les Bretons* de Goscinny : « Ils sont fous, ces Bretons! »

La montagne : lieu de vacances soit en été pour les promenades et l'air pur soit en hiver pour le ski.

Cinq ou six semaines de congé : Il est de plus en plus fréquent, chez les cadres en particulier, de bénéficier de plus de quatre semaines de congé. Très souvent leurs vacances sont partagées entre les sports d'hiver et le séjour à la mer en été. La semaine de congé scolaire de février incite également les Français à prendre une semaine de vacances de neige.

Exercices

I. - Questions

1. - Quelles sont les trois raisons données par Françoise Giroud pour expliquer la concentration des vacances en France ?
2. - Quelles sont les conséquences de cette concentration pour le pays ?
3. - Pourquoi Françoise Giroud choisit-elle l'exemple de l'Université, du monde des affaires et du monde politique ?
4. - Qu'est-ce qui peut étonner le touriste étranger à Paris en août ?
5. - Pourquoi demande-t-on au gouvernement de « faire quelque chose » (col. 2, lign. 22-23) ?
6. - Pourquoi le gouvernement n'a-t-il pas été en mesure d'obliger les Français à étaler les vacances ?
7. - D'après ce texte, la France est-elle un « doux pays » ?

II. - Situations

1. - Un jeune patron veut appliquer l'étalement des vacances dans son entreprise. Il réunit les représentants des ouvriers qui en théorie sont tous d'accord mais qui présentent ensuite leurs problèmes particuliers (tels que vacances scolaires, date de vacances de leur femme qui travaille, prix des vacances d'hiver, etc.).
2. - Vous êtes reporter pour une station de radio et vous demandez à des « aoûtiens » à travers la France pourquoi ils prennent leurs vacances au mois d'août. Choisissez des formules de vacances différentes (hôtel, villa, camping...).
3. - On décrit souvent la France comme la « douce France » à cause de ses paysages, de son climat et de ses mœurs. Écoutez si possible, la chanson *Douce France* de Charles Trénet et cherchez d'autres exemples de l'image de la douceur française.

III. - Discussion

1. - Sports d'hiver ou vacances d'été. Qu'est-ce qui vous semble le plus agréable ? Pourquoi ?
2. - Préférez-vous des vacances au milieu de la foule ou des vacances solitaires ?
3. - Quels sont aujourd'hui les modèles inconscients du bien vivre ?

IV. - Ici et ailleurs

Comment les gens prennent-ils leurs vacances chez vous ?
Existe-t-il un système d'étalement des vacances ? Est-il efficace ? Pourquoi ?

V. - **Développons nos moyens d'expression**

1. - « Partez au printemps, il n'y a personne, c'est délicieux. » D'après ce modèle, donnez des conseils qui varieront selon les saisons et le mois de l'année.

2. - « *N'importe quel* bénéficiaire des congés payés *est assez* malin *pour* comprendre *que* l'exemple *est bon à* suivre. »
Rédigez quatre phrases en conservant les éléments en italique et en changeant les autres éléments de la phrase.

3. - Relevez dans le texte tous les exemples de la forme interrogative. Quel est l'effet obtenu par l'emploi répété de cette forme ?

VI. - **A vous d'écrire**

1. - Vous avez suivi les conseils du gouvernement et vous êtes parti en vacances au printemps. Ces vacances n'ont pas été réussies. Racontez-les sur un ton humoristique.

2. - Vous visitez Paris au mois d'août. Écrivez vos impressions dans une lettre à une amie.

N° 956 - 3-9 novembre 1969

document:
la chute de l'empire soviétique

L'EXPRESS

LA GUERRE ENTRE L'AUTO ET LA VILLE

« Je me défie de la machine qui est en moi. » (Georges Duhamel.)

N° 1264 - 29 septembre-5 octobre 1975

L'EXPR

LA FIN DE L'AUTOMOBILE

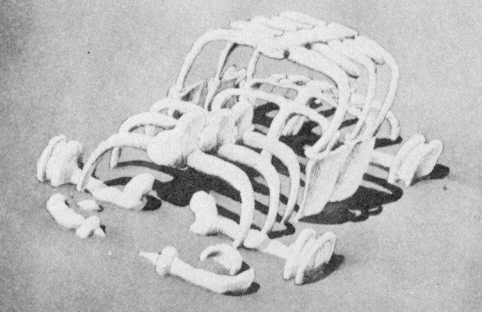

NON!.. LES FRANÇAIS, INTERROGÉS PAR LES ENQUÊTEURS DE L'EXPRESS
ET DE LA SOFRES, PLÉBISCITENT LA VOITURE CONTRE LA CRISE · P.64

« Les Français aiment la bagnole. » (Georges Pompidou.)

LA VOITURE DES AUTRES

S'il y avait, à Paris, un Salon de l'Arme à feu, inauguré par le président de la République, où seraient exposés, en vente libre, les plus récents modèles de carabines, de revolvers et de fusils mitrailleurs, nous serions surpris, choqués, désapprobateurs.

Il y a un Salon de l'Auto, nous sommes consentants, charmés, complices. Nous allons choisir en famille l'arme avec laquelle, aujourd'hui ou demain, à Pâques ou à la Pentecôte, à cause du verglas ou à cause du brouillard, nous blesserons, nous tuerons et nous nous tuerons. Sera-t-elle rouge ou métallisée? De fabrication française ou étrangère? Délicieux tourment, angoisse exquise.

Quelques snobs assurent qu'ils ne s'intéressent plus à la question et que ça ne leur a coûté qu'une psychanalyse. D'autres prétendent que mourir en Rolls ou en 2 CV, cela ne fait aucune différence. Mais qui parle de mourir? Ce sont les autres qui meurent, qui se fracturent le crâne, qui défoncent leur cage thoracique, qui se brisent les jambes et les bras. Ce sont les autres qui roulent trop vite, ou trop lentement, ou trop à droite, ou trop à gauche. Ce sont les autres qui doublent sans visibilité, qui oublient leurs clignotants, qui franchissent les lignes jaunes, qui négligent les priorités. Ce sont les autres qui encombrent les rues, qui s'arrêtent en double file, qui obstruent les bateaux.

Tout le problème des accidents de la route, qui ont fait aux Etats-Unis, en un an, vingt-huit fois plus de morts que la guerre du Vietnam, qui ont tué plus de 13 000 personnes pendant le même temps en France, et blessé plus de 300 000, tout le problème des accidents et de la circulation serait réglé si l'on venait à bout de cette espèce proliférante qui empoisonne la vie de l'Automobiliste : les Autres.

Devant l'un des stands où de beaux monstres nickelés s'offraient à notre concupiscence, un monsieur distingué en faisait l'autre jour la démonstration à l'un de ses amis.

« On se demande, disait-il, pourquoi un si grand nombre de gens s'obstinent à rouler en voiture quand il existe cette merveille qu'est le train, ce moyen de transport rapide et ponctuel qu'est le métro. Ils ont tout ce qu'il faut à leur disposition pour que nous puissions circuler tranquillement... Non. On a beau le leur répéter sur tous les tons, ils ne veulent rien entendre.

« A peine les Français ont-ils trois sous qu'ils les engloutissent dans l'achat d'une voiture. On en voit qui s'endettent, qui se privent de tout. Et pour quoi faire? Pour déambuler le dimanche en files compactes. Pourtant, vous le savez aussi bien que moi : sans jeu de mots, c'est tuant! Mais comment les convaincre qu'ils profiteraient mieux de leur week-end en restant chez eux? En vérité, ce serait le rôle de la presse, de la télévision. Si ces gens-là faisaient leur métier...

« Et cette manie stupide de la vitesse? Tenez, pas plus tard qu'hier, sur la route d'Orléans, nous marchions tranquillement, à 130... Vous connaissez ma voiture, c'est une routière. A 130, elle est tranquille comme Baptiste. Moi, il y a vingt ans que je conduis, je connais cette route comme ma poche. D'ailleurs, mes amis me le disent souvent : tu conduis sec, mais tu conduis bien. Et c'est vrai : je conduis bien.

« Donc, nous roulions tranquillement Tout à coup, qu'est-ce que je vois? Un petit morveux dans une décapotable qui veut me dépasser. Eh bien, mon cher, je lui ai donné une leçon à celui-là! J'ai un peu poussé, à peine, juste ce qu'il fallait pour le décourager. Vous l'auriez vu, il était vexé, oui, vexé! C'est incroyable! Comme si c'était vexant de ne pas être le plus rapide!

« Mais plus on roule, plus on s'aperçoit que les autres sont tous comme ça. Des vaniteux qui finissent par s'identifier avec leur voiture, à se confondre avec elle, à se figurer qu'on les juge sur les performances de leur moteur ou sur leur carrosserie. Est-ce bête!

« Quelquefois, devant le visage satisfait de l'un de ces conducteurs de cuirassés, tous gonflés de leur importance, l'envie vous saisit de les tuer. Pour qui se prennent-ils, mais pour qui se prennent-ils! Cette façon d'humilier ceux qui sont moins puissants, moins riches, c'est de la provocation pure et simple. D'ailleurs, je serais curieux de voir leur déclaration d'impôts... On ne me dira pas qu'avec une situation normale un honnête homme peut aujourd'hui se payer des machines pareilles...

« Et puis, ce n'est même pas joli... Du tape-à-l'œil... Du mauvais goût. Pour quoi faire? Cela impressionne qui? Moi, j'aurais horreur de rouler là-dedans. D'ailleurs, ça ne m'amuse plus de conduire. C'est devenu une corvée. Si je pouvais, il y a longtemps que je n'aurais plus de voiture. Depuis qu'Un tel s'est tué, cet été, et que la petite Une telle est restée avec une jambe plus courte que l'autre, ma femme prétend qu'elle a peur. Elle sait bien qu'avec moi elle ne craint rien, mais on n'est pas seul, n'est-ce pas, on n'est pas seul... Il y a les autres... Et ce pays manque de sens social, je l'ai toujours dit.

« Le vendredi soir, par exemple, ce serait bien facile de ne pas partir pour la campagne avant dîner... Eh bien, tous les vendredis, c'est la même histoire! Nous, nous quittons Paris, vers 7 h, alors nous voyons bien ce qui se passe... Quelquefois, nous en sommes écœurés. Des moutons de Panurge. La voiture, qui devrait être un instrument de liberté, devient un instrument de dégradation de l'homme.

« Rentrer chez soi, après une journée de travail, épuisé, et ne pas trouver une place pour se ranger, comment appelez-vous cela? Moi, je dis que c'est un scandale. D'autant que les garages ne manquent pas dans le quartier. Mais vous croyez qu'ils y iraient, les autres? Pas question. Faire 200 m à pied, ça les fatiguerait. Les Français sont devenus de vrais mollusques. Voilà à quoi ça nous mène, le genre de vie américain.

« Et vous allez voir qu'on va finir par nous faire payer le stationnement. L'automobiliste, c'est la vache à lait. On nous pressure, on nous exploite, nous enrichissons les marchands de pétrole, nous faisons marcher l'industrie... Le gouvernement s'en moque bien. Il prétend qu'il construit des parkings. Vous savez ce que veut dire, un parking? Un an de travaux, réveillés tous les matins à 7 h par les marteaux piqueurs, et le malheureux trottoir où nous arrivions à nous glisser, défoncé.

« Voulez-vous mon sentiment? Tout ça ne pourra pas durer. »

Et il s'éloigna, portant sur ses épaules d'automobiliste le poids de cette masse cruelle, vindicative, égoïste et stupide : les Autres.

F.G. ■

I. - A voir d'abord

Mots-thèmes*

Circuler ; S : la circulation.

Rouler vite / lentement; à droite / à gauche.

Doubler : dépasser une autre voiture (allant dans la même direction).

Croiser : rencontrer une voiture qui vient dans la direction opposée.

Franchir la ligne jaune (qui se trouve au milieu de la route).

File (f) : des voitures qui se suivent forment une file.

S'arrêter en double file : ranger sa voiture parallèlement aux voitures en stationnement normal.

Se ranger : stationner.

La priorité : en France les voitures venant de la droite ont la priorité sur les autres.

Mots et Expressions fonctionnels p. 271

Avoir beau; à peine... que; d'autant que.

II. - Pour mieux comprendre

En vente libre : vendu sans aucun contrôle de l'État.

Verglas : couche de glace qui recouvre souvent les routes en hiver.

Métallisé,e : dont la peinture imite les reflets du métal; ces voitures coûtent plus cher.

Délicieux... exquise : le choix banal de la couleur ou de la marque devient une source de plaisirs raffinés. Image empruntée à la littérature sentimentale, *ici* dans un but ironique.

Prétendre : soutenir, affirmer.

Défoncer : *ici,* écraser.

Clignotant (m) : indicateur lumineux qui montre aux autres conducteurs que la voiture va changer de direction.

Encombrer les rues : rendre la circulation difficile ou impossible.

Obstruer : bloquer.

Bateau (m) : *ici,* partie du trottoir abaissé pour permettre le passage des véhicules (*Ex.* devant un garage).

Régler (un problème) : résoudre.

Venir à bout de : *ici,* exterminer.

Empoisonner (fam) : gêner, rendre difficile.

Stand (m) : *ici,* endroit où chaque voiture du Salon est exposée.

Concupiscence (f) : envie très forte.

Ponctuel,elle : toujours à l'heure.

Avoir beau : en vain.

Sur tous les tons : de toutes les façons possibles.

Engloutir : *ici* dépenser tout son argent sans modération.

S'endetter : Cf. dette (f).

Déambuler : circuler lentement, sans but précis.

Tuant : 1) qui tue; 2) très ennuyeux.

Manie : habitude dont on ne peut pas se débarrasser.

Routière : voiture rapide et confortable.

Conduire sec : conduire de façon brusque.

Morveux (fam. et péj.) : terme utilisé pour désigner, de façon méprisante, un jeune homme prétentieux.

Décapotable : voiture dont le toit de toile peut se rabattre.

Pousser : *ici,* accélérer.

Se confondre avec : former une seule entité.

Carrosserie (f) : *ici,* aspect extérieur de la voiture.

Cuirassé (m) : v.p. 71 - *une Ford.*

Gonflé,e : plein.

Tape-à-l'œil (m) : ce qui attire le regard par son aspect voyant mais a peu de valeur.

Corvée : travail obligatoire et désagréable.

---

* Voir aussi p. 70.

Un tel, une telle : une personne que l'on ne veut pas nommer.

Écœuré,e : dégoûté.

De vrais mollusques : *ici,* complètement mous, sans énergie ni volonté.

La vache à lait : exemple parfait de l'exploitation.

On nous pressure : on nous prend notre argent.

Marteau-piqueur (m) : outil extrêmement bruyant qui sert à creuser.

Se glisser : *ici,* trouver une petite place de stationnement.

III. - Connotations culturelles

Salon de l'Auto : exposition (qui a lieu à Paris tous les ans au mois d'octobre) des voitures les plus récentes des constructeurs automobiles du monde entier.

Cette exposition est inaugurée officiellement soit par le Président de la République soit par un de ses Ministres. En 1976, plus de 900 000 personnes ont visité le Salon de l'Auto.

A Pâques ou à la Pentecôte : fêtes religieuses qui sont aussi deux longs week-ends où il y a de nombreux accidents mortels sur les routes.

Rolls, 2 CV : la Rolls Royce et la Deux Chevaux (Citroën) représentent la voiture la plus luxueuse et la voiture la moins chère.

Route d'Orléans : route qui va de Paris à Orléans (sur la Loire) et sur laquelle la vitesse de 130 km/h serait excessive.

Tranquille comme Baptiste : Baptiste est un personnage sot et placide de la comédie populaire; *ici,* cette expression signifie que la voiture fait 130 km/h sans difficulté, « tranquillement ».

Des moutons de Panurge : allusion à l'épisode de *Pantagruel* de Rabelais au cours duquel le jeune héros, Panurge, pour se venger, jette à l'eau un mouton que tous les autres suivent.

Exercices

I. - Questions

1. - Les Français sont-ils choqués par l'existence d'un Salon de l'Auto ? Pourquoi, selon Françoise Giroud, devraient-ils l'être ?

2. - Quelles sont les causes des accidents de la route ?

3. - Quelles considérations pourraient empêcher les Français d'engloutir leur argent dans l'achat d'une voiture ?

4. - A quelle catégorie appartient la voiture du « monsieur distingué » ?

5. - Relevez dans les paroles du « monsieur distingué » tous les détails qui montrent qu'il se comporte lui-même comme les autres conducteurs qu'il critique.

6. - Découvrez par des exemples précis choisis dans le texte, le « manque de sens social » que l'on peut observer chez les Français.

7. - Expliquez les reproches formulés par le « monsieur distingué » contre la vie américaine. Qu'est-ce que cette remarque révèle de l'attitude des Français ?

8. - Qui sont « les Autres » ?

II. - Situations

1. - Jouez le monologue du « monsieur distingué ». Toute la classe aide à retrouver les gestes et l'intonation authentiques.

2. - Rassemblez de la publicité pour des voitures. Par quels moyens cherche-t-on à éveiller la « concupiscence » de l'acheteur éventuel ?

3. - Sur la route d'Orléans, dans sa décapotable le « petit morveux » rattrape et essaie de dépasser la voiture du « monsieur distingué ». Commentaires furieux et ironiques du conducteur et de ses passagers et passagères.

III. - Discussion

1. - La voiture est-elle un instrument de liberté ou un instrument de dégradation de l'homme ?

2. - Pour ou contre les rues piétonnières.

3. - Comment diminuer le nombre d'accidents de la route ?

IV. - Ici et ailleurs

Le comportement des automobilistes dans votre pays. Ont-ils, comme ce Français, l'habitude de rejeter toute la responsabilité sur « les Autres » ?

V. - Développons nos moyens d'expression

1. - Étudiez le discours du « monsieur distingué » afin d'y relever les éléments caractéristiques de la langue parlée. (Par exemple : répétitions, omissions, phrases sans verbe, questions, exclamations, mots de liaison...).
2. - Choisissez un paragraphe du discours et transposez-le en langue écrite standard.

VI. - A vous d'écrire

1. - Écrivez une lettre à votre député pour vous plaindre des autoroutes payantes ou des parkings payants.
2. - Rédigez une série d'affiches publicitaires pour encourager les gens à utiliser les transports publics plutôt que leur voiture personnelle.
3. - Faites un portrait du « monsieur distingué ».

Questions de mœurs

N° 1077 - 28 février - 5 mars 1972

3 Francs

L'EXPRESS

NIXON CHEZ MAO

MARIJUANA

POUR OU CONTRE
LA
VENTE LIBRE

« Nous sommes de l'étoffe dont les rêves sont faits. » (Shakespeare)

LE RESPECT DE SOI

L'année dernière, il était déconseillé d'en parler. Cette année, il paraît que c'est un devoir national. En vérité, il semble que personne ne soit capable de dire s'il convient, ou non, de donner publicité aux ravages que provoque l'usage croissant des drogues « dures » en France par les jeunes gens.

Simplement, la discrétion relative et l'optimisme officiel ayant été inopérants, on a décidé, au niveau du gouvernement, de dramatiser plutôt que de minimiser. Et, d'ailleurs, il y a de quoi, toutes les informations convergent pour le prouver.

Longtemps on a cru que les Français resteraient à l'abri de l'intoxication par la drogue, parce que, de la gastronomie à l'amour, ils s'autorisaient plus libéralement que d'autres peuples des plaisirs, en y mêlant juste la dose de culpabilité nécessaire pour les trouver d'autant plus savoureux. Nous n'avions, semble-t-il, qu'un peu de retard, retard que la jeunesse est tristement en train de combler.

Mais quand nous aurons claironné que les drogues, c'est bien dangereux savez-vous, quand, à l'instigation de M. le ministre de l'Intérieur, quelques bonnes personnes auront dénoncé le fils du voisin, nous n'aurons pas apporté le début d'une réponse à l'angoissante question : comment empêcher un jeune homme, une jeune fille, de succomber à la tentation qui, aujourd'hui, les guette partout, et d'y prendre plaisir avant de s'enchaîner à ce plaisir le plus souvent dégradant et parfois mortel ?

Supprimer la tentation, c'est-à-dire le trafiquant, c'est la fonction des Pouvoirs publics et de la Police. Donner la volonté et la force d'y résister, c'est le rôle de qui ? On ose à peine écrire : des parents, tant les malheureux sont à la peine, aujourd'hui, plutôt qu'à l'honneur.

Mais quand les adultes n'ont rien d'autre à transmettre, aucun savoir, aucun modèle, aucune morale, aucun idéal dont les jeunes gens acceptent d'être les héritiers, il reste ce qui ne sera jamais totalement dévalué : le respect de soi.

Rien ne m'ôtera de l'idée que la délation, désormais instituée officiellement, va à l'encontre du respect de soi. Et que les enfants des délateurs risquent d'être les plus prompts à choisir, par réaction, de « se défoncer ».

F.G. ■

Notes

I. - A voir d'abord

Mots-thèmes

Drogué (m) : personne qui se drogue.

Se droguer : prendre de la drogue / *arg* se défoncer.

Trafic (m) : commerce malhonnête, clandestin, illégal.

Trafiquant (m) : personne qui exerce ce trafic.
Vb : trafiquer.

Officiel,elle : qui vient d'une autorité publique ou reconnue.
Vb : officialiser (rendre officiel); S : officialisation (f).

Officieux,euse : *contr* officiel.

Dénoncer qqn : signaler qqn comme coupable à une autorité.
S : dénonciation (f) / délation (f) (pour des raisons méprisables).

Dénonciateur,trice : personne qui dénonce; délateur,trice.

Mots et Expressions fonctionnels p. 271
Au niveau de; désormais.

II. - Pour mieux comprendre

Déconseiller : ne pas recommander; (*contr* conseiller).

Croissant : qui augmente en quantité.

Discrétion relative (*contr* absolue) : le gouvernement avait peu parlé de ce problème.

Inopérant : inefficace.

Il y a de quoi (fam) : il y a des raisons de le faire.

Rester à l'abri de : rester protégé, ne pas être victime de.

Culpabilité (f) : *contr* innocence (f); (Adj : coupable).

Combler un retard : rattraper le temps perdu.

Claironner : proclamer.

Guetter : menacer.

S'enchaîner à : être prisonnier, l'esclave de.

Dégradant,e : qui abaisse moralement et physiquement, déshonorant.

Être à la peine : souffrir moralement, être accablé.

Héritier (m) : personne qui hérite, reçoit un héritage.

Aller à l'encontre de : aller contre.

Prompt,e : rapide; *ici,* les premiers.

III. - Connotations culturelles

Ministre de l'Intérieur : Ministre responsable de la police et de l'administration du territoire. Le Ministre d'alors, M. Raymond Marcellin, avait pris des mesures pour lutter contre le trafic de la drogue.

Exercices

I. - Questions

1. - Qu'est-ce qui a provoqué le changement d'attitude au niveau des Pouvoirs publics (lign. 41-42) ?
2. - Pourquoi les Français se croyaient-ils à l'abri de la drogue ?
3. - Dans quelle mesure les parents sont-ils « à la peine, aujourd'hui, plutôt qu'à l'honneur » ?
4. - Comment le Gouvernement propose-t-il de combattre l'usage de la drogue ?
5. - Qu'est-ce que le Ministre de l'Intérieur préconise ?
6. - Quels seraient les dangers de cette politique ?

II. - Situations

1. - Quelle attitude envers la drogue est révélée par chacune des opinions suivantes ?
   — La drogue représente un refus des valeurs adultes.
   — Pour moi un drogué, comme un assassin, est un anormal, un malade qu'il faut soigner.
   — Il faut distinguer entre les drogues les plus notoires comme le tabac et l'alcool, les drogues relativement inoffensives comme la marijuana ou le hachisch ou les drogues qui peuvent tuer comme l'héroïne.
   — Le problème de la drogue n'est pas policier. C'est un problème d'information et de société.
   — La drogue est un des rites de la jeunesse, à côté de la fête, de la bande, du groupe, de la communauté.
2. - Sondage : Demandez leur opinion sur la légalisation de la marijuana à des personnes d'âge, de milieu et d'activité professionnelle différents (*Ex.* magistrats, policiers, médecins, enseignants, étudiants, journalistes, artistes, hommes politiques, travailleurs sociaux...). Quelles conclusions pouvez-vous en tirer ?

III. - Discussion

1. - L'utilisation de la publicité pour lutter contre l'usage des drogues « dures ». Avantages et dangers.
2. - Êtes-vous d'accord que le respect de soi peut devenir le fondement d'une nouvelle morale ? Donnez vos raisons.
3. - A votre avis, la délation peut-elle être justifiée moralement dans certains cas précis ?

IV. - Ici et ailleurs

Existe-t-il une évolution dans les attitudes vis-à-vis de la drogue au cours de ces dernières années ? Dans quel sens va cette évolution ? Quelles en sont les causes ?

V. - Développons nos moyens d'expression

1. - Étudiez les structures suivantes dans le texte et réutilisez-les dans des phrases de votre choix :
   a) il paraît que...
   il semble que...
   ..., semble-t-il, ...
   b) décider de ... plutôt que de ...
2. - Complétez en utilisant vos propres termes :
   a) Comment empêcher ...?
   b) Transmettre une morale, c'est ...
3. - Imaginez une situation où vous utiliserez :
   succomber à la tentation ; résister à la tentation ; supprimer la tentation.
4. - Trouvez dans le texte une autre façon de dire, en indiquant le registre de langue :
   a) Je serai toujours persuadé que ...
   b) Les drogues sont bien dangereuses.

VI. - A vous d'écrire

1. - Décrivez la vie d'un village dans un monde imaginaire où la drogue est devenue aussi banale que l'alcool aujourd'hui.
2. - Cherchez dans la presse un article concernant la drogue (trafic, traitement des drogués, prise de position, etc.) et faites-en le résumé.

N° 1117 - 4-10 décembre 1972   3,50 Francs

L'EXPRES

LE PROJET REFORMATEUR

VINGT HUIT NOVEMBRE 4 HEURES DU MATIN

...se sont trans-
portés à la prison
de la Santé pour y cons-
tater l'exécution de l'arrêt
rendu le 29 juin 1972 par la
cour d'assises de l'Aube
contre:

BUFFET Claude, né le
19 mai 1933, à Reims (Marne).
BONTEMS Roger, né
le 20 septembre 1936,
à Aydoilles (Vosges).
Les dits BUF-
FET et BON-
TEMS, ayant
été amenés
au lieu d'exé-
cution dans
l'enceinte de
la dite pri-
son à quatre
heures ont y
out de suite
été exécutés
à mort par
application de
la peine...

« L'assassinat sur l'échafaud est la forme la plus exécrable d'assassinat
parce qu'il est investi de l'approbation de la société. » (Bernard Shaw.)

QUAND L'AUBE SE LÈVE

Quand l'aube se lève et blanchit le ciel à travers les barreaux de leur cellule — mais voient-ils le ciel? — ils respirent. Un jour passera sans qu'on vienne les chercher. Ceux
5 que la justice des hommes a condamnés à mort reprennent espoir. Mais quand l'aube se lève, pour peu qu'un bruit léger l'éveille, l'angoisse renaît au cœur de celui qui peut les gracier.

Depuis que, mardi dernier, M. Pompidou
10 a reçu les avocats de Roger Bontems et Claude Buffet, combien de fois a-t-il imaginé la scène affreuse, l'homme mené au supplice, la tête sous le couperet, tranchée, roulant dans la sciure? C'est ainsi qu'on exécute, en France, en vertu
15 d'un décret du 20 mars 1792. Ainsi ou autrement, il est vrai...

Jusqu'à ce jour, le président de la République avait décidé de ne jamais envoyer un homme à la mort, et tout permet d'affirmer que cela
20 lui fait horreur. Il ne l'a pas dit, il l'a prouvé. Mais Claude Buffet?

Il assassine une première fois une jeune femme dans un taxi. Sans objet. Les assises de la Seine le condamnent en 1970 à la réclusion
25 perpétuelle. A Clairvaux, il poignarde un surveillant et égorge une infirmière qu'il tient en otage. Sans objet. Il a « donné sa parole » qu'il le ferait si on ne lui remet pas les armes qu'il réclame. Aux assises de l'Aube, qui le
30 jugent en juin 1972, avec son complice en évasion, Roger Bontems, il déclare : « Je souhaite la peine de mort et vous me l'accorderez. » Et il assassine, d'une certaine manière, Bontems en le chargeant.

35 Si Claude Buffet tue, ce n'est pas pour les raisons de tout le monde, si l'on peut dire, mais pour des raisons d'enfant. Il est pitoyable, infiniment; ses actes sont horribles.

Alors, son avocat suggère au président de la
40 République qu'un régime pénitentiaire réformé oriente « les réflexions morbides de Claude Buffet vers le respect de la vie et des mérites d'autrui », faute de quoi l'exécution sera moins cruelle qu'une vie prolongée sous haute sur-
45 veillance.

Mais ce régime n'existe pas. Existent seulement des maisons où sont enfermés les grands criminels réputés fous. Et celles, nommées prisons, où l'on rend fous les petits criminels.

50 Alors, que faire de Claude Buffet? A vous et moi qui sommes contre la peine de mort en toute hypothèse, cela pose une terrible question : aurions-nous été prêts à aller, pendant quelques jours, le garder? A chacun de répondre
55 pour soi. On ne se fait pas de publicité, dans quelque sens que ce soit, avec ces choses-là.

Mais quand on est président de la République, on ne peut pas choisir le silence. Alors, quand l'aube se lève...

F.G. ∎

Notes

I. - A voir d'abord

Mots-thèmes

Condamner qqn à une peine de (5 ans) de prison,
à la réclusion perpétuelle,
à la peine de mort.

Réclusion perpétuelle : emprisonnement à vie accompagné de travail obligatoire.

Gracier un condamné à mort : changer la sentence de peine de mort en peine de prison à perpétuité.

Régime (m) **pénitentiaire :** organisation du système des prisons.

Mots et Expressions fonctionnels p. 271

Pour peu que; en vertu de; faute de quoi; en toute hypothèse.

II. - Pour mieux comprendre

Mener qqn **au supplice :** le conduire à l'endroit de l'exécution.

Couperet : lame tranchante de la guillotine.

Sciure : poudre de bois.

Sans objet : ici, sans raison.

Poignarder : blesser ou tuer avec un couteau ou un poignard.

Surveillant : ici, gardien de prison.

Égorger : tuer en coupant la gorge.

Remettre : donner.

En évasion : qui s'était évadé avec lui de la prison.

D'autrui : des autres.

III. - Connotations culturelles

Georges Pompidou : Président de la République (1969-1974). Le Président de la République possède seul le droit de transformer la peine de mort en peine de prison. C'est le droit de grâce.

Les Assises (la Cour d'assises) : tribunal qui juge les crimes.

La Seine : ici, il s'agit du département de la Seine.

Clairvaux : ancienne abbaye devenue prison dans le département de l'Aube.

Le sort de Buffet et de Bontemps : condamnés à mort le 29 juin 1972, ils ont été exécutés le 28 novembre 1972. Vingt condamnés à mort ont été guillotinés en France entre 1956 et 1972.

L'aube (f) : l'exécution d'un condamné à mort a lieu à l'aube. En France les condamnés à mort ne sont pas prévenus de la date de leur exécution.

Exercices

I. - Questions

1. - Pourquoi les crimes commis par Claude Buffet peuvent-ils poser un problème particulier à tous ceux qui sont contre la peine de mort ?
2. - Quels motifs ont pu inciter Buffet à déclarer : « Je souhaite la peine de mort et vous me l'accorderez. » (lign. 31-33).
3. - En quoi Buffet qui assassine « sans objet » et pour « des raisons d'enfant » est-il pitoyable ?
4. - Quels sont les reproches formulés par l'avocat de Buffet et par Françoise Giroud contre l'organisation actuelle du régime pénitentiaire ?
5. - Dans quel but Françoise Giroud demande-t-elle à ses lecteurs s'ils seraient prêts à garder Buffet ?

II. - Situations

1. - Faites un sondage : Pour ou contre la peine de mort.
   (Voici les résultats de sondages effectués en France concernant le maintien de la peine de mort :
   1969 : 33 % pour; 58 % contre
   1971 : 53 % pour; 39 % contre
   1975 : 63 % pour (lors de l'assassinat d'une vieille dame par un garçon de 17 ans)
2. - Lisez le poème *Le ciel est par-dessus le toit* écrit par Verlaine quand il était en prison en 1873.
3. - Le cas de Meursault dans *l'Étranger* d'Albert Camus fournit une illustration littéraire de la situation du condamné à mort. Faites-en le résumé.

III. - Discussion

1. - Dressez une liste des arguments pour et contre la peine de mort.
2. - Croyez-vous à la force de dissuasion de la peine de mort ?
3. - Est-ce que la prison devrait être avant tout un moyen de punir — ou de permettre la réinsertion possible du criminel dans la société ?

IV. - Ici et ailleurs

Étudiez la législation concernant la peine de mort dans votre pays et comparez-la avec celle de la France et d'autres pays que vous connaissez.

V. - Développons nos moyens d'expression

1. - Posez trois questions commençant par « combien de fois... ? ».
2. - Posez cinq questions commençant par « Que faire de (du, de l', de la, des)... ? » et proposez des réponses.
3. - « A chacun de répondre pour soi. »
   Sur ce modèle, construisez cinq phrases en remplaçant *chacun* par un substantif, un prénom, des pronoms toniques (moi, toi...) et en faisant les autres changements nécessaires.

VI. - A vous d'écrire

1. - Au quatrième paragraphe, on énumère des événements passés. Quel est le temps utilisé ici ? De la même façon faites le court résumé de la vie d'un personnage célèbre.
2. - Vous rédigez d'abord en langage neutre l'annonce soit de l'exécution d'un condamné soit d'un autre événement dramatique. Ensuite décrivez le même événement dans un article destiné à la presse à sensation.

N° 1080 - 20 - 26 mars 1972

3 Francs

L'EXPRESS

POURQUOI UN REFERENDUM ?

LA FIN DE
LA
VIE PRIVÉE

« Cache ta vie. » (Néoclès.)

VOTRE LIGNE EST ÉCOUTÉE

L es pays de l'Est n'y tenaient pas. Alors l'Inde a demandé que le débat soit ajourné. Dommage. Il s'agissait d'étudier « les utilisations de l'électronique qui peuvent
5 affecter le droit de la personne et les limites que devaient comporter ces utilisations dans une société démocratique... ». C'était la première fois qu'une instance internationale, l'Onu, se saisissait de la question, dans le
10 cadre de la Commission pour les droits de l'homme.

Selon la documentation réunie en vue du débat, l'écoute téléphonique est pratiquée partout, bien qu'elle soit illégale partout.
15 Mais dès lors qu'une illégalité est commise au niveau de l'État, comment s'y opposer ?

Un bon spécialiste sait déceler une ligne placée sur table d'écoute. Supposons qu'après examen de votre installation il vous prévienne :
20 vous êtes en ce moment l'un des 1 500 abonnés parisiens — le système fonctionne sur tout le territoire — dont les conversations sont enregistrées, avenue de Tourville, sur bande magnétique, par un fonctionnaire du Groupement
25 interministériel de contrôle.

Vous n'avez étranglé personne, vous n'êtes pas drogué, il n'y a aucune raison pour qu'un juge d'instruction demande la saisie de votre correspondance, seules situations où l'écoute
30 des conversations est légale. Cependant, votre ligne est écoutée.

Qui s'intéresse à vous ? L'Elysée ou Matignon, l'Intérieur ou la Défense nationale. Les Finances, peut-être ? Ces gens-là sont très curieux.
35 D'ailleurs, bien sûr, ils s'écoutent entre eux.

On assure qu'à la suite de l'affaire Watergate, M. Pompidou a fait ausculter sa maison de Cajarc pour vérifier qu'aucun micro n'y avait été introduit.
40 Si vous êtes classé dans les écoutes dites « réservées », félicitations. Le club est fermé. Bavard ? Un as de l'écoute peut auditionner l'enregistrement de vos conversations sur le mode accéléré et détecter au vol les mots clefs.
45 Seuls les passages qui les contiennent seront retranscrits. Surveillance molle ? Vous faites, de temps en temps, l'objet d'une écoute sondage.

En toute hypothèse, les informations que
50 vos conversations livreront, traitées par un ordinateur, se retrouveront classées dans un fichier. Progrès, si l'on ose dire, récent.

Vous êtes inquiet, furieux, indigné. Que faire ? Rien. Il n'y a rien à faire. D'ailleurs
55 le spécialiste s'est trompé. Votre ligne n'est pas écoutée.

Allons bon ! Vous voilà vexé, maintenant...

F.G. ■

Notes

I. - A voir d'abord

Mots-thèmes

Ligne (f) : ligne téléphonique.
Table (f) **d'écoute** : installation permettant d'écouter les conversations téléphoniques afin de les surveiller.
Etre abonné,e au téléphone : avoir le téléphone ; S : abonné,e.
Etre abonné,e / prendre un abonnement / à un journal, à un magazine... : recevoir régulièrement un journal...

Mots et Expressions fonctionnels p. 271

Dès lors que; au niveau de; à la suite de; en toute hypothèse; allons bon.

II. - Pour mieux comprendre

Tenir à qqch : désirer qqch.
Ajourner : reporter à une date indéterminée.
Comporter : avoir.
Instance : organisme (m).
Se saisir de la question : étudier la question.
Déceler : trouver.
Territoire : *ici* le pays, la France.
Saisie : mesure légale qui permet aux autorités publiques de prendre ce qui appartient à une personne privée (*Ex.* courrier, meubles...).
Assurer : affirmer.
Ausculter : *ici*, examiner attentivement les murs de la maison (à la manière d'un médecin avec son stéthoscope).
Un club très fermé : club dont il est très difficile de devenir membre.
As : *ici*, spécialiste.
Auditionner sur le mode accéléré : écouter la version rapide de...
Au vol : au passage.
Faire l'objet de : être soumis à...
Écoute sondage : écoute intermittente en vue de découvrir des indices.
Livrer : *ici*, fournir.

III. - Connotations culturelles

Les pays de l'Est : pays situés à l'est de l'Europe et qui appartiennent au bloc communiste.
L'O.N.U. : l'Organisation des Nations Unies.
Avenue de Tourville : rue, à Paris, où se trouve le centre de contrôle des conversations téléphoniques.
Fonctionnaire (m) : employé de l'État.
Juge (m) **d'instruction** : magistrat chargé de rassembler tous les documents utiles à un procès.
L'Élysée : résidence du Président de la République.
(L'hôtel) Matignon : résidence officielle et lieu de travail du Premier Ministre.

L'Intérieur : le Ministère dont dépend la police.

La Défense nationale, les Finances : Ministères.

L'affaire Watergate : scandale politique aux États-Unis provoqué par la découverte d'un système d'écoute téléphonique et qui a entraîné la démission du Président Nixon.

Georges Pompidou : Président de la République (1969-1974).

Cajarc : ville du sud-ouest de la France où le président Pompidou avait une maison de campagne.

Exercices

I. - Questions

1. - Pourquoi le débat prévu à l'O.N.U. a-t-il été si facilement ajourné ?
2. - Dans quels cas, l'écoute des conversations est-elle légale en France ?
3. - Pour quelles raisons la Défense nationale et les Finances peuvent-elles s'intéresser à un citoyen ?
4. - Quelle est la différence entre l'écoute « réservée » et la « surveillance molle » (lign. 46) ?
5. - Pourquoi Françoise Giroud félicite-t-elle son interlocuteur ? Et pourquoi celui-ci, à la fin, est-il vexé ?

II. - Situations

1. - Au téléphone. Par groupes de deux, les étudiants discuteront d'un projet de complot ou d'espionnage militaire; d'un scandale financier; de la vie privée d'un personnage important; d'un rendez-vous manqué; d'un projet de hold-up... D'autres étudiants seront à la table d'écoute pour relever les mots clefs de chaque conversation et pour en reconstituer le contexte.
2. - Fabriquez des enregistrements humoristiques destinés à décourager celui qui vous écoute.

III. - Discussion

1. - La « raison d'État » vous paraît-elle justifier une intrusion dans la vie privée du citoyen ?
2. - A votre avis, la centralisation par ordinateur des renseignements sur l'individu constitue-t-elle un progrès... ou une menace à la liberté des citoyens ?
3. - Comment peut-on garantir le secret de la vie privée ?

IV. - Ici et ailleurs

Comparez les documents que les citoyens des différents pays doivent posséder pour être « en règle » avec la loi. (Par exemple, en France, la carte d'identité, la carte de sécurité sociale, la carte d'électeur, le permis de conduire; et pour les étrangers, la carte de séjour et le permis de travail.)

V. - Développons nos moyens d'expression

1. - Rédigez vous-même des phrases où vous utiliserez les expressions suivantes prises dans l'éditorial :
Dommage; comment s'y opposer ?; d'ailleurs; si l'on ose dire.
2. - Imaginez trois situations différentes et exprimez une hypothèse à l'aide de « Supposons que... (+ subjonctif) ». Ensuite refusez cette hypothèse en employant « Il n'y a aucune raison pour que... (+ subjonctif) ».

VI. - A vous d'écrire

Vous êtes journaliste et vous découvrez que votre ligne est écoutée. Quelle est votre réaction ? Vous l'exprimez dans un éditorial.

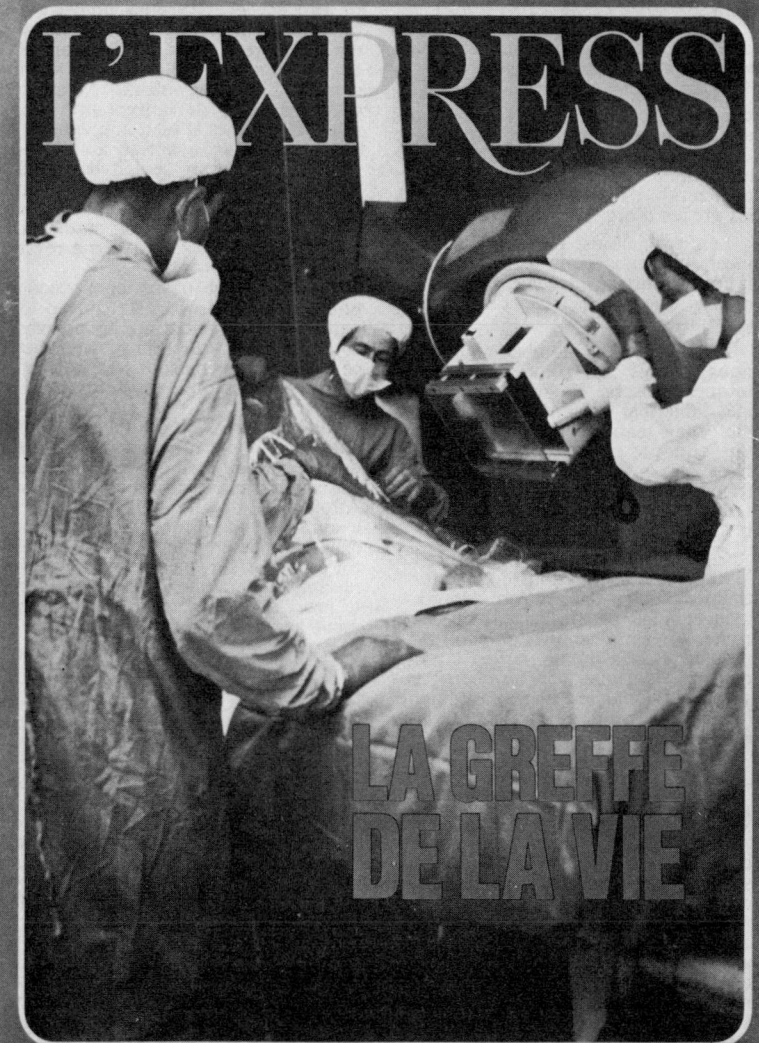

Nº 865 - 15-21 janvier 1968 · 2 Francs

L'EXPRESS

LA GREFFE DE LA VIE

LE PROFESSEUR BARNARD (à g.) A L'HOPITAL DU CAP.
« Le miracle est l'enfant chéri de la foi. » (Goethe.)

EN PIÈCES DÉTACHÉES

« Rodrigue, as-tu du cœur ?
— A battre avec excès, père,
pour votre honneur.

Il n'est plus, je le crains, propre à
nouveau duel

Mais si vous ordonniez que par un
troc cruel

Soit greffé en son lieu celui de votre
fille

Je ressusciterais au nom de la
famille.

— Sacrifier cette enfant ? O ma
douleur, qu'entends-je ?

Soit ! J'ordonne. Ainsi fais, va, cours,
vole et nous venge. »

Cher Corneille, dont nous avons
appris à l'école qu'il peint les hommes
tels qu'ils devraient être, tandis que
Racine les peint tels qu'ils sont, est-ce
ainsi qu'il intégrerait (en des vers
meilleurs), dans son système moral,
les greffes d'organes ?

Les spécialistes nous le disent :
incertaines encore, de telles transplan-
tations pourront devenir, à plus ou
moins brève échéance, de pratique
courante.

En matière de plomberie humaine,
nous faisons, en somme, de gigantesques progrès. La fuite finale reste
inévitable, par où, un jour, s'écoule la
vie. Mais entre-temps, en changeant
un joint par-ci, un tuyau par-là, un
réservoir ou une pompe ailleurs, le
fonctionnement des installations provi-
soires que nous sommes sera sensiblement prolongé.

Cela ne compensera pas, sans doute,
le nombre d'installations dont le fonctionnement est enrayé ou définitivement abrégé par les accidents de la
route. Mais une voiture, on choisit d'y
monter, et cela donne parfois quelque
plaisir. Alors que l'on ne choisit pas
sa plomberie et que ce n'est pas toujours
l'abus des plaisirs qui la détraque pré-
maturément.

Que cette injustice des injustices,
la maladie, puisse un jour être
conjurée, que tant de miracles, déjà,
se produisent, cela suffit à ridiculiser
ceux qui ricanent quand on parle de
progrès. Protéger, sauver, prolonger la
santé physique, c'est le progrès pur,
absolu, celui qu'aucun mouvement
dialectique ne saurait mettre, une fois
réalisé, en face de nouveaux problèmes
à résoudre. Si âge d'or il y a, un jour, ce
sera celui dont la maladie aura d'abord
été expulsée. Rhume de cerveau y
compris.

Nous n'y sommes pas encore, si
prompts qu'aient été, depuis vingt-
cinq ans, les travaux des plombiers.
Et l'injustice est d'autant plus sensible,
quand elle frappe, que le moment
semble proche où l'on pourra y soustraire ceux que l'on aime et, soi-
même, y échapper.

Où trouvera-t-on les pièces détachées ? Problème troublant. Déjà
le renouvellement total du sang auquel
on procède chez certains nouveau-nés
est venu bouleverser toutes les valeurs
que l'on prêtait à ce liquide poisseux.
La voix du sang... Bon sang ne saurait
mentir... Le sang bleu... Autant de
clichés à rayer de notre esprit. Mais
nous en sommes si bien imprégnés que
pas un de nous, ayant eu à subir une
transfusion, qui ne se soit demandé :
« D'où vient-il, ce sang nouveau que
l'on me donne ? Est-ce d'un pompier,
d'une ballerine ou d'un mathématicien ? » Et qui ne se soit pris à rêver...

Encore à cet égard commençons-
nous à être blasés et à trouver tout
naturel que se soient établis des vases
communicants, que l'on puisse acheter
ce produit que personne ne sait produire, dès lors qu'il est nécessaire.

Mais le rein, l'œil d'un autre... D'un
autre que l'on peut rencontrer, possé-
dant le rein ou l'œil qui font la paire...
Fascinant. Le foie, le cœur d'un autre...
Affolant. L'organe doit être prélevé
avant que commence la dégradation
cellulaire qu'entraîne l'arrêt circula-
toire. Donc sur un mourant que, ce
faisant, l'on achève. Qu'est-ce donc que
le processus de la mort ? A quel moment sera-t-il déclaré irréversible ? Et
par qui ?

Si de tels transferts deviennent
fréquents, avant que ne soit mis
au point le cœur artificiel, dans quelle
confusion de sentiments se trouveront
ceux qui, auprès d'un futur « rénové »,
attendront qu'un autre perde la vie pour
le « décardiaquer » ? On aurait déjà
mauvaise conscience à attendre qu'un
cycliste brise sa monture pour en
soustraire le pédalier. Que dire d'une
vie !

On ne s'y reprend pas à deux fois
pour greffer un organe unique à la place
d'un autre. Si la substitution rate,
l'opéré, qui, dans la plupart des cas,
disent les spécialistes, aurait pu vivre
longtemps avec un cœur fragile, est
condamné. Qui prendra la responsa-

bilité de lui suggérer l'échange ? De l'y
inciter ? Il restera toujours exclu —
du moins peut-on l'espérer — de le
tenter sans l'accord de l'intéressé. Et
elle doit avoir quelque chose de profondément perturbant, pour un malade,
cette perspective de ne pouvoir se
réveiller qu'avec le cœur d'un mort
inconnu dans la poitrine.

Aura-t-on le droit de le vendre, ce
cœur, de son vivant, pour en laisser
le prix à ses enfants ? « Cœur à retenir,
en parfait état, foie disponible pour
Pâques. Occasion à saisir. Intermé-
diaires s'abstenir. » Telles seraient alors
les petites annonces, tandis qu'experts
et juristes auraient à élaborer de subtiles
législations.

Aura-t-on le droit de donner son
cœur et de le donner, pour toujours —
enfin ! — à la personne de son choix ?
De dire : « Je vous en prie, je n'ai plus
rien, vraiment plus rien à en faire et
j'aurais plaisir à savoir qu'il ne battra
que pour vous. Méfiez-vous, cependant,
il m'a joué des tours... »

Il est vrai que cette grosse pompe,
ce muscle humain, ne mérite pas,
en fait, les reproches ni les éloges que
nous lui adressons. Il a donné abusivement son nom à ce que nous appelons
le cœur et qui n'est nulle part, à moins
qu'il ne soit partout. Et nous disons
qu'il est bon, ou qu'au contraire il est
de pierre, et encore qu'il est tendre, dur,
volage, fidèle, ferme, grand, meurtri,
sec, quand il n'est pas absent, comme
c'est le cas chez les sans-cœur. Alors, ce
n'est pas de plomberie qu'il s'agit, mais
d'une autre mécanique encore plus
subtile, encore plus vulnérable.

Cependant, on ne dit pas d'un
homme gai qu'il a le foie léger et d'un
homme sombre qu'il a le foie lourd.
Ce serait peut-être plus exact. Mais le
poids des symboles est plus puissant
que celui de la réalité. Et la symbolique
du cœur est, dans toutes les langues,
l'une des mieux enracinées.

On l'a bien vu à propos de l'opération du Cap. L'émotion attentive que
partout elle a fait naître était au-delà
de l'exploit chirurgical.

Le cœur appartient, avec la tête,
à la partie noble de l'homme, celle à
laquelle il veut obscurément inféoder
les autres. Et même s'il n'y parvient
pas, qu'il le veuille est déjà beau. De ce
côté-là, il est vrai, les progrès sont
moins évidents.

F.G. ∎

Notes

I. - A voir d'abord

Mots-thèmes

Greffer un organe : transplanter une partie du corps.
S : greffe (f); transplantation (f); transfert (m).
Prélever un organe : enlever d'un corps un organe en vue de sa transplantation.
Pièces détachées : pièces de rechange qui servent à remplacer les parties usées ou défectueuses d'une machine.

Mots et Expressions fonctionnels p. 271

A plus ou moins brève échéance; en matière de; en somme; entre-temps; y compris; d'autant plus... que; encore (+ inversion); à cet égard; dès lors que; ce faisant.

II. - Pour mieux comprendre

Troc (m) : échange (m).
Peint (Inf : peindre) : décrit.
Intégrer : introduire, ajouter.
De pratique courante : fréquentes, banales.
Plomberie (f) : ensemble des tuyaux où circulent l'eau et le gaz dans un logement; comparaison amusante avec le corps humain. Celui qui s'occupe de la plomberie s'appelle un plombier.
Fuite (f) : en plomberie, l'eau ou le gaz qui s'écoule (s'échappe) par un défaut du tuyau.
Enrayer : arrêter.
Abréger : limiter.
Détraquer : déranger le mécanisme de...
Conjurer : vaincre.
Ricaner : se moquer.
Réalisé : *ici,* accompli.
Age (m) **d'or** : époque utopique.
Expulser : chasser.
↑ **Prompt,e** : rapide.
Soustraire qqn à qqch : empêcher d'être victime.
Prêter : accorder.
Poisseux,euse : épais et collant.
Rayer : éliminer.
Imprégné,e : marqué.
Pas un de nous ( ) qui... demandé : tous ceux ( ) qui se sont demandés.
Se prendre à : commencer à.
Achever un mourant : faire le geste qui termine le processus de sa mort.
Mettre au point : perfectionner.
Décardiaquer (néologisme) : enlever son cœur.
Monture : *ici,* bicyclette.
Soustraire (qqch de) : prendre.
S'y reprendre à (deux) fois : faire plusieurs essais (après avoir raté les premiers).
Il restera : cela restera.
Tenter : essayer.
De son vivant : pendant qu'on est encore en vie.
Retenir : réserver.
Disponible : libre.
Jouer des tours à qqn : faire du tort à qqn.
Éloge (m) : compliment.
Abusivement : faussement.
Volage : peu fidèle.
Meurtri,e : blessé.
Enraciné,e : solidement établi.
Être au-delà de : *ici,* aller plus loin que..
Inféoder : soumettre.
C'est déjà beau : c'est un bon début.

III. - Connotations culturelles

« Rodrigue... venge » : Françoise Giroud fait ici une parodie amusante en alexandrins de la scène 5, acte 1 du *Cid* de Corneille (1606-1684).
Corneille a écrit des tragédies dont les héros sont attirés par l'héroïsme et les sentiments les plus élevés.

Racine (1639-1699) : auteur de tragédies dont les héroïnes et les héros sont victimes de leurs passions.

Les vases communicants : expérience de physique élémentaire où le niveau de l'eau reste le même dans deux ou plusieurs récipients reliés par un tuyau. *Ici,* l'expression décrit une transfusion de sang.

« Cœur à retenir... s'abstenir » : imitation de la langue des petites annonces pour vendre ou pour louer.

Il ne battra que pour vous : évocation du vers de Verlaine « Et puis voici mon cœur qui ne bat que pour vous » dans *Green (Romances sans paroles)*.

Le foie : organe très souvent cité par les Français comme source de leurs petits problèmes de santé.

Le Cap : Capetown, ville de l'Afrique du Sud.

L'opération du Cap : il s'agit de la première greffe du cœur faite par le professeur Barnard le 3 décembre 1967.

Exercices

I. - Questions

1. - Justifiez la comparaison entre le corps humain et la plomberie.
2. - Quelle définition Françoise Giroud donne-t-elle ici de « l'âge d'or » (col. 1, lign. 58) ? Pourquoi ?
3. - « Et qui ne se soit pris à rêver... » Pourquoi ? Et à quoi ? (col. 2, lign. 24).
4. - Pourquoi l'origine des « pièces détachées » pose-t-elle un problème troublant ?
5. - Pourquoi certaines greffes d'organes sont-elles « fascinantes » tandis que d'autres sont « affolantes » ? (col. 2, lign. 34-35).
6. - Quels problèmes se posent pour l'opéré ?
7. - En quoi certaines des réactions du public prouvent-elles que la transplantation n'est pas seulement un exploit chirurgical ?
8. - Est-ce que l'homme est parvenu à faire admettre la domination du cœur et de la tête au reste de son corps ?

II. - Situations

1. - Relevez dans le texte, toutes les expressions idiomatiques concernant le sang et le cœur (*Ex.* la voix du sang; avoir bon cœur, etc.).
   Vérifiez-en le sens, au besoin.
   Existe-t-il dans votre propre langue des expressions similaires? Quelles conclusions pouvez-vous en tirer ?
2. - Essayez d'attribuer à une personnalité célèbre ou à une personne que vous connaissez chacune des qualités de cœur décrites par les expressions du texte.

III. - Discussion

1. - Quels sont les arguments pour et contre la greffe du cœur ? (Arguments religieux, médicaux, affectifs...).
2. - Discutez les problèmes posés par une éventuelle greffe du cerveau.
3. - A votre avis, le médecin devrait-il prolonger la vie d'un mourant à tout prix ou, au contraire, accepter de l'abréger à la demande du malade ou de sa proche famille.

IV. - Ici et ailleurs

Cherchez des articles de presse concernant les greffes d'organes. Sous quel angle le journaliste envisage-t-il la greffe ? (Exploit chirurgical, problème moral, progrès...).

V. - Développons nos moyens d'expression

1. - Rédigez une petite annonce pour les trois situations suivantes : Vous voulez vendre ou louer votre appartement; vous voulez vendre votre voiture; vous cherchez un ami ou une amie.
2. - Relevez tous les verbes au subjonctif et cherchez dans la phrase les éléments qui expliquent l'emploi de ce mode du verbe.

VI. - A vous d'écrire

1. - Un médecin suggère à un malade la possibilité d'une greffe d'organe. Imaginez leur dialogue.
2. - Rédigez une lettre dans laquelle vous faites don de votre corps, après votre mort, à la Faculté de médecine pour ses recherches, en expliquant vos motifs.
3. - Vous êtes la personne qui, en donnant son cœur, dit : « Méfiez-vous cependant, il m'a joué des tours... » Expliquez les différents tours que votre cœur vous a joués sur un ton humoristique et en exploitant la symbolique du cœur.

Communication

N° 811 - 2-8 janvier 1967

2 Francs

L'EXPRESS

CEUX QUI PREVOIENT L'AVENIR

« Le Passé m'a révélé la construction de l'Avenir. » (Pierre Teilhard de Chardin.)

ET MOI ?

87% des Français mangent du fromage, mais le chapeau de ma tante est porté par 0,02 % de la population féminine des villes de plus de 100 000 habitants.

C'est en des termes de cette nature que les manuels d'anglais devraient désormais présenter leurs exercices : le langage contemporain ne s'entend plus qu'à travers des pourcentages, issus eux-mêmes des sondages. Curieusement, il n'en a pas acquis plus de précision. Au contraire.

Ainsi, à l'occasion de la conférence de presse du général de Gaulle, l'I.F.O.P. a interrogé les Français : « Imaginez que vous puissiez poser une question au président de la République, qu'est-ce que vous lui demanderiez ? »

En additionnant les réponses relatives au niveau de vie, au sort des personnes âgées, à l'équipement du pays en logements, hôpitaux, écoles, autoroutes, aux problèmes agricoles et à l'avenir des jeunes, on obtient le chiffre de 53 %. Alors que l'Europe (1 %) et le Vietnam (2 %) ont été à peine cités.

« Mais moi, disent les sceptiques, moi on ne m'a jamais interrogé ! Alors ? »

Alors « moi », cette précieuse et unique combinaison de cellules qui ne reproduit jamais deux fois les mêmes empreintes digitales, « moi » n'est pas original du tout dès lors qu'il s'agit d'exprimer une opinion sur le général de Gaulle, les lames de rasoir ou les bouts filtre. Il suffit d'une seule personne judicieusement choisie parmi 70 000 pour que l'opinion de « moi » soit connue, et de 500 personnes pour que toute la population adulte soit sondée. La marge d'erreur est infime. C'est un fait.

Les chiffres cités plus haut ne souffrent donc pas contestation. Ils ont donné lieu, partout, aux mêmes commentaires : les Français ne s'intéressent plus qu'à leur niveau de vie ; l'opinion publique est de moins en moins mobilisée par les problèmes idéologiques et politiques et se moque de ce qui se passe hors des frontières.

Autant de contre-vérités.

Si l'on avait demandé au Français en 1788, ou aux Russes en 1916, la question qu'ils auraient aimé poser à leur souverain, de quoi se seraient-ils souciés au premier chef ? Du sort de la monarchie ? Ou de leur pain, de leur toit, de leurs conditions matérielles de vie et de travail ? L'étonnant n'est pas que 53 % des Français les mettent encore en tête de leurs préoccupations. C'est qu'il n'y en ait plus que 53 %. En bref, cela signifie qu'un Français sur deux n'en fait pas son souci majeur. Mais c'est énorme, c'est considérable, comment ne le voit-on pas ?

Passons aux problèmes idéologiques et politiques. Si l'on veut dire qu'il n'y a pas, aujourd'hui, de tensions assez vives entre les différentes idéologies en présence pour que les partis pris s'expriment avec passion, c'est possible et même probable.

Si l'on veut dire que les Français se désintéressent de la politique parce qu'ils n'ont pas de question d'ordre idéologique à poser au général de Gaulle, c'est absurde. Personne ne s'intéresse abstraitement à la politique, personne, en tout cas, qui puisse apparaître dans un sondage où 1 % seulement des réponses représentent déjà l'opinion de 350 000 Français.

La politique, on s'y intéresse soit quand on en a fait son activité principale, soit quand on perçoit la relation qui existe entre cette politique et les problèmes de tous les jours. C'est exactement ce que les personnes interrogées ont fait, puisque 18 % seulement n'ont rien trouvé à demander au chef de l'Etat.

Le Vietnam, enfin. 2 % l'ont placé en tête. Il paraît que c'est nul. Eh bien, encore une fois, non. C'est beaucoup. Jamais l'ensemble d'une nation n'a mis au premier rang de ses préoccupations permanentes les malheurs d'une autre nation, surtout quand celle-ci est située à 11 000 kilomètres. Outre que tout malheur chronique finit par oblitérer la sensibilité. Un tremblement de terre bouleverse. Une longue guerre mithridatise. 700 000 Français pour faire du Vietnam le principal, alors qu'ils ne sont ni concernés ni en situation d'aider à une victoire ou à un armistice, c'est un chiffre qui dépasse largement le nombre des pétitionnaires professionnels de l'humanisme.

Les sondages ont beaucoup à nous apprendre. Mais pas seulement ce que l'on croit. Ils montrent d'abord que la vérité se situe à plusieurs niveaux et que, pour l'apprécier, il faut comparer des niveaux comparables. On peut raconter Louis XIV en dénombrant ses maîtresses. Mais pour l'apprécier par rapport à Napoléon, on ne peut pas ajouter : « Et Napoléon, lui, a fait le Code civil. » Or c'est ainsi que l'on traduit communément la vérité des sondages, en finissant par dire : 88 % des Français prennent du café au lait le matin et 1 % voudraient interroger le général de Gaulle sur le Marché commun. Donc, le Marché commun est indifférent aux Français.

Les sondages nous apprennent aussi, par omission, qu'ils ne peuvent jamais déceler l'existence d'un mouvement, d'une poignée d'hommes. Ils photographient la vérité immédiate, grossière, statique. Les surréalistes, par exemple, n'auraient pas été détectés. Ni les premiers chrétiens. Ni les premiers nazis. Ni les précurseurs de la Révolution russe. Or rien d'important, pour le meilleur ou pour le pire, ne s'est fait à l'origine avec l'adhésion du grand nombre. Quel industriel aurait cru à l'avenir de l'automobile si 72 % des Français interrogés avaient répondu qu'ils ne monteraient jamais dans cette machine ?

De la forme que doit avoir, pour plaire, une casserole ou un député, au nombre de gens qui vont à la messe, cette image de la France que les sondeurs dessinent régulièrement ne laisse plus rien dans l'ombre. Rien sauf l'essentiel : le singulier. Il n'a pas fini de jouer des tours aux prophètes du pluriel.

F.G. ■

Notes

I. - A voir d'abord

Mots-thèmes

Un sondage (d'opinion) : une enquête; un questionnaire; une interview.
Sonder un groupe de personnes.
Recenser : dénombrer les réponses affirmatives/négatives.
Interroger : interviewer.
Dépouiller : analyser les résultats.
Un pourcentage : 50 % égale un *sur* deux;
                  10 % égale un *sur* dix.

Mots et Expressions fonctionnels p. 271

Désormais; ne... plus que; relatif à; alors que; dès lors que; plus haut; au premier chef; en tête de; en bref; en présence; d'ordre + (Adj); soit... soit; outre que; en situation de; par rapport à; or; par omission; à l'origine.

II. - Pour mieux comprendre

Le langage... pourcentages : la langue disparaît presque au milieu des nombreux chiffres et pourcentages cités dans la conversation aujourd'hui.
Issu de : tiré de.
Acquérir (p. p. acquis) : *ici,* gagner.
Empreinte (f) digitale : marque laissée sur un papier par le doigt couvert d'encre.
Bouts filtre : cigarettes à bout filtre.
Infime : très petit.
Ne pas souffrir contestation : être indiscutable.
Donner lieu à : provoquer.
Mobiliser : *ici,* intéresser.
Contre-vérité (f) : erreur.
L'étonnant n'est pas que : ce qui surprend ce n'est pas que.
Passons aux problèmes : considérons maintenant les problèmes.
Parti pris (m) : préjugé.
Percevoir : *ici,* comprendre.
↑ **Oblitérer** : effacer.
Bouleverser : créer une forte émotion.
↑ **Mithridatiser** : accoutumer à tout, rendre insensible.
Le principal : le principal de leurs soucis.
Pétitionnaires... humanisme : les personnes qui défendent toujours les causes humanitaires en signant des pétitions ou des manifestes.
Communément : en général.
Déceler : révéler.
Prémices (f. pl) : premiers signes.
Poignée : *ici,* petit nombre.
Grossier,ère : sans nuance.
Adhésion (f) : soutien (m), accord (m).
De la forme... régulièrement : l'image de la France donnée par les sondages est composée de faits aussi différents que la forme idéale d'une casserole, le charme électoral d'un député ou le nombre de catholiques pratiquants.
Jouer des tours à : poser des problèmes inattendus à.
Les prophètes du pluriel : ceux qui croient à la valeur des statistiques révélant les tendances du plus grand nombre de citoyens (mais négligeant l'individu).

III. - Connotations culturelles

Le chapeau de ma tante : pastiche des phrases peu utiles (Cf. la plume de ma tante) que l'on trouve dans des manuels scolaires qui enseignent les langues étrangères.
Le général de Gaulle : premier président de la Cinquième République (1958-1969).
I.F.O.P. : l'Institut français de l'Opinion publique; important organisme privé qui effectue des sondages.
Le Vietnam : à l'époque, ravagé par la guerre.
500 personnes : ces personnes représentent donc 35 millions (population adulte de la France).
Les Français en 1788 : à la veille de la Révolution française (1789).
Les Russes en 1916 : à la veille de la Révolution d'octobre.

Louis XIV : roi de France de 1643 à 1715 qui, au cours de sa vie, a eu de nombreuses maîtresses.

Napoléon : empereur des Français de 1804 à 1815, il a introduit le Code Civil dont le système juridique français actuel est toujours inspiré.

Le Marché commun : V.p. 138

Les surréalistes : petit groupe littéraire de l'entre-deux-guerres dont l'influence s'est révélée très importante.

Exercices

I. - Questions

1. - Pourquoi les sondages n'ont-ils pas donné plus de précision au langage contemporain ?
2. - Quelles sont les préoccupations principales des Français révélées par le sondage de l'I.F.O.P. ? Cela vous paraît-il normal ?
3. - Pourquoi la plupart des gens ont-ils l'impression de ne pas avoir été consultés quand ils lisent les résultats d'un sondage ?
4. - Peut-on mettre en doute les chiffres obtenus ? Pourquoi ?
5. - Pourquoi alors les interprétations des résultats peuvent-elles varier ?
6. - Selon Françoise Giroud, les résultats de ce sondage prouvent-ils que les Français se désintéressent de la politique ?
7. - A quelle condition la vérité des sondages se manifeste-t-elle ?
8. - Qu'est-ce que les sondages sont incapables de révéler ? Pourquoi ?

II. - Situations

1. - Rassemblez des exemples de sondages. Pensez-vous que la façon dont les questions sont posées puissent influencer les réponses données ? Est-ce que le choix des questions permet de « comparer des niveaux comparables » (col. 3, lign. 16) ?
2. - Trouvez un exemple récent d'un sondage d'opinion qui dresse la liste des émissions de télévision par ordre de popularité. Enregistrez les réactions provoquées autour de vous par cette liste. Est-ce que « moi » est d'accord ?
3. - Cherchez dans la presse parlée et écrite des exemples de malheurs chroniques qui ont oblitéré notre sensibilité.

III. - Discussion

1. - La signification des sondages d'opinion dans la vie actuelle.
2. - L'influence des sondages d'opinion sur la vie politique.
3. - « Rien d'important, pour le meilleur ou pour le pire ne s'est fait à l'origine avec l'adhésion du grand nombre ». Discutez en fournissant des exemples précis.

IV. - Ici et ailleurs

Quelle est l'image donnée par des sondages (a) de votre pays (b) de pays étrangers ? Vous satisfait-elle ?

V. - Développons nos moyens d'expression

1. - Donnez un substantif qui correspond à chacun des verbes suivants pris dans le texte : interroger; demander; citer; exprimer; choisir; se soucier; signifier; exister; bouleverser; apprécier.
2. - « *Il suffit* d'une seule personne judicieusement choisie parmi 70 000 *pour que* l'opinion de « moi » soit connue. »
   Sur le même modèle construisez trois phrases de votre choix où vous utiliserez *Il suffit de... pour que...*
3. - Relevez dans le texte les exemples choisis par Françoise Giroud dans un but humoristique. Qu'est-ce qui produit cet effet comique ?

VI. - Sondage

Regardez d'abord la façon de commenter les sondages dans la section *La Nouvelle Vague*. Ensuite interprétez vous-même les résultats d'un sondage que vous aurez trouvé dans la presse. (Utilisez dans votre commentaire des *Mots et Expressions* présentés p. 44).

LES MOTS DE DEMAIN

Faut-il dire : « Le gel cède à regret son dernier diamant », ou bien « Merde (locution familière), il y a encore un peu de verglas ? » Aucune importance. Le seul problème que pose aujourd'hui la langue française, c'est... l'anglais. Aussi M. Francis Perrin, haut commissaire à l'Energie atomique, vient-il de présenter la nouvelle édition d'un dictionnaire de termes techniques de physique nucléaire dans une traduction française. Et M. Louis Armand, qui sème inlassablement le bon grain en tous terrains, a-t-il saisi l'une des honorables compagnies auxquelles il appartient, l'Académie française, d'une proposition aussitôt acceptée : définir périodiquement des mots nouveaux pour assurer le bon usage et le développement de la langue française dans les domaines de la science, des techniques et plus généralement des connaissances. En d'autres termes, dit M. Armand, attaquer certains mots anglais avant qu'ils ne s'installent.

Quels mots ? C'est là où l'affaire devient intéressante, et même troublante. Trois catégories de mots anglais — ou plutôt américains — sont en train de s'introduire dans notre langage, sans que Stendhal, cette fois, s'y emploie : ceux qui dénomment les objets, ceux qui dénomment les concepts, et ceux qui, bien que français, sont employés dans leur acception anglaise.

Le bulldozer, le short sont des objets. Peu importe que nous les adoptions en les naturalisant, éventuellement, bouledoseur et chorte. En revanche, dire d'un homme qu'il réalise l'horreur de sa situation ou qu'il contrôle une grande entreprise, c'est parler inutilement une langue bâtarde. Réaliser signifie, en français, rendre réel. Contrôler signifie vérifier. Quant à la forme « Il a été dit », « Il a été décidé », elle est révélatrice — mais tout est révélateur dans le langage — d'une attitude psychologique proprement anglo-saxonne d'objectivité, de distance au sujet. En ce sens, il s'agit là d'une forme étrangère à l'esprit même du français, quand elle n'est pas délibérée.

Reste le mot qui dénomme un concept, du marketing des industriels au breeding des atomistes en passant par l'engineering, incrustés dans la langue avant même d'avoir été compris. Qu'est-ce que le marketing ? Un grand dictionnaire anglais indique : « achat, vente de quelque chose ». C'est la définition du commerce. Or marketing n'est pas commerce. C'est l'emploi de méthodes qui permettent l'étude d'un marché en vue de l'achat et de la vente d'un produit donné. Conçu en France, le marketing eût porté un nom français. Les Américains ne l'ont pas « découvert ». Ils ont articulé sur la notion de marché un ensemble qui ne pouvait pas être élaboré ici en son temps, donc exprimé en un mot.

Du côté scientifique, les choses sont un peu différentes. La quasi-totalité de la documentation scientifique est d'origine américaine, les hommes de science sont pratiquement (pardon, pratiquement est un anglicisme) à peu près obligés de faire leurs communications en anglais dans les congrès internationaux, s'ils veulent être entendus ; la prédominance du vocabulaire américain dans les disciplines scientifiques n'est qu'un reflet de la prédominance scientifique tout court. Inventer un mot n'est pas un jeu de l'esprit. C'est le dernier acte de la création qui l'a précédé.

L'ennui est que les mots qui recouvrent des concepts n'entrent jamais tout seuls dans une langue. Ils introduisent avec eux tout un environnement dont nous savons combien il conditionne, en même temps qu'il le traduit, la façon de penser. La langue maternelle d'un homme est sa vraie patrie. Chacun de nous serait autre s'il avait verbalisé ses premières émotions en anglais ou en allemand. Aussi y a-t-il quelque chose de réellement inquiétant dans la promptitude — qu'il est trop commode d'appeler snobisme — avec laquelle nous nous imprégnons de la terminologie américaine, à un moment où la stérilité de la langue française ressemble étrangement à une difficulté de concevoir des notions neuves.

M. Louis Armand cherche les mots que l'Académie substituerait, à temps cette fois, à « hardware » et « software », par quoi les Américains dénomment, d'une part, l'ensemble du matériel constitué par les ordinateurs et, d'autre part, l'ensemble des questions élaborées par le cerveau humain de façon que les ordinateurs y répondent. « Hardware » signifie littéralement quincaillerie. « Software » est le produit d'un jeu de mots : « soft » (doux, comme la matière grise) étant le contraire de « hard » (dur).

Comment désignerions-nous sous le terme familier de quincaillerie des machines qui évoquent encore pour nous le diable et l'enfer ? Et dont nous commençons à peine à percevoir le rôle ? Il est significatif que les Américains l'aient choisi. Et que nous butions sur sa traduction. Comme il est significatif que le mot « civilisation », qui inculquait une vision nouvelle du monde, ait été inventé, un peu avant la Révolution, par le marquis de Mirabeau. A cette époque, le français ne connaissait que quatre mots en « isation », dérivé dynamique.

Simultanément, Adam Ferguson, professeur de philosophie à l'université d'Edimbourg, employait de son côté, en anglais, le mot « civilization ». On ignore encore, nous dit le linguiste Emile Benveniste, s'il avait lu Mirabeau ou si le mot « civilisation » a été inventé deux fois, indépendamment et à la même date, en français et en anglais.

On voudrait pouvoir exprimer le même doute, dans cinquante ans, quant au berceau du mot qui exprimera une conception nouvelle des rapports entre l'homme et la société.

F.G.

I. - A voir d'abord

Mots-thèmes

Désigner : dénommer, signifier.

Signification (f) : sens (m), acception (f).

Locution (f) : expression (f). ·

Locution familière : locution appartenant au registre de la langue parlée.

Mots et Expressions fonctionnels p. 271

En revanche; or; quasi; tout court; d'une part... d'autre part; de façon que; à peine; quant à.

II. - Pour mieux comprendre

Gel (m) : Cf. geler.

Verglas (m) : couche de glace qui recouvre les routes en hiver.

Semer le bon grain (image biblique) : *ici,* propager de nouvelles idées destinées à avoir une influence favorable.

Saisir un organisme de qqch : présenter qqch à un organisme.

Réaliser l'horreur de sa situation ; contrôler une grande entreprise : exemples caractéristiques d'anglicismes.

Bâtard,e : impur, mélangé.

Il a été dit : en anglais on utilise plus souvent la voix passive qu'en français.

Incruster : implanter, enraciner.

Eût porté : aurait porté.

Articuler sur : développer.

Communication : *ici,* exposé, conférence.

Entendus : *ici,* compris.

Serait autre : serait différent.

Verbaliser : exprimer.

Promptitude : rapidité.

Commode : facile.

S'imprégner de : assimiler.

Familier,ère : bien connu et très fréquent.

Quincaillerie (f) : objets et ustensiles en métal ; ce mot est souvent utilisé dans un sens péjoratif pour désigner un objet (et même une voiture) en métal de mauvaise qualité.

La matière grise : le cerveau humain, l'intelligence.

Buter : rencontrer une difficulté, hésiter.

Inculquer : donner.

Dérivé (m) : *ici,* suffixe.

Berceau : lieu de naissance, origine.

III. - Connotations culturelles

« Le gel cède à regret ses derniers diamants » : Paul Valéry, dans *La Jeune Parque.*

Armand, Louis (1905-1972) : Ingénieur et administrateur; Président de la S.N.C.F. (1955-1958); Président de l'Euratom (1958-1959); élu à l'Académie des Sciences Morales et Politiques (1960) et à l'Académie française (1963).

Académie française (ou simplement *l'Académie*) : fondée en 1635 par le Cardinal de Richelieu et composée de 40 membres qui sont chargés de la rédaction d'un Dictionnaire de la Langue française et de sauvegarder la pureté de la langue.

Stendhal (de son vrai nom Henri Beyle) 1783-1842 : romancier qui, fasciné par la langue anglaise, a adopté pour son œuvre la devise : « To the Happy Few ».

Bouledoseur, Chorte : certains mots étrangers ont été francisés (*Ex.* bifteck) tandis que d'autres ont gardé leur orthographe d'origine (*Ex.* bulldozer, short). Ici Françoise Giroud s'amuse à franciser ces deux mots.

La Révolution : il s'agit bien sûr de la Révolution française de 1789.

Le Marquis de Mirabeau (1715-1789) : économiste français auteur de *L'Ami de l'Homme* ou *Traité sur la population* (1756) où est employé pour la première fois le mot « civilisation ».

« Jusqu'alors la notion (de civilisation) était exprimée par *police;* l'excès de sens de *police* et l'enrichissement des idées se rapportant au progrès de l'homme en société ont fait rechercher un

mot nouveau. Après 1800, par suite des événements historiques et des voyages de découvertes, *civilisation* a pris le sens nouveau d' « ensemble des caractères que présente la vie collective d'une société donnée (sauvage, etc.) ».
(O. Bloch et W. Von Wartburg, *Dictionnaire Étymologique de la langue française*, 1968),

Exercices

I. - Questions

1. - Dans quels domaines en particulier les mots anglais menacent-ils la langue française ?
2. - Qu'est-ce qui peut arriver à un mot étranger adopté par une langue ?
3. - Pourquoi le mot « marketing » a-t-il été emprunté aux Américains ?
4. - Qu'est-ce qui précède la création d'un mot ?
5. - Donnez des exemples de mots empruntés à une autre langue qui ont introduit avec eux « tout un environnement ». (col. 2, lign. 44-45).
6. - Quels risques courent les Français en acceptant trop vite « la terminologie américaine » ?
7. - Qu'est-ce que les ordinateurs ont d'abord évoqué pour les Français ?
8. - Pourquoi est-il significatif que les Américains aient choisi le terme « hardware » ?
9. - Quelle est la crainte que Françoise Giroud exprime au dernier paragraphe ?

II. - Situations

Découvrons le franglais. Relevez dans des journaux ou des magazines français les mots empruntés à l'anglais ou à l'américain. Classez-les selon les trois catégories proposées par Françoise Giroud. Le livre de René Etiemble, *Parlez-vous franglais ?,* en fournit de nombreux exemples.

III. - Discussion

1. - « La langue maternelle d'un homme est sa vraie patrie. »
2. - Est-il possible (et même souhaitable) de diriger l'évolution d'une langue ?
3. - Le mot « civilisation » a pu être inventé simultanément dans deux pays. Comment l'expliquez-vous ? Croyez-vous que le même phénomène soit possible dans le monde actuel ?

IV. - Ici et ailleurs

Quels mots français ont été introduits dans votre langue maternelle ? Comment peut-on les classer ?

V. - Développons nos moyens d'expression

La formation des mots. Trouvez des exemples en français de l'emploi des suffixes suivants :
(i)   Pour transformer un verbe en un substantif (d'action ou d'état) :
      - age; - ment; - tion.
(ii) Pour transformer un verbe en un substantif (instrument, personne exerçant un métier) :
      - eur; - euse; - ier, -ière; - ant, -ante.
(iii) Pour transformer un substantif en un adjectif :
      - ien, -ienne; - ais, -aise; - eux, -euse.
Trouvez des exemples en français de l'emploi des préfixes intensifs suivants :
      extra-; hyper-; super-; sur-.

VI. - Quelques thèmes à explorer

Les rapports entre la langue parlée et la langue écrite.
Rôle de la publicité dans l'évolution de la langue.
La création de néologismes.
Les mots à la mode selon les générations.
La prolifération du vocabulaire technique et administratif et les clichés.
Le dictionnaire : utilité et limites.
Importance des langues régionales (le breton, l'occitan, l'alsacien...).
Interaction de la prépondérance économique et de l'influence linguistique.

POUR LA DÉFENSE DE LA LANGUE FRANÇAISE

Une loi pour la défense de la langue française a été publiée au Journal Officiel du 4 janvier 1976.

Elle stipule, notamment, que :

« ... Dans la désignation, l'offre, la présentation, la publicité écrite ou parlée, le mode d'emploi ou d'utilisation, l'étendue et les conditions de garantie d'un bien ou d'un service ainsi que les factures ou quittances, **l'emploi de la langue française est obligatoire.** Le recours à tout terme étranger ou à toute expression étrangère est prohibé lorsqu'il existe un terme ou une expression approuvés dans les conditions prévues par le décret N° 72-19 du 7 janvier 1972 relatif à l'enrichissement de la langue française. Le texte français peut se compléter d'une ou plusieurs traductions en langue étrangère...

Les mêmes règles s'appliquent à toutes informations ou présentations de programmes de radio-diffusion et de télévision, sauf lorsqu'elles sont destinées expressément à un public étranger...

Cependant ces dispositions ne sont pas applicables à la dénomination de produits typiques et spécialités d'appellation étrangère connus du large public...

En outre, des décrets préciseront dans quelles conditions des dérogations pourront être apportées à ces dispositions lorsque leur application serait contraire aux engagements internationaux de la France... »

LE LANGAGE DES JUPES

Pour le bon motif, les princes qui nous gouvernent devraient garder les yeux fixés sur les jambes des jeunes femmes. Elles apporteront ce printemps, à qui saura les déchiffrer, d'intéressantes informations.

La mode a toujours un contenu social. Si les jupes à mi-mollet, le style chaste, mesuré et pudique est celui qui l'emporte dans la faveur des minettes, cela signifiera que nous sommes entrés dans le cycle de la réaction, une réaction qui s'exprimera dès lors bien autrement et bien au-delà de la ligne des ourlets.

« C'est par réaction qu'un corps choqué frappe un autre corps avec la même intensité qu'il a été frappé lui-même », écrit Littré. Une partie du corps social a été choquée. On lui a montré des cuisses jusque-là où cela s'appelle autrement. On lui a administré de l'érotisme, ou plutôt ce qui en porte abusivement le nom, sous toutes les formes, à doses massives. Il s'est établi dans son esprit une relation directe entre cet érotisme et la revendication juvénile de libération sexuelle, liée elle-même aux violences étudiantes. La partie choquée du corps social y voit un seul et même phénomène : tous les chiens sont lâchés. Et elle est en train de réagir au sens propre du mot.

Une manifestation comme celle à laquelle s'est livré M. Gilbert Abadie, commissaire général de l'Armée du salut en France, pour s'opposer à la représentation de « Hair », les compagnons de croisade qu'il a trouvés, la présence à ses côtés de M. Claudius-Petit, le fait que celui-ci n'hésite pas à prendre des positions publiques, courageuses, d'ailleurs, puisqu'elles mettent les rieurs contre lui, tout cela est bien « réaction ».

Le processus est classique. Quelque chose bouge fortement : un pas, deux pas, dix pas sont faits. Puis la réaction se produit, ses forces s'ébranlent, ce qui a bougé doit reculer d'un pas ou deux, et le mouvement se fige. Résultat : quelque chose a bougé de quelques pas. En sommes-nous au stade du recul ?

Le costume n'est qu'un symptôme parmi d'autres des mouvements d'une société, mais il n'est pas négligeable.

Individuellement, on en use comme d'un langage, d'un ensemble de signes par lesquels on fait savoir qui l'on est ou qui l'on voudrait être, la profession que l'on exerce, éventuellement son grade, le groupe social auquel on se rattache, l'importance que l'on accorde au jugement d'autrui et bien d'autres choses encore. Collectivement, la mode du costume est aussi éloquente.

Or il s'est passé, depuis quelques années, un phénomène important. On peut le dater de 1964-1965. Jusque-là, l'uniformisation du vêtement masculin et celle du vêtement féminin paraissaient en voie de gommer les différences sociales. Les progrès du prêt-à-porter joints à ceux du niveau de vie, la pénétration des magazines féminins et leur magistère, une certaine prudence — ou décence, comme on voudra — des plus riches dans l'exhibition du luxe, tout cela avait abouti à une mode pour toutes et pour tous. Si ce n'était encore fait, on y tendait. C'était dans le mouvement de l'Histoire.

La classe dirigeante faisait la mode, comme elle l'a toujours faite, à travers ses journaux, ses couturiers et leurs boutiques. Mais, pour la première fois, de larges pans de la population pouvaient, dans les plus brefs délais, la mimer, l'imiter, se confondre avec elle dans l'aspect. Et qui s'y refusait ? Il est significatif que la mode « bourgeoise », créée par des bourgeois pour des bourgeois, n'ait jamais fait l'objet d'une contre-mode prolétarienne et que, au contraire, « L'Humanité », par exemple, ait donné depuis une dizaine d'années une bonne place au compte rendu des collections de haute couture. Ce que l'on peut traduire en ces termes : ce que « leurs » femmes portent, pourquoi les nôtres n'y auraient-elles pas droit ? Et progressivement, tout le monde, en effet, y aurait droit.

Naissait une mode différente. Celles qui la suivaient aussitôt se trouvaient évidemment parmi les femmes à l'argent facile, qui pouvaient écarter d'un coup une bonne partie de leur garde-robe. L'argent ne suffit nullement ni à se bien habiller ni à donner le sens de la mode. Mais enfin, trêve d'hypocrisie, ça aide.

Tout cela, c'était hier. C'est fini. La classe qui fait la mode, ce n'est plus la bourgeoisie, ce n'est pas davantage la classe ouvrière, c'est la jeunesse. Elle a commencé à montrer ses cuisses quand l'Anglaise Mary Quant a eu l'idée géniale de lui proposer la minijupe. Géniale, parce que c'est l'une des rares créations dans le costume moderne, le reste étant plutôt redite du passé. On peut préférer le passé, c'est une autre histoire.

Donc, la jeunesse du monde a soudain trouvé, dans ces jupes de plus en plus brèves, non pas une commodité à côté du blue-jean, mais d'abord un moyen d'affirmer son identité en tant que classe distincte de celle des vieux, c'est-à-dire des plus de 30 ans. Puis, une façon de refuser les règles du jeu social. Enfin et surtout, un instrument de pure provocation dans l'ordre de la sexualité. Elle marquait ainsi ostensiblement la liberté qu'elle entendait prendre, désormais, dans ce domaine.

Que les autres femmes aient, peu à peu, suivi, qu'elles aient tourné l'obstacle, quand il devenait trop haut, en adoptant ce frère jumeau de la minijupe dans la provocation sociale qu'est le pantalon, indique bien qui tient désormais le pouvoir de décision. Ce n'est pas la classe dirigeante qui a fait la mode depuis quatre ou cinq ans. Elle l'a subie.

Simultanément, la « garde-robe » s'est périmée. La jeunesse n'a pas de garde-robe. Elle achète à bon marché, elle porte tous les jours, elle use vite, et elle jette. Moyennant quoi, elle est la plus disponible pour le renouvellement. On l'a vu à l'aisance avec laquelle elle s'est acheté de ces guérites pour l'hiver qui portent improprement le nom de manteau.

Adoptera-t-elle, dès les beaux jours, ce qu'on appelait autrefois le bon genre, le bon ton, le bon chic, et qui aurait fait, l'an dernier, hurler de dédain ? Si c'est le cas, si la majorité se fait, dans ce domaine, subtilement récupérer, ce sera le signe qu'un feu rouge s'est allumé sur le chemin de l'érotisation de masse.

Et peut-être sur d'autres chemins aussi.

Le signe que la société française ne peut pas, pour l'instant, accepter d'aller plus loin, qu'elle entre « en réaction ».

La mode est le meilleur des sondages d'opinion. Car elle parle un langage que ces sondages ignorent, le langage de l'inconscient.

F.G. ∎

Notes

I. - A voir d'abord

Mots-thèmes*

Garde-robe (f) : l'ensemble des vêtements d'une personne.

Jupe (f) **à mi-mollet** : jupe qui descend jusqu'à la moitié de la jambe.

Ourlet (m) : le bas de la robe. La longueur des ourlets varie selon la mode.

Prêt-à-porter (m) : vêtements fabriqués en série (*contr* sur mesure).

(Grand) couturier (m) : directeur d'une maison de (haute) couture.

Collection (f) : ensemble des nouveaux modèles qu'un couturier présente à la presse deux fois par an.

Mots et Expressions fonctionnels p. 271

Dès lors; au-delà de; au sens propre du mot; à ses côtés; au stade de; autrui; or; en voie de; dans les plus brefs délais; d'un coup; en tant que; dans l'ordre de; désormais; moyennant quoi.

II. - Pour mieux comprendre

Pour le bon motif : pour des raisons sérieuses.

Les princes qui nous gouvernent : *ici,* les dirigeants politiques.

Déchiffrer : interpréter.

L'emporter dans la faveur de qqn : avoir la préférence de qqn.

Minette (f) : (très) jeunes filles habillées, coiffées et maquillées selon la dernière mode.

Bien autrement : de façon tout à fait différente.

Un corps choqué : un objet qui a reçu un choc; (cette citation de Littré décrit un phénomène de physique).

Une partie... choquée : une partie de la population a été scandalisée; (jeu de mots sur *corps* et *choquer*).

Administrer à doses massives : expression s'appliquant en général aux médicaments.

Abusivement : faussement.

Revendication : demande de ce que l'on considère comme un droit.

Tous les chiens sont lâchés (image d'une meute de chiens de chasse) : il n'y a plus de limites ni de retenue dans le comportement des jeunes, c'est l'anarchie.

Se livrer à : procéder à.

Compagnons de croisade : personnes qui partagent ses opinions et participent à la manifestation.

Rieur (m) : Cf. rire.

S'ébranler : se mettre en marche.

Se figer : devenir immobile.

On en use comme de : on l'utilise comme.

Éventuellement : parfois.

Grade : niveau.

Se rattacher : appartenir.

Gommer : éliminer.

↑ **Magistère** (m) : influence déterminante.

Aboutir à : avoir comme résultat.

Tendre à : *ici,* se diriger vers.

Pan (m) : groupe (m), section (f).

Se confondre... aspect : ne plus s'en distinguer extérieurement.

Faire l'objet de : *ici,* provoquer.

Compte-rendu : *ici,* description.

Avoir droit à qqch : *ici,* pouvoir bénéficier de.

Naissait... différente : dès qu'une mode différente naissait.

Écarter : rejeter, supprimer.

Trêve d'hypocrisie : ne soyons plus hypocrites.

Redite (f) : répétition.

Commodité : qqch d'utile.

Entendre (+ Inf) : décider de.

* Voir aussi p. 30.

Tourner l'obstacle : refuser la difficulté, trouver une solution moins courageuse.

Se périmer : ne plus être valable, être dépassé.

On... aisance : on a compris cela en voyant la facilité.

Guérite (f) : les manteaux à la mode étaient longs et droits avec un capuchon et leur forme évoquait l'abri d'une sentinelle.

Improprement : faussement.

La majorité : *ici,* la plupart des jeunes.

Se fait récupérer : adopte la mode bourgeoise d'avant et accepte ainsi les valeurs de la classe dirigeante.

III. - Connotations culturelles

Littré, Emile (1801-1881) : linguiste et auteur d'un des dictionnaires les plus importants de la langue française.

Claudius-Petit, Eugène (né en 1907) : homme politique de tendance centriste, plusieurs fois ministre sous la IVe République.

Classe dirigeante : classe sociale à laquelle appartiennent ceux qui occupent les postes de direction.

L'Humanité : quotidien officiel du Parti communiste français.

Mary Quant : styliste anglaise qui a lancé la minijupe et une nouvelle mode pour les jeunes au milieu des années soixante.

Exercices

I. - Questions

1. - Quels renseignements la mode peut-elle fournir aux dirigeants politiques ?
2. - « Tous les chiens sont lâchés ». Donnez des exemples précis (col. 1, lign. 31-32).
3. - Comment se manifeste la « réaction » ?
4. - Comment l'individu peut-il s'exprimer à travers le costume ?
5. - Quelle était l'évolution sociale de la mode au début des années soixante ?
6. - Pourquoi est-il surprenant de trouver des articles sur les collections dans « L'Humanité » ?
7. - Pourquoi la minijupe a-t-elle été immédiatement adoptée par les jeunes ?
8. - Expliquez la disponibilité des jeunes vis-à-vis de la mode.

II. - Situations

1. - Recherchez toutes les significations (sociales, politiques, économiques...) du blue-jean pour les différentes générations.
2. - Réalisez et commentez un montage de publicité pour illustrer la mode comme « ensemble de signes » (col. 1, lign. 59).
3. - Commentez le texte publicitaire suivant :

Le noir.
C'est habillé, sport,
classique, moderne,
fou, sage,
exceptionnel,
quotidien,
nouveau, vieux,
chic, choc,
passe-partout,
tape-à-l'œil,
rentre-dedans,
discret,
romantique,
pratique,
poétique, prosaïque,
clérical, laïque,
provoquant,
traditionnel,
sexy, bon genre...
Et puis noir, c'est noir.

III. - Discussion

1. - « La mode est le meilleur des sondages d'opinion ».
2. - Que représente la mode pour vous ?
3. - Qui fait la mode aujourd'hui ?

IV. - Ici et ailleurs

Le rôle joué par la mode dans l'image d'un pays.

V. - Développons nos moyens d'expression

1. - Vérifiez le sens des adverbes suivants pris dans ce texte. Ensuite utilisez-en cinq dans des phrases de votre inspiration :
autrement; abusivement (improprement); fortement; individuellement; collectivement; progressivement; simultanément; subtilement.
2. - Que les autres femmes *aient*, peu à peu, *suivi* indique bien...
   a) qui tient le pouvoir de décision.
   b) que le pouvoir appartient aux femmes.
   D'après ce modèle, rédigez quatre phrases de votre choix.
   Remplacez également le verbe *indiquer* par *montrer, révéler, signifier, vouloir dire*.
3. - Relisez col 3, lign. 9-19 en observant l'emploi de *donc, non pas, mais, d'abord, puis, enfin et surtout*. Rédigez vous-même un court paragraphe où vous utiliserez ces termes.

VI. - A vous d'écrire

Faites avec humour le portrait vestimentaire d'une personne que vous connaissez ou d'une personnalité en vue.

La société contestée

LE QUARTIER LATIN, LUNDI DERNIER.
« Si les passions et les rêves ne pouvaient pas créer des avenirs nouveaux,
la vie ne serait qu'une duperie insensée. » (H.-R. Lenormand.)

LA SOCIÉTÉ EN QUESTION

Les brutalités de la police ? On ne s'engage pas dans les C. R. S. avec une vocation pédagogique. Etudiants ou pas, ils font ce pour quoi on les appelle : ils cognent.

Nous ne saurons jamais comment les choses auraient tourné si le recteur de l'Académie de Paris avait laissé la manifestation, organisée le vendredi 3 mai, dans la cour de la Sorbonne, se dérouler selon les traditions académiques, c'est-à-dire sans y mêler la police. Le fait est qu'il l'a sollicitée, que les étudiants du Quartier latin ont vu leurs camarades embarqués comme des malfaiteurs, et qu'une majorité d'étudiants et d'enseignants en a été profondément choquée.

Bien avant d'embraser Nanterre, Marx nous a appris qu'il fallait faire « l'analyse concrète des situations concrètes ». C'est toujours une bonne méthode, même pour tenter simplement de comprendre comment l'insurrection a soulevé les étudiants de France, après tant d'autres.

Donc, fait concret et, pour ainsi dire, historique : étudiants et enseignants, très généralement hostiles au petit groupe des « enragés » de Nanterre, en étaient rendus provisoirement solidaires, avec les résultats que l'on sait. Une situation nouvelle était créée. Cela, du moins, est clair. Comme il est clair que la plupart des manifestants n'avaient pas l'expérience de ce qui vous arrive quand on frotte les oreilles d'un C.R.S. « Racontez-moi, grand-mère, racontez-moi... ». Qu'ils en aient conçu plus de fureur encore, on peut le comprendre. Mais que leurs aînés ne fassent pas semblant.

Le reste exigerait une analyse plus fine, car plusieurs plans se mêlent. Schématiquement :

La crise générale de l'Université ? Bien sûr. Gonflement formidable des effectifs depuis dix ans, inadaptation de l'enseignement prodigué dans les facultés (514 000 étudiants) qui ne conduit, singulièrement dans les facultés de Lettres, à aucun débouché... On a tout dit à ce sujet.

Les facultés n'ont jamais eu pour objet de préparer à la vie professionnelle — fonction réservée aux grandes écoles — mais de dispenser une bonne culture générale à des jeunes gens aisés, et de former des maîtres. Laissons les maîtres, encore que le problème soit vaste. Les étudiants sont, aujourd'hui, dans la situation de jeunes gens qui suivraient des cours par correspondance non corrigés pour essayer de passer des examens stériles. Cela n'est un peu moins vrai que pour les facultés de Sciences et, surtout, de Médecine, qui sont d'ailleurs sensiblement moins agitées. On en sort bon pour le service de la société, inculte mais spécialisé.

Si importante que soit la question des débouchés, elle en dissimule d'autres dont on parle moins. L'entrée dans la vie sociale, c'est l'arrachement à la sécurité de l'enfance. Un nombre indéterminé de jeunes gens en a peur. Il y a de quoi. On peut réclamer d'être traité en adulte sans être prêt à assumer la douleur de devenir adulte, d'accepter la Vie.

Beaucoup de ceux qui se dirigent vers les fameuses « études sans débouché » et s'éternisent dans les facultés de Lettres s'y trouvent parce qu'ils prolongent ainsi le temps de l'irresponsabilité. Et pour retarder le moment où ils ressembleront à leur père.

Ils y apprennent les sciences humaines. On l'aura remarqué : c'est, partout, le creuset des révoltes sauvages. Que cache donc ce vocable grandiose : sciences humaines ? Une étude des sociétés qui, à aucun moment, ne rend compte, en allant au fond, des aspects non économistes des comportements humains.

Des connaissances bonnes à faire des enquêteurs pour instituts de sondages. Freud au service des études de marché. Comme si l'on apprivoisait le feu en le détournant de ce qu'il risque d'éclairer ! C'est peu d'évoquer « le malaise » des étudiants en sociologie et en psychologie, conscients ou non de l'inadéquation de l'enseignement au dévoilement qu'il se propose.

Tous les problèmes d'enseignement sont complexes et ne comportent aucune solution simple que des esprits obtus refuseraient d'appliquer. Encore faut-il les poser, non les escamoter.

Enfin il y a la nature, particulière de la société où nous sommes. Vingt ans, c'est l'âge où il est sain, logique, normal de vouloir « changer la vie ». Une partie de la jeunesse — et pas seulement de la jeunesse — entretient, selon la formule d'Herbert Marcuse, « la conviction que la vie humaine est digne d'être vécue ou, plus exactement, qu'elle peut l'être et qu'elle doit être rendue telle ».

C'est l'a priori de toute théorie sociale, de tout ce qui a conduit des hommes à être, en leur temps, des agents de transformation de la société en s'opposant à ce qui existe.

Romantisme ? On a vite fait de baptiser « romantisme » ce qui dérange. Pourquoi ce romantisme prend-il aujourd'hui ce caractère violent et quasiment nihiliste ? Toujours selon Marcuse, l'originalité des sociétés industrielles modernes est d'absorber toutes les oppositions et de les faire, en quelque sorte, contribuer à la cohésion sociale. Tous les antagonismes sont émoussés. Même l'art est privé de sa force subversive, de sa vertu de « refus ». Il est devenu l'un des rouages de la machine qui moud la « culture pour tous » en même temps que l'automobile pour tous et l'érotisme pour tous. Plus une société est prospère, plus elle est tolérante, avec tout ce que cela comporte de positif. Plus elle est tolérante, plus elle laisse se développer les oppositions et les refus jusqu'à les intégrer.

D'une certaine manière, l'étonnement indulgent avec lequel est généralement accueillie la révolte étudiante corrobore cette analyse. On cherche inconsciemment à l'annuler en l'acceptant. Même les bébés ne protestent plus sans qu'on les prenne dans les bras quand ils pleurent.

En face de cette société édredon, de ce caramel mou qui amortit tous les coups, il ne peut plus y avoir de sentiment d'opposition que dans la contestation radicale, globale, de tous les éléments qui constituent cette société. Y compris le Parti Communiste.

Que l'on souscrive ou non à cette interprétation des soulèvements d'étudiants minoritaires mais farouches, qui se produisent dans toutes les sociétés industrielles, elle a le mérite d'exister en face de « l'incompréhensible », et peut-être d'expliquer pourquoi, en face de C.R.S. nullement disposés, eux, à « intégrer » les étudiants, ceux-ci ont retrouvé la brève ivresse de l'opposition concrète, physique, libératrice.

Après ? C'est ce qui manque : la définition de l'après pour quoi l'on se bat. Elle se dégagera, lentement. Il faut être bien las ou bien vieux pour ne pas sentir que, dans les tumultes d'aujourd'hui, ceux d'ici et ceux d'ailleurs, la jeunesse du monde est en train d'inventer en tâtonnant les sociétés où elle vivra, vieillira et s'engluera à son tour.

F.G. ∎

Notes*

I. - A voir d'abord

Mots-thèmes

Contester : remettre en question, critiquer qqch que l'on juge ne pas être légitime; S : contestation (f); Adj : contestataire.

Manifester : participer à une démonstration collective publique; S : manifestation (f); manifestant,e (personne).

Révolte (f) : soulèvement (m), insurrection (f), rébellion (f).

Se révolter : se soulever, s'insurger, se rebeller.

Trouble (m) : agitation (f), désordre (m), tumulte (m), émeute (f).

Solidarité (f) **avec qqn** : le fait de se sentir lié à une ou plusieurs personnes par des intérêts communs; fraternité (f). Être/rester solidaire de qqn : soutenir qqn.

Mots et Expressions fonctionnels p. 271

Encore que; au service de; encore (+ inversion); quasiment; en quelque sorte; à son tour.

II. - Pour mieux comprendre

S'engager dans : s'enrôler dans.

Avec... pédagogique : avec l'intention d'enseigner.

Cogner : frapper fort.

Se dérouler : avoir lieu.

Mêler : faire intervenir.

Solliciter : appeler.

Embarqués : *ici,* emmenés dans les cars de police.

Malfaiteur (m) : criminel.

Embraser : mettre le feu à; soulever.

Tenter : essayer.

Provisoirement : pour un temps.

Frotter les oreilles de (fam) : provoquer, s'attaquer à.

Concevoir : *ici,* éprouver.

Fureur (f) : colère violente.

Leurs aînés : la génération de leurs parents.

Faire semblant : *ici,* jouer la comédie de l'indignation.

Effectifs (m. pl) : *ici,* le nombre d'étudiants.

Prodiguer (un enseignement) : donner.

Déboucher : métier correspondant aux études suivies.

Dispenser : donner.

Aisé,e : qui n'a pas de problèmes d'argent.

Maître (m) : *ici,* enseignant.

Stérile : inutile.

Sensiblement : relativement.

Inculte : sans culture; *contr* cultivé.

Dissimuler : cacher.

Arrachement (m) : coupure (f).

Réclamer : exiger.

Assumer : accepter volontairement.

S'éterniser : rester très longtemps.

Creuset : lieu de naissance et de formation.

Sauvage : *ici,* spontané.

Vocable : expression (f).

En allant au fond : *ici,* en faisant une analyse en profondeur.

Enquêteur (m) **pour instituts de sondage** : personne chargée d'interviewer des individus afin d'établir ensuite des pronostics ou des statistiques (*Ex. :* pour le marché potentiel d'un produit commercial).

Apprivoiser : rendre moins dangereux, domestiquer.

Malaise : inquiétude (f), mécontentement (m).

Inadéquation : inadaptation.

* Cf. les sondages pp. 183-184. Voir aussi p. 210.

Dévoilement : découverte (f).

Obtus : étroit, limité.

Escamoter : éviter de façon peu honnête.

Entretenir : avoir.

A priori (m) : hypothèse initiale.

Cohésion : unité.

Émoussé,e : affaibli.

Rouage (m) : élément qui fait fonctionner.

Moudre : *ici,* fabriquer.

Intégrer : assimiler, absorber.

Corroborer : confirmer.

Société édredon : société qui étouffe en enveloppant.

Caramel mou : bonbon qui n'a pas de consistance.

Amortir : atténuer, rendre moins violent.

Coup (m) : choc (m), attaque (f).

Souscrire à : admettre.

Farouche : décidé, passionné.

Disposé,e... à : désireux de.

Ivresse : exaltation.

Se battre : lutter.

Se dégager : se révéler.

Las, lasse : fatigué.

Tâtonner : chercher sans trop savoir où l'on va.

S'engluer : s'enliser.

III. - Connotations culturelles

Les C.R.S. : la police en France est divisée en deux catégories : la police urbaine qui surveille par exemple la circulation dans les villes; et les C.R.S. (Compagnies Républicaines de Sécurité) logées dans des casernes et dont le rôle est d'intervenir pour rétablir l'ordre en cas de troubles de toute nature (*Ex.* : manifestations, grèves...).

Le recteur de l'Académie de Paris : pour l'administration de l'enseignement, la France est divisée en 23 Académies dont chacune est dirigée par un recteur qui est aussi Chancelier des Universités.

Le vendredi 3 mai 1968 : Voir tableau p. 121.

Le Quartier latin : le quartier autour de la Sorbonne fréquenté par les étudiants.

Nanterre : centre universitaire créé dans la banlieue nord-ouest de Paris en 1964 afin de diminuer le nombre d'étudiants inscrits à la Sorbonne. C'est aujourd'hui l'Université de Paris X. Les manifestations des étudiants ont commencé à Nanterre à partir du 22 mars 1968.

Marx, Karl (1818-1883) : philosophe et économiste, auteur du *Capital* (1867). Les étudiants qui menaient la révolte s'inspiraient des théories marxistes.

Après tant d'autres : des manifestations avaient opposé les étudiants aux forces de l'ordre au cours de l'année précédente dans de nombreux pays, en particulier aux U.S.A. et en Allemagne.

Des « enragés » : on appelait ainsi les étudiants d'extrême-gauche.

« Raconte-moi, grand-mère, raconte-moi... » : allusion à la chanson de Béranger, *La grand-mère,* où un enfant demande à sa grand-mère de lui raconter la vie de Napoléon. *Ici* les aînés auraient pu raconter aux jeunes comment les C.R.S. se comportent lors des manifestations.

Faculté (f) : avant la réforme de l'enseignement universitaire par la loi d'orientation du 12 novembre 1968, chaque Université se composait de cinq Facultés : Lettres et Sciences humaines; Sciences; Droit et Sciences Économiques; Médecine; Pharmacie.

Les Grandes Écoles : établissements spécialisés d'enseignement supérieur, parallèles à l'Université (*Ex.* : l'École Polytechnique, l'École des Mines...).

Les sciences humaines : les disciplines qui étudient l'homme (*Ex. :* psychologie, sociologie, linguistique...).

Freud, Sigmund (1856-1939) : psychiatre, fondateur de la psychanalyse.

« Changer la vie » : formule du poète Rimbaud que les gauchistes ont adoptée en mai 1968 pour exprimer le sens profond de leur révolte.

Marcuse, Herbert (né en 1898) : philosophe qui a analysé les effets répressifs pour l'individu du développement économique et technique des sociétés industrielles. Les étudiants se sont souvent référés aux analyses de Marcuse en 1968.

Le Parti Communiste : a été lui aussi souvent contesté par les gauchistes. Selon eux, c'est un parti de l'ordre et non pas un vrai parti révolutionnaire.

Exercices

I. - Questions

1. - Quelles ont été les conséquences directes de l'affrontement entre les étudiants et les C.R.S. ?
2. - Pourquoi existait-il une crise générale de l'Université ?
3. - Pourquoi les facultés des Sciences et de Médecine étaient-elles moins agitées ?
4. - Est-ce que c'est seulement le problème des débouchés qui explique le comportement des étudiants ?
5. - Quelle conviction trouve-t-on à la base de toute volonté de transformer la société ?
6. - Selon Marcuse, en quoi l'attitude des sociétés industrielles modernes vis-à-vis des diverses oppositions a-t-elle changé ?
7. - Comment peut-on expliquer alors les sentiments éprouvés par les étudiants à la suite de la réaction disproportionnée des C.R.S. ?
8. - Selon Françoise Giroud, quel risque courent les jeunes qui sont en train d'inventer une nouvelle société ?

II. - Situations

1. - Rassemblez des tracts ou des journaux diffusés par des jeunes qui veulent transformer la société ou par une association qui manifeste pour ou contre une décision administrative ou gouvernementale. Analysez les slogans qui s'y trouvent.
2. - Chaque étudiant(e) dresse une liste des débouchés qui lui seront offerts à la fin de ses études. Après une comparaison générale en classe des listes, chaque étudiant(e) justifie devant ses camarades son choix.
3. - Pour quelles idées seriez-vous prêt(e) à manifester ? Les étudiants décident alors des moyens les plus efficaces de manifester en faveur de l'idée proposée par la majorité d'entre eux.

III. - Discussion

1. - Les jeunes sont-ils condamnés à ressembler tôt ou tard à leurs parents ?
2. - Les facultés de Lettres devraient-elles préparer les étudiants à la vie professionnelle ?
3. - Peut-on justifier la violence comme moyen d'agitation sociale ou comme moyen de réprimer cette agitation ?

IV. - Ici et ailleurs

1. - Est-ce qu'il y a eu des manifestations d'étudiants dans votre pays ? Pour quels motifs ? Avec quelles conséquences ?
2. - Comparez la situation actuelle de l'Université en France avec celle qui existe dans votre pays.

V. - Développons nos moyens d'expression

1. - Donnez le substantif correspondant à chacun des verbes suivants et utilisez-en cinq dans des phrases de votre inspiration :
Tenter; soulever; réclamer; ressembler; remarquer; risquer; refuser; opposer; accueillir; protester.
2. - Donnez l'adjectif correspondant à chacun des substantifs suivants et utilisez-en cinq dans des phrases de votre inspiration :
Hostilité (f); solidarité (f); finesse (f); profession (f); particularité (f); santé (f); violence (f); prospérité (f); tolérance (f); lassitude (f).
3. - Utilisez dans des phrases de votre choix les expressions suivantes : avoir l'expérience de...; avoir pour objet de...; avoir le mérite de...

VI. - A vous d'écrire

1. - Trouvez dans deux journaux de tendance politique différente le reportage d'une manifestation. Ensuite, rédigez vous-même la description de cette manifestation a) sur un ton neutre; b) selon vos opinions personnelles.
2. - Que représente pour vous la perspective d'entrer dans la vie professionnelle ?

LES ÉVÉNEMENTS DE MAI 1968

22 mars 1968 : création à l'Université de Nanterre du Mouvement du 22 mars qui critique violemment l'Université.

2 mai : fermeture de l'Université de Nanterre.

3 mai : fermeture de la Sorbonne. Le recteur fait appel à la police. Arrestations, premières barricades au Quartier latin, ordre de grève générale des étudiants.

6-7 mai : batailles entre les C.R.S. et les étudiants. Nombreux blessés, nouvelles barricades.

8 mai : les chefs des syndicats d'ouvriers déclarent : « Nous sommes solidaires des étudiants en lutte ».

nuit du 10 au 11 mai : émeutes, barricades au Quartier latin.

12 mai : réouverture de la Sorbonne. Libération des étudiants arrêtés. Les C.R.S. retournent dans leurs casernes. La Sorbonne est occupée par les étudiants.

13 mai : grande manifestation d'étudiants, d'ouvriers, de fonctionnaires et d'employés (1 million de personnes).

14 mai : commencement de la grève générale. Occupations d'usines par les ouvriers.

15 mai : occupation du théâtre de l'Odéon.

18 mai : le général de Gaulle revient d'un voyage officiel en Roumanie.

22 mai : 10 millions de grévistes.

23 mai : contacts secrets entre le Gouvernement et les syndicats. Nouvelles manifestations au Quartier latin.

24 mai : allocution de De Gaulle : il annonce un référendum sur la participation.
Violentes batailles opposant les forces de l'ordre et les gauchistes, étudiants et lycéens. (Nombreux blessés, un mort).
Agitation dans toute la France (un mort à Lyon).

27 mai : accords de Grenelle entre le Gouvernement, les syndicats et le patronat (syndicats et patronat satisfaits). Cependant les ouvriers de Renault continuent leur grève. Meeting populaire au stade de Charléty.

29 mai : De Gaulle consulte en secret le général Massu pour savoir si l'Armée serait prête à intervenir pour rétablir l'ordre.
La gauche prépare un gouvernement de remplacement avec Mendès France.

30 mai : manifestation gaulliste sur les Champs-Élysées (1 million de personnes).

4 juin : les grévistes commencent à retourner au travail.

7 juin : allocution télévisée de De Gaulle (dissolution de l'Assemblée nationale, annonce des élections).

16 juin : fin de l'occupation de la Sorbonne.

18 juin : les premières voitures sortent des usines Renault.

25 juin : la reprise du travail est totale.

23-30 juin : victoire écrasante du parti gaulliste aux élections législatives.

N° 917 - 3-9 février 1969

Les pendus de Bagdad

L'EXPRESS

2,50 Francs

L'ANGOISSE DU PROGRES

« L'humanité est condamnée au progrès à perpétuité. » (Alfred Sauvy.)

LA RÈGLE DU JEU

Quand les enfants se blessent et pleurent, on les apaise avec des mots. Ce n'est pas le mercurochrome qui les calme : c'est la parole humaine et son contenu.

Quand les adultes sont fortement secoués et se sentent menacés par le désordre mental, ils quêtent des mots. Dans les livres, dans les discours, dans les conversations privées. La terre vacille lorsqu'on cesse de croire à la parole humaine, parlée ou écrite, le sol se dérobe. Nous sommes dans l'un de ces moments où, de toutes parts, on consomme et on produit des mots, on les avance pour se protéger d'avoir à penser, pour figer l'émotion dans des clichés.

Peut-on, au contraire, profiter de ce moment privilégié où les vérités acquises sont remises en question pour essayer d'en tirer quelque enseignement ?

Une vérité acquise, c'est une convention, quelque chose comme un contrat. Toute la vie sociale est faite de conventions, qui résistent aussi longtemps qu'elles coïncident avec une réalité de fait.

A un jeune « enragé » qui s'évertuait à rétablir la circulation, l'autre matin, après une nuit d'émeute, on demandait : « Pourquoi faites-vous cela ? » Il a répondu, étonné : « Il faut bien que les gens puissent traverser ! » Formule intéressante de la part d'un anarchiste. Ce jeune homme veut détruire la société pour en reconstruire une autre. Où il faudra bien que les gens puissent traverser. Si, dans l'immédiat, il ne conteste pas l'autorité des feux rouges, c'est parce que la convention selon laquelle les uns doivent s'arrêter pour que les autres passent recouvre, pour le moment, une réalité.

Chaque fois que ceux qui profitent des conventions établies tentent de les prolonger au-delà du moment où elles paraissent fondées à ceux qui en pâtissent, ils provoquent une explosion. C'est l'histoire de la décolonisation.

Les pouvoirs, toutes les formes de pouvoir, n'existent que par convention tacite. Ils sont faits de la force qu'on attribue à ceux qui les détiennent, de la confiance qu'on leur accorde. Que s'insinue la notion de duperie, et ils sont contestés jusqu'à ce qu'ils s'effondrent. C'est l'une des leçons de choses que nous sommes en train de recevoir ou d'observer.

Dès qu'il est capable de se débrouiller vers 12 ans, un enfant n'a aucune raison d'obéir aveuglément. Le pouvoir de son père repose sur une convention : Papa est fort, Papa sait mieux. S'il constate que Papa ne sait pas mieux, que sa force est artificielle, il rompt le contrat. A moins que Papa ne soit capable de substituer au mensonge de son omniscience une relation de confiance fondée sur une supériorité réelle, reconnue par l'enfant.

Dès lors qu'elle est indépendante économiquement, une femme n'a aucune raison de supporter la tyrannie ou la condescendance d'un homme. A moins qu'elle ne s'y soumette par goût. Sinon, qu'elle s'y dérobe, qu'elle refuse de reconnaître la supériorité hors là où celle-ci se trouve vraiment, et voilà. C'est fini.

Un lycéen, un étudiant n'a aucune raison de subir la morgue magistrale. Il s'y résigne parce qu'il croit à la valeur de l'enseignement qu'il reçoit, à sa nécessité. Que la convention perde ses bases, que la confiance disparaisse, que cent étudiants se révoltent, et il n'y a plus de « maîtres ». Nous y sommes.

Sauf à régner par les armes — et encore faut-il avoir les forces armées pour soi — nul ne peut gouverner si un nombre trop considérable de citoyens cessent de croire à la validité de ce pouvoir. Tout se passe alors comme si le Pouvoir était une banque en laquelle une majorité d'épargnants perdent confiance et dont ils retirent, ensemble, leurs fonds.

Partout où la convention devient mensonge, elle craque. Ce qu'on a baptisé « volonté de participation » désigne la méfiance. Pas seulement la méfiance mais d'abord la méfiance. A l'égard de l'éducation avec ses ritournelles — les bons seront récompensés et les méchants punis ; de l'enseignement avec ses vains diplômes, de l'entreprise avec ses bilans truqués, du progrès technique avec son fleuron, la bombe atomique, de la démocratie libérale avec la guerre du Vietnam, des gouvernants comme des opposants avec leurs lendemains toujours prêts à chanter.

Alors, la machine sociale s'est bloquée. Et c'est exactement ce qu'on appelle une crise : une transition entre un régime de fonctionnement et un autre. Il s'agit maintenant de trouver les nouvelles conventions sur lesquelles la vie sociale reprendra.

Elles ne s'élaboreront pas sans douleur. Plus les conventions deviennent périmées, plus ceux qui en sont les bénéficiaires s'y accrochent et plus leur contestation devient radicale. Radicale jusqu'à l'absurde.

Mais vouloir fortement ce qui n'est pas, c'est la nature même de l'Homme, c'est ce par quoi il se distingue de l'animal, c'est la forme de son génie. S'il limitait son espoir à des prévisions raisonnables, peut-être n'aurait-il rien inventé. Ni les ailes qui le portent ni la démocratie. Certains en sont aujourd'hui au stade des prévisions déraisonnables, de l'espoir fou. Il faut les remercier d'avoir allumé cette étoile en un temps de poignante désespérance et, si possible, ne pas se griser de sa lumière. Ne pas l'éteindre non plus.

Le paradis n'est pas devant nous. Et la crise n'est pas derrière nous, même si elle connaît des périodes de rémission. De la mort de Dieu à la mort du Père, de la mort du Père à la mort du Maître, de la mort du Maître à la mort du Patron, quelque visage qu'il prenne, la route est inéluctable, au bout de laquelle il faudra reconnaître que, si Dieu n'existe pas, rien n'est permis. Pas de péché ; pas de miséricorde. C'est bien une nouvelle morale qui est en gestation, de nouvelles règles d'action individuelle et collective.

Ce ne sera pas autrement facile à vivre. Ce sera différent. Peut-être est-ce même si difficile que nous verrons d'abord surgir toutes sortes de religions annexes, de petits dieux de pacotille, et de grands sorciers pour les servir. C'est-à-dire des formes diverses de fascisme.

Mais quels qu'en soient les avatars, ce qui est en train de naître, péniblement, douloureusement, c'est une nouvelle règle du jeu. Individuellement, le seul point véritablement important est de conserver, intacte, l'envie de jouer.

F.G. ∎

Notes	I. - A voir d'abord

I. - A voir d'abord

Mots-thèmes

Vérité (f) **acquise** : vérité indiscutable, intangible, absolue.
Convention (f) **établie** : idée (f) reçue.
Mensonge (m) : duperie (f), tromperie (f).
Contester : S : contestation (f).
Remettre en question ; S : remise (f) en question.
Reconnaître/admettre/accepter que qqn est supérieur : reconnaître la supériorité de qqn.

Mots et Expressions fonctionnels p. 271

De toutes parts; de la part de; dans l'immédiat; dès lors que; et voilà; sauf à (+ Inf); tout se passe comme si; à l'égard de; ce par quoi; au stade de; ne... pas autrement.

II. - Pour mieux comprendre

Apaiser : calmer.
Mercurochrome : liquide antiseptique de couleur rouge utilisé pour cicatriser les blessures.
Secouer : bouleverser.
↑ **Quêter** : chercher.
Vaciller : devenir instable.
Se dérober : disparaître.
Avancer : mettre en avant.
Figer : immobiliser, neutraliser.
Enseignement : *ici,* leçon (f).
Résister : durer.
Réalité de fait : réalité confirmée par les faits.
Enragé : cf. anarchiste.
S'évertuer à : faire tout son possible pour.
Émeute (f) : soulèvement populaire.
Recouvrir : correspondre à.
Tenter : essayer.
Pâtir : souffrir.
Tacite : implicitement accepté.
Détenir (le pouvoir) : posséder.
S'insinuer : se glisser, apparaître.
S'effondrer : tomber.
Se débrouiller (fam) : se tirer d'affaire par ses propres moyens.
Rompre : annuler.
Se soumettre à qqch : accepter qqch.
Se dérober à qqch : s'échapper de qqch.
Morgue magistrale : arrogance des maîtres (professeurs).
Épargnant (m) : personne qui place son argent en banque.
Fonds (m) : argent.
Ritournelle (f) : refrain (m).
Vain,e : sans valeur.
Entreprise : affaire commerciale.
Bilan truqué : comptes que l'on fausse volontairement
Fleuron : le meilleur produit (*ici,* ironique).
Se bloquer : s'arrêter, cesser de fonctionner.
Reprendre : recommencer.
Périmé,e : démodé, dépassé.
Radical,e : absolu.
Prévision (f) : tentative de prévoir l'avenir.
Ailes... démocratie : l'auteur cite l'exemple d'une invention technique (l'avion) et d'une invention sociale (la démocratie).
Étoile (allusion biblique) : symbole de l'espérance.
Poignant,e : angoissant.

Se griser : s'enivrer.

Rémission (f) : arrêt (m), répit (m).

Dieu, Père, Maître, Patron : figures d'autorité qui ne sont plus reconnues.

Inéluctable : inévitable.

Miséricorde (f) : pardon divin.

En gestation : en train de se former.

Annexe : secondaire.

De pacotille : sans valeur.

Sorcier : magicien.

Avatars (m. pl) : formes diverses.

III. - Connotations culturelles

Nous sommes dans l'un de ces moments : on a appelé la révolte de mai 1968 la révolution de la parole. Partout on réclamait davantage de dialogue dans les rapports avec les autorités. Partout, dans la rue, dans des réunions improvisées, des gens qui ne se connaissaient pas se parlaient et discutaient. Ces conversations libres et spontanées constituaient un phénomène vraiment nouveau en France.

La décolonisation : souvent les peuples colonisés ont été obligés de faire la guerre pour obtenir leur indépendance (*Ex.* : la guerre d'Algérie).

Volonté de participation : le désir exprimé par les gens qui n'occupaient pas les postes d'autorité de participer à l'élaboration des décisions qui les concernent. Ensuite le général de Gaulle a proposé un programme de participation des ouvriers et des employés à la gestion et aux bénéfices de l'entreprise.

La guerre du Vietnam : allusion à la participation des États-Unis à la guerre du Vietnam (1965-1973).

Leurs lendemains toujours prêts à chanter : transposition du slogan de l'idéologie communiste « Les lendemains qui chantent ». C'est le député communiste, Gabriel Péri (1902-1941), fusillé par les Allemands, qui a utilisé cette expression pour affirmer que sa mort contribuerait à la création d'une vie meilleure dans une société future.

La mort de Dieu : allusion à la formule célèbre de Nietzsche « Dieu est mort ».

Exercices

I. - Questions

1. - Quel rôle la parole humaine peut-elle jouer dans les moments de grands bouleversements ?
2. - Qu'est-ce qui met fin à l'acceptation d'une convention sociale ?
3. - En quoi consiste la contradiction dans le comportement de l'anarchiste cité par l'auteur ?
4. - Sur quelles notions se fondent toutes les formes de pouvoir ? Examinez les exemples choisis par l'auteur.
5. - Comment les exemples cités (col. 2, lign. 50-60) illustrent-ils la crise de confiance de la société ?
6. - Quelles sont les caractéristiques de la nouvelle morale en train de se former ?
7. - Quels sont les pièges où pourrait tomber une société qui recherche de nouvelles règles d'action ?

II. - Situations

1. - On élabore en classe une liste générale des conventions sociales et on essaie de les classer entre celles qui « résistent » et celles qui sont en train d'évoluer.
2. - A partir d'un événement précis que vous choisirez, jouez une des scènes évoquées par Françoise Giroud col. 2, lign. 4-34.
3. - Recherchez des clichés utilisés souvent par des hommes politiques pour décrire leurs adversaires. Quelle est la fonction de ces clichés ?

III. - Discussion

1. - Quel rôle l'individu peut-il jouer dans l'élaboration de nouvelles règles sociales ?
2. - Que pensez-vous des « ritournelles » de la morale traditionnelle telles que *les bons seront récompensés et les méchants punis* ? Donnez d'autres exemples.

IV. - Ici et ailleurs

Les mécanismes du changement tels qu'ils sont présentés ici vous semblent-ils universels ou particuliers à la France ?

V. - Développons nos moyens d'expression

1. - Donnez un mot de sens contraire pour chacun des mots suivants. Ensuite créez quatre phrases où vous utiliserez quatre des mots de cette liste :
Détruire; obéir; contester; reconnaître; allumer; ordre (m); vérité (f); confiance (f); artificiel; raisonnable.

2. - Donnez le verbe correspondant aux substantifs suivants.
Ensuite créez quatre phrases où vous utiliserez quatre des mots de cette liste :
Contenu (m); convention (f); mensonge (m); enseignement (m); volonté (f); récompense (f); fonctionnement (m); prévision (f); mort (f); action (f).

3. - Révision de l'emploi du pronom *y*.
   a) Dans les phrases suivantes remplacez *y* par un substantif ou un groupe nominal :
   A moins qu'elle ne s'y soumette par goût. (col. 2, lign. 21-22)
   Il s'y résigne. (col. 2, lign. 28)
   Ceux qui en sont les bénéficiaires s'y accrochent. (col. 3, lign. 10-11)
   b) Transformez les phrases suivantes en utilisant le pronom *y* :
   Il croit à sa nécessité.
   On cesse de croire à la parole humaine.
   Papa est capable de substituer au mensonge une relation de confiance.
   Il limitait son espoir à des prévisions raisonnables.

VI. - A vous d'écrire

1. - A l'aide des expressions imagées utilisées dans le texte et décrivant une situation d'incertitude et d'instabilité, faites le récit d'une situation similaire de votre choix.

2. - Choisissez une convention qui est actuellement remise en question et rédigez un éditorial qui critique ceux qui profitent de cette convention et veulent la prolonger.

N° 1043 - 5 - 11 juillet 1971

3 Francs

L'EXPRE

mourir
pour l'espace

LA LOI
ET L'ORDRE

« ...a force est de ne pe croire cu'a la force. » (Paul Valéry.)

2,50 Francs

N° 884 - 17-23 juin 1969

L'PRESS

ÉLECTIONS : LE CHOC

VIVE
A BAS

SUR LES MURS DE PARIS.
« La politique n'est pas une science exacte. » (Bismarck.)

LE RÊVE ET LA REVANCHE

Partir pour une île déserte, n'écouter, dans ces transistors que sont les coquillages, que la rumeur de la mer, éviter de se blesser ou de blesser aux angles de la moindre conversation, ne pas risquer de perdre des amis parce que les divergences politiques rendent, de part et d'autre, intolérant, échapper au spectacle qu'offrent les hommes lorsqu'une crise profonde fait craquer leur vernis, c'est, en ce moment, une formidable tentation.

A supposer que l'on soit en situation de pouvoir ainsi émigrer vers Sirius, c'est illusion que de s'en donner la commodité. Dans les îles désertes, il en va comme partout : ce sont les rapports des forces qui règlent les rapports humains.

Si imparfaite que soit notre société, les forces antagonistes ne s'évaluent pas encore, pas aujourd'hui du moins, au nombre de fusils dont elles disposent. La coercition ne s'exerce pas revolver à la main, balle dans la nuque ou cachot au bout du chemin des vaincus. Nous sommes relativement civilisés.

Dans une perspective électorale, la nôtre pour l'immédiat, la seule attitude possible est donc de rejoindre les forces que l'on voudrait voir triompher. Ce n'est pas simple tant leur expression politique semble décalée par rapport aux réalités, tant la différence est sensible entre les forces calculées en nombre de voix, un électeur en valant un autre, ou appréciées en fonction de leur dynamisme.

Chacun choisira comme il croit devoir le faire, et la consultation dégagera l'une de ces vérités traîtresses quand on se repose sur elles, parce qu'elles ne rendent pas compte de l'inchiffrable. Elle ne dira rien sur ce qui peut, dans l'avenir, basculer, quand des fournées de jeunes gens seront en droit de voter, quand la contagion des idées aura opéré, quand des espoirs et des peurs se seront cristallisés, quand la situation économique sera différente si elle doit l'être sensiblement.

L'avenir n'est plus qu'incertitude, comme il l'a toujours été. Mais beaucoup l'ignoraient ou voulaient l'ignorer. A partir de là, optimisme et pessimisme sont affaire de tempérament plus que d'analyse concrète, faute d'éléments sérieux pour fonder cette analyse.

L'optimisme, lorsqu'on y est porté, a l'avantage de ne pas assombrir le présent même si l'avenir doit le démentir. Le pessimisme a l'avantage d'être plus souvent vérifié par les faits. Entre les deux, il reste le scepticisme raisonnable : rien ne va jamais ni aussi bien ni aussi mal qu'on le prédit.

Mais qu'est-ce que le bien et qu'est-ce que le mal (hors la paix et la guerre) pour un pays? La difficulté est de se mettre d'accord sur ce point. Car personne ne souhaite le mal. C'est l'idée que l'on s'en fait qui diffère, et, singulièrement, l'idée que l'on se fait de soi-même, de sa situation personnelle, de sa vie, au sein d'une situation collective.

Or, si l'imagination a pris le pouvoir, ce qu'elle projette sur l'écran de chacun est différent. Tous les esprits se sont mis en route, mais en sens contraire.

La période révolutionnaire a parfois libéré, outre de pitoyables rancunes personnelles, des menaces plus graves sur les libertés individuelles. Dans un « Comité de Vigilance » comme il s'en est formé ici et là, il y a eu place pour de petits Staline. Mais il y avait place aussi pour la pureté d'intention et pour une énorme pincée de rêve. Il faut que l'oppression diffuse à laquelle chacun est soumis dans le courant des jours soit bien pesante, bien humiliante, pour qu'elle ait donné lieu à explosion dans les lieux les plus inattendus, de la part de gens qui n'avaient aucune revendication matérielle à formuler, qui sont souvent largement rémunérés, et que l'on aurait pu croire bien intégrés à l'actuelle société.

C'est à une prise de conscience d'un malheur profond, sans rapport avec des problèmes de salaires, que l'on a souvent assisté, c'est à l'espoir soudain de pouvoir réduire cette part de malheur, à l'espoir fulgurant d'accéder à la fierté et à la dignité du travail accompli, au lieu de mettre ce travail au service de l'abrutissement collectif au mieux, et du financement de la bombe atomique, au pire.

Aujourd'hui, là où le bâton se retourne, là où les groupes d'action civique ont remplacé les comités de vigilance et procèdent à des dénon-ciations, là où certains patrons chassent ceux qui étaient venus dire, sans violence : « Écoutez... il faut que vous compreniez... il faut que les choses changent... », de quoi est fait l'esprit de revanche?

Il serait indécent d'amalgamer en un seul bloc tous ceux qui se dressent maintenant contre « le désordre ». Certains pensent simplement : « Il faut remettre le pays en route... Je ne défends pas mon capital, ma propriété, mon autorité, mes biens, mais une certaine forme de société qui, pour être mauvaise, me paraît meilleure que celle où l'on confisquerait des libertés auxquelles j'ai la faiblesse d'être attaché... »

D'autres n'ont simplement pas la force physique et morale d'affronter ce qu'ils attendent d'un bouleversement, même s'ils en perçoivent les aspects positifs. Ils ont parfois subi plusieurs guerres. Tout recommencer, tout remettre en question... Ils savent qu'ils ne s'adapteront pas, qu'il faut être fort, sûr de sa valeur et jeune de préférence pour se faire à une vie nouvelle. Même s'ils connaissent, eux aussi, le malheur d'être le rouage humilié d'une machine à broyer les hommes, entre deux malheurs, ils préfèrent celui qu'ils connaissent à celui qu'ils imaginent.

Et qui pourrait humainement leur reprocher de mettre leur vote en accord avec leurs craintes?

Mais l'esprit de revanche, c'est autre chose dont les manifestations sont parfois écœurantes.

De la dénonciation pseudo-patriotique au licenciement par des patrons de choc monte cette même odeur de pourriture que les poubelles abandonnées ont répandue, pendant quinze jours, dans Paris.

Le pouvoir corrompt toujours. Celui de nuire comme celui de commander. Les situations font les hommes autant que les hommes font les situations.

Pour leur propre sauvegarde, ceux qui ont réintégré les fonctions d'autorité et qui attendent des prochaines élections qu'elles les confortent dans leur toute-puissance devraient souhaiter qu'un équilibre entre les forces antagonistes les préserve de trop de pouvoir. C'est-à-dire de trop de corruption. Pour leur propre sauvegarde.

F.G. ■

Notes*

I. - A voir d'abord

Mots-thèmes

Revanche (f) : vengeance (f).
Prendre sa revanche : se venger de qqn, de qqch.
Rancune (f) : rancœur (f), ressentiment (m).
Antagonisme (m) : opposition (f), rivalité (f).
Antagoniste : opposé, rival.
Divergence (f) : différence (f), désaccord (m).
Corrompre : dénaturer, pervertir; S : corruption (f).
Sauvegarder : protéger, défendre; S : sauvegarde (f).

Mots et Expressions fonctionnels p. 271

De part et d'autre; en situation de; pour l'immédiat; par rapport à; en fonction de; faute de; hors; au sein de; outre.

II. - Pour mieux comprendre

Transistor (m) : poste de radio portatif.
Blesser... conversation : contrarier qqn par des paroles brutales.
Vernis (m) : *ici,* façade (f).
C'est illusion... commodité : il est illusoire de s'imaginer qu'on peut le faire.
Il en va comme : c'est comme.
Rapports de force (image militaire) : les moyens réciproques de destruction que possèdent deux armées ennemies.
Rapports humains : relations humaines.
S'évaluer : se mesurer.
Disposer de qqch : posséder qqch.
Coercition : pouvoir de persuasion.
Cachot (m) : cellule de prison.
Tant : tellement.
Semble décalée : ne semble pas correspondre.
Voix (f) : *ici,* vote (m).
Valoir : être équivalent de.
Consultation : élection.
Dégager : révéler, produire.
Inchiffrable : ce qui ne peut pas être évalué en chiffres.
Basculer : changer en sens inverse.
Des fournées de : un grand nombre de.
Contagion : transmission.
Sensiblement : de façon appréciable.
Être affaire de : dépendre de.
Être porté à qqch : avoir un penchant naturel pour qqch.
Assombrir : rendre sombre, triste.
Démentir : contredire.
Prédire : prévoir.
L'on s'en fait : l'on en a.
Écran : *ici,* esprit.
Se mettre en route : commencer à fonctionner.
De petits Staline : *ici* de petits dictateurs.
Pincée : terme culinaire signifiant la quantité d'une substance en poudre que l'on peut prendre entre le pouce et l'index.
Diffus,e : présent partout mais imprécis.
Être soumis à : être victime de.
Pesant,e : lourd, insupportable.
Donner lieu à : provoquer.

---

* Cf. les sondages p.p. 183-184. Voir aussi p. 210.

Inattendu,e : surprenant.

Revendication (f) : réclamation.

Largement rémunéré : bien payé.

Intégrer : assimiler.

Prise de conscience : réalisation.

Fulgurant,e : éclatant.

Accéder à : parvenir à pouvoir éprouver.

Abrutissement : état où l'on n'a ni le temps ni l'énergie de penser.

Le bâton se retourne : la situation se renverse.

Amalgamer : mettre ensemble.

Biens (m. pl) : possessions.

Auxquelles... attaché : auxquelles je crois fermement, même si pour vous c'est une faiblesse.

Attendre : espérer.

Se faire à : s'habituer à.

Rouage : élément qui fait fonctionner d'autres éléments d'une machine.

Broyer : écraser.

Mettre en accord : faire correspondre.

Écœurant,e : dégoûtant.

Pseudo-patriotique : qui prend pour prétexte la défense de la patrie.

Licenciement : renvoi.

De choc : qui prennent des décisions autoritaires sans craindre les conséquences.

Pourriture (f) : décomposition.

Réintégrer : retrouver.

Conforter : renforcer.

Préserver : empêcher d'avoir.

III. - Connotations culturelles

Sirius : étoile la plus brillante du ciel ; *ici*, symbole d'un monde très éloigné du nôtre d'où l'on peut observer la terre avec scepticisme. (Cf. Voltaire, *Micromégas*)

Dans une perspective électorale : les élections « de la peur » qui ont lieu en juin, à la suite de la révolte de mai 1968.

L'imagination au pouvoir : un des grands slogans de mai 1968.

La période révolutionnaire : *ici,* la révolte de mai 1968.

Comité de Vigilance : les forces révolutionnaires constituent des Comités de Vigilance pour défendre la révolution et pour s'opposer aux activités qui y sont hostiles.

Groupe d'action civique : groupe de citoyens opposés à la révolte et décidés à lutter contre le désordre et la subversion.

Les poubelles abandonnées : en raison de la grève des éboueurs, les ordures sont restées dans les rues.

Exercices

I. Questions

1. - Pourquoi, pendant une crise sociale très grave, éprouve-t-on la tentation de partir pour une île déserte ?

2. - Est-ce que les résultats des élections nationales correspondent à la puissance respective des forces politiques en présence ?

3. - Quelles sont les trois attitudes que l'on peut adopter en face de l'avenir ?

4. - Pourquoi est-il difficile de se mettre d'accord sur ce que constituent le bien et le mal pour un pays ?

5. - Qu'est-ce qui a révélé que l'ensemble de la population se sentait victime d'une oppression générale ?

6. - Comment peut-on expliquer les réactions de ceux qui se dressent contre le désordre ?

7. - Quelle est la différence entre ces réactions et l'esprit de revanche ?

8. - Pourquoi faut-il souhaiter que les autorités ne disposent pas de trop de pouvoir ?

II. - Situations

1. - « Partir pour une île déserte ». Cependant vous ne pouvez emporter que six objets personnels avec vous.
Comparaison en classe des listes d'objets présentés par les étudiant(e)s.
2. - « Les situations font les hommes autant que les hommes font les situations. » Chaque étudiant(e) donne un exemple qui illustre ce jugement. Essayez de classer les situations données selon les éléments qu'elles ont en commun.
3. - La classe se divise en trois groupes qui analysent l'avenir dans une perspective a) optimiste b) pessimiste c) avec scepticisme.

III. - Discussion

1. - Débat entre des représentants d'un Comité de Vigilance et des représentants d'un Groupe d'action civique au sujet de la sauvegarde des libertés individuelles.
2. - Quelle est la part du rêve dans la vie ?
3. - L'espoir, c'est la lutte.

IV. - Ici et ailleurs

Cherchez dans l'histoire de l'humanité des exemples de situations où « l'imagination a pris le pouvoir ». Quelles en ont été les conséquences ?

V. - Développons nos moyens d'expression

1. - Donnez quatre adjectifs qui peuvent accompagner chacun des substantifs suivants :
une crise; une société; une attitude; une différence; une analyse; une menace.
2. - Rédigez deux phrases pour chaque couple de verbes :
blesser, se blesser; connaître, se connaître; adapter, s'adapter; mettre en route, se mettre en route.
3. - Utilisez dans des phrases les expressions suivantes :
Par rapport à; sans rapport avec; au lieu de; de la part de; faute de.

VI. - A vous d'écrire

1. - Vous êtes jeune, enthousiaste et optimiste. Rédigez une lettre ouverte aux personnes dont l'attitude est décrite col. 3, lign. 18-33.
2. - Quelle est la principale revendication que vous formulez contre la société actuelle ? Exposez les raisons de cette revendication.
3. - Une nouvelle forme de société. Vous rêvez... à un nouveau type de cadre de vie, d'architecture, de rapports humains, de relation travail-loisir...

Réactions devant l'étranger

N° 887 - 8-14 juillet 1968

2,50 Francs

L'EXPRESS

DOUANE

ZOLL

L'EUROPE OUI MAIS...

« Les bonnes résolutions sont des chèques tirés en blanc sur une banque où l'on n'a pas de compte ouvert. » (Oscar Wilde.)

CHERS ANGLAIS

C hers Anglais. Nous voici donc, une fois
encore, sur le même bateau. Qu'allons-
nous faire ensemble, cette fois-ci ?

5 A part le beurre de Nouvelle-Zélande, nous
aurions beaucoup à gagner, si, en vous incorporant à l'Europe, vous nous injectiez quelques-
unes de vos vertus nationales. Et d'abord cette
allergie au fanatisme dont votre humour est
le complément direct.

10 C'est l'un des vôtres, lord Bertrand Russell,
qui disait : « Une conviction mène la vie anglaise
depuis 1688 : c'est que bienveillance et tolérance valent toutes les croyances du monde. »
Et il ajoutait : « Façon de voir que nous
15 n'appliquons, c'est vrai, ni aux autres nations
ni aux races assujetties. »

Nous communiqueriez-vous, à usage européen interne, bienveillance et tolérance, c'est-à-
dire pure civilisation en somme, ce serait
20 déjà un grand bienfait.

Si nous ne sommes pas tellement doués de
ce côté-là, c'est, voyez-vous, encore un tour
de Descartes. A un enfant français indocile,
que dit-on ? « Sois raisonnable. » Pendant que
25 l'Américain entend : « Be a good boy », et
l'Anglais : « Please behave. » Nous exaltons
la logique ; les Américains la morale ; vous, la
conduite.

Le résultat est là. To behave, « se tenir »,
30 ce qui n'exclut pas, chez vous, la fantaisie et
le non-conformisme, se tenir implique le souci
permanent de l'autre, l'indéfectible courtoisie
avec ce que cela suppose de tension nerveuse,
le contrôle de sa voix, de ses gestes, de ses
35 paroles, de soi, en un mot. Les relations purement privées en sont, parfois, comme guindées,
faute de spontanéité. Mais les relations de
citoyen à citoyen, le savoir-vivre-ensemble, se
situent dans un climat inconnu chez nous. En
40 un mot, vous croyez qu'il existe un intérêt
collectif des Anglais et qu'il va du respect des
feux rouges à de beaucoup plus grands sacrifices. Vous constatez que le mouvement dans
l'ordre régnant par consentement mutuel est
45 aussi fécond et plus agréable à vivre que le
mouvement dans le désordre. Votre passé historique en porte témoignage.

Serez-vous contagieux ? Attraperons-nous la
croyance dans un intérêt collectif des Euro-
50 péens en même temps que nous serons atteints
de tolérance aux fantaisies personnelles des
individus, quand elles ne font tort à personne ?
Ou bien est-ce vous qui serez contaminés par
les « continentaux » ?

55 Chers Anglais. Permettez-nous d'espérer que
nous pouvons, encore une fois, compter sur
vous.

F.G. ■

Notes

I. - A voir d'abord

Mots-thèmes

Bienveillance (f) : attitude consistant à être
bien disposé envers les autres ; bonté.

Bienfait (m) : avantage, service.

Intérêt collectif : ce qui est avantageux,
utile pour toute une communauté ou un
pays.

Mots et Expressions fonctionnels p. 271

A part ; en somme ; en un mot.

II. - Pour mieux comprendre

S'incorporer à : s'intégrer, adhérer à une
institution existante.

Allergie : impossibilité de supporter, incom-
patibilité.

Assujeti,e : dominé, qui n'a pas le droit de
se gouverner lui-même.

A usage européen interne : pour leur utilisation à l'intérieur de l'Europe.

Tour : plaisanterie (f), farce (f).

Souci : préoccupation (f) ; avoir le souci de
qqn (être attentif à qqn).

Indéfectible : permanent.

Guindé,e : affecté, qui manque de naturel.

Feu (m) rouge : signal lumineux au croise-
ment des rues pour arrêter la circulation.

Régnant : qui existe.

Fécond,e : productif, avantageux.

Porter témoignage : constituer la preuve.

Être atteint de : attraper.

III. - Connotations culturelles

Le beurre de Nouvelle-Zélande : les engagements qu'avait déjà pris l'Angleterre d'importer du beurre fabriqué en Nouvelle-
Zélande avaient constitué un obstacle important à son entrée dans le Marché commun où il existait un surplus de beurre.

En vous incorporant à l'Europe : la Grande-
Bretagne qui avait refusé de signer le traité
de Rome (1957) créant la Communauté
Économique Européenne (C.E.E.) a voulu
sans succès y adhérer en 1962 et en 1967.
La France s'est opposée à ces deux deman-
des. Enfin, en 1972, la Grande-Bretagne
est devenue membre de la C.E.E., en même
temps que le Danemark et l'Irlande.

Russell, Bertrand (1872-1970) : philosophe
et mathématicien anglais.

Depuis 1688 : la « révolution » de 1688 a
renversé le roi catholique Jacques II et a
placé sur le trône Guillaume d'Orange. C'est
la fin de l'arbitraire royal en Angleterre, le
triomphe du Parlement et le commencement
de la tolérance religieuse.

Descartes, René (1596-1650) : philosophe
et mathématicien français, auteur du
Discours de la Méthode (1637) où il dé-
montre la suprématie de la raison et de la
logique, pour découvrir la vérité. (« Je pense
donc je suis ».) Sa méthode, appelée le

cartésianisme, a profondément marqué la façon de penser des Français. « Être cartésien » signifie « faire entièrement confiance à l'intelligence et à la logique » (c.-à-d. manquer de sensibilité).

Le mouvement dans le désordre : allusion aux révolutions et aux révoltes qui ont eu lieu au cours de l'évolution de la société française.

Les « continentaux » : habitants d'une île, les Anglais disent souvent « le continent » en parlant de l'Europe.

Exercices

I. - Questions

1. - Pourquoi Françoise Giroud dit-elle « Chers Anglais » ?
2. - D'après l'auteur, qu'est-ce que l'Angleterre pourrait apporter en particulier à l'Europe ? Pourquoi ?
3. - Comment Descartes a-t-il influencé le comportement des Français ?
4. - Quelles distinctions Françoise Giroud fait-elle entre les Français, les Américains et les Anglais ?
5. - Quelles sont les conséquences de « to behave » pour les Anglais a) dans la vie sociale, b) dans la vie privée ? Donnez des exemples.
6. - Dans quelles conditions la vie a-t-elle évolué en Angleterre et en France ?
7. - Qu'est-ce que Françoise Giroud reproche implicitement aux Français dans leurs rapports avec l'Europe ?

II. - Situations

1. - Individuellement, ou en petits groupes, les étudiants donnent trois adjectifs pour décrire les habitants de chaque pays de la C.E.E. tels qu'ils les connaissent ou qu'ils les imaginent. Faites en classe une analyse des listes d'adjectifs ainsi obtenus et commentez les stéréotypes qui apparaissent.
2. - En mettant en relief les traits qui, aux yeux d'un étranger, caractérisent le représentant typique d'un pays, faites la caricature de ce personnage.

III. - Discussion

1. - Qu'est-ce que les « continentaux » pourraient apporter aux Anglais ?
2. - La bienveillance et la tolérance valent toutes les croyances du monde.
3. - Nationalisme et internationalisme.

IV. - Ici et ailleurs

« Les Français exaltent la logique; les Américains la morale; les Anglais la conduite. » Citez des exemples justifiant ce jugement.

V. - Développons nos moyens d'expression

1. - Donnez un mot ayant un sens contraire aux mots suivants pris dans le texte : la bienveillance; la tolérance; le bienfait; la courtoisie; l'ordre; gagner; exclure; raisonnable; permanent; guindé.
2. - Dans ces couples d'adjectifs, cherchez lequel s'utiliserait plus volontiers pour un peuple, l'autre qualifiant plutôt un individu : agresseur, agressif; pacifique, réservé; flegmatique, imperturbable; expansif, communicatif; individualiste, indiscipliné; soupçonneux, méfiant.
3. - Comparez la structure des phrases suivantes et, sur ce modèle, composez vous-même des paires de phrases similaires :
   a) Qu'est-ce qu'on dit à un enfant français désobéissant ?
   A un enfant français indocile, que dit-on ? *(Style littéraire)*
   b) Est-ce que vous serez contagieux ?
   Est-ce vous qui serez contagieux ? *(Mise en relief du sujet)*

VI. - A vous d'écrire

1. - Dégagez dans la publicité l'image d'un autre pays et commentez-la.
2. - Rédigez un discours dans lequel vous présentez votre pays à un peuple étranger.

N° 759 - 3-9 janvier 1966   (22 F belges - 2 F suisses) 2 Francs

L'EXPRESS

MONSIEUR EUROPE

M. JEAN MONNET.
« Au premier inventeur appartient le mérite. » (Pindare.)

QUELLE EUROPE?

A h! que l'Europe était belle du temps qu'elle n'existait pas! Depuis que des institutions européennes se sont mises en place, il semble qu'elles aient uniquement pour objet de discuter
5 du prix du veau sur pied — ou bien est-ce le porc? — ce dont il ne faut certes pas sous-estimer l'importance, ni pour ceux qui le vendent ni pour ceux qui l'achètent.

Mais les motifs d'exaltation ne sont pas
10 évidents, devant ces palabres entre fonctionnaires. Pour tout dire, l'Europe est devenue ennuyeuse. Quand on fait partie de ce qu'on nomme l'opinion publique, on n'est pas contre, on serait même pour, mais on ne se dérange
15 pas, un dimanche de référendum, pour le dire.

Et quand on appartient à une classe d'âge qui n'a pas connu la guerre, on ne peut pas éternellement s'émerveiller de voir des Français et des Allemands, des Italiens et des Anglais se
20 rencontrer pour faire des affaires ou signer des conventions au lieu de s'entre-tuer. Mais lorsque des rencontres plus ambitieuses ont lieu, comme le dernier « sommet », à l'hôtel Majestic, qui abrita pendant l'Occupation l'état-
25 major allemand, la force du symbole ne tient pas lieu de décisions communes, de nature à ressusciter l'enthousiasme.

Réunissant quelques amis pour présenter son livre, « Agenda pour l'Europe », M. Spinelli,
30 membre de la Commission de Bruxelles, déployait, il y a quelques jours, un lyrisme émouvant pour évoquer ce que pourrait être, selon lui, l'action de ladite Commission, animée par un idéal.

35 Alors, on a entendu M. Jean Monnet dire doucement : « Avec quelle autorité? De qui tiendrez-vous l'autorité? »

Aussi longtemps qu'aucun pays ne déléguera une parcelle de sa souveraineté à un gouver-
40 nement européen issu d'un Parlement européen démocratiquement élu, il n'y aura pas d'autorité. Donc, pas de politique européenne. Donc, pas d'Europe. Seulement quelque chose comme un grand magasin à succursales mul-
45 tiples, dont les gérants n'arrivent pas à se mettre d'accord.

Personne ne peut se sentir citoyen d'un magasin.

F.G. ∎

Notes

I. - A voir d'abord

Mots-thèmes

Exaltation (f) : enthousiasme (m), satisfaction vive.

S'émerveiller de qqch : s'étonner de qqch, éprouver une grande admiration.

Mots et Expressions fonctionnels p. 271

Du temps que; pour tout dire; de nature à.

II. - Pour mieux comprendre

Se mettre en place : s'établir.

Palabres (f. pl) : discussions longues et ennuyeuses.

Fonctionnaire : *ici,* représentant de l'administration des pays membres.

Se déranger : se déplacer.

S'entre-tuer : se tuer les uns les autres, se battre.

L'état-major : les principaux officiers et conseillers militaires.

Tenir lieu de : remplacer.

Ressusciter : faire renaître.

Déployer : faire preuve de, manifester.

Ladite : cette.

Aucun pays : aucun pays de la C.E.E.

Parcelle : petite partie.

Souveraineté : souveraineté nationale.

Issu de : qui résulte de.

Succursale (f) : *ici,* magasin qui dépend d'un magasin central.

Gérant (m) : personne nommée par le propriétaire pour diriger un magasin.

III. - Connotations culturelles

L'Europe : d'une certaine façon, on peut dire que l'Europe existe depuis le 25 mars 1957, date à laquelle la France, la République Fédérale d'Allemagne, l'Italie, les Pays-Bas, la Belgique et le Luxembourg signent le Traité de Rome créant la Communauté Économique Européenne (C.E.E.) appelée aussi le Marché commun. Le 1er juillet 1968 les droits de douane sont supprimés entre ces six pays. En 1972, l'Europe des Six devient l'Europe des Neuf : la Grande-Bretagne, le Danemark et l'Irlande sont admis à la C.E.E.

Les institutions européennes : le pouvoir exécutif de la C.E.E. est confié à la Commission européenne qui siège à Bruxelles. Existent également une Cour de Justice à Luxembourg et un Conseil de l'Europe comprenant une Assemblée consultative à Strasbourg. L'élection du Parlement européen au suffrage universel est prévue pour 1978.

Discuter du prix du veau sur pied : la négociation des accords relatifs au Marché commun agricole (l'Europe Verte) a longtemps dominé les activités de la C.E.E.

Un dimanche de référendum : le président Pompidou a proposé aux Français d'approuver l'élargissement de la C.E.E. de six à neuf pays lors d'un référendum le dimanche 23 avril 1972. Il y a eu 39,5 % d'abstentions. 67,7 % des votants ont répondu « oui ».

Le « sommet » : réunion des chefs d'État des pays membres de la C.E.E.

L'Occupation : l'Occupation nazie.

Monnet, Jean (né en 1888) : homme d'État français qui, bien que n'ayant jamais occupé de poste gouvernemental, a profondément influencé la vie européenne. Depuis 1950, ce visionnaire est le promoteur résolu et inlassable de la construction d'une Europe unie sur les plans économique et politique. Ses admirateurs l'appellent « Monsieur Europe » et « le père de l'Europe ». En 1976 le Conseil européen lui a conféré le titre de « citoyen d'honneur de l'Europe ».

Exercices

I. - Questions

1. - Qu'est-ce que Françoise Giroud reproche aux institutions européennes ?
2. - Pourquoi l'Europe est-elle devenue ennuyeuse ?
3. - Quelle est l'attitude des Français en général envers la construction de l'Europe ?
4. - Pourquoi la jeune génération et la génération plus âgée réagissent-elles de façon différente en voyant travailler ensemble les représentants des différents pays européens ?
5. - Comment l'enthousiasme pour l'Europe pourrait-il renaître ?
6. - Qu'est-ce qui empêche l'Europe d'avoir une politique européenne ?
7. - Pourquoi est-il difficile de se sentir citoyen de l'Europe ?

II. - Situations

Quelle image les Français se font-ils de leurs voisins européens ? Lors d'un sondage effectué en avril 1972, une semaine avant le référendum français sur l'élargissement de l'Europe, on a demandé aux Français de choisir parmi une liste les deux mots qui décrivent le mieux les habitants des pays cités. En voici les résultats. Commentez-les.

	ALLEMAGNE	BELGIQUE	GDE-BRETAGNE	PAYS-BAS	ITALIE
Travailleurs	76 %	44 %	22 %	45 %	17 %
Dominateurs	35 %	2 %	28 %	3 %	5 %
Ouverts au progrès	27 %	19 %	20 %	23 %	10 %
Intelligents	26 %	24 %	41 %	23 %	19 %
Bons vivants	9 %	21 %	8 %	12 %	45 %
Tristes	2 %	9 %	18 %	5 %	3 %
Pacifiques	1 %	34 %	10 %	27 %	20 %
Paresseux	—	1 %	4 %	1 %	33 %
Ne se prononcent pas	11 %	20 %	21 %	28 %	19 %

Les totaux sont inférieurs à 200 %, certaines personnes n'ayant donné qu'une seule réponse.

III. - Discussion

1. - Le rôle de l'Europe dans le monde d'aujourd'hui.
2. - L'influence que pourrait avoir sur l'avenir de l'Europe une proportion plus forte de jeunes dans la population européenne.
3. - Indépendance nationale et nationalisme européen.
4. - Faut-il être « européen » ou « mondialiste » ?

IV. - Ici et ailleurs

Effectuez autour de vous le sondage présenté ci-dessus. Constatez-vous des différences entre les réponses données selon l'âge et la situation sociale des personnes interrogées ?
Comparez les résultats obtenus avec les réponses données par les Français.

V. - Développons nos moyens d'expression

1. - Cherchez des expressions qui signifient *a*) une petite quantité de (*Ex*. une parcelle de), *b*) une grande quantité de (*Ex*. une abondance de).
Révisez en même temps les adjectifs ayant un sens équivalent à *petit* et *grand*.

2. - Exercice de paraphrase. Exprimez en d'autres termes :
   a) Il semble qu'elles aient uniquement pour objet de discuter du prix du veau.
   b) Quand on appartient à une classe d'âge qui n'a pas connu la guerre...
   c) Ils n'arrivent pas à se mettre d'accord.

3. - Utilisez les mots et expressions suivants dans des phrases de votre inspiration :
depuis que; il y a + *une expression de temps;* il semble que; faire partie ¦de; entendre dire que.

4. - Choisissez trois contextes différents et pour chacun faites une affirmation suivie de deux conséquences exprimées de façon elliptique selon le modèle : « Il n'y aura pas d'autorité. Donc, pas de politique européenne. Donc, pas d'Europe. »

VI. - A vous d'écrire

1. - Qu'est-ce que votre nationalité représente pour vous ?

2. - En choisissant des exemples précis, analysez comment l'on peut motiver l'opinion publique aujourd'hui.

N° 1297 - 17-23 mai 1976

5 Francs

L'EXPRESS

NUMERO SPECIAL

DEUX CENTS ANS APRES

L'AMERIQUE ET NOUS

LES PÈRES FONDATEURS DE LA NATION AMÉRICAINE, TABLEAU DE ZUKA.
« Le devoir des grands États est de servir, et non de dominer le monde. » (Harry S. Truman.)

- 24-30 juillet 1967

L'EXPRESS

SOUCOUPES...

DEVENONS NOUS AMERICAINS ?

« Au fond des choses il y a un fait : l'énorme puissance américaine. » (Le général de Gaulle, 14 juillet 1967.)

LA RENAISSANCE AMÉRICAINE

En 1976 les États-Unis ont fêté le bicentenaire de la signature de l'Indépendance américaine le 4 juillet 1776. Françoise Giroud a prononcé le 1er mai 1976 à l'Université du Michigan, à Ann Arbor, un discours où elle décrit ce que les États-Unis représentent pour elle et pour un grand nombre de Français. Voici le texte du discours :

Je viens, vous le savez, d'un pays lointain qui s'appelle la France, qui est sans doute la plus vieille nation du monde, avec la Chine, et que la plupart d'entre vous ne connaissent pas.

Je voudrais vous dire, aujourd'hui, ce que votre pays a représenté et ce qu'il représente pour une Française de ma génération.

Quand j'avais votre âge, la France et la Grande-Bretagne, l'empire français et l'empire britannique régnaient encore sur le monde. Et, de ce monde, Paris était la capitale.

Nous avions gagné ce que vous appelez maintenant la World War I. Et qu'on appelait alors la dernière. Un tel massacre ne pouvait pas se reproduire, tout le monde le répétait.

Quelquefois, en se promenant dans la campagne française, on voyait un champ de croix blanches. Alors, on expliquait aux enfants que sous ces croix dormaient des soldats américains, qui étaient venus nous aider, en 1917, à libérer notre territoire.

Mais nous étions pleins d'orgueil et de superbe. Arc-boutés sur leur littérature, qui était la plus riche du monde, sur leur passé, qui était le plus glorieux du monde, sur leurs vins, qui étaient les meilleurs du monde, sur leurs femmes, qui étaient les plus élégantes du monde, et sur deux mille ans d'Histoire, la plupart des Français considéraient alors les États-Unis comme un pays de braves garçons naïfs et un peu frustes, qui mâchaient du chewing-gum, qui buvaient du lait, qui avaient peur de leurs terribles épouses, et qui n'avaient qu'un dieu : l'Argent. N'importe quel garçon un peu énergique pouvait y devenir John Rockefeller en commençant par vendre des journaux. L'Amérique était pavée d'or.

C'était stupide ? Certainement. Mais je suis sûre qu'à l'époque la majorité des Américains avait des Français une vue aussi superficielle.

Ce qui est curieux, c'est que nous avons été, d'une certaine façon, plus loin les uns des autres, à cette époque, qu'en 1790.

Les Français du XXe siècle, qui sont encore si fiers de la Révolution française, ne savaient pas, ne savent toujours pas, par exemple, que votre Tom Payne, l'auteur de « Common Sense », était député de la Convention en France au moment de la Révolution. Vous-mêmes, le savez-vous ? Ils ne savent pas que les rédacteurs de la fameuse Déclaration des droits de l'homme avaient demandé à Thomas Jefferson, qui était alors votre ambassadeur à Paris, de corriger cette déclaration.

Le saviez-vous ?

Ils ne savent pas qu'une des clefs de la Bastille, dont la prise a été le symbole de la Révolution française, a été donnée à George Washington en hommage et qu'elle est, aujourd'hui encore, à Mount Vernon.

Moi, il se trouve que mon père avait été envoyé en mission par le gouvernement français auprès du gouvernement américain. Il en était revenu impressionné.

Là, disait-il, était l'espoir d'un monde meilleur, et les hommes assez vigoureux pour le réaliser. Là étaient la démocratie et la liberté. Là étaient la puissance, le dynamisme, l'endurance, la santé. Ceux qui avaient fondé l'Amérique avaient drainé toutes les énergies révolutionnaires de l'Europe, et avaient donné une issue à ces énergies. Le nouveau monde dont l'Europe rêvait depuis si longtemps s'édifiait sous les cieux américains.

Parce que j'ai entendu répéter cela, comme petite fille, j'ai eu peut-être, avant de connaître moi-même votre pays, une vue un peu moins sommaire des États-Unis que les autres Français de mon âge.

Mais ils semblaient si loin, à cette époque... Un océan nous séparait, que l'on ne franchissait pas encore en avion.

Le premier choc venu des États-Unis, que l'ensemble des Français ont reçu, c'est l'arrivée de Lindbergh à Paris, en 1927, après qu'il eut le premier traversé l'Atlantique en trente-trois heures et demie.

Nous avons toujours préféré l'exploit individuel à l'exploit collectif. C'en était un où le triomphe de l'audace s'alliait au triomphe de la technique. Aujourd'hui, quand les États-Unis réussissent un exploit technique, quand ils envoient Armstrong sur la Lune, les Européens ne savent plus applaudir de bon cœur. Parce qu'ils se voient trop petits, trop faibles, trop incapables de soutenir la compétition, et cela les rend maussades.

Ils se conduisent comme les pères qui vieillissent et qui ne supportent pas de découvrir que leur fils est devenu plus fort qu'eux.

A ce propos, je voudrais vous dire franchement combien la réaction des États-Unis à l'égard de Concorde, l'avion supersonique qui traverse l'Atlantique en trois heures, et qui est une prouesse technique européenne, me paraît inquiétante et décevante. Ce n'est pas la réaction d'une grande nation sûre d'elle. Pour moi, ce n'est pas américain. Si votre hostilité au supersonique était uniquement fondée sur la défense de l'environnement, je vous comprendrais. Mais je ne crois pas que ce soit le cas. C'était une parenthèse, et je la ferme.

J'en étais aux années 30. Elles ont été, pour beaucoup de Français, les années de la découverte d'une Amérique qu'ils ne soupçonnaient pas. Celle de Scott Fitzgerald, de John Steinbeck, de Hemingway, Caldwell, Dos Passos, William Faulkner. Vous aviez donc des écrivains aux États-Unis, et quels écrivains! Vous aviez donc une littérature, et quelle littérature! Toute une génération d'Européens allait en être enivrée. Toute la France ne lisait pas, bien sûr, mais pour celle qui lisait, ce fut une véritable révélation. Et, pour tous, il y eut un phénomène encore plus important : ce fut le cinéma.

C'est un Français, Louis Lumière,

De ma génération : Françoise Giroud est née en 1916.

Superbe (f) : arrogance orgueilleuse.

Arc-boutés : appuyés.

Frustes : incultes, lourds.

John D. Rockefeller (1839-1937) : célèbre philanthrope qui grâce à son dynamisme et à son intuition de l'importance commerciale du pétrole a su se constituer une fortune personnelle colossale. C'est l'exemple même du « self-made man ».

1790 : Après 1789, année de l'élection du premier président américain et de la prise de la Bastille, les États-Unis et la France avaient des affinités particulières car ils partageaient le même idéal de liberté. Des figures historiques comme le marquis de La Fayette et Benjamin Franklin avaient contribué à cette entente politique et fraternelle.

Thomas Paine (1737-1809) : dans son pamphlet, *Common Sense* (1776), il se fait le champion de la cause de l'indépendance des colonies américaines appartenant à l'Angleterre.

Thomas Jefferson (1743-1826) : représentant des États-Unis en France (1784-1789) ; troisième président américain (1801-1809).

La prise de la Bastille : le 14 juillet 1789.

George Washington (1732-1799) : premier président américain (1789-1797) ; il a vécu et il est enterré à Mount Vernon en Virginie.

Drainé : attiré vers elle.

Issue (f) : débouché (m).

S'édifiait : se construisait.

Sommaire : simplifiée.

Franchissait : traversait.

Charles Lindbergh (1902-1974) : aviateur américain qui, seul dans son appareil monoplan, *Spirit of Saint Louis,* et sans aucune radio à bord, a traversé l'Atlantique Nord pour atterrir au Bourget le 21 mai 1927.

Neil Armstrong (né en 1930) : cosmonaute américain, commandant de bord de la Mission Apollo XI, il a été le premier à marcher sur la lune (le 20 juillet 1969).

Maussades : de mauvaise humeur.

Concorde : avion commercial supersonique de construction franco-britannique ; il y a eu une certaine opposition de la part des Américains à l'atterrissage de cet avion sur leurs aéroports.

Fermer une parenthèse : arrêter une digression.

F. Scott Fitzgerald (1896-1940) ; **John Steinbeck** (1902-1968) ; **Ernest Hemingway** (1899-1961) ; **Erskine Caldwell** (né en 1903) ; **John Dos Passos** (1896-1970) : **William Faulkner** (1897-1962) : romanciers américains.

Enivrée : enthousiasmée.

Louis Lumière (1864-1948) : Avec son frère Auguste, il a été l'inventeur du cinéma. Le premier film du monde a été « La Sortie des Usines Lumière » (1895).

qui l'avait inventé. Mais il semblait que vous ayez inventé le bon cinéma, comme nous avions inventé la bonne cuisine.

Brusquement, à travers les centaines de films américains qui passaient sur nos écrans, nous entrions dans la vie américaine, et elle pénétra chez nous. Nous dansions avec Fred Astaire, nous chantions avec Cole Porter, les jeunes filles étaient amoureuses de Clark Gable et de Gary Cooper, et se coiffaient comme Katharine Hepburn, les jeunes gens étaient fous de Mirna Loy et de Sylvia Sydney...

Et l'animal le plus populaire de Paris était le lion de la Metro Goldwyn Mayer.

A travers ces films, une image fabuleuse des États-Unis s'est répandue, aussi fausse sans doute que les images précédentes, car tout ce monde était jeune, beau, gai, heureux, bien nourri, et circulait dans des voitures gigantesques et splendides comme nous n'en avions jamais vu.

L'Amérique de la Grande Dépression et des Raisins de la colère, l'Amérique du New Deal était connue de beaucoup moins de Français que celle d'Ernst Lubitsch, celle de Hollywood.

Ce fut le moment où beaucoup de jeunes Français commencèrent à rêver de venir voir de leurs yeux ce qu'était un gratte-ciel, et l'une de ces universités américaines d'où sortaient les champions qui gagnaient toutes les compétitions sportives. Mais nous n'avons jamais été un pays d'émigrants, ni même de voyageurs. Peut-être parce que, tous comptes faits, nous étions bien chez nous. Et puis ce fut la guerre, encore la guerre, et la longue nuit d'humiliation, de malheur et de désespoir où la France fut plongée.

Pour ce pays fier, et parfois arrogant, dont la civilisation avait rayonné à travers le monde, qui avait une longue tradition militaire, et qui se croyait invincible, l'invasion allemande fut un désastre moral autant que matériel. Les uns l'acceptèrent comme la punition méritée de notre aveuglement. Les autres, dont j'étais, entrèrent dans ce qui allait s'appeler la Résistance. Mais en sachant que, pour notre pays envahi, il ne pouvait y avoir qu'une chance de salut : l'intervention américaine.

Dans un discours célèbre, Winston Churchill, qui gouvernait alors la Grande-Bretagne, avait dit à ses compatriotes : « Je ne peux vous promettre que du sang, de la sueur et des larmes », et, en mettant sa main sur le micro

dans lequeul il parlait, il avait ajouté à mi-voix, pour ceux qui l'entouraient : « ... et des bouteilles de bière comme munitions ».

Nous savions que votre pays était vigoureusement gouverné par un homme qui avait — et qui a encore — beaucoup d'admirateurs en France, F.D. Roosevelt. Nous savions aussi que vous donneriez aux Anglais les moyens matériels qui leur manquaient pour soutenir leur effort.

Mais il était clair qu'il fallait davantage. Et il était aussi clair que la nation américaine n'était pas disposée à faire davantage. Alliez-vous abandonner l'Europe à la tyrannie et à la barbarie nazie parce que l'Océan vous protégeait ? Alliez-vous rester isolationnistes ?

Certains le croyaient. Je ne l'ai jamais cru. Mais les jours ont été longs, jusqu'à ce que Pearl Harbor vous jette à votre tour dans la guerre. Les choses étaient telles que ce jour sombre de l'histoire de votre pays a été un jour d'espoir pour nous. Comme nous vous avons attendus, alors, avec quelle angoisse, avec quelle impatience... Les habitants d'un pays dont le territoire n'a pas été occupé ne peuvent pas l'imaginer.

J'étais en prison, arrêtée par les Allemands, le jour du débarquement sur les côtes de Normandie. Les prisonniers ne recevaient naturellement aucune nouvelle de l'extérieur.

Mais deux jours après, l'agitation de nos gardiens nous a fait comprendre qu'il se passait quelque chose. L'un d'eux, un vieil homme, a parlé.

En quelques minutes, la nouvelle a circulé dans la prison. Tous ceux qui savaient se sont mis à hurler pour que les autres entendent : « Ils ont débarqué ! Les Américains ont débarqué ! »

L'accueil que la France a fait aux G.I., on vous l'a, je pense, souvent raconté.

L'ivresse de la Libération, l'affolement heureux devant ces produits dont nous avions oublié jusqu'au goût et dont nos poches étaient pleines : le chocolat, les cigarettes, le lait concentré... Les enfants vous acclamaient, les femmes vous aimaient, les hommes vous enviaient. Vous étiez les héros, vous étiez les libérateurs.

Les Français de ma génération en ont été marqués pour toujours et vous en gardent une réelle reconnaissance. Mais pour leurs enfants, et surtout leurs petits-enfants, c'est de l'Histoire. Ce n'est pas leur histoire.

Ceux que nous appelions nos libérateurs, ils les appellent des impérialistes. Ils sont fascinés par l'Amérique. Ils boivent du Coca-Cola, que personnellement je trouve écœurant ; ils mâchent du chewing-gum. Ils portent des T-shirts où sont imprimés, en grosses lettres, les noms d'universités américaines ou de clubs sportifs américains. Ils sont habillés en blue-jeans du matin au soir. A la télévision, ils raffolent des feuilletons policiers américains. Dans ce qu'ils appellent des « snacks », ils demandent des hot-dogs et des hamburgers... Ils lisent « Blondie » ou « Peanuts ».

Ils vous ont tout emprunté dans ce qui est apparence, y compris vos chansons et vos danses. Ils vivent en communautés quelquefois, ils se passionnent pour l'écologie, ils font des croisades contre l'énergie nucléaire. Ils copient tout ce qui vient d'Amérique, les attitudes fécondes comme les attitudes bêtes. Parce que vous avez créé l'archétype de la modernité.

Mais ils savent obscurément que ce qu'ils ne peuvent pas emprunter aux États-Unis, c'est le rôle moteur que votre pays joue dans le monde depuis trente ans.

Ce rôle, les Français de ma génération l'ont observé, depuis la fin de la World War II, avec des sentiments mélangés.

Il y a eu, d'abord, la bombe d'Hiroshima. Cette arme terrifiante que vous aviez désormais seuls entre les mains.

Mais justement parce que vous étiez les seuls à l'avoir, nous étions relativement rassurés. Et puis, après cinq années de guerre, nous ne voulions plus penser à la guerre.

L'Europe était détruite, exsangue, ruinée. Si on nous avait dit, il y a trente ans, que toutes les familles allemandes et toutes les familles françaises auraient, trente ans plus tard, une automobile, un réfrigérateur, une télévision, si on nous avait dit que la Communauté européenne deviendrait la première puissance commerciale du monde, nous aurions répondu : « Vous êtes fou ! Vous croyez au Père Noël ! Les Américains ont tout cela parce qu'ils sont riches. Nous, nous n'avons même pas de bas nylon. Notre pain, notre viande, notre essence sont encore rationnés. »

Alors, vous avez inventé le Plan Marshall, qui allait provoquer, chez vous et chez nous, une expansion économique comme le monde n'en avait jamais connu. De notre côté, nous

Fred Astaire (né en 1900) : acteur et danseur américain.

Cole Porter (1893-1960) : auteur de chansons populaires.

Clark Gable (1901-1960) : acteur américain, type même du séducteur.

Gary Cooper (1901-1961) : acteur américain qui jouait l'aventurier au grand cœur dans les westerns.

Katharine Hepburn (née en 1906) : actrice américaine spécialisée dans les rôles émouvants.

Mirna Loy (née en 1902) : actrice qui a formé avec William Powell le « couple idéal » dans des comédies des années 30.

Sylvia Sidney (née en 1910) : a joué avec Gary Cooper dans un des premiers films de gangsters, *City Streets* (1931).

Metro Goldwyn Mayer : une des plus grandes compagnies américaines de production cinématographique; un lion rugissant introduit les génériques de ses films.

S'est répandue : est devenue courante.

La Grande Dépression (1929-1932) : grande crise économique qui a commencé par le Krach de Wall Street.

Les Raisins de la colère (1939) : écrit par John Steinbeck, c'est le plus grand roman social sur l'époque de la crise.

Le « New Deal » (1933-1935) : programme du président Roosevelt destiné à redresser l'économie après la Grande Dépression.

Ernst Lubitsch (1892-1947) : directeur artistique de toute la production Paramount spécialisée dans les films de divertissement pleins de gaieté.

Tous comptes faits : après tout.

La Résistance : mouvement clandestin formé par des patriotes français qui s'opposaient à l'occupation de la France par les troupes nazies pendant la Deuxième Guerre Mondiale.

Sir Winston Churchill (1874-1965) : célèbre homme d'État qui, nommé Premier ministre et ministre de la Défense en 1940, a galvanisé les énergies du peuple anglais en guerre contre l'Allemagne nazie.

Franklin D. Roosevelt (1882-1945) : président des États-Unis de 1933 à 1945; il a été le grand artisan de la nouvelle croissance économique de son pays.

Pearl Harbor : l'aviation japonaise a attaqué la marine américaine ancrée en rade de Pearl Harbor le 7 décembre 1941. Le lendemain, les États-Unis entrent en guerre contre le Japon et l'Allemagne.

Le jour du débarquement : le 6 juin 1944, les troupes alliées ont débarqué en Normandie pour libérer la France.

G.I. : soldats de l'armée américaine.

Ivresse (f) : exaltation (f).

La Libération : par les armées alliées et les troupes françaises de la France occupée; Paris a été libéré le 25 août 1944.

Affolement (m) : excitation (f).

Ecœurant : mauvais.

Raffoler de qqch : aimer beaucoup qqch.

Feuilletons : films à épisodes.

Blondie, Peanuts : personnages très connus des bandes dessinées américaines.

Fécondes : qui donnent des résultats positifs.

La bombe d'Hiroshima : le 6 août 1945, la destruction de la ville d'Hiroshima par une bombe nucléaire a mis fin à la guerre avec le Japon.

Exsangue : très affaiblie.

La Communauté européenne : V.p. 138.

Le Plan Marshall : en juin 1947, le Secrétaire d'État américain, George Marshall, annonce un plan d'assistance économique destiné à aider l'Europe occidentale, y compris l'Allemagne, à se rétablir.

avons reconstruit, nous nous sommes redressés, malgré la guerre d'Indochine où nous étions embourbés. « La sale guerre », comme on disait. Ensuite, malgré la guerre d'Algérie, nous nous sommes rapidement développés.

Mais l'ancien empire colonial français et l'ancien empire colonial britannique s'en allaient en morceaux. C'était la fin d'une longue époque de l'Histoire.

En même temps, une nouvelle Amérique commençait à se former dans la mythologie des Français. Les vieilles civilisations européennes témoignaient de la condescendance à l'égard de la jeune civilisation américaine. Sur toute la planète, on redoutait la pression de votre armée et de votre argent. Mais l'Amérique avait un formidable pouvoir d'attraction. On vous enviait, on vous imitait, vous vous étiez emparés de l'imagination du monde.

Vous apportiez un nouveau modèle de civilisation. Vous aviez le goût puritain du travail, la religion du succès et le goût moderne du bonheur. Un bonheur que vous étiez sûrs de pouvoir répandre partout.

Alors, ceux qui ne vous aimaient pas ont commencé à vous accuser de vouloir dominer le monde, et de viser notre colonisation économique.

Ceux qui vous aimaient, et qui étaient les plus nombreux, disaient : « Les États-Unis sont impérialistes malgré eux. Il est dans la nature de la puissance de s'étendre quand rien ne lui fait obstacle. Faisons les États-Unis d'Europe, et nous relèverons le défi américain. » Nous étions quelques-uns à avoir honte quand on entendait des Français crier, dans les rues de Paris, « U.S. go home! » Mais nous étions aussi inquiets de voir l'Amérique croire qu'elle pouvait acheter avec sa fortune des choses qui ne s'achètent pas.

L'hostilité à l'Amérique a d'abord été alimentée par l'étrange popularité dont avait bénéficié Joe McCarthy, par les persécutions dont avait souffert Robert Oppenheimer. Dans le discours de ceux qui vantaient le modèle communiste, l'Amérique était le pays de la Mafia, du racket, du kidnapping, de l'alcoolisme, de l'hypocrisie sexuelle, des femmes frigides et de l'oppression des Noirs.

Quant à la famille américaine, elle se composait, selon eux, d'enfants braillards et irréductibles, d'adolescents délinquants et drogués, d'une épouse tyrannique et d'un mari harassé vivant dans une maison surchauffée, et qui finissaient une fois sur deux par un divorce. Le tout se passait sous l'œil attentif de trois spécialistes : le Dr Spock, pour les soins aux bébés, le Dr Gesell pour la croissance des enfants, et le Dr Kinsey pour l'érotisme.

En bref, je dirai que les Français, comme les Anglais, ont commencé à développer ce que l'un de vos historiens a appelé « le complexe d'Athènes ». L'Europe était assimilée à la Grèce antique, et l'Amérique à Rome, dans toute sa gloire dominatrice.

A l'abri de votre parapluie atomique, les Européens pouvaient se permettre d'avoir l'air de prendre leurs distances. En même temps, les familles françaises qui en avaient les moyens envoyaient leurs fils au M.I.T. ou à la Harvard Business School, d'où ceux-ci revenaient perplexes. L'Amérique, ce n'était pas du tout ce que leurs camarades étudiants leur avaient dit, en France.

J'ai toujours pensé que si l'on pouvait payer à tous les jeunes Européens un voyage aux États-Unis et un voyage en Union soviétique, il y aurait moins de communistes chez nous.

La passion que John Kennedy a inspirée à l'Europe, et singulièrement à la France, a mis, pendant un temps, une sourdine à l'état d'esprit dénigrant.

Avec lui, c'était bien, en effet, la Pax americana qui s'imposait dans le monde, mais l'Amérique qu'il incarnait était celle des grands idéaux de justice et de liberté, de démocratie et de générosité dynamique qui étaient la chair et le sang des États-Unis. Leur vocation universelle.

La foi communicative de John Kennedy dans la mission de votre pays, ceux qui vous aimaient, et dont je n'ai jamais cessé d'être, l'ont vue avec tristesse et angoisse peu à peu s'anéantir, engloutie peu à peu, dans la jungle du Vietnam.

C'était la première grande épreuve qui vous était infligée. Certains se figuraient, en Europe, que vos institutions n'y résisteraient pas.

Je ne vous raconterai pas ce qui s'est passé depuis. Vous connaissez votre Histoire contemporaine mieux que moi. Mais je vous raconterai une anecdote, parce qu'elle est significative de la mauvaise connaissance que beaucoup de Français ont de votre pays.

Un jour, c'était en 1973, j'étais invitée à déjeuner par le président de la République française, le précédent, Georges Pompidou.

Il était déjà très malade, et tout le monde en parlait en privé. Mais il était interdit d'en parler publiquement. Et l'affaire de Watergate commençait.

Comme il devait rencontrer Richard Nixon quelques jours plus tard, à Reykjavik, nous en avons parlé. Il m'a dit : « C'est fini, toute cette affaire. Elle a été montée par les ennemis politiques de Nixon, mais c'est fini. Dans deux mois, personne n'en parlera plus. »

Je lui ai dit qu'il se trompait, que je ne savais pas comment l'affaire de Watergate se terminerait, mais que je connaissais les États-Unis, et qu'il était inimaginable que les Américains l'enterrent sans la tirer au clair et acceptent comme président un homme suspect de mensonge et de déloyauté...

Nous avons discuté un moment. Et puis il a conclu, d'un air méprisant : « Bon, en somme, je vais mourir et Nixon va démissionner... »

Comme s'il s'agissait de deux éventualités également ridicules.

Quelques mois après, il était mort et Nixon avait démissionné.

Georges Pompidou était, cependant, un homme politique de premier plan. Mais, comme la plupart des Européens, les ressorts profonds de la démocratie américaine lui sont restés étrangers.

Aujourd'hui, certains vous regardent avec stupéfaction procéder à cette espèce de grande lessive, à cet étalage public de vos plaies, à cette autocritique incessante. Ils n'ont jamais vu cela chez eux. Ils vous regardent comme si les États-Unis étaient devenus une sorte de géant aveugle qui se mutile lui-même.

Et ils sont inquiets. D'abord parce que tous les mouvements qui se produisent chez vous provoquent des ondes de choc dans le monde entier. L'éclipse de la puissance américaine, si elle se produisait, les laisserait orphelins.

Votre pays est aujourd'hui la seule puissance qui soit en même temps économique, financière, monétaire, militaire, culturelle et politique à l'échelle de la planète.

Et s'il est exaspérant, parfois, d'entendre répéter que « Daddy knows best », il est toujours troublant de penser que Daddy perd la tête (1).

Ils s'inquiètent, aussi, de cette remise en question de vous-mêmes à laquelle vous vous livrez, et des objectifs de la société américaine.

Parce que cela nous oblige à réfléchir à nos propres objectifs.

L'Europe, qu'est-ce que c'est, aujourd'hui? Une succursale provinciale de

(1) « Daddy knows best » : « Papa sait mieux ». C'est une expression courante aux États-Unis (N.d.l.r.)

Au fil du texte

La guerre d'Indochine (1946-1954) : guerre coloniale française.

Embourbés : enlisés.

La guerre d'Algérie (1954-1962) : cette guerre a provoqué la chute de la IVe République et l'arrivée au pouvoir du général de Gaulle en 1958.

S'en allaient en morceaux : disparaissaient parce que l'indépendance était peu à peu accordée aux anciennes colonies.

Redouter : avoir peur de.

Emparés : saisis.

Les États-Unis d'Europe : la Communauté économique européenne.

Le défi américain : expression très courante depuis la parution en 1967 du livre de Jean-Jacques Servan-Schreiber portant ce titre. Il s'agit du défi que représente pour l'Europe la supériorité américaine en matière de technologie, de science et de gestion.

« U.S. go home ! » : « Américains, rentrez chez vous! »; slogan utilisé par les Français qui désiraient le départ des troupes américaines stationnées en France depuis la Libération en raison de la « guerre froide » avec l'Union Soviétique. C'est le général de Gaulle qui, en 1966, a demandé à l'Amérique de retirer ses troupes du territoire français.

Joseph McCarthy (1908-1957) : sénateur américain qui, pendant les années cinquante, était responsable d'une violente campagne de dénonciations, menée au nom de la sécurité nationale, de tous les Américains qui pouvaient avoir des sympathies communistes.

Robert Oppenheimer (né en 1904) : physicien américain et important directeur de recherches sur l'énergie atomique; il a été parmi les victimes innocentes de la « nouvelle inquisition » de McCarthy.

Braillards : qui crient fort et constamment.

Irréductibles : qui refusent d'obéir.

Dr. Benjamin Spock (né en 1903) : pédiatre, auteur de livres sur les rapports souhaitables entre les parents et leur bébé.

Dr. Arnold Gesell (1880-1961) : psychologue qui a étudié le développement des capacités intellectuelles des enfants.

Dr. Alfred Kinsey (1894-1956) : auteur du célèbre Rapport sur la vie sexuelle des Américains.

Assimilée : comparée.

Prendre leurs distances : développer une certaine attitude d'indépendance.

M.I.T. : Massachusetts Institute of Technology.

John F. Kennedy (1917-1963) : président américain (1961-1963); sa jeunesse et son idéalisme l'ont rendu très populaire en France.

Mettre une sourdine à : faire taire partiellement.

Dénigrant : qui critique de façon très négative.

Engloutie : submergée.

Vietnam : allusion à la guerre menée par les États-Unis au Vietnam (1965-1973).

L'affaire de Watergate : scandale politique qui a finalement provoqué la démission du président Richard Nixon le 9 août 1974.

Tirer au clair : expliquer ouvertement.

Étrangers : incompréhensibles.

Grande lessive : allusion aux enquêtes publiques autour de « Watergate » et à la discussion à laquelle a participé le peuple américain sur les causes morales et politiques de cette affaire. Même les aspects nuisibles au prestige international du pays ont été traités publiquement.

Se mutile : se blesse.

Remise en question : critique.

Vous vous livrez : vous procédez.

Succursale : filiale.

Dénigrement : critique qui nie les qualités de qqch.

C.I.A. : les Services secrets américains.

Recouvrer : retrouver.

Pétrole : allusion à la crise de l'énergie en Europe qui doit importer son pétrole du Moyen-Orient.

Fait défaut : manque.

Blé : l'Union Soviétique doit importer du blé pour satisfaire les besoins de ses populations.

Pétrifié : immobile.

Sclérosée : paralysée.

Génie (m) : capacité (f).

Abaissement : affaiblissement, perte d'influence.

Flambeau : flamme symbolique.

l'Amérique? Le lieu de la décadence?
275 millions d'hommes et de femmes
qui semblent être pris de lassitude
devant l'Histoire et qui ont de moins
5 en moins d'enfants? Ou une source
encore vivante d'énergies capables de
s'unir pour défendre jusqu'à la mort
ce qu'elle a, après tout, été la première
à nommer : je veux dire la liberté?

10 La mode occidentale est au dénigrement. Au dénigrement de soi-même, de
son pays, et naturellement des États-
Unis, coupables de tous les péchés du
monde.

15 Je veux bien me frapper la poitrine
avec vous, et reconnaître que l'Europe
a été colonialiste, et que la C.i.a. a les
mains sales.

Je veux bien porter comme un
20 remords constant toutes les atrocités
commises au cours des siècles par les
Français, les Anglais, les Espagnols, les
Allemands et vous-mêmes.

Mais nous ne sommes pas seulement
25 responsables du passé. Nous sommes
maintenant responsables de l'avenir.
Et il ne faut jamais insulter l'avenir.

Cette capacité que vous avez d'exhi-
ber vos plaies au lieu de les cacher,
30 c'est, à mes yeux, le signe même de
la faculté de recouvrer la santé. Vos
cicatrices se fermeront parce que vous
les soignez au soleil de la vérité.

Cette rage avec laquelle vous vous
35 remettez en question, c'est, à mes yeux,
le signe même de la formidable vitalité
américaine, de cette capacité d'innovation, d'invention, d'initiative qui est
votre plus grande force.

40 C'est de cette force-là que l'Occident
a besoin, autant que de pétrole, et c'est
cette force-là qui fait défaut au monde
communiste, autant que le blé. L'Est
est pétrifié, et vous incarnez le mouve-
45 ment. Sa pensée est sclérosée, et vous
avez le génie du renouvellement. Alors,
je ne vous dirai pas que votre génération
a rendez-vous avec la destinée. Parce
qu'on peut le dire de chaque généra-
50 tion. Mais cela n'a jamais été plus vrai.

De la vôtre, on attend une nouvelle
Déclaration des droits de l'homme,
un nouveau contrat moral entre les
puissants et les faibles, entre les riches
55 et les pauvres, et même entre les
hommes et les femmes.

Même ceux qui souhaitent publiquement l'abaissement de votre pays le
redoutent secrètement, parce qu'ils
60 savent que, si vous laissiez tomber de
vos mains le flambeau de la liberté, il
s'éteindrait peut-être pour des siècles.

Deux cents ans après votre naissance, c'est votre Renaissance que nous
65 souhaitons bientôt saluer.

F.G. ■

Thèmes de discussion

Les États-Unis vus a) par votre génération,
b) par votre pays.

Le mythe américain : son évolution depuis
le mythe du « Nouveau Monde ».

Existe-t-il un mythe américain aujourd'hui ?
Si oui, quelle forme prend-il ? Si non, expliquez pourquoi.

Quels sont pour un étranger les stéréotypes
les plus fréquents de l'Américain et de
l'Américaine ?

Discutez leur origine, leur justesse et les
contradictions cachées par ces stéréotypes.

L'image de la vie américaine fabriquée par
le cinéma, les films de télévision et les chansons. Est-il possible de dégager une image
générale ou existe-t-il plusieurs tendances ?

Faites-vous partie des gens fascinés par
l'Amérique ? Justifiez votre réponse.

La diffusion du mode de vie américaine à
travers le monde. Réactions pour et contre.

L'américanisation de la culture mondiale.
Par quels moyens ?

Que pensez-vous des différentes images
de la France et de l'Europe évoquées par
Françoise Giroud ?

Relevez des adjectifs significatifs.

Dressez une liste des principales valeurs
sur lesquelles est fondée la société actuelle
a) aux États-Unis, b) en France. Comparez
les deux listes.

La culture française vue d'Amérique.

Présence de la langue et de la culture
françaises aux États-Unis.

L'humour américain et l'esprit français.

Le rôle historique de la France dans la
découverte du Nouveau Monde et dans
l'élaboration de la constitution américaine.

La contestation du pouvoir établi et le respect
de la loi en France et aux États-Unis.

Les rapports entre la technologie et le
prestige international d'un pays.

Comment améliorer la compréhension d'un
pays étranger ?

Non à la guerre

L'EXPRESS

28 mai-3 juin 1973

3,50 Francs

LES FRANÇAIS ET LA BOMBE

ESSAI NUCLÉAIRE A MURUROA.

« Il est plus facile de poursuivre une politique erronée quand l'échec est patent
que d'admettre cet échec et de changer cette politique. » (David Halberstamm, « The Best and the Brightest. »

L'EXPRESS

N° 1146 - 25 juin-1er juillet 1973

CONTRE LA BOMBE

« Il est odieux, alors que le seul bien réel est "la vie", de voir les gouvernements, dont le devoir est de protéger
l'existence de leurs sujets, chercher avec obstination des moyens de destruction. » (Guy de Maupassant.)

CONTRE LA BOMBE

Dans un rayon de 3 km, toute vie est anéantie.

Dans un rayon de 5 km, les poumons éclatent.

Quelquefois, les vents « refusent de se conformer aux prévisions », selon la formule employée en 1954 par le président de la Commission américaine de l'énergie atomique, et dirigent sur des îles habitées les retombées immédiates des essais atomiques. L'évacuation des populations est alors opérée. A temps. Mais c'est ainsi que furent atteints, près de Bikini, des pêcheurs japonais.

D'autres éléments radioactifs, qui restent dans la basse atmosphère, sont emportés par la pluie, parfois sur de grandes distances. Cette pluie constitue dans plusieurs îles la seule source d'eau potable. Elle est contaminée.

Les radio-éléments à longue période agissant pendant plusieurs années, que les explosions projettent, retombent dans l'océan où le plancton les absorbe, avant d'être à son tour absorbé par de petits poissons qui servent de nourriture à de gros poissons voyageurs comme le thon. L'océan devient ainsi, sur de vastes étendues, un vivier empoisonné.

Sur le sol, les retombées sont absorbées par le bétail. Celui-ci devient viande, donne du lait. De la viande empoisonnée, du lait empoisonné. L'agent radioactif le plus dangereux — le strontium — se fixe dans les os. Et c'est dans la moelle des os que se forme le sang. Je continue ?

Selon le prix Nobel Linus Pauling, les explosions antérieures aux accords de Moscou (1964) auraient déjà causé des malformations chez 160 000 enfants. L'explosion d'une seule bombe de 20 mégatonnes dans le ciel est responsable, à long terme, de 500 000 enfants tarés et de 500 000 cancers.

Linus Pauling exagère peut-être. Mais, à la suite de ces calculs, le Conseil fédéral américain des radiations s'est livré à des études qui ont abouti à des résultats très proches. Conscience prise d'une agression qui ne choisit pas ses victimes,

Américains et Soviétiques décidèrent alors de cesser les expériences dans l'atmosphère et de ne plus procéder qu'à des explosions souterraines.

« Les poisons radioactifs des retombées constituaient un danger grandissant pour la santé de chaque enfant à naître », déclara le président des Etats-Unis.

Deux ans après, en 1966, la première campagne nucléaire française s'ouvrait dans le Pacifique, à ciel ouvert. Explosion d'une bombe A dopée.

Nous en sommes à la septième campagne. La puissance du ou des engins français lancés à Mururoa, petite île de Polynésie, est un secret militaire, mais on sait que son pouvoir destructeur se compte en mégatonnes, en million de tonnes.

Quand on demande à Jean Rostand s'il existe un seuil tolérable de strontium dans le lait que boivent les enfants, et si la dose qui se trouve dès aujourd'hui dans les os humains, les vôtres, les miens, ceux de nos enfants, a atteint ou non la cote d'alerte, il répond : « Quelle est la cote d'alerte ? Qui la connaît ? Et quand on me parle de seuil tolérable, c'est comme si l'on demandait quelle dose d'arsenic on peut mettre sans danger à titre expérimental dans les biberons des bébés. »

Selon un généticien français, le professeur Lhéritier : « Toute augmentation, quelle qu'elle soit, de la radioactivité, augmente le stock de gènes défavorables, c'est-à-dire le stock de tares héréditaires de l'humanité. »

Il se trouve, il est vrai, aux Etats-Unis comme en France, des hommes pour dire que la fin justifie les moyens et pour assurer que, s'il faut payer de cancers, de leucémies et de tares la puissance militaire, c'est là un prix qu'une grande nation doit savoir consentir. Cet argument est insoutenable. Irrecevable. A supposer un instant qu'il le soit, qui a le droit de payer avec les enfants des autres ? Rien ne peut justifier que les essais nucléaires français aient encore lieu à ciel ouvert et dans cet océan nommé, ô dérision, Pacifique, plutôt que dans l'Atlantique ou dans les

entrailles de notre propre terre. Rien ne peut justifier la sublime indifférence officielle aux retombées immédiates sur la population des îles. Sous-le-Vent, Tahiti, les Marquises... De la chair à radio-éléments.

Qui, sachant cela, peut accepter sans honte que le nom de la France soit maudit et Dieu imploré de retourner contre elle le feu du Ciel ?

Que ceux qui l'acceptent n'aient jamais à s'en souvenir au chevet d'un enfant malade, ou simplement à l'heure où leurs propres os, leur propre sang...

Mais que ceux qui refusent le disent ! Nous sommes nombreux. Nous sommes très nombreux. C'est sur notre sous-information, notre passivité, le sentiment de notre impuissance individuelle que comptent ceux qui jouent à se donner l'illusion de la puissance.

Comment faire ? C'est simple. Télégraphier.

Il y a deux caisses de résonance dans le pays : la presse, écrite et parlée, et le Parlement. Vous lisez, sans doute, un quotidien. Vous écoutez, sans doute, un poste de radio. Vous regardez, sans doute, la télévision. Vous connaissez, sans doute, le nom de votre député. Té-lé-gra-phiez. Engagez vos amis à télégraphier. Et soyez assuré qu'au vingtième télégramme disant : « Non aux expériences nucléaires » qui parviendra au rédacteur en chef de votre quotidien, à l'éditorialiste que vous écoutez, le matin, au directeur de l'O.r.t.f., au député de votre circonscription, une réaction en chaîne se déclenchera, incommensurable à l'effet des déclarations d'honorables comités de patronage où s'alignent toujours les mêmes noms. Des personnalités, comme on dit. Faut-il être une « personnalité » pour dire non aux expériences nucléaires à ciel ouvert ? Comme s'il ne suffisait pas d'être une personne...

Télégraphiez, je vous en conjure. Il n'y a pas une minute à perdre. Dans un rayon de 3 km, toute vie est anéantie. Dans un rayon de 5 km, les poumons éclatent. Hâtez-vous !

F.G. ∎

I. - A voir d'abord

Mots-thèmes

Campagne (f) **nucléaire** : ensemble d'essais, d'expériences nucléaires.
Explosion (f) **nucléaire à ciel ouvert, dans l'atmosphère** : *contr* explosion souterraine.
Retombée (f) : *ici,* les éléments radioactifs qui retombent sur le sol après une explosion nucléaire.
Tare (f) : défaut héréditaire transmis par les gènes, imperfection; Adj : taré,e.

Mots et Expressions fonctionnels p. 271

A long terme; ne plus... que; à l'effet de.

II. - Pour mieux comprendre

Anéantir : détruire complètement.
Prévisions (f. pl) : *ici,* prévisions météorologiques.
Opérer : faire.
Atteindre : toucher; *ici,* victimes.
Eau potable : eau que l'on peut boire.
Vivier : endroit où l'on élève et conserve des poissons vivants.
Se livrer à : *ici* entreprendre.
Conscience prise de : ayant pris conscience de.
Dopé,e : dont la puissance a été augmentée.
Engin (terme militaire) : projectile.
Seuil tolérable : limite maximum acceptable par l'organisme.
Atteindre la cote d'alerte : arriver au niveau dangereux.
A titre expérimental : pour expérimenter.
Payer de : payer avec.
Consentir (un prix) : accepter.
Insoutenable : impossible à défendre.
Irrecevable : non acceptable.
Dérision (f) : ironie.
Entrailles (f) : *ici,* profondeurs.
Chair à radioéléments : victimes désignées des éléments radioactifs.
Au chevet de : à côté du lit de.
Télégraphier : envoyer un télégramme.
Caisse (f) **de résonance** : objet servant à amplifier des bruits; *ici,* moyen de rendre publique une opinion.
Parvenir : arriver.
Circonscription : circonscription électorale.
Se déclencher : se mettre en mouvement.
Incommensurable : impossible à mesurer.
Comité (m) **de patronage** : groupement de personnes pour la défense d'une cause.
S'aligner : se retrouver.
Conjurer : supplier.

III. - Connotations culturelles

Les explosions nucléaires françaises : L'explosion de la première bombe atomique française a lieu au Sahara le 13 février 1960. En 1963 le gouvernement français crée en Polynésie un nouveau Centre d'expérimentation nucléaire et procède chaque année de 1966 à 1974 (sauf en 1969) à une campagne d'essais nucléaires sur l'atoll de Mururoa. Le dernier essai atmosphérique, le soixantième, a lieu le 15 septembre 1974. L'année suivante, les essais nucléaires en Polynésie deviennent souterrains.
Bikini : atoll du Pacifique où ont lieu des expériences nucléaires américaines de 1946 à 1958.
Pauling, Linus (né en 1901) : chimiste américain qui a reçu le Prix Nobel de chimie en 1954 et, pour son opposition à la guerre sous toutes ses formes, le Prix Nobel de la Paix en 1962.
Les accords de Moscou : le 25 juillet 1963, l'Union Soviétique, les États-Unis et la Grande-Bretagne signent à Moscou un traité contre les explosions nucléaires dans l'atmosphère. La France et la Chine ne signent pas.
Rostand, Jean (né en 1894) : biologiste célèbre par ses recherches en génétique; il a toujours défendu les grandes causes humanitaires.

* Voir aussi p. 240.

Sous-le-Vent, Tahiti, Les Marquises : îles de la Polynésie dont le nom évoque la douceur des Tropiques.

L'O.R.T.F. : L'Office de la Radiodiffusion-Télévision française.

Exercices

I. - Questions

1. - Quelle est l'intention de Françoise Giroud en présentant dans les premiers paragraphes un tableau de fin du monde ?
2. - Quelles sont les conséquences à court terme et à long terme de l'explosion d'une bombe atomique ?
3. - Pourquoi la France a-t-elle choisi le Pacifique comme terrain d'expérience ?
4. - Quels sont les arguments avancés par ceux qui s'opposent aux essais nucléaires à ciel ouvert ?
5. - Qu'est-ce qui empêche les opposants à la bombe, malgré leur nombre, de faire entendre davantage leurs opinions ?
6. - Quelle est la solution proposée par Françoise Giroud ?

II. - Situations

1. - Rassemblez et faites l'analyse des articles de presse qui présentent des opinions variées sur les explosions nucléaires ou sur une controverse au sujet d'une utilisation pacifique de l'atome (*Ex.* les centrales nucléaires).
2. - Vous avez un droit de parole de trois minutes pour convaincre un auditoire de télégraphier contre la bombe. Quels arguments allez-vous employer ?
3. - Écoutez la chanson de Boris Vian, *Les Bombes atomiques*. Quelles idées y sont exprimées ? Comment ?

III. - Discussion

1. - « La fin justifie les moyens ».
2. - Comment éviter la prolifération des armes nucléaires dans le monde ?
3. - Considérez-vous qu'un programme nucléaire qui pourrait rendre un pays indépendant dans le domaine de l'énergie doit être une priorité nationale ?
4. - Pourquoi sommes-nous tous « concernés » par la question nucléaire ?

IV. - Ici et ailleurs

Comparez l'attitude de différents pays envers l'armement nucléaire.

V. - Développons nos moyens d'expression

1. - Retrouvez dans le texte les constructions suivantes :
   Rien ne peut justifier + *substantif*
   Rien ne peut justifier que + *subjonctif*
   Rédigez quatre phrases similaires.
   Ensuite rédigez quatre phrases où vous utiliserez les constructions :
   Qui peut accepter + *substantif*
   Qui peut accepter que + *subjonctif*
2. - Françoise Giroud emploie col. 3, lign. 8-24 un style oratoire. Notez surtout la construction : Que (ceux qui + *indicatif*) + *subjonctif*.
   Rédigez sur ce modèle une courte exhortation.

VI. - A vous d'écrire

1. - Rédigez un télégramme d'une vingtaine de mots pour exprimer votre opposition à un projet que vous désapprouvez.
2. - Rédigez en vue d'une diffusion par les mass média un communiqué concernant un danger qui menace l'avenir de l'homme.

2,50 F

L'EXPRE

la partie pompidou-brand

LA PÉTROLE-POLITIQUE

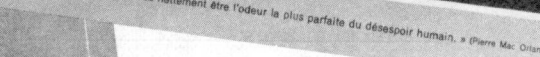

« Le pétrole me paraît très nettement être l'odeur la plus parfaite du désespoir humain. » (Pierre Mac Orlan.)

L'EXPRE

L'SO
L'ÉTÉ C

LE MONDE EN PANNE D'ESSENC

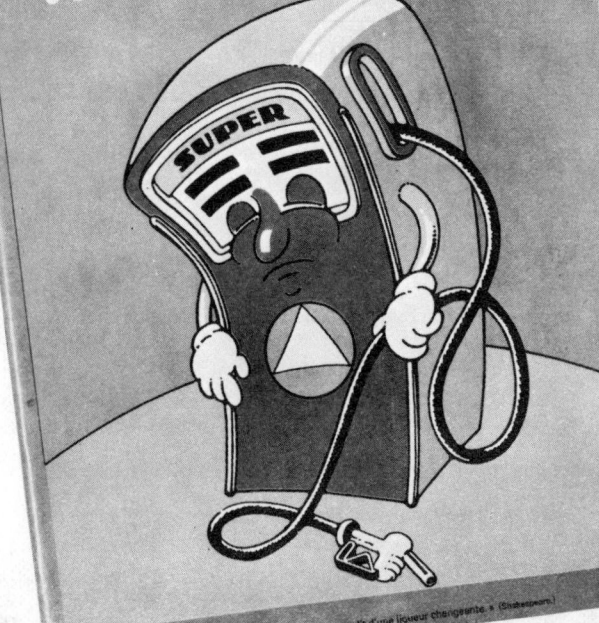

SUPER

« La coupe de nos vicissitudes se remplit d'une liqueur changeante. » (Shakespeare.)

LA GUERRE ET SES ARMES

L
a guerre? Jeudi matin, nous y étions. Jeudi soir, nous n'y étions plus. Où en serons-nous jeudi prochain... Bof! Vivre à l'heure atomique, c'est savoir, au fond de soi, que tout peut arriver chaque jour. Les Russes à Brest et les B 52 sur Moscou, l'Europe en cendres et la France en poudre. Alors, allons danser ce soir. Un jour, ce sera notre fête. Ou peut-être pas?

L'espoir — car il existe — c'est que l'on finisse par comprendre ce qu'est la guerre. Et ce qu'elle n'est plus.

Elle n'est plus un moyen de conquérir des richesses, lesquelles ne dépendent plus de l'ampleur des territoires. La Hollande est plus riche que la Chine.

Exutoire primitif à l'agressivité, elle est surtout un exercice qui continue de passer, quoi qu'on en dise, pour noble, parce que le « héros » est celui qui défie la mort, et que nous voudrions tous être plus forts que la mort. C'est sans doute pourquoi le courage physique jouit d'une telle réputation, alors que toutes les sociétés sont dures aux couards, lesquels font pourtant preuve de raison. Mais les prestiges de la raison sont ternes auprès des prestiges de celui qui trompe la mort.

Sachant cela, au lieu de prétendre éliminer des rapports humains la violence, la compétition, l'esprit de conquête ou de revanche, le risque, le danger, c'est leur emploi qu'il faut trouver, ailleurs que sur des champs de bataille. Le rugby n'y suffira pas.

La guerre que nous ne subirons pas, cette fois-ci, dans notre terre et notre chair, s'annonce dans nos chaudières, nos réservoirs d'essence, notre économie. Ce n'est pas la pire forme qu'elle puisse emprunter, on en conviendra.

L'arme du pétrole a même ceci de particulier qu'il s'agit d'une arme intelligente — puisque, au lieu de tuer, elle dérange — qui exige une réponse intelligente — puisque, au lieu de tuer en retour, il faut apprendre à s'en passer.

Faire grelotter un temps les anciennes puissances impériales, et les Etats-Unis, de surcroît, cela devrait être plus satisfaisant, pour un esprit arabe, que de faire couler le sang de ses frères, fût-il mêlé au sang israélien.

C'est seulement lorsque l'usage des armes intelligentes viendra à l'emporter sur les armes bêtes, c'est-à-dire meurtrières, que quelque chose de fondamental sera changé dans les relations entre nations.

F.G. ■

Notes

I. - A voir d'abord

Mots-thèmes

Une guerre atomique / nucléaire : mondiale / planétaire.
Une guerre économique.
La guerre froide.

Déclarer / faire la guerre : *contr* subir une guerre.

Conquérir un pays : faire la conquête d'un pays.

L'emporter sur : se montrer supérieur à, triompher de.

Réduire en cendres (f) : détruire par le feu.
Réduire en poudre (f) : *fig* détruire complètement.

Le héros / l'héroïne (f) : montrer de l'héroïsme (m);

Adj : héroïque; *contr* lâche (adj et S), couard,e; S : lâcheté (f), couardise (f).

Mots et Expressions fonctionnels p. 271

Quoi qu'on en dise; alors que; auprès de; il s'agit de; de surcroît; fût-il.

II. - Pour mieux comprendre

Bof ! : interjection exprimant un doute moqueur ou une ironie sceptique.

Ce sera notre fête : ce sera notre tour de subir les conséquences. Cf. l'expression populaire « Attention, ça va être ta fête! »

Exutoire (m) : moyen qui permet de se débarrasser de, de dépenser (un excès d'émotion).

Passer pour : être considéré comme.

Défier la mort, tromper la mort : essayer d'être plus fort que la mort.

Jouir de : avoir.

Faire preuve de : se comporter d'une manière qui prouve que.

Terne : *contr* brillant, attrayant.

Prétendre : avoir la vaine intention de.

Chaudière (f) : appareil de chauffage central.

Convenir de qqch : admettre qqch.

Déranger : gêner.

Se passer de qqch : vivre sans qqch.

Grelotter : trembler de froid.

Puissances impériales : *ici*, surtout la France et l'Angleterre.

Meurtrier,ère : qui donne la mort.

III. - Connotations culturelles

La guerre?: Il s'agit du risque grave d'un conflit nucléaire entre les U.S.A. et l'U.R.S.S. au cours de la guerre qui a opposé Israël à l'Égypte et la Syrie (6 octobre - 11 novembre 1973). Le 25 octobre les États-Unis mettent en état d'alerte toutes les forces américaines à la suite de renseignements indiquant une imminente intervention soviétique dans la guerre du Proche-Orient.

De leur côté, les pays arabes exportateurs de pétrole décident de limiter la livraison du pétrole aux alliés d'Israël et en particulier mettent l'embargo sur toute livraison vers les États-Unis et les Pays-Bas.

Brest : l'invasion de l'Europe par les Soviétiques est représentée par l'arrivée de ceux-ci à Brest, ville à l'extrémité ouest de la France, base de la marine française. En même temps, *les B52,* gros avions militaires américains, bombardent Moscou.

Exercices

I. - Questions

1. - Quels sont les dangers de « vivre à l'heure atomique » (lign. 3-4) ?
2. - De quelle manière peut-on réagir devant la menace de la fin du monde ?
3. - Quels étaient les motifs traditionnels de la guerre ?
4. - Pourquoi la guerre jouit-elle toujours d'un tel prestige ?
5. - A quoi la guerre sert-elle d'exutoire en dehors de l'agressivité ?
6. - Pourquoi Françoise Giroud choisit-elle comme exemple le rugby ?
7. - Qu'est-ce que l'arme du pétrole a de particulier ?
8. - D'après Françoise Giroud, où se trouve l'espoir dans les relations entre nations ?

II. - Situations

1. - Analysez soit un film de guerre soit une émission de télévision traitant d'une guerre. Comment la guerre et ses participants y sont-ils présentés ?
2. - Échange de vues sur la conscription et l'objection de conscience entre un jeune objecteur, divers membres de sa famille et leurs amis (*Ex.* prêtre, militaire en retraite, pacifiste...).

III. - Discussion

1. - Les couards font preuve de raison.
2. - Nécessité de la guerre comme exutoire à l'agressivité.
3. - La guerre économique : ni risques ni dangers ?

IV. - Ici et ailleurs

La guerre. Est-elle commémorée dans votre pays ? Comment ? Comparez, si possible, avec un autre pays que vous connaissez bien.

V. - Développons nos moyens d'expression

1. - Retrouvez dans le texte les verbes ou locutions verbales qui complètent les expressions suivantes :
   .... des richesses ; .... d'une telle réputation ; .... de raison ; .... l'emploi ; .... la guerre ; .... une forme ; .... une réponse.
   Employez quatre de ces expressions dans des phrases de votre choix.
2. - Relevez les emplois de *que* dans une construction comparative.
   Rédigez des phrases similaires.
3. - Par quel mot pourrait-on remplacer *lesquelles* (lign. 13) et *lesquels* (lign. 23) ? Quel est l'effet ainsi produit ?
4. - Rédigez des phrases qui illustrent la différence entre *passer pour...* et *se passer de...*

VI. - A vous d'écrire

1. - Rédigez en étant aussi convaincant que possible un manifeste sur le meilleur moyen de s'opposer à la guerre.
2. - Rassemblez des articles de journaux consacrés à des matchs sportifs. Relevez-y les images empruntées au vocabulaire de la guerre.

ÊTRE OPTIMISTE

Grâce soit rendue aux princes du pétrole. Sans eux, nous serions encore aveugles et sourds aux avertissements qui, depuis quelques années, tombaient cependant.

5 Voilà que, jour après jour, les orgueilleuses nations qui ont dominé le monde se découvrent une poignée parmi cent cinquante, petit groupe opulent et fragile.

Combien d'Européens savaient — combien 10 savent aujourd'hui, ce qui s'appelle savoir — que l'univers ne s'ordonne pas autour de leurs frontières, leur culture, leur langue, leurs vieilles querelles et leurs spécialités gastronomiques?

Mais le choc est venu. Le plus indifférent va 15 être contraint d'en ressentir les ondes dans sa vie de chaque jour et de s'interroger : que sera la vie, demain?

Question troublante quand on a le sentiment que personne ne connaît la réponse. Qu'il n'y 20 a pas de réponse. La situation la plus insupportable n'est pas le malheur subi, c'est le malheur imaginé. On marche plus heureux vers un précipice ignoré que vers un ruisseau où l'on craint de se noyer.

25 La nature particulière de l'angoisse diffuse, aujourd'hui, partout, c'est qu'elle réside dans l'imagination du lendemain plus que dans le vécu d'aujourd'hui.

C'est là un grand danger, propre à provoquer 30 les gestes fous pour hâter ce que l'on redoute.

D'autant que la plupart des hommes ne savent concevoir l'avenir que par référence au passé. Ainsi la fin de l'Empire romain, la crise de 29, Munich 38 et Mai 68 surgissent-ils au 35 coin des phrases comme des repères auxquels s'accrocher. Faux repères tout juste bons à égarer davantage. L'Histoire ne se répète jamais.

La partie engagée dans le monde est en fait 40 la première, la première où les optimistes ne prétendent mobiliser que la réflexion contre les réflexes, les armées de la raison contre les mouvements naturels. Et c'est en quoi elle est unique dans l'Histoire.

45 Jusqu'à présent, on a toujours vu l'égoïsme immédiat, l'esprit de possession et de conquête, le mépris pour les faibles, les réflexes, en somme, les plus propres aux êtres humains fût-ce sous de beaux déguisements, l'emporter sur la réflexion 50 à l'échelon des collectivités et des nations.

Etre optimiste, aujourd'hui, ce n'est certes pas croire tout soudain que la générosité, le respect des humbles et l'amour du prochain vont devenir le sang de la politique internatio-55 nale et irriguer le Sahel.

Etre optimiste, c'est espérer plus simplement que l'égoïsme universel, ou, si l'on préfère, la solidarité raisonnée de l'espèce, l'emportera sur les égoïsmes.

60 On sait que, chez les rats, il y a parfois des épidémies de suicide. Chez les hommes aussi : cela s'appelle la guerre.

Etre optimiste, c'est croire, timidement, que nous ne sommes plus des rats.

F.G. ◼

Notes

I. - A voir d'abord

Mots-thèmes

Égoïsme (m) : *contr* altruisme (m), générosité (f).

Égoïste (Adj et S).

Solidarité (f) : fraternité (f).

Réflexion (f); Vb : réfléchir (penser longuement, approfondir).

Réflexe (m) : réaction automatique et rapide.

Raison (f); Vb : raisonner.

Raisonné,e : qui est le résultat d'un raisonnement.

Mots et Expressions fonctionnels p. 271

Ce qui s'appelle (+ Inf); d'autant que; tout juste bon à; en somme; fût-ce; à l'échelon de.

II. - Pour mieux comprendre

Grâce soit rendue à : remercions; (Cf. la formule religieuse de remerciements : rendre grâce à Dieu).

Avertissement (m) : signe précurseur.

Poignée : *ici,* un très petit nombre.

S'ordonner : *ici,* s'organiser.

Être contraint : être obligé.

Ondes (f) : répercussions (*ici,* du choc).

Troublant,e : inquiétant, déconcertant.

Subi : *ici,* que l'on éprouve.

Diffus,e : présent partout mais imprécis.

Vécu (m) : expérience concrète, réalité (f).

Propre à (+ Inf) : capable de.

Redouter : craindre beaucoup.

Surgir au coin de... : apparaître soudainement.

Repère (m) : objet qui permet l'orientation.

La partie engagée : la lutte commencée.

Prétendre : affirmer.

Mobiliser : obliger tous les hommes valides à rejoindre l'armée en cas de guerre; appeler.

Propre à (+ S) : caractéristique de.

L'emporter sur : triompher de.

Collectivité (f) : groupe social.

III. - Connotations culturelles

Spécialités gastronomiques : les différentes régions des pays européens ont une cuisine particulière dont les habitants sont fiers — mais cela n'a jamais provoqué de guerre!

La crise de 29 : le « jeudi noir », 24 octobre 1929, effondrement de la Bourse de Wall Street qui marque le début de la grande dépression (1929-1932).

Munich 38 : « Conférence à Quatre » à Munich le 29 septembre 1938 entre Chamberlain (Grande-Bretagne), Daladier (France)

Hitler et Mussolini. On autorise Hitler à rattacher la Tchécoslovaquie au Reich en espérant ainsi préserver la paix en Europe.

Mai 68 : les événements de mai 1968 en France (V. p. 121).

Le Sahel : en Afrique, immense plaine désertique au sud du Sahara; de 1968 à 1974 les pays du Sahel ont subi une sécheresse catastrophique qui aurait fait quelques 100 000 morts et transformé la terre arable en poussière.

Les princes du pétrole : les chefs des pays exportateurs de pétrole.

Exercices

I. - Questions

1. - Qui sont « les orgueilleuses nations » (lign. 5-6) ?
2. - Pourquoi ces nations forment-elles un « petit groupe opulent et fragile » (lign. 7-8) ?
3. - Qu'est-ce que Françoise Giroud reproche aux Européens ?
4. - Quel est « le malheur imaginé » (lign. 22) ?
5. - Quels pourraient être « les gestes fous » (lign. 30) ?
6. - Pourquoi l'homme a-t-il tendance à se référer au passé ?
7. - Quels sont en général les premiers réflexes des hommes quand ils se sentent menacés ?
8. - Qu'est-ce qui les pousse à vouloir déguiser ces réflexes ?
9. - En quoi « l'égoïsme universel » serait-il différent des « égoïsmes » ?

II. - Situations

1. - Faites une enquête sur la façon dont vos contemporains imaginent la vie de l'an 2005. (vie quotidienne, santé, sciences et techniques...).
2. - Et vous ? Comment vous sentez-vous en pensant à l'avenir ?
   (Enthousiaste ? Optimiste ? Indifférent(e) ? Inquiet(ète) ? Résigné(e) ? Sans opinion ?) Avez-vous plutôt la nostalgie du passé ? Justifiez votre attitude.

III. - Discussion

1. - Plusieurs groupes différents présentent un programme pour vivre « autrement » dans une perspective écologique et répondent aux questions et objections.
2. - A votre avis, la force de l'intelligence peut-elle l'emporter sur la force physique ?
3. - Qu'est-ce que vous redoutez le plus dans l'avenir ?

IV. - Ici et ailleurs

Quel est le problème mondial à résoudre en priorité ?

V. - Développons nos moyens d'expression

1. - Donnez le substantif qui correspond aux adjectifs suivants. Ensuite utilisez-en cinq dans des phrases de votre inspiration :
   orgueilleux; opulent; fragile; indifférent; troublant; heureux; fou; optimiste; généreux.
2. - Composez des phrases où vous utiliserez :
   être contraint de; concevoir; prétendre; insupportable; le mépris; timidement.
3. - Donnez votre définition des expressions suivantes :
   a) Selon le modèle : Être + *Adj* c'est + *Inf* (C f. lign. 56) / Être + *Adj* ce n'est pas + *Inf*...
   Être optimiste, ...
   Être pessimiste, ...
   Être égoïste, ...
   b) Selon le modèle : *S* c'est + *S*... (C f. lign. 20-22) / *S* ce n'est pas + *S*...
   La vie de chaque jour, ...
   L'esprit de possession, ...
   L'amour du prochain, ...

VI. - A vous d'écrire

1. - Rédigez un éditorial qui résume les principaux événements de l'année précédente. Donnez un titre général à ce bilan (*Ex.* Une année crise; Une année espoir...).
2. - Que sera la vie, demain ?

La nouvelle vague

L'enquête sur la Nouvelle Vague menée par *L'Express* fournit des documents authentiques qui permettent une étude plus approfondie de la jeunesse en France. Les informations données par ces documents présentent un portrait des Jeunes après « Mai 68 ». En plus elles permettent de suivre l'évolution de la Jeunesse en établissant une comparaison avec les résultats de l'enquête sur la Nouvelle Vague menée en 1958 et d'éventuelles enquêtes plus récentes.

Chacune des 23 questions fait l'objet d'un commentaire séparé qui peut être étudié indépendamment de l'ensemble. Il serait également intéressant d'analyser les opinions des jeunes qui y figurent et la façon dont ces opinions sont exprimées.

A partir de ces 23 questions, les étudiants peuvent eux-mêmes faire des enquêtes afin de comparer la jeunesse française avec celle de leur propre pays.

LANCEMENT DE L'ENQUÊTE

Il y a dix ans, L'Express lançait une expression qui depuis a fait fortune, pour désigner la génération montante. Nous avions appelé la « Nouvelle Vague » huit millions de Français, âgés de 18 à 30 ans, qui représentaient, ensemble, la jeunesse du pays. Pour la première fois, elle était interrogée selon les méthodes modernes d'investigation et de sondage. Ce fut un genre d'événement.

Conduite à l'échelon national, l'enquête permit de cerner la physionomie des jeunes Français, telle qu'ils la dessinaient eux-mêmes en répondant à une série de questions. Photographie d'une époque, impressionnante lorsqu'elle fut révélée, impressionnante lorsqu'on la regarde aujourd'hui, par ce qu'elle laissait prévoir.

La France était en crise, au creux de la guerre d'Algérie, les derniers gouvernements de la IVe République vacillaient, 90 % des jeunes gens interrogés sur ce qui allait mal répondaient en incriminant le régime. Quelques semaines plus tard, celui-ci s'effondrait.

L'analyse des résultats de cette enquête faisait apparaître une collectivité nationale éclatée, des garçons et des filles solitaires, au cœur frileux, méfiants à l'égard de toutes les idéologies, accessibles aux plaisirs matériels et parfois avides à cet égard, mais demeurant spirituellement exigeants.

Et nous notions alors : « La liberté que ne guide pas le devoir n'est pas de tout repos. Cette jeunesse sans dieux semble souffrir d'une grande absence, d'un grand vide éthique. Reste à concevoir ce qui pourrait le combler. »

L'ignorance à l'égard de la véritable situation économique du pays semblait patente. A l'égard de l'argent, la jeunesse révélait confusion et incohérence. On le voyait presque toujours évoqué sur le mode passionnel. « C'est, pouvions-nous écrire, l'Argent corrupteur, l'Argent avec lequel on achète des femmes, l'Argent pour lequel on fait tuer des hommes, l'Argent qui procure les honneurs, l'Argent qui rend respecté sinon respectable, l'Argent gagné à la sueur du front des autres. En un mot : l'Argent. En même temps, il est plus que jamais convoité. Mais la relation qui existe entre l'Argent et le système économique semble échapper à la plupart des jeunes Français. »

L'avenir? Il était comme occulté par la guerre d'Algérie, qui allait encore durer quatre ans et entrer dans sa phase convulsive. Mais les trois quarts des jeunes gens étaient sans inquiétudes pour leur avenir professionnel; la crainte du chômage leur était étrangère; moins de 200 000 étudiants bourraient les facultés, contre 600 000 aujourd'hui, et ne s'interrogeaient pas encore sur la nature des études qu'ils poursuivaient. Seuls quelques maîtres, déjà, s'inquiétaient.

La démocratie? Duperie. Ce n'était qu'un cri. Les libertés dont les jeunes gens constataient fièrement qu'elles restaient leur privilège de Français? Ils assuraient qu'elles leur étaient infiniment chères, mais ne savaient dire comment ils comptaient les conserver hors d'un système démocratique.

Nous indiquions enfin : « Sur un point essentiel, combien y-a-t-il de jeunes révolutionnaires en France, et où sont-ils? Un sondage d'opinion est vain. Nous pouvons seulement fournir les dénominateurs communs de la jeunesse française contemporaine. L'ennui est qu'il suffit d'observer un couple pour savoir qu'en matière humaine un et un ne font pas deux, mais un. Un autre. Il suffit d'un sur dix pour que le comportement collectif d'un groupe soit complètement modifié. »

C'était il y a dix ans.

Depuis, ces huit millions de Français, appartenant à toutes les catégories de la nation, ont connu des aventures individuelles diverses, mais ils ont tous dix ans de plus, c'est-à-dire 28 ans au moins et parfois 40. Ils représentent d'autres forces, actives ou passives, agissantes ou agies, favorables ou hostiles au déchaînement de leurs cadets, mais ils ont basculé hors de la jeunesse.

Louis Leprince-Ringuet, parlant l'autre soir à la télévision, disait : « Les vieux... Ceux qui ont plus de 25 ans... » Il exprimait ainsi que la limite supérieure d'une certaine turbulence, d'une certaine assurance, d'une certaine exigence, se situe globalement à l'âge où les responsabilités familiales ou professionnelles vous lestent. Quand on accepte de les assumer, on est un homme, on est une femme.

En revanche, garçons et filles sortent de plus en plus tôt de l'enfance. La Nouvelle Vague d'aujourd'hui, c'est à partir de 15 ans qu'il faut la saisir pour l'ausculter. C'est ce que nous allons entreprendre.

Puisqu'une telle consultation a fait les preuves de sa validité, le moment semble bien indiqué pour la renouveler, sur la base d'une série de questions analogue. Comme la dernière fois, l'Ifop se chargera de recueillir les résultats chiffrés qui témoigneront pour l'ensemble de la population française âgée de 15 à 29 ans. Comme la dernière fois, les réponses plus élaborées, les commentaires, les réflexions, les tentatives d'approfondissement de tous ceux, appartenant à la même tranche d'âge, qui recevront le questionnaire diffusé par l'Express à travers le territoire apporteront la chair et le sang de cette enquête.

Que peut-on en attendre? D'abord des indications intéressantes sur les différences d'attitude entre deux vagues. Pour la première fois, en effet, dans l'histoire de tels sondages, des comparaisons pourront être établies objectivement, question pour question.

Ensuite, pour des raisons évidentes, il n'est pas indifférent de réunir aujourd'hui des éléments d'information et d'appréciation aussi riches que possible sur la Nouvelle Vague, puissante et tumultueuse, agitée de contradictions, qui est en train de déferler sur le pays avec sa frange d'écume, ses petits poissons circulant en bancs inquiets, ses requins et ses coquilles creuses.

Enfants de la paix, du gaullisme et de la télévision, forts d'être sans passé et sans souvenirs, qui sont-ils? Bientôt, nous le saurons un peu mieux.

L'Express publiera dans son prochain numéro le questionnaire destiné à la Nouvelle Vague. Tous ceux qui accepteront de soustraire quelques heures à leurs vacances pour y répondre largement, comme leurs aînés surent le faire, contribueront à préciser le visage troublé et troublant de la jeunesse française.

F.G. ■

Connotations culturelles

La Nouvelle Vague : après avoir été inventée par *L'Express* en 1957, l'expression « Nouvelle Vague » est entrée dans le langage courant pour désigner la nouvelle génération. On a également appelé « la Nouvelle Vague » le groupe de jeunes cinéastes qui gravitaient autour de la revue *Les Cahiers du Cinéma* et qui ont réalisé leurs premiers films vers la fin des années cinquante en rompant avec les « règles » du cinéma traditionnel. Citons Jean-Luc Godard (*A bout de souffle*, 1959), François Truffaut (*Les quatre cents coups*, 1959), Claude Chabrol (*Les cousins*, 1959) et Eric Rohmer (*Le signe du lion*, 1959).

La guerre d'Algérie (1956-1962) : dernière grande guerre coloniale française qui se termine par l'indépendance de l'Algérie en juillet 1962.

La IVᵉ République (1946-1958) : c'est la guerre d'Algérie qui a provoqué la chute de la IVᵉ République caractérisée par l'instabilité ministérielle (21 gouvernements en douze ans).

Leprince-Ringuet, Louis (né en 1901) : physicien et penseur français, membre de l'Académie française.

IFOP : Institut français d'opinion publique; organisme de sondages et d'enquêtes.

Enfants de la paix : la France a connu à la fin de la guerre d'Algérie sa première période de paix depuis de longues années.

Enfants du gaullisme : la Vᵉ République a été fondée par le général de Gaulle qui en a été le premier Président de 1958 à 1969.

Enfants de la TV : la télévision a commencé à faire partie de tous les foyers pendant cette période.

Pour faciliter votre lecture

A l'échelon national : dans toute la France.
Cerner : définir.
Vaciller : perdre sa stabilité.
Incriminer : accuser.
S'effondrer : tomber.
Collectivité nationale : ensemble (m) des citoyens.
Éclatée : *ici*, divisée.
Frileux,euse : qui souffre facilement du froid; *ici*, craintif.
Méfiant,e : qui n'a pas confiance.
A l'égard de : envers.
A cet égard : à ce sujet.
Être de tout repos : ne pas poser de problèmes.
Reste à : il faut.
Combler (un vide) : remplir.
Sur le mode : de façon.
A la sueur du front de : grâce au travail de.
Convoiter : désirer beaucoup.
↑ **Occulté :** caché, déformé.
Bourrer (fam) : remplir.
Les facultés : les Universités.
Maître (m) : *ici*, professeur d'Université.
Les libertés... Français : les jeunes Français considéraient leur pays comme la patrie de la liberté.
Compter : avoir l'intention de.
Vain,e : inutile.
Ennui (m) : *ici*, problème.
En matière humaine : en ce qui concerne les hommes et les femmes
Agissant (p. prés.), **agi** (p. p.) : Cf. agir.
Déchaînement : comportement excessif.
Leurs cadets : la jeune génération.
Basculer hors de : quitter.
Lester : *ici*, donner de l'équilibre.
En revanche : par contre.
Ausculter : faire un diagnostic.
Témoigner : *ici*, donner l'opinion de.
Tranche : *ici*, groupe.
Diffuser : mettre en circulation.
Le territoire : la France.
Déferler : se briser (en parlant d'une vague).
Forts : qui tirent leur force.
Soustraire... à : prendre... de.

LE QUESTIONNAIRE

1. Qu'aimeriez-vous le plus savoir de votre avenir ?

2. Estimez-vous que vous êtes heureux ? Oui ? Non ? Pourquoi ?

3. Trouvez-vous que vous avez plutôt de la chance ou plutôt de la malchance de vivre à l'époque actuelle ? Pourquoi ?

4. Sur le plan matériel, y a-t-il des choses dont vous vous sentez privé ? Lesquelles ?

5. Est-ce que l'amour a de l'importance pour vous ?

6. Est-ce que la fidélité vous paraît essentielle en amour ? Pour les deux partenaires ? Pour l'un des deux ? Pas essentielle ?

7. Quel est, selon vous, le problème le plus important pour la France, à l'heure actuelle ?

8. Pensez-vous que des gens comme vous peuvent avoir une influence sur les destinées de la France, ou avez-vous au contraire le sentiment d'être à la merci des événements ?

9. Si vous jugez que vous pouvez avoir une influence, comment et sur quoi ?

10. Si vous aviez à dire ce qui va bien en France, que diriez-vous ?

11. Et ce qui va mal ?

12. Croyez-vous que la société française se transformera, dans l'avenir, en société de forme socialiste ?

13. Si vous le croyez, ce socialisme français se rapprochera-t-il, à votre avis, du socialisme de l'U.R.S.S., de Cuba, de la Chine, du socialisme suédois, ou bien d'aucune société socialiste existante ?

14. Est-il une chose pour laquelle vous seriez prêt à risquer votre vie ?

15. Dans l'affirmative, laquelle ou lesquelles ?

16. Vous sentez-vous libre d'agir comme vous le voulez dans les différents domaines de votre vie ?

17. Pour que des gens comme vous soient heureux, aujourd'hui, qu'est-ce qui vous paraît important dans la liste suivante : être bien logé, avoir des amis, exercer une profession que l'on aime, avoir beaucoup de loisirs, ne pas trop se préoccuper des autres, être marié, avoir une voiture, avoir des enfants seulement quand on le désire, voyager, pouvoir continuer à s'instruire ? Autre chose ?

18. Souscrivez-vous à l'opinion suivante : « La compétition stimule les qualités humaines et est un facteur de progrès humain ? »

19. Quelles sont les catégories qui peuvent, selon vous, contribuer le plus, actuellement, au progrès de l'humanité ? Les hommes politiques ? Les hommes de science ? Les militaires ? Les prêtres des différentes religions ? Les économistes ? Les artistes ? Les enseignants et éducateurs ? Les citoyens de tous les pays ? D'autres encore ?

20. A votre avis, la crise de mai-juin en France constitue-t-elle plutôt une raison d'espérer ou plutôt une raison d'être inquiet pour l'évolution de la société française ?

21. Tous comptes faits, diriez-vous que le bilan de ces événements est positif ou négatif pour les étudiants, les travailleurs, le gouvernement ?

22. Croyez-vous qu'il soit nécessaire d'avoir un idéal ? Si oui, quel est le vôtre ? Sinon, quelle est votre raison de vivre ?

23. Croyez-vous que votre génération sera différente de celle de vos parents ?

LA NOUVELLE VAGUE

Des dizaines de chiffres, des milliers de lettres... L'enquête lancée fin décembre par l'Express, pour essayer de cerner, de façon objective, la physionomie de la « Nouvelle Vague », représente un travail énorme, auquel ont collaboré, d'une part, les 180 enquêteurs de l'Ifop, d'autre part, une équipe constituée par l'Express et dirigée par Marie-France Chevrillon. C'est le résultat de cette enquête que nous publions ici.

Qu'est-ce que la Nouvelle Vague ? 10 695 000 Français, filles et garçons, âgés de 15 à 29 ans, qui constituent 21,5 % de la population totale de la France. Sa part la plus turbulente et la plus dynamique, en vertu de son âge. La plus troublée et la plus troublante dans tous les sens du terme.

La crise de mai a fait voler en éclats les images, partielles ou partiales, que chacun s'en faisait, Mais elle a fait naître de nouveaux clichés. On ne parle plus de « tricheurs » ou de « blousons noirs », mais de « contestataires », d' « enragés » ou de « romantiques ».

Le but de cette enquête est de substituer aux impressions personnelles une photographie aussi fidèle que possible, saisie aujourd'hui, de toute la jeunesse française, et non de la seule de ses fractions dont on parle, les étudiants.

Pour y parvenir, nous avons procédé de la façon suivante : une série de questions a été posée, à travers tout le territoire, par les enquêteurs de l'Ifop, à un échantillon représentatif de toute la population française âgée de 15 à 29 ans. C'est-à-dire de toutes les catégories socio-professionnelles : ouvriers, agriculteurs, employés, étudiants, etc.

Tous les chiffres et pourcentages que l'on trouvera dans les pages suivantes doivent donc être bien tenus pour ce qu'ils sont : la traduction des sentiments et des opinions de l'ensemble de la jeunesse française à partir des méthodes de sondages désormais éprouvées.

Cette même série de questions a été posée au cours d'interviews dites « non directives », permettant aux personnes interrogées de nuancer leurs réponses. Puis les mêmes questions ont été publiées par L'Express et largement diffusées à travers la France, touchant à la fois nos lecteurs dans cette branche d'âge (620 000) et ceux qui ne le sont pas. En nous répondant, ils ont développé, par écrit cette fois, le sens de leurs réponses et les ont largement éclairées.

Enfin, et pour la première fois dans l'histoire des enquêtes de cette nature, l'Express est en mesure d'apporter un élément d'information d'un grand intérêt : la diffé-rence entre l'état d'esprit, les opinions, les sentiments de la Nouvelle Vague 1968-1969 et la Nouvelle Vague 1957.

En effet, la première enquête nationale sur la jeunesse française a été réalisée par l'Express et l'Ifop en 1957, à partir d'un questionnaire analogue, à quelques questions près, circonstancielles.

La comparaison entre les résultats révèle des évolutions parfois saisissantes.

Il est bien clair que les minorités, quand elles sont « agissantes », ne doivent jamais être tenues pour négligeables et qu'elles peuvent au contraire jouer un rôle déterminant dans la vie d'un pays.

Mais les majorités sont fortement significatives du climat dans lequel les minorités évoluent, de l'impact qu'elles peuvent avoir, des forces qui les balancent ou qui les paralysent.

Précisons enfin qu'une telle enquête ne peut ni ne prétend avoir un caractère prophétique. L'image de la jeunesse française, telle qu'elle apparaît, à travers cette enquête, n'est pas une réalité figée.

La voici donc révélée en un premier groupe de neuf tableaux.

Les 15-29 ans représentent 21,5 % de la population totale de la France. Soit 10 695 000 jeunes gens. Ils se répartissent ainsi, selon les plus récentes statistiques :

HOMMES		FEMMES		LES 15-29 ANS SONT :	Hommes	Femmes
Ouvriers	36,5 %	Ouvrières	13 %			
Agriculteurs, salariés agricoles	10 %	Cultivatrices	5,4 %	Célibataires	71,3 %	56,8 %
Employés et cadres moyens	11 %	Employées et cadres moyens	25,2 %			
Commerçants, cadres supérieurs, industriels, professions libérales	6,5 %	Commerçantes, cadres supérieurs, professions libérales	2,5 %	Mariés	28,3 %	42,4 %
Etudiants	20,5 %	Etudiantes	22,3 %			
Sans profession	3,3 %	Sans profession	30,7 %	Divorcés	0,37 %	0,65 %
Militaires	12,2 %	Militaires	0,9 %	Veufs	0,03 %	0,15 %
	100 %		100 %			

Pour faciliter votre lecture de la présentation de « La Nouvelle Vague »

Part : *ici*, partie.

En vertu de : à cause de.

La crise de mai : les « événements » de mai 1968.

Faire voler en éclats : briser, détruire.

« Tricheurs » : allusion au film de Marcel Carné, *Les Tricheurs* (1958), sur la nouvelle génération des jeunes.

«Blousons noirs» : jeunes garçons des quartiers ouvriers qui forment des bandes turbulentes et qui portent des blousons noirs. Le terme de « blouson noir » a été remplacé depuis par « loulou » ou « loubard ».

« Enragé » : nom donné aux étudiants d'extrême-gauche ayant joué un rôle principal en mai 68.

Saisie : prise.

Tenus : *ici* compris.

Éclairées : expliquées.

Être en mesure de : pouvoir.

Saisissantes : impressionnantes.

Balancer : faire bouger.

Figée : immobile.

N° 919 - 17-23 février 1969   2,50 France

résultats d'une enquête nationale

L'EXPRESS

LA NOUVELLE VAGUE

« Jeune sang n'obéit pas à vieux décret. » (Shakespeare.)

166

On s'en réjouira : les jeunes Français sont heureux, ou se déclarent tels, dans leur immense majorité, et même en plus grand nombre que leurs aînés. Ceux-ci s'exprimaient en pleine guerre d'Algérie, ce qui explique peut-être cela.

Que signifie être heureux ?

► Je suis libre et disponible. Je ressens profondément les réalités du monde qui m'entoure, avec ses problèmes, ses crises, ses bassesses et ses courages. (Métreur vérificateur.)

► J'ai la liberté de penser et de dire ce que je veux, d'avoir des amis, de faire un métier qui me plaît. Cela me suffit, même si les intellectuels de gauche pensent que je suis un fasciste, un petit-bourgeois. (Officier de la marine marchande.)

► Je suis marié avec la femme que j'aime, j'ai deux garçons, mon métier me passionne. (Maître C.e.g.)

► Je suis jeune, jolie, en bonne santé, libre et sans problème majeur. J'ai des amis et je vis un amour éphémère peut-être, mais heureux. (Chef de groupe de magasin.)

► Je me sens à mon aise dans le monde technique. (Docteur ès sciences.)

► En réfléchissant à cette question, je m'aperçois que j'ai trop de travail pour y penser. (Femme juge pour enfants.)

Chez les plus jeunes, intervient le rôle des parents, des études.

► Je poursuis normalement mes études dans un lycée qui me plaît. Je peux très librement discuter avec mes parents qui comprennent d'ailleurs très bien l'évolution des jeunes. (Lycéenne de 2e année, Marseille.)

► Je me trouve beau, assez intelligent, je travaille pas mal, j'ai des parents gentils et bons, je sais me contenter du bonheur terrestre. (Lycéen, 15 ans, Toulon.)

► J'ai des parents extraordinaires, surtout par rapport à d'autres... (Lycéen, 16 ans, Lannion.)

► J'aurai la possibilité d'entrer en faculté et mes parents respectent mes idées politiques, me laissent une certaine liberté dans mes loisirs. (Lycéen, 16 ans et demi, Châlons-sur-Marne.)

Deux courants s'expriment, qui colorent les chiffres. Les uns trouvent indécent de se dire « malheureux ».

► Ce serait une injure envers ceux qui ont faim, qui sont sous-éduqués, qui subissent la guerre. (Gérant de bureau de banque.)

► J'aurais pu naître fils de paysans en Inde ou ailleurs et avoir faim toute ma vie. (Mécanicien d'engin de chantier.)

► Je pourrais être plus heureux, mais je pourrais être biafrais. (Ingénieur en informatique.)

D'autres, en particulier parmi les plus jeunes et les femmes, trouvent indécent ou impossible de se dire heureux, bien qu'ils le soient.

► Petit-bourgeois sans problèmes familiaux ni matériels, relativement intéressé

par des études inutiles, j'ai tout pour être satisfait. Mais ce serait infâme de se prétendre heureux dans un monde en folie, livré aux génocides, à l'hypocrisie, au calcul. (Etudiant en droit.)

► J'ai, avec mon époux, un foyer heureux, un métier qui m'intéresse, des amis. Mais je suis impressionnée par les drames qui se déroulent autour de nous. (Vétérinaire.)

► Heureux, si je considère mes études, ma vie familiale et ce que je peux espérer, d'autant que je suis issu d'un milieu ouvrier. Pas heureux si l'on songe au tiers monde et à tous ces gens qui ont faim, ou bien aux guerres du Vietnam et du Biafra. Que l'on regarde cela tranquillement à la télévision, que l'on mange bien et que l'on dort bien ! Même moi ! (Assistant en parasitologie.)

Ceux qui ne s'estiment pas heureux lient, parmi les plus jeunes, l'absence de bonheur aux contraintes, au désarroi de se sentir sans but, à l'insatisfaction professionnelle.

► Je suis interne dans un lycée où la discipline est arbitraire. Quand je rentre chez moi, chaque samedi, je trouve un village mort. Les jeunes sont arriérés et ont une mentalité « dégoûtante ». Je mène donc une vie morne et déprimante. (Lycéenne, 16 ans.)

► Dans mon lycée, nous avons uniquement le droit de nous taire. Aussi mai-juin m'a beaucoup déçue. (Lycéenne, 16 ans et demi.)

► Ma situation future me préoccupe. J'ai beau me répéter que l'argent ne fait pas le bonheur, cette inquiétude permanente me rend triste et perplexe. (Lycéen, 16 ans.)

► Ma vie n'a pas de but, pas de sens, j'erre. (Secrétaire de direction, 23 ans.)

► Je ne vois pas à quoi je peux servir. (Etudiant, 20 ans.)

► Je me sens désarmé devant le déroulement de la vie actuelle, qui ne tient pas compte des désirs et du droit de chacun de vivre. (Agent d'assurances, 24 ans.)

► Je n'exerce pas le métier que j'aimerais avoir. (Contremaître.)

► Tout ce que j'ai pu entreprendre est resté sans réponse et ce que je fais ne trouve pas d'écho. (Comptable.)

► Me battre m'ennuie, et comme j'y suis contraint à tout instant, l'existence ne me plaira sûrement jamais. (Projectionniste.)

► J'ai un emploi peu sûr, mal rémunéré, qui ne correspond pas du tout aux études accomplies. (Fonctionnaire.)

► Pour être heureux, il faut être libre, et la liberté, c'est d'abord un problème de surface. La campagne n'existe plus... (Réparateur de fabrication électronique.)

		En 1957
Très heureux	35 %	24 %
Assez heureux	54 %	61 %
Pas très heureux	9 %	14 %
Sans opinion	2 %	1 %
	100 %	100 %

Quelques femmes, heureuses sur le plan professionnel et matériel, se disent affectivement démunies. Et les hommes évoquent souvent la monotonie, le vide de leur vie.

► Ce n'est pas être malheureux, c'est plutôt s'ennuyer. Il manque quelque chose. (Analyste programmeur.)

► Sans possibilité d'idéal, de contacts, de voyages, astreint à une vie réglée, régimentée, sans envergure ni évasion... (Fonctionnaire.)

► Ma vie me semble un peu étriquée entre l'appartement, la voiture, le travail... (Agronome.)

► Pour être heureux, il faut de l'argent, et le pouvoir d'achat diminue de plus en plus (Régleur de machines.)

Proportionnellement, les filles se déclarent plus heureuses que les garçons.

Se disent très heureux :
— Filles .... 40 %
— Garçons .... 30 %

Ne s'estiment pas très heureux :
— Filles .... 8 %
— Garçons .... 11 %

Cette tendance était déjà sensible en 1957.

Pour mieux cerner cette notion difficile de bonheur, les ingrédients qui, selon la Nouvelle Vague, le composent et qu'en conséquence elle attend de la vie ou de la société, cette question a été recoupée par la question suivante (non posée en 1957). ■

L'importance de la profession est également ressenti par filles et garçons.

Les filles sont plus nombreuses à attacher de l'importance (89 %) que les garçons (79 %) à la liberté d'avoir des enfants seulement quand on en veut, l'adhésion au principe de la contraception est très large.

Garçons et filles accordent une importance égale, et très relative, au fait d'être marié.

La possession d'une voiture paraît sensiblement plus importante aux garçons (60 %) qu'aux filles (46 %).

La participation aux événements est jugée nettement plus importante par les garçons (81 %) que par les filles (63 %).

L'analyse de ce tableau et des réponses plus détaillées fait ressortir avec éclat la place que tient le travail, la profession, celle que l'on a ou celle que l'on aura, dans les préoccupations de la jeunesse.

Beaucoup remarquent : « On y passe la moitié de la vie »,. « On y passe l'essentiel de sa vie... », et considèrent en même temps qu'une bonne profession est celle « qui donne des loisirs », qui laisse « le temps de vivre », tout en assurant « un salaire correct », « un salaire décent », « un salaire supérieur au smig ».

▶ Avoir suffisamment de temps pour faire ce dont on a envie. Le confort matériel n'est pas un but en soi : c'est un moyen pour le développement de la personnalité. (Etudiant chercheur.)

▶ Avoir beaucoup de loisirs pour pouvoir m'occuper de ce qui m'intéresse. (Employé de banque.)

Le désir, largement exprimé, de pouvoir continuer à s'instruire est rarement assimilé à une possibilité de promotion sociale.

Parmi les étudiants, on tient aisément les éléments matériels pour secondaire.

▶ Ce qui est primordial, c'est que la vie ait un sens et une unité profonde. Sinon, on peut être comblé et ne pas être heureux. (Agrégatif.)

▶ Etre heureux, c'est ne pas rougir de soi, de ses actes, agir en éliminant au maximum les scrupules, les calculs, les intérêts et les convenances. (Etudiant en sociologie.)

▶ L'appartement, la voiture. Des appétits de petit-bourgeois. Etre soi-même, ne pas aliéner sa liberté, voilà ce qui compte. (Etudiant en lettres.)

Et c'est à un tout autre niveau que l'on juge important, pour être heureux, de se soucier des autres, tendance qui n'est pas majoritaire, mais largement représentée.

▶ Arriver à penser beaucoup moins à soi et beaucoup plus aux autres. (Tisserand à bras.)

▶ Le bonheur personnel passe par le bonheur des autres. Cependant, j'aimerais beaucoup voyager. (Agriculteur.)

▶ Se préoccuper du sort des autres sans jamais se lasser. (Technicien électronique.)

Pour vivre heureux aujourd'hui, qu'est-ce qui est important ?

	Important	Pas important	Sans opinion
Se plaire dans sa profession	98 %	1 %	1 %
Etre bien logé	96 %	4 %	—
Avoir des amis	87 %	12 %	1 %
Pouvoir continuer à s'instruire ..	86 %	11 %	3 %
Avoir des enfants seulement quand on veut	84 %	8 %	8 %
Prendre part aux événements....	72 %	23 %	5 %
Avoir beaucoup de loisirs	69 %	28 %	3 %
Faire des voyages	68 %	29 %	3 %
Avoir une voiture	53 %	43 %	4 %
Ne pas trop s'en faire pour les autres	48 %	40 %	12 %
Etre marié	39 %	54 %	7 %

A tous les âges et à tous les niveaux, ressort le désir d'avoir des amis. La solitude est ressentie comme une calamité, en particulier par les étudiants, mais aussi bien en milieu rural.

▶ Même maintenant que je suis fiancé, j'ai toujours besoin de rencontrer des gars ou des amis. (Porcher.)

▶ C'est plus facile d'aller vers les autres quand on est plusieurs que lorsqu'on est seul. (Fille de 20 ans, exploitation agricole.)

Et sans vouloir rester célibataires, la majorité des moins de 30 ans semble beaucoup moins pressée que la précédente Nouvelle Vague d'échapper à la solitude par le mariage. On a le cœur moins frileux et le désir de ne pas abdiquer trop tôt sa « liberté ».

▶ Il faut, jusqu'à un certain âge, mener une vie de fiancés si on veut, enlever son alliance et puis dire : « Tiens, on n'est pas mariés, on est comme avant ! » (Ouvrier.)

▶ La liberté, ça coûte cher dans un sens, mais c'est beau. (Ouvrière.)

L'ensemble des réponses données à cette question fait apparaître que les jeunes Français estiment n'avoir besoin que de ce qui est jugé « normal », « correct », « décent », en ce qui concerne leur niveau de vie, sans préciser d'ailleurs où se situe le seuil « normal » en la matière et s'il ne risque pas de s'élever sans cesse. Mais ils semblent avoir atteint, dans le domaine des satisfactions matérielles, le stade où l'on peut commencer à se poser des questions sur le sens de la vie.

Les réponses à la question suivante le confirment. ∎

La comparaison avec les chiffres recueillis en 1957 est, ici, impressionnante et se passe de commentaire. Parmi ceux qui déclarent n'être privés de rien, toutes les catégories sociales sont représentées dans des proportions qui ne sont pas très différentes, en dépit de la disparité des revenus.

Se déclarent privés de rien :

— Agriculteurs ...... 26 %

— Ouvriers .... 29 %

— Cadres supérieurs, professions libérales .... 34 %

— Employés, cadres moyens .... 36 %

C'est la privation de vacances et de distraction qui reste la plus souvent et la plus vivement ressentie, en particulier par les jeunes agriculteurs. La différence est ici très sensible entre les diverses catégories. Souffrent d'être privés :

	De vacances	De distraction
Agriculteurs	67 %	41 %
Cadres supérieurs..	40 %	23 %
Ouvriers	34 %	31 %
Employés, cadres moyens ...	22 %	29 %

La notion de vacances rejoint souvent celle d'évasion.

► Pourquoi faut-il passer le plus clair de son temps à un travail abrutissant qui n'apporte rien, alors que, si j'avais du temps, je pourrais m'instruire, participer à la vie du monde? (Ouvrier d'entretien.)

► Je suis privé de la possibilité de m'évader dans des voyages, de connaître le monde et ses réalités par mes propres expériences. (Fonctionnaire.)

Dans toutes les catégories, sauf les agriculteurs, commencent à apparaître la privation... de campagne, le poids des contraintes de la ville.

► Je suis privé de vivre une vie simple, à la campagne, au contact de la nature. (Chef de vente.)

► Si vous considérez comme un bien matériel la jouissance de la nature à l'état sauvage, alors, là, je suis privée à l'extrême. (Vétérinaire.)

► Je ne me sens pas privée, mais gênée, frustrée, par la vie à Paris. On est trop nombreux, les distances sont trop grandes, ça sent mauvais. En somme, je me sens un peu privée de nature. (Etudiante en géographie.)

► Je me sens privé d'une certaine liberté causée par l'affluence. (Ingénieur en informatique.)

C'est parmi les cadres supérieurs qu'est invoqué le plus souvent le problème du logement (23 %), parmi les cadres moyens et les employés que l'on souffre le plus d'être privé de vêtements (18 %).

Les étudiants se situent un peu à part. Soit qu'ils se sentent dans un état transitoire par rapport à des privations mêmes fortes, soit qu'ils se jugent privilégiés et n'osent pas s'apesantir sur leur sort. Soit qu'ils nient l'importance des biens matériels.

► Il y a des choses dont je me suis privé et dont la plupart des gens sont privés avec moi. Elles ne se situent pas sur le plan matériel. On se sent frustré de sa responsabilité d'homme dans le domaine politique, social, économique aussi. (Etudiant en architecture.)

► Je trouve qu'au contraire nous avons trop de choses, nous ne savons plus où donner de la tête. La surabondance du matériel mène à l'abrutissement le plus complet. Il faut rejeter tout ce qu'on nous offre et chercher quelque chose de plus enrichissant, dans d'autres domaines. (Etudiante.)

► L'important est de savoir que les biens matériels n'ont rien d'essentiel à partir du moment où les conditions matérielles laissent la possibilité de réfléchir et d'être soi. (Etudiante.)

Cependant, dans tous les milieux, on ne se défend pas de vouloir davantage.

► Je me vois propriétaire d'une Porsche, d'un bateau. (Ancien X.)

Sur le plan matériel, y a-t-il des choses dont vous vous sentez privé ?

		En 1957
Vacances	30 %	42 %
Distractions	30 %	35 %
Moyen personnel de transport	20 %	39 %
Logement	15 %	27 %
Vêtement	13 %	18 %
Mobilier	13 %	22 %
Appareils ménagers	11 %	33 %
Nourriture	0 %	2 %
Autre chose	7 %	10 %
Rien	35 %	10 %

Total supérieur à 100 % en raison des réponses multiples.

► Qu'on me donne l'argent, je me chargerai de mon bonheur. (H.e.c.)

► Je me suis offert un beau logement, mais il me manque une voiture. (Analyste programmeur.)

► Je ne me sens pas trop privé. Mais, bien sûr, je voudrais une plus grosse voiture, une chaîne stéréo plus perfectionnée. C'est le rêve secret de chacun. (Employé S.n.c.f.)

► Il me manque de l'argent. Je déteste l'argent, mais c'est malheureusement le seul moyen d'acheter sa liberté Ce qui me manque matériellement, c'est tout ce dont ma femme a envie : un grand pavillon ultra-moderne, de beaux meubles, une cuisine pilote... (Publicitaire.)

La distinction est très sensible entre ce dont on rêve (la voiture de sport, le bateau, les voyages et encore les voyages) et ce dont on a besoin, besoins qui tendent à être de plus en plus largement satisfaits.

Si, comme le dit un étudiant, « la société de consommation exerce sur tous une pression qui fait naître des besoins et des frustrations inutiles », elle n'est pas ressentie ainsi par ceux qui la vivent, dans leur immense majorité. ■

Libres, oui mais... C'est le cri général.

Libres totalement, pour la grande majorité, en matière de vie privée : rapports avec les parents, relations amoureuses, choix des loisirs. Les filles se sentent un peu, très peu, entravées par le qu'en dira-t-on. En matière de loisirs et d'achats, c'est l'argent qui restreint la liberté.

Si la publicité exerce une pression, cette pression n'est pas ressentie, très rarement exprimée, et seulement par des étudiants :

► Il y a trop de publicité, d'affiches dans les rues. (Etudiante, 16 ans et demi.)

Les contraintes qu'imposent les conventions sont évoquées, surtout hors de Paris.

► J'ai le droit de ne pas avoir la télé, mais on me regarde comme une bête curieuse. (Ouvrier d'entretien.)

► Je pars en camping avec une fille. Au village, les commérages vont bon train. Si j'étais « gonflé », je dirais que tous, je les emm... (Agent d'assiette des impôts.)

Mais tout cela ne va pas très loin.

Dans le choix d'une profession, les jeunes Français considèrent dans leur large majorité qu'ils sont libres, ce qui peut paraître singulier.

Mais ici, il apparaît clairement que la liberté est assimilée à la faculté de prendre individuellement, et sans pression de la famille ou de l'Etat, sa décision. Et l'attachement général à la notion de liberté individuelle est si fort que le poids des agents extérieurs (milieu, éducation, conditions sociales) est très rarement évoqué. On se croit et on se juge libre.

Dans l'exercice de l'activité, en revanche, les contraintes sont vives et vivement ressenties. C'est très nettement dans leur travail que les jeunes Français se sentent brimés.

► Dans mon travail et dans l'action syndicale, ce serait me condamner dans ma carrière que de dire tout ce que je pense. (Officier contrôleur d'aviation.)

► **Pas libre.** Je travaille dans l'administration et je veux conserver ma place ! (Fonctionnaire des impôts.)

► **Sans règles,** ce serait l'anarchie complète, mais il n'en coûterait rien à la société que j'aie certaines libertés. Je pense à la libre discussion aussi bien dans les entreprises que n'importe où. (Professeur d'életronique.)

► **Je sens** comme un étau qui se resserre. (Programmeur.)

► **Je n'ai pas** le droit de m'expliquer librement, fût-ce avec ma directrice. (Elève institutrice.)

Ce sont les relations humaines à l'intérieur du travail, c'est le poids de la hiérarchie, c'est l'impossibilité d'avoir des rapports personnels d'égalité et de franchise qui sont mis en question plus que l'organisation sociale.

► **Je fais partie** d'une société. Il faut donc en respecter les règles. (Technicienne médicale.)

► **La liberté** d'agir n'existe pas à l'état brut. J'avoue que j'aborde les différentes contraintes avec un esprit suffisamment consentant pour me sentir libre. (Diplômé Essec.)

► **Libre,** parce que je me sens responsable. (Hôtesse de l'air.)

► **Je vis** dans un cadre de contraintes que je me suis d'ailleurs fixé librement. Ce qui ne m'empêche pas, au contraire, d'être heureux. (Ingénieur.)

L'immense majorité apprécie, accepte ou se résigne à la notion d'un « ordre social » jugé nécessaire. Beaucoup se réfèrent aux démocraties populaires ou à d'autres régimes. C'est la comparaison qui leur permet de se dire « libres », autant qu'on peut l'être. ■

L à encore, l'évolution depuis 1957 est sensible. Le souci de l'avenir professionnel prend nettement le pas sur celui de la vie familiale.

C'est décidément, le problème. Souci plus vif chez les garçons (50 %) que chez les filles (27 %). Mais il est remarquable que celles-ci soient un peu plus anxieuses à ce sujet qu'à propos de leur situation familiale (25 %), qui ne préoccupe plus guère les garçons (5 %). Chez les uns et les autres, il y a un glissement sensible, depuis 1957, à ce sujet. Peut-être parce que la qualité de la vie familiale semble dépendre de la vie professionnelle... Peut-être parce que le besoin du foyer-refuge, qui était vif, s'est estompé.

Quelles questions se posent-ils ?

Vous sentez-vous libre ?

	Tout à fait ou assez	Pas assez ou pas du tout	Sans opinion
Dans vos rapports avec vos parents	85 %	11 %	4 %
Votre façon d'occuper vos loisirs	80 %	18 %	2 %
Vos relations amoureuses	78 %	8 %	14 %
Vos achats	71 %	27 %	2 %
Le choix de votre profession	64 %	26 %	10 %
L'exercice de votre activité scolaire ou professionnelle	62 %	26 %	12 %
La politique	58 %	23 %	19 %

Ceux qui font des études :

► **Savoir si,** avec ma licence d'histoire, je ne serai pas chômeuse. (Etudiante.)

► **Les quatre ans** que j'aurai passé à la fac me serviront-ils à quelque chose le jour où je chercherai du travail ? (Etudiant sciences éco.)

► **Pourrai-je** poursuivre mes études dans des conditions acceptables, les terminer ? M'apporteront-ils un métier valable ? (Etudiante en psychologie.)

► **Que sera** mon rôle dans la société ? (Etudes commerciales.)

► **Mes études** ne me donnent aucune formation pratique. Quel est mon avenir ? (Etudiant en droit.)

► **Vivant** en Lorraine, je suis sensibilisée par le problème du chômage. J'ai vu mon village se vider, à la suite de la fermeture de l'usine locale, de vieux travailleurs transplantés, déracinés, quand encore ils avaient la chance de retrouver du travail. Ce problème m'inquiète. (Etudiante en histoire.)

Ceux qui ont une profession :

► **A quel poste** et à quelles responsabilités j'accéderai au sommet de ma carrière ? (Assistant agrégé à la faculté des Sciences.)

► **La stabilité** de mon emploi ainsi que la croissance constante de mes salaires. (Vendeur.)

► **L'évolution** du progrès ne va-t-elle pas amener une augmentation très sérieuse du chômage ? (Régleur sur machines.)

► **Pourrai-je** éviter le chômage et avoir une retraite décente au soir de ma vie ? (Employé de commerce.)

► **Serai-je** riche jeune ? (Ingénieur commercial.)

► **Pourrai-je** progresser dans mon métier et le conserver ? (Analyste programmeur.)

► **Dans** quelle société me faudrait-il vivre ? (Directeur d'école publique.)

► **Pourrai-je** assurer un bon niveau de vie à ma famille quand je serai marié ? (Tourneur.)

► **Quel** est l'avenir de ma profession ? (Chef d'organisation.)

► **Est-ce que,** tout en remboursant mes emprunts, je pourrai améliorer mon niveau de vie ? (Femme d'agriculteur.)

Le désir de savoir s'il y aura une guerre nucléaire intervient surtout chez les femmes et parmi ceux qui ont des enfants, en particulier « pour ne pas en avoir d'autres ».

C'est surtout parmi les fonctionnaires et les agents de l'Etat que l'on s'interroge en premier lieu sur le mariage et l'avenir familial. Là où l'avenir professionnel et le chômage éventuel suscitent moins d'inquiétudes.

Qu'aimeriez-vous savoir de votre avenir ?

		En 1957
Mon avenir professionnel	38 %	25 %
Mon avenir familial	15 %	23 %
Ce que l'avenir me réserve sur le plan du niveau de vie	10 %	8 %
Serai-je en bonne santé ?	2 %	7 %
La date de ma mort	2 %	6 %
Y aura-t-il une guerre ?	1 %	7 %
Ne veulent rien savoir	12 %	8 %
Réponses diverses	9 %	7 %
Sans réponse	11 %	9 %

Un trait nouveau, qui apparaît surtout chez les étudiants, mais pas seulement chez eux : le souci de savoir si l'on restera fidèle à soi-même, à l'idéal que l'on s'est fixé, si l'on saura ne pas « démissionner ».

► Est-ce que mon comportement d'adulte sera à la mesure de mes idées? Est-ce que j'agirai, ou non, comme ceux que je condamne? (Lycéen, 17 ans.)

► Ne vais-je pas durcir, me laisser complètement absorber et paralyser par mes soucis personnels? J'ai la volonté de garder mon idéal, mais... (Etudiante en géographie.)

► Est-ce que je répondrai vraiment généreusement, sans calcul, toute ma vie, à l'appel du Christ? (Séminariste.)

► Saurai-je vivre selon mes idées? (Chirurgien-dentiste.)

► Est-ce que mes idées seront opposées ou différentes de celles que j'ai aujourd'hui? (Employé de banque.)

► Je voudrais seulement être sûr de ne pas me laisser « bouffer » au fil des responsabilités, d'être toujours aussi exigeant vis-à-vis des autres et de moi. (Etudiant en médecine, 3ᵉ année.)

► Je voudrais être sûr de ne pas m'enliser dans le confort matériel. (Etudiante.)

C'est leur façon d'avoir peur de vieillir.

Celui qui écrit :

► Mon avenir, je le connais, le week-end, la paie en fin de mois, les vacances un mois par an, et on recommence jusqu'à la retraite. (Chef de service banque.)

semble isolé dans cette forme de tranquillité. ■

L'amour — ou l'idée qu'on s'en fait — n'a rien perdu de son importance, bien au contraire. Les filles sont plus nombreuses (67 %) que les garçons (45 %) à déclarer qu'il en a « beaucoup ». Certains révèlent sagement, ou drôlement, qu'ils sont trop jeunes, qu'ils manquent d'expérience :

► On ne peut parler de l'amour d'une femme à 16 ans. (Lycéen.)

Ou assurent :

► L'amour a beaucoup d'importance pour moi. Il passe avant l'argent, la manière de s'habiller et la free-form music, mais se trouve derrière l'instruction. (Lycéen, 16 ans.)

Mais c'est un lycéen de 16 ans qui dit :

► C'est peut-être la seule forme de bonheur que l'homme (pas toujours la femme) a toujours eue.

Qu'est-ce qui justifie l'importance accordée à l'amour? Et comment l'entend-on?

L'amour a-t-il de l'importance ?

		En 1957
Beaucoup........................	56 %	48 %
Assez	27 %	32 %
Peu	6 %	13 %
Pas du tout	5 %	5 %
Sans opinion	6 %	2 %

► C'est un sentiment qui appartient à l'être humain, un signe de vie. (Commis de cuisine, 19 ans.)

► C'est beau quand c'est sincère. C'est la chose la plus importante dans la vie. Ensuite, la situation. Mais si on a l'amour véritable, on doit facilement accepter une situation plus médiocre. (Ouvrière, 22 ans.)

► Je considère l'amour comme un art me permettant d'exprimer mon idéal de beauté et de bonheur. (Métreur vérificateur, 28 ans.)

► Je me battrais pour lui. Je vis de l'amour. L'amour est la bouée de sauvetage de l'homme, le salut est là. (Laborantin, 22 ans.)

► C'est même, finalement, la seule chose qui ait de l'importance. (Agronome, marié, 28 ans.)

On en parle aussi avec un peu moins de gravité.

► Voilà un sujet bien savoureux. C'est le but de l'existence, alors vous pensez s'il a de l'importance ! (Dessinatrice en publicité, 23 ans.)

► Faites l'amour plutôt que la guerre : j'en ferais bien ma devise, car l'amour est merveilleux, agréable, et n'a jamais tué personne. (Femme mariée, 29 ans.)

► Une importance énorme. Il me semble que le monde est régi officiellement par le sexe. (Analyste programmeur, 23 ans.)

► Capital. C'est la seule aventure qui nous reste. (Chef de dépôt, 28 ans.)

► Trop d'importance. J'essaie de la réduire. (Agent de voyage, 29 ans.)

Pour beaucoup, l'amour est refuge, remède contre l'angoisse, chaleur.

► C'est le seul vrai soutien moral et physique contre toutes les déceptions et tous les malheurs de la vie. (Ingénieur, 25 ans.)

► Une des rares échappatoires à la technique. (Officier d'aviation civile, 23 ans.)

► Seule vraie communion entre les êtres dont on ne peut se passer, la solitude étant ce qu'il y a de plus insupportable dans notre condition d'homme. (Femme, chef de clinique, 28 ans.)

► Je n'y attache pas d'importance d'ordinaire, mais parfois énormément, dans les moments où tout s'écroule. (Etudiant, 22 ans.)

► Je faisais l'amour comme ça, pour me passer le temps. Maintenant, ça me paraît quelque chose de ... important, non, mais très intéressant. De savoir que quelqu'un s'intéresse à vous, qu'on n'est pas rejeté sans être aimé, dans la société. (Ouvrier, 22 ans.)

► Je fais tout par amour. (Secrétaire de direction, 19 ans.)

Parmi les étudiants, l'unanimité ou presque se fait autour de l'importance de l'amour. On en parle, non comme d'un mode de dépassement de soi, d'évasion, de fuite, hors de la bassesse de la vie, vers la pureté du sentiment. Le cynisme ne se porte pas. On fait aussi beaucoup de littérature, et il semble que quelques filles se retrouvent, ayant perdu beaucoup d'illusions, sur ce que recouvre cette littérature. On déclare aussi des choses telles que :

► L'amour du prochain est une notion creuse et, par essence, réactionnaire. L'amour de la nature et du genre humain en général est à l'origine de la plupart de mes pensées et de mes actes... Quant à l'amour sentimental et physique, il occupe une place relativement moindre dans ma vie. (Etudiant, 22 ans.) ■

L'exigence de fidélité à sens unique est devenue inavouable, sinon inconcevable.

La fidélité vous paraît-elle essentielle ?

		En 1957
La fidélité est essentielle :		
Pour les deux également	86 %	82 %
Pour la femme seulement	2 %	9 %
Elle n'est pas essentielle	7 %	5 %
Sans opinion	5 %	4 %

De cette fidélité déclarée essentielle, beaucoup disent :

▶ Quand on aime, la fidélité n'est pas corvée. Elle est acquise d'office, on n'y pense pas. (Commerçant, 25 ans.)

▶ C'est plutôt un « non-besoin » d'autre chose qu'un refus vertueux d'autre chose. (Etudiante, 22 ans.)

▶ La fidélité ne fait pas l'amour. L'amour, je crois, fait la fidélité. (Etudiant, marié, 28 ans.)

Pour d'autres, elle est essentielle, bien sûr, mais. Mais :

▶ Il faut beaucoup de courage. (Secrétaire de direction, 19 ans.)

▶ Le pardon aussi est essentiel. (Infirmière, 23 ans.)

▶ Pour les deux, mais je ne suis pas sûre d'avoir raison. (Femme mariée, 27 ans.)

▶ Surtout pour la femme, mais elle est parfois dure quand on est séduisante et que le mari vous oublie un peu. (Femme mariée, 29 ans.)

▶ Essentielle, bien sûr, mais des aventures (sans conséquences) n'entament en rien l'amour conjugal. Elles peuvent être très bénéfiques dans certaines périodes difficiles à traverser. (Femme mariée, 25 ans.)

▶ Les filles encaissent davantage... Ce n'est pas pour ça qu'elles n'en souffrent pas. (Cultivatrice.)

▶ Si on est trompé, il faut surtout ne pas le savoir. Si on ne sait rien, on voit tout beau. C'est beaucoup plus agréable. Mais à partir du moment où on est mariés, pour moi, on doit être fidèle. (Ouvrière.)

▶ Je crois la fidélité essentielle. Mais beaucoup moins qu'il y a cinq ans. L'infidélité est très tentante. Seulement, à tout bien considérer, elle amène beaucoup plus d'ennuis que de joies. (Femme de commerçant.)

▶ Il s'agit de fidélité purement intellectuelle. Celle qui consiste à avoir confiance et à donner sa confiance totalement. La fidélité physique n'étant qu'une pure formalité. (Etudiante, 21 ans.)

Ce qui apparaît clairement de l'ensemble des réponses, c'est l'intention de fidélité et l'extrême besoin de confiance en l'autre. Quelles que soient les raisons qui sont à l'origine d'un sentiment d'insécurité généralisé, ce sentiment est profond. Insécurité de l'emploi, de la vie professionnelle, caractère dérisoire des projets à long terme, incertitude sur la forme que prendra l'avenir, même quand on l'envisage avec optimisme, arrachement à sa ville, à sa campagne. Si vifs que soient le goût et l'appétit de changement, quand ils se manifestent — et il se peut qu'ils soient plus théoriques que pratiques — les points fixes disparaissent un à un.

Même le progrès technique confirme dans l'idée qu'on vivra « autrement », que l'on sera, de son vivant, témoin ou acteur de transformations rapides et nombreuses. Dès lors, il semble bien que « l'Autre », l'amour de l'autre, la fidélité de l'autre, le couple que l'on forme devienne le seul et le dernier lieu d'enracinement, le seul élément sécurisant. Et qu'il faut entendre ainsi le prix que l'on attache à la fidélité.

Parmi les étudiants, la loyauté est exigée entre les partenaires, plus que la fidélité, car « la fidélité ne doit pas être une contrainte si l'amour est une libération ».

Il est intéressant de noter que, interrogés sur l'amour et sur la fidélité, ceux qui constituent l'ancienne Nouvelle Vague et qui ont aujourd'hui entre 30 et 40 ans, sont restés aussi convaincus que l'amour a beaucoup d'importance (55 %) et sont encore plus nombreux que leurs cadets à tenir la fidélité pour essentielle (92 %). ■

Est-ce une chance ou une malchance de vivre à l'époque actuelle ?

		En 1957
Plutôt une chance	77 %	53 %
Plutôt une malchance	13 %	18 %
Sans opinion	10 %	29 %

Dans la comparaison avec 1957, il faut, ici, rappeler que la première Nouvelle Vague répondait pendant la guerre d'Algérie. Interrogés aujourd'hui, les mêmes, qui ont 30-40 ans, trouvent maintenant, eux aussi, qu'ils ont « plutôt de la chance » de vivre à cette époque (67 %).

La satisfaction est plus vive chez les filles (80 %) que chez les garçons (74 %).

La situation des femmes s'améliore. Elles se sentent en dynamique. Le progrès technique est, dans l'ensemble, ressenti comme une source d'amélioration infinie, mais l'optimisme n'est pas béat. C'est le sentiment d'appartenir à une époque-charnière de remise en question générale, où la jeunesse a la conviction qu'elle jouera un rôle, qui est éprouvé, parfois avec exaltation.

▶ Le XXe siècle est la plus grande époque qui ait jamais été vécue. (Educateur spécialisé.)

▶ Tout bouge, tout s'effondre, une erreur d'itinéraire et c'est la catastrophe. Le risque est tel qu'il en devient exaltant. (Capitaine de chasseurs alpins.)

▶ Le monde est en pleine mutation. C'est ce qui rend la vie plus passionnante. (Ouvrier coiffeur.)

▶ Une époque prodigieusement excitante et intéressante. Où la jeunesse prend conscience de ce qu'elle est plus libre que ses aînés et que beaucoup de chances l'attendent si elle le désire. (Typographe.)

▶ Une époque sensationnelle, où tout est remis en question. Cette génération va devoir, si elle veut survivre dans un monde attrayant, trouver des valeurs nouvelles. (Etudiant.)

▶ Je trouve que j'ai une « sacrée chance ». Mon père est ouvrier. Il y a vingt ou trente ans, je n'aurais certainement pas pu entreprendre des études de très haut niveau. (Etudiant.)

▶ Je vis une époque splendide, mais pas dans le pays qu'il faudrait. Je ne me sens pas français. Plus américain qu'européen. (Chef de vente.)

▶ J'ai de la chance parce que la France n'est plus en guerre maintenant. Quand je pense à mes parents ! (Président adjoint de société.)

▶ Tout est possible, à cause de la liberté d'esprit que permet l'époque. (Agronome.)

▶ L'épopée est quotidienne. (Architecte stagiaire.)

▶ C'est le printemps de la connaissance. (Ingénieur.)

▶ Etre ainsi à cheval sur deux civilisations, l'une sombrant dans ses principes et accouchant de l'autre, qui s'annonce comme la meilleure ou la pire, c'est passionnant. (Publicitaire.)

▶ Les hommes ont un exutoire merveilleux qui s'ouvre : l'espace. (Professeur de construction mécanique.)

Quand la malchance est évoquée, c'est parce qu' « on ne prend pas le temps de vivre », « c'est une époque bien troublée », « la technique envahit tout », « la vie est dépoétisée », « on manque trop d'idéal ». Et puis :

▶ Nous perdons la sagesse des anciens. (Agriculteur.)

► J'ai de la malchance d'être dans un pays capitaliste. (Ouvrier de bâtiment.)

► J'aurais préféré vivre au XIXᵉ siècle et au début du XXᵉ, l'âge d'or de la bourgeoisie. (Ingénieur chimiste.)

► On ne réussit pas à avoir un métier même si on le mérite. (Surveillant d'internat.)

Mais l'ensemble de la jeunesse semble envisager l'époque avec un intérêt passionné, se sentir de plain-pied avec elle. Et quand elle veut en combattre certains aspects, ce n'est pas par rapport au passé. ■

L e renversement est, ici, spectaculaire. Par rapport à « la génération des parents », la Nouvelle Vague, dans son immense majorité, est en complète opposition avec ce que pensait la jeunesse de 1957.

Mais cette jeunesse-là a elle-même changé. Interrogée aujourd'hui, à 30-40 ans, elle se trouve dans de nombreux domaines, proche des sentiments de la jeunesse d'aujourd'hui et prête à croire que « tout va changer » ou doit changer.

Ce renversement traduit donc moins un « generation gap », un fossé, un antagonisme entre générations, qu'une évolution générale.

Les jeunes considèrent que leur génération est différente et le sera, parce que la guerre n'est même pas, pour elle, un souvenir, parce que le niveau de vie s'est élevé, parce que l'accélération du progrès scientifique a transformé les conditions de la vie. Ils ont fortement conscience de l'éclatement du cadre où ont grandi leurs parents.

► Beaucoup de différences s'expliquent par le fait que nous n'avons pas vécu de guerre, au temps de nos 20 ans. (Infirmière.)

► Nous sommes le fruit d'une guerre que nous n'avons pas connue. Notre génération sera très différente, et celle qui suivra, beaucoup plus encore. L'évolution semble suivre une progression géométrique. (Agriculteur.)

► Ce qui me frappe, c'est la rapidité de l'évolution et la participation de plus en plus grande de l'individu aux problèmes collectifs et mondiaux. La cellule familiale a éclaté. Je suis déjà d'une autre génération par rapport aux jeunes gens de 20 ans. (Ingénieur, 29 ans.)

► C'est une génération qui se foutra du nationalisme. (Marin pêcheur.)

► Il y a une prise de conscience jamais atteinte. (Tourneur.)

► Elle sera marquée et imprégnée de problèmes entièrement nouveaux, et débarrassée d'un bon nombre de faux problèmes. (Externe en médecine.)

► Elle sera plus triste, plus compliquée, plus dure aussi. (Technicienne.)

► Elle sera plus dynamique, moins encline à courber l'échine et à dire amen. (Employé aux P.t.t.)

► Elle ne se laissera pas berner comme la génération précédente, qui s'est reposée sur ses lauriers de 36, mais qui, ensuite, traumatisée par la guerre, n'a plus su réagir. (Cadre administratif.)

► La génération de mes parents n'a pas cessé de recevoir des coups de pied au cul... Notre chance, c'est de naître libres, libres d'idéologies, libres de maîtres à penser, libres de culture apprise, libres de complexes de droite et de complexes de gauche... Voyez notre premier geste : un grand éclat de rire, la fête grave et joyeuse, tragique et dérisoire, du désespoir et de l'espérance en mai dernier. (Etudiant.)

► Nous avons une jeunesse qu'ils n'ont pas eue et nous en avons aussi, c'est évident, les problèmes. (Assistante sociale, 22 ans.)

► Nous avons moins souffert, mais nous attendons plus de notre vie. Nous sommes moins égoïstes, mais plus exigeants. (Directeur d'un labo de recherche.)

► Nos parents sont les voyous des 40 (les défaitistes), les petits-bourgeois qui ont laissé mourir six millions de Juifs. Nous, nous sommes responsables. (Femme d'agriculteur.)

► Ils se sont émerveillés devant tous les produits de consommation qui leur ont été offerts subitement et se sont confinés dans le matériel. Ils ont mené une vie bourgeoise, égoïste. Notre génération a pris conscience de tout cela. (Etudiante.)

► Notre génération irait moins facilement à la guerre, si cela devait se produire. (Magasinier.)

► Nous ne sommes pas résignés, et nous ne voulons pas accepter, comme la génération précédente. (Elève maître.)

► Nous n'aurons pas à reconstruire des après-guerres, mais à construire tout court une société qu'aucune guerre n'a détruite, qui s'est détruite toute seule et qui est condamnée à périr, de mort violente ou après une longue agonie. Notre génération sera différente ou ne sera pas. (Etudiant en sociologie.)

► Je crois que nous serons plus inlelligents. Peut-être trop ! (Etudiant.)

En conclusion

I ci s'achève la première partie de l'enquête sur la Nouvelle Vague, celle qui situe la position de la jeunesse par rapport à sa vie personnelle et professionnelle.

Lire à travers les chiffres est toujours une entreprise délicate. Il n'y en a pas auxquels on ne puisse

Votre génération sera-t-elle différente de celle de vos parents ?

		En 1957
Très différente	92 %	16 %
Pas différente	5 %	76 %
Sans opinion	3 %	8 %

Quelques-uns remarquent :

► Nos parents, jeunes, ont aussi eu un idéal de paix, de progrès social. (Etudiant mathématiques.)

► La guerre d'Espagne ou la Résistance ont montré qu'eux aussi avaient « contesté » et d'une façon souvent plus risquée. (Professeur.)

Et ils en tirent souvent des conclusions mélancoliques, ou bien un sentiment d'angoisse.

► Il faut attendre. Si, quand nous aurons 40 ans, nous sommes comme nos parents, nous aurons été ignobles. (Etudiant en biologie.)

► J'ai lu le journal intime de mon père. Ses idées à vingt ans étaient plus révolutionnaires que les miennes. En mai-juin, il fut parmi les plus réactionnaires. (Etudiante.)

► Tout jeune naît socialiste, par opposition aux parents, et dès qu'il est patron, s'il est honnête, il se retrouve capitaliste. (Eleveur.)

► Peut-être que la plupart des jeunes, vindicatifs aujourd'hui, seront nous devenus des cloportes contents de leur H.l.m. et de leur voiture. (Elève professeur.)

On veut croire que la nouvelle génération sera différente de l'ancienne, mais :

► Dans toutes les catégories sociales et dans toutes les générations, il y a le même pourcentage d'imbéciles, de gens qui prennent leurs responsabilités, de gens qui démissionnent en tant qu'hommes, ne sachant pas, ne cherchant pas ce qu'est un Homme. (Etudiant.)

C'est parmi les plus âgés que l'on remarque :

► Le problème est de savoir si cette génération veut être différente et dans quel sens. (Agronome, 28 ans.)

Qu'elle le veuille : il semble bien. Et fortement. Dans quel sens : celui du progrès humain. ■

donner une interprétation positive ou négative, optimiste ou pessimiste.

Ainsi, ce grand appétit de vacances et de loisirs, faut-il en conclure qu'il traduit un manque d'ardeur au travail, un affaissement de l'esprit d'entreprise, une fuite vis-à-vis de la société industrielle ? Une manifestation d'insidieuse fatigue, en un mot, après vingt années pendant lesquelles les Français ont travaillé avec acharnement ?

Ou est-ce, au contraire, une saine réaction par quoi s'expriment le goût de la vie, l'attachement à d'autres valeurs que celles d'efficacité, de rendement, de réussite, le sens d'un certain équilibre à sauvegarder ? Ce n'est pas clair, sans doute, les deux s'y mêlent. Ce qui est clair, en revanche, c'est que l'on comprend fort bien la place que tient la vie professionnelle dans la vie tout court, et qu'elle paraît à un trop grand nombre oppressante. Peut-être parce qu'elle l'est objectivement.

L'inquiétude à l'égard de la façon dont cette vie professionnelle s'engagera et se déroulera est-elle l'une des causes de la crise de mai ou l'un de ses effets ? C'est, en tout cas, l'un des traits généraux les plus caractéristiques que présente la jeunesse.

Ce qui est clair, également, c'est qu'il s'agit d'une jeunesse qui n'est pas malheureuse, et même qui est heureuse, contente d'elle, confiante dans sa force, une jeunesse qui montre une plus grande capacité que la précédente à s'engager, qui réclame des responsabilités, et dont l'ardeur n'est tempérée par aucun scepticisme. Qu'on s'en réjouisse ou qu'on le déplore, les expériences du passé, qui pesaient si fort sur la génération précédente, sont ignorées, dépassées.

La vie privée est manifestement vécue avec peu d'entraves. Le poids des contraintes, dans ce domaine, est de plus en plus léger. Peu de privations matérielles, bien qu'on se plaigne toujours de manquer d'argent, le sentiment qu'il est normal de ne manquer de rien d'essentiel, voilà qui autorise aussi une certaine disponibilité pour se préoccuper des autres. Le tiers monde a fait son entrée dans la conscience des jeunes Français, sous une forme affective.

Révolutionnaires ? Il n'y paraît guère. Révoltés ? Le mot paraît trop fort. Il s'agit moins, semble-t-il, de secouer des chaînes que de refuser de les passer à son propre cou. La valeur suprême demeure la liberté, avec toute l'ambiguïté et les équivoques que recouvre ce mot.

F.G. ■

Pour faciliter votre lecture de la conclusion

Lire à travers : interpréter.

Ardeur (f) : enthousiasme (f).

Affaissement : diminution (f).

Entreprise (f) : initiative.

Avec acharnement : avec beaucoup d'énergie et de ténacité.

Rendement (m) : rapport entre le travail fourni et le produit de ce travail.

En revanche : par contre.

Tout court : en soi.

S'engager : commencer.

Se dérouler : se passer.

La crise de mai : les « événements » de mai 1968.

S'engager : faire un choix politique déterminé.

Entrave (f) : limite, contrainte.

Privation (f) : manque (m).

Le tiers monde : ensemble des pays en voie de développement.

Affectif,ive : émotif.

Passer : mettre.

Recouvrir : impliquer.

LA NOUVELLE VAGUE ET LA POLITIQUE

La première partie de l'enquête sur la « Nouvelle Vague » situait la jeunesse française par rapport à sa vie personnelle et professionnelle. La seconde, que nous publions aujourd'hui en une nouvelle série de 9 tableaux, la situe par rapport à la vie politique et nationale.

La Nouvelle Vague, rappelons-le, c'est *toute* la jeunesse du pays c'est-à-dire 10 695 000 Français, garçons et filles, âgés de 15 à 29 ans et appartenant à toutes les catégories socio-professionnelles.

Que pense cette jeunesse? Que veut-elle? Que refuse-t-elle?

C'est ce que révèle cette enquête à laquelle ont collaboré d'une part les 180 enquêteurs de l'Ifop, d'autre part une équipe constituée par L'Express et dirigée par Marie-France Chevrillon. Elle a été réalisée de la façon suivante : une série de questions a été posée, à travers tout le territoire, par les enquêteurs de l'Ifop, à un échantillon représentatif de toute la population française âgée de 15 à 29 ans. A partir de ces méthodes, désormais éprouvées, l'Ifop nous a fourni les chiffres et les pourcentages que nous publions ici.

D'autre part, cette même série de questions a été posée au cours d'interviews dites « non directives », elle a été publiée par L'Express et largement diffusée à travers la France, touchant à la fois nos lecteurs dans cette tranche d'âge (620 000) et ceux qui ne le sont pas. En nous répondant, ils ont développé le sens de leurs réponses et ont apporté toutes les nuances qui permettent d'éclairer les chiffres.

Enfin, et pour la première fois dans l'histoire des enquêtes de cette nature, L'Express peut apporter un élément d'information capital : la différence entre l'état d'esprit, les opinions, les sentiments de la Nouvelle Vague 1968-1969 et la Nouvelle Vague 1957, que nous avions interrogée dans les mêmes conditions. Il va de soi que la jeunesse n'est pas homogène. Que ses mino-

Tout le territoire : la France entière.
Échantillon : choix de personnes.
Humus (m) : sol; *ici*, milieu.
S'étioler : perdre sa vitalité; (*contr* se développer).

rités peuvent jouer, dans la vie du pays, un rôle aussi important que ses majorités et qu'il ne faut jamais l'oublier, quand on cherche à interpréter des chiffres. Mais ces chiffres n'en sont pas moins significatifs de l'humus dans lequel les minorités se développent ou, au contraire, s'étiolent.

Voici donc l'image de la jeunesse française, saisie objectivement dans sa totalité et dans sa réalité, aujourd'hui. ∎

L'Algérie a évidemment disparu du tableau. Le prestige national apparaissait déjà très faiblement en 1957. La stabilité gouvernementale ne fait plus problème que pour un très petit nombre. C'est la situation économique sous ses divers aspects qui prend la tête des problèmes d'ordre national.

Sur l'ensemble des problèmes évoqués, il faut savoir que les réactions de la Nouvelle Vague sont assez précisément les mêmes que celles de l'ensemble des 30-40 ans, également interrogés à ce sujet. C'est une remarque importante. Les Français commencent à découvrir l'économie.

Même le problème universitaire — qui est relativement peu évoqué — l'agitation de la jeunesse, vient loin derrière les problèmes économiques, qui sont abordés, de plusieurs façons. Le problème le plus important, c'est :

► Enrayer dans le plus bref délai la hausse des prix afin de ne pas diminuer le pouvoir d'achat des moins favorisés. (Technicien des Ponts et chaussées.)

► La résorption du chômage par le développement de l'économie. (Etudiante secrétariat de direction.)

► Réagir contre la menace inflationniste afin de faire repartir l'économie sur des bases saines. (Etudiant en droit.)

► Salaires, niveau de vie, chômage. (Ouvrier.)

Les ouvriers parlent le plus souvent en termes de salaires et de chômage éventuel.

Dans un certain nombre de réponses recueillies parmi les ouvriers, revient en leitmotiv : « Il y a trop d'étrangers... » La plupart disent la nécessité pour la France de se moderniser, de rénover ses structures, de renoncer à une politique de « fausse grandeur ». Ce thème

est souvent développé. On critique le nationalisme, le chauvinisme que l'on croit observer en France. Le problème le plus important?

► Oublier son passé, oublier qu'elle est la France et s'intégrer à l'Europe. (Etudiant en sciences éco.)

► Assurer le plus rapidement mais aussi le plus harmonieusement possible le passage d'un pays de paysans à un pays industriel. (Etudiant en droit.)

► Se mettre à l'heure mondiale en luttant contre le chauvinisme trop fréquent en France. (Professeur de physique.)

► Le passage de la France du XIXe siècle au XXe siècle accompagné d'un changement de régime. (Etudiant.)

► Se défaire du nationalisme. On en a marre des discours bleu horizon et des claquements de drapeau. Dans un domaine plus pratique, améliorer les communications. Dans la vitesse de communication et d'échange repose la suprématie des grandes civilisations (Phéniciens, Romains, Aztèques, Américains). (Professeur stagiaire.)

► L'espèce de sous-développement culturel et politique dont l'O.r.t.f. et la tendance du régime actuel sont la cause et le symptôme, l'irresponsabilité économique des travailleurs et de leurs syndicats lors des grèves, le militarisme et le nationalisme absurdes. (Etudiant.)

► Parvenir à une économie dynamique et compétitive. Les autres problèmes, sociaux, monétaires, sont subordonnés à celui-ci. (Institutrice.)

► L'industrie et le commerce manquent de punch, nos produits ne sont pas compétitifs, notre balance des échanges est déficitaire. Or exporter est capital. (Futur chef de groupe de magasins.)

► S'intégrer résolument dans un monde moderne. (Agent d'exploitation des P.t.t.)

► Trouver une voie vers l'avenir de l'Europe économique, politique, qui pourrait avoir un rôle important envers les pays développés et sous-développés. (Artisan tourneur.)

► Changer totalement la gestion de certaines entreprises. Cela étant étroitement lié avec une réorganisation politique profonde des syndicats ouvriers. (Héliograveur.)

► Abandonner notre mentalité nationaliste. Former de vrais gestionnaires. (Etudiant E.s.c.)

► Prendre une place parmi les pays européens et en vouloir prendre la première en s'essoufflant, en dilapidant à droite à gauche de l'argent, des hommes, des idées. (Aide familiale.)

► Dépasser nos limites territoriales, nos prétentions nationalistes, et s'ouvrir aux autres nations. Savoir que la France fait partie d'un ensemble et n'a pas de « génie propre ». (Industriel.)

Certains sont pessimistes à ce sujet :

► La France pourra-t-elle ou non sortir de la médiocrité globale où elle s'enfonce de jour en jour? (Etudiant en lettres modernes.)

► La France est un vieux pays usé qui voudrait faire le 100 mètres avec Bob Hayes. (Electricité industrielle.)

► La France est un pays vieux, dirigé par des vieux, pensant vieux, vivant vieux. Elle n'est absolument pas de taille à rivaliser avec des pays (Suède, Etats-Unis) qui ont compris que le passé n'était pas la pierre philosophale. (Professeur.)

► La France n'a plus de problème important : un avion qui a perdu ses deux ailes n'a plus de problème. Il tombe et son sort est connu. (Ingénieur en organisation.)

Dans toutes les catégories, mais dans une proportion que ce sondage ne permet pas d'indiquer, on assure que le problème le plus important pour la France est de « se débarrasser du général de Gaulle ».

On cite encore l'enseignement :

► L'adaptation de l'enseignement et de la formation professionnelle à la vie active ultérieure. (Comptable.)

► Les écoles, primaires, secondaires, supérieures. La réforme est un début mais pas complète. (Monteur câbleur électricien.)

► Le problème universitaire, parce qu'il n'est que le reflet de tous les autres. (Officier d'active.)

La décentralisation :

► Combattre le gigantisme de Paris et rendre sa force à la province. (Etudiant mathématiques pures.)

La régionalisation :

► Tout peut sortir de là, soit une nouvelle duperie bénie par le référendum, soit la plus merveilleuse vie donnée à la participation. (Agent des douanes.)

La constitution d'une nouvelle force politique :

► Trouver une gauche cohérente qui puisse édifier un socialisme valable. (Employé de banque.)

► Trouver une voie idéologique. Il règne une incertitude politique qui freine le système. (Employé de commerce.)

► Constituer de nouvelles forces politiques totalement rénovées, et échappant le plus possible à l'emprise du déterminisme que font peser les anciennes structures politiques : partis et mêmes idéologies, syndicats aussi. (Etudiant.)

► La formation d'une élite politique de gauche formée de jeunes socialistes et de jeunes communistes progressistes ayant renoncé à tout traditionalisme. L'efficacité et le réalisme doivent être leur mot d'ordre. (Manœuvre.)

Quel que soit le but que l'on assigne à l' « efficacité », c'est une notion qui a fait son entrée dans l'esprit des jeunes Français et qui paraît très généralement incompatible avec le nationalisme, la crispation sur le passé et sur une grandeur jugée défunte. ■

Quel est le problème le plus important pour la France à l'heure actuelle ?

		En 1957
La dévaluation de la monnaie	29 %	15 %
Les problèmes économiques et agricoles	17 %	4 %
Les salaires, le niveau de vie	12 %	11 %
Le chômage	11 %	—
Les jeunes, les étudiants	9 %	—
La stabilité gouvernementale	5 %	24 %
La paix dans le monde	5 %	8 %
Les problèmes sociaux	4 %	—
L'Europe	2 %	—
Le logement	1 %	4 %
L'Algérie...............................	—	28 %
Le prestige national	—	3 %
Réponses diverses	3 %	3 %
Sans opinion	11 %	5 %

Le total est supérieur à 100 % en raison des réponses multiples.

Les gens comme vous peuvent-ils avoir une influence sur les destinées de la France, ou, au contraire, avez-vous le sentiment d'être à la merci des événements ?

			En 1957	
Peuvent avoir une influence réelle	12 %	32 %	4 %	20 %
Peuvent avoir une influence relative.........	20 %		16 %	
Sont plutôt à la merci des événements.......	41 %	62 %	42 %	77 %
Sont entièrement à la merci des événements ..	21 %		35 %	
Sans opinion	6 %		3 %	
	100 %		100 %	

On retrouve ici, par la comparaison avec les résultats de 1957, un peu plus d'optimisme et de confiance quant au pouvoir de la génération montante sur les destinées du pays.

Cet optimisme n'est pas général, loin de là, et les filles restent plus pessimistes que les garçons.

Les agriculteurs sont les moins

nombreux à s'attribuer de l'influence (18 %). Les ouvriers sont sensiblement plus nombreux (32 %). Plus nombreux encore les employés et cadres moyens (38 %), puis les cadres supérieurs et professions libérales (40 %).

La catégorie étudiants n'a pu être isolée numériquement par l'Ifop. Leurs réponses semblent prouver, comme on pouvait s'y attendre, qu'ils se jugent influents.

► Il n'y a qu'à regarder les événements de mai. Ce sont les étudiants, puis les ouvriers qui ont fait prendre conscience au gouvernement des réformes qu'il devait accomplir. (Etudiant, 20 ans.)

► Je n'ai pas le sentiment d'être un être chétif face à un destin inéluctable. (Etudiant en droit, 19 ans.)

► Nous avions le sentiment d'être passifs avant mai. Après, j'ai pris personnellement conscience de ma capacité humaine. (Etudiant préparation H.e.c., 18 ans.)

► Mon influence est à mon échelle, minuscule, mais c'est la mienne. Influence sur quoi? Sur l'esprit des gens qui sont autour de moi : sur les chantiers, à l'école, au bureau, dans mon quartier, dans ma famille. (Etudiant en architecture, 20 ans.)

► Je suis une goutte d'eau qui peut faire déborder le vase. (Etudiant, 24 ans.)

Parmi les autres catégories, le sentiment de pouvoir agir s'exprime ainsi :

► Des jeunes de mon âge, il y en a des centaines de milliers. (Typographe.)

► Une chose comme la révolution de mai vous pousse à changer d'avis. On peut être un gramme de plus dans la balance. (Contractuelle aux Finances.)

► L'influence peut se trouver dans le milieu social, familial et chrétien, par exemple dans la vie de tous les jours. (Agent technique électronicien.)

► Dans mon travail, sur ma famille et mes amies... Sur ma femme... (Coiffeur.)

► Les gens comme moi, en l'occurence « les jeunes cadres », ont une influence indiscutable dans la mesure où c'est de leur réussite ou de leur échec que dépendra l'adaptation économique de la France. (Acheteur gestionnaire.)

► En se serrant les coudes avec d'autres nous pourrons beaucoup. (Agent technique d'élevage.)

Le sentiment d'impuissance est exprimé sous des formes diverses :

► J'ai le sentiment profond d'être à la merci de 70 % d'imbéciles. (Normale sup.)

► Je fais partie de la piétaille qu'on piétine. (Fonctionnaire P.t.t.)

► Une seule personne a de l'influence sur les destinées de la France : le général de Gaulle, et j'ai le sentiment d'être à la merci des événements, hélas ! (Enseignante.)

► A la merci, car la participation n'est qu'une vaste fumisterie. (Régleur sur machines.)

► A la merci, faute de syndicats cohérents et agissants en agriculture. (Epouse d'agriculteur.)

► A part vous, qui voulez-vous qui prenne au sérieux les revendications d'une petite institutrice isolée? (Institutrice remplaçante.)

► Vu ma situation et mon instruction, je me sens à la merci des événements. (Entrepreneur en électricité.)

► Comment voulez-vous que j'aie une influence? (Commerçant.)

C'est précisément la question complémentaire qui a été posée à ceux qui estiment avoir une influence. Ils répondent ainsi :

En votant	7 %
En s'engageant politiquement	5 %
En se groupant	3 %
Grâce aux jeunes	3 %
En se syndiquant	2 %
En manifestant en se revendiquant comme en mai 1968	2 %
En éduquant les enfants	1 %
Par le travail	1 %
Réponses diverses	2 %
Ne disent pas comment	6 %
	32 %

Le vote arrive en tête, mais son efficacité est niée par les étudiants :

► C'est nul. De la farce. (Prép. H.e.c.).

► Pour l'instant, le seul moyen d'influence, c'est le refus radical du monde bourgeois, la critique permanente mais pas gratuite. (Etudiant en sociologie.)

Mais dans l'ensemble et contradictoirement, les moins de 21 ans réclament âprement le droit de vote.

L'action syndicale est évoquée dans ces termes :

► C'est par mon action au sein de mon syndicat (le Centre des jeunes agriculteurs) que je veux influer sur les destinées du pays, à travers des améliorations des structures de notre profession. (Propriétaire fermier.)

► Je peux influer de façon très modeste mais certaine par mon action syndicale, mes idées. (Tourneur.)

► Je peux avoir de l'influence car je milite à la C.f.d.t. et à l'U.d.s.m. En défendant mes idées et en les faisant connaître. (Employé de banque.)

Le recours à la violence est parfois évoqué par les étudiants, mais par eux seulement :

► Il n'y a que la violence qui soit efficace. Le seul moyen, c'est la révolution, l'anarchie. Napoléon, Lénine, Mao Tsé-toung, tous ces gens sont arrivés à ce qu'ils voulaient par des coups d'Etat. (Etudiante, 18 ans, Poitiers.)

► C'est malheureux à dire, mais la violence est le seul moyen de se faire entendre. (Etudiante en lettres, Paris.)

Mais elle est parfois entendue autrement :

◄ Je peux avoir de l'influence en m'opposant au fascisme qui se fait jour actuellement dans nos universités, en essayant de faire respecter certains idéaux bêtes comme la liberté de presse et d'expression, comme les libertés sociales, individuelles et humaines. Comment ? En joignant un mouvement de masse correspondant à mes vues, en répondant, s'il le faut, à la violence par la violence. (Etudiant en médecine-psychologie, 20 ans, Levallois.)

► Pas de barricades : non, vous en seriez trop contents, vous les capitalistes. Quelle influence? Sur les masses. (Technicien célibataire.)

Mai-juin ont apporté à beaucoup le sentiment que seules l'agitation, la révolte, les manifestations permettent de se faire entendre des pouvoirs. Mais, en même temps, on les apprécie médiocrement.

L'impression la plus nette qui se dégage de cette consultation : on ne peut rien faire tout seul, on peut faire en rejoignant la masse ou en l'influençant. Mais ces moyens d'influence restent flous.

Les jeunes Français (comme leurs aînés de 30-40 ans également consultés), tout en étant un peu plus nombreux qu'en 1957 à croire qu'ils peuvent avoir prise sur le destin du pays, ne trouvent pas cette prise. ■

La Nouvelle Vague, est comme la précédente, violemment critique, mais avec des variations intéressantes.

La liberté a perdu des points. C'est essentiellement l'O.r.t.f. (« l'abrutissement par l'O.r.t.f. », « l'infâme soupe télécommandée de l'O.r.t.f. ») qui semble en porter la responsabilité.

Mais l'ensemble tient au contraire la liberté pour ce qu'il y a de plus positif en France, ce qui recoupe le résultat des précédentes questions.

Les P.t.t., orgueil de la France, sont en chute libre. La S.n.c.f. également, sans que l'on sache, ici, s'il s'agit des services rendus aux usagers ou de l'entité S.n.c.f.

Les débouchés pour les jeunes : ça n'allait pas bien. Ça va mal. La prospérité : elle n'est pas satisfaisante. Néanmoins, elle allait « mal » pour une immense majorité en 1957 (87 %). Elle va sensiblement mieux (49 %).

Même remarque pour le logement : ça ne va pas bien, mais c'était pire. Il faut ici le rappeler : si l'on juge que le logement va encore « mal », on s'en est déclaré sensiblement moins privé.

Le régime, qui allait plus que mal en décembre 1957 de l'avis général (et qui ne fut pas défendu en mai 1958), reçoit sensiblement plus de critiques que d'approbations, mais dans la limite de 54 % par rapport à 90 % en 1957. La Nouvelle Vague se montre sur ce point plus hostile que les 30-40 ans, qui trouvent que le régime « va mal » dans une proportion de 49 %. Enfin, si la politique va mal pour la majorité, ce n'est plus, comme en 1957, une opinion quasi unanime.

Dans les commentaires apportés aux réponses, on cite, parmi ce qui va bien :

► L'existence d'une jeunesse consciente, qu'elle soit C.d.r. ou non. (Etudiant préparation H.e.c.)

► Le réveil des jeunes, bien que cela représente beaucoup de risque. (Secrétaire de direction.)

► La jeunesse qui ouvre les yeux sur ce qui se passe. (Typographe.)

► La jeunesse et le potentiel formidable d'idées nouvelles et révolutionnaires qui l'accompagne. C'est le seul atout pour l'avenir. (Ingénieur.)

Qu'est-ce qui va bien, qu'est-ce qui va mal en France ?

Ce qui va bien	Bien	Bien en 1957	Mal
La liberté	71 %	77 %	25 %
Les P.t.t.	61 %	85 %	28 %
Le prestige national	61 %	—	26 %
La S.n.c.f.	49 %	64 %	32 %

Ce qui va mal	Mal	Mal en 1957	Bien
Débouché pour les jeunes	85 %	64 %	10 %
Le système économique	72 %	—	15 %
Le logement	69 %	86 %	26 %
Le régime	54 %	90 %	33 %
La prospérité du pays	49 %	87 %	39 %
La politique	58 %	96 %	21 %

A toutes les questions, un certain nombre de personnes interrogées répondent qu'elles n'ont pas d'opinion. Leur pourcentage passe de 5 % à propos du logement et des débouchés pour les jeunes, à 21 % pour la politique. Les questions sur le prestige national et sur le système économique n'avaient pas été posées sous cette forme en 1957.

La même jeunesse, c'est aussi pour certains ce qui va mal :

► Tous ces contestataires (dans l'enseignement) qui refusent de travailler malgré les améliorations qui leur sont accordées. (Agriculteur.)

► Ce qui va mal, ce sont surtout les coups de pied qui se perdent et surtout ceux qui se sont perdus durant « les événements ». (Négociant.)

Mais ce son de cloche est sensiblement plus rare, même si l'espoir placé dans la jeunesse s'accompagne souvent d'exaspération devant « les perturbateurs ».

Et l'ensemble des réponses confirme une sensibilité très vive au retard de la France en matière d'équipement, au nationalisme « périmé », au refus de coopération dans le cadre de l'Europe.

Car on y revient souvent :

► La France est un immense asile de vieillards qui remâchent leurs souvenirs. (Etudiant, 21 ans.)

► Le conservatisme est à tous les niveaux. (Ingénieur en informatique, 24 ans.)

Pour certains, tout va mal :

► C'est un pays en chute libre. (Etudiante, Clermont-Ferrand.)

► Un moment, il y a eu la politique extérieure, il n'y a même plus cela. (Mère de famille.)

► Le franc est malade, les relations extérieures souffrent, les Français sont des veaux. (Tailleur chemisier.)

► L'énumération de ce qui va mal serait trop longue. (Ouvrier d'Etat.)

► Une politique étrangère de gauche, une politique intérieure de droite, alors que l'inverse serait plus conforme à nos intérêts. (Militaire.)

Quelques-uns mentionnent « la décomposition de la gauche », « l'inexistence et l'incapacité de l'opposition », « l'abrutissement des Français, du peuple » que l'on attribue « au tiercé, à Mireille Mathieu, à l'O.r.t.f. », et « l'autosatisfaction » des Français. ■

Un bon tiers des jeunes Français croient à cette transformation, ou l'espèrent. L'évolution des chiffres depuis 1957 n'est pas très instructive. Ceux qui l'espèrent l'imaginent à long terme, parce que les Français sont « trop individualistes », « trop petits-bourgeois ».

Les moins convaincus sont les employés et cadres moyens. 45 % n'y croient pas, contre 34 % parmi les cadres supérieurs et professions libérales.

Les ouvriers sont divisés en trois groupes presque égaux : ceux qui croient à l'avènement d'une société socialiste (35 %), ceux qui n'y croient pas (31 %), ceux qui ne savent pas (34 %).

Parmi les agriculteurs, la proportion d'indécis est trop forte (41 %) pour que les opinions des autres soient indicatives. Néanmoins, 37 % y croient.

Ceux qui n'y croient pas disent : « Non parce que... »

▶ Tout le monde y perdrait. La France évoluera plutôt vers une politique de négociations très élargies entre tous les partenaires en présence. (Ingénieur.)

▶ Ce serait contraire à la psychologie des Français. (Educateur spécialisé.)

▶ Le prolétariat français est bien trop conard, endormi, abruti par les curés. (Employé de commerce.)

▶ Incroyable en France. (Sténodactylo.)

▶ Les dirigeants du pays sont bien ancrés dans leurs places. Et comme nous sommes dirigés par la haute finance... (Technicienne médicale.)

▶ Le Français a une sainte horreur de la communauté. (Agent d'exploitation des P.t.t.)

▶ L'électeur moyen a peur de l'aventure. (Instituteur.)

▶ Ce sera un socialisme... pas très socialiste. On ne peut faire du socialisme dans un pays où on est toujours mécontent pour une raison ou pour une autre. (Préparation Ena.)

▶ Je ne crois pas au Père Noël. Socialisme veut dire fraternité et même charité au moins dans son idéal. La nature de l'excellent petit français est peut-être plus proche de celle du conquérant sans scrupules (pour l'augmentation mensuelle) que celle du « camarade socialiste ». (Directeur d'un laboratoire de recherches.)

Ceux qui le craignent :

▶ Tant que le socialisme aura le visage désuet de la F.g.d.s. replâtrée, celui rigide du P.c. totalitaire ou celui du penseur confus P.s.u., je ne le souhaite pas. (Etudiante 3e cycle mathématiques.)

▶ Je lutterai jusqu'au bout pour que la France reste un pays libre. (Profession libérale.)

Croyez-vous que la société française se transformera dans l'avenir en société de forme socialiste ?

		En 1957
Le croient	34 %	27 %
Ne le croient pas	36 %	28 %
Sans opinion	30 %	45 %
	100 %	100 %
Si vous le croyez, de quelle société socialiste la France se rapprochera-t-elle ?		
Suède		9 %
U.R.S.S.		4 %
Cuba		1 %
Chine		—
Aucune société socialiste existante		15 %
Ne savent pas		5 %
		34 %

Quelle forme aura ce socialisme dans l'esprit de ceux qui croient à son avènement ? La Nouvelle Vague semble bien persuadée que la France en inventera un ou se rapprochera de la Suède. Quelques ouvriers citent « le socialisme de l'U.R.S.S. », mais celui-ci ne semble ni souhaitable, ni nécessaire, ni même acceptable. Ce n'est pas un modèle dont on souhaite s'inspirer.

La Chine ? Pas question.

▶ Je n'échangerai pas un fascisme de droite pour un fascisme de gauche, un de Gaulle pour un Mao. (Etudiant.)

Cuba ? A peine question. Le socialisme à la suédoise a plus d'amateurs, parce que :

▶ Seul le socialisme suédois est en mesure de répondre à peu près à l'idéal de justice sociale tout en épousant les structures d'une société hautement industrialisée, en lui gardant son dynamisme. (Etudiant en droit.)

▶ Le seul possible. Les autres, ce ne serait pas une forme de progrès. (Héliograveur.)

▶ Le socialisme, je le souhaite de tout cœur. Il ne peut que se rapprocher du socialisme suédois. (Manœuvre.)

▶ ...Mais avant de trouver notre « Erlander » français, il coulera de l'eau sous les ponts. (Employé S.n.c.f.)

▶ ...Mais avec quelques variantes dues aux caractéristiques du caractère français. (Agriculteur.)

▶ ...Mais je préférerais un système plus marxiste. (Psychologue.)

▶ ...Avec des différences minimes dues au tempérament des Français. (Commerçant.)

▶ ...Mais adapté à la France. (Ouvrier coiffeur.)

▶ ...Mais plus joyeux, plus libre. (Ingénieur.)

▶ Il faudrait transplanter le côté de fête caractéristique de la révolution cubaine qui fait justement défaut au socialisme suédois, par ailleurs si acceptable par la majorité des Français. (Ingénieur chimiste.)

▶ Je me battrai pour un socialisme proprement français pour lutter contre toutes les formes d'asservissement. Si les Français refusent, j'espère qu'ils auront assez d'esprit pour éviter les modèles orientaux et pour introduire, à défaut de mieux, la fête cubaine dans l'ennui suédois. (Etudiant.)

Une fois encore, le sentiment très vif de la spécificité française, d'un tempérament français jaloux de sa « liberté » apparaît.

Dès qu'il est question de liberté, les Français retombent d'accord pour protéger « les libertés », pour être très peu nombreux à penser que les sociétés socialistes existantes, Suède mise à part, créent les conditions de la liberté. ■

L a morale du sacrifice aurait-elle retrouvé un peu de lustre, depuis 1957 ?

La Nouvelle Vague semble plus déterminée que la précédente à risquer sa vie, et les filles un peu plus que les garçons.

Il est vrai qu'elle en a moins l'occasion (1957, c'était la guerre d'Algérie), et qu'il s'agit donc d'une idée plus abstraite. Personne ne risque effectivement sa vie, aujourd'hui, en France.

Au fur et à mesure que l'on avance vers 29 ans, on est plus prêt au sacrifice. De 15 à 19 ans : 52 %. De 25 à 29 ans : 68 %.

Qu'est-ce qui mérite un tel risque ?

La famille .... 52 %
Défendre son pays .... 20 %
Changer la société ...... 10 %
Accomplir un exploit ..... 5 %
Défendre la société actuelle 4 %
Autre chose .... 6 %

Mais risquer sa vie pour sa femme, pour son mari, pour ses enfants, pour ceux que l'on aime, c'est le sacrifice « égoïste » en quelque sorte. Le pays, lui, ne trouve pas beaucoup de héros en puissance. Mais il n'est pas menacé.

Pour changer la société, 10 % se disent prêts à risquer leur vie. C'est beaucoup, en face des 4 % prêts, eux, à se sacrifier pour la défendre.

Mais beaucoup remarquent qu'ils ne pourront répondre qu'en face d'une situation concrète. Il y a un refus net devant l'héroïsme dit « inutile ».

Si certains se disent prêts à risquer leur vie « pour une idée », « pour un idéal politique », « pour l'écrasement du communisme abusif » ou au contraire « pour la venue du communisme », « pour le socialisme », c'est précisément « pour une idée » qu'il semble dérisoire, au plus grand nombre, de se faire tuer.

► La plupart des « nobles causes » pour lesquelles les hommes ont donné leur vie n'en étaient pas. (Chef de clinique.)

► Certainement pas pour prouver que tel ou tel régime est meilleur qu'un autre. (Cadre administratif.)

► Mourir pour une idéologie? Allons donc. Fini. (Agriculteur.)

► L'homme n'est jamais plus cruel que lorsqu'il se bat pour des idées. C'est en leur nom que les pires massacres ont eu lieu. Et je n'ai de respect que pour la vie. (Agronome.)

Y a-t-il une chose pour laquelle vous risqueriez votre vie ?

		En 1957
Oui	58 %	41 %
Non	32 %	42 %
Ne savent pas	10 %	17 %
	100 %	100 %

Ce n'est pas telle ou telle forme de société, de régime, que l'on se voit prêt à défendre au risque de sa vie, mais on y revient, la « liberté ». Celle que l'on a et non celle que les idéologies promettent :

► Au risque de vous paraître idiot, je crois que je serais prêt à mourir pour la liberté, que ce soit ma liberté personnelle, religieuse ou politique, au sein de mon pays. (Lycéen, 17 ans.)

► Une atteinte à la liberté des individus (dictature, fascisme) ou à la liberté du pays est le cas précis où je risquerais ma vie. (Ingénieur.)

► Pour défendre ma liberté et celle de mes concitoyens. (Médecin.)

► Pour mon pays, depuis que j'ai assisté à la prise de Prague par les Russes. (Documentaliste.)

► Pour défendre la liberté de mon pays et de mes concitoyens, que je trouve bêtes mais bonnes gens. (Négociant.)

► Si un régime de quelque origine s'installe dans ce pays en employant la force et la délation pour subsister. (Ingénieur agricole.)

Dans les réponses à cette question, la Nouvelle Vague réagit de manière analogue à la classe des 30-40 ans et révèle une fois de plus comment, aujourd'hui, en ce moment, le « mal » est conçu : c'est l'atteinte à la liberté humaine et individuelle.

Cet individualisme s'exprime également dans la façon dont est conçu l' « idéal », que l'on se représente le plus souvent comme un accomplissement, une vie harmonieuse, équilibrée, ou un dépassement de soi, pour être content de soi.

Les étudiants sont nombreux à contester qu'un « idéal » soit nécessaire pour vivre, et préfèrent parler de « but à atteindre ». ■

Etes-vous d'accord ou pas avec l'opinion suivante : la compétition stimule les qualités humaines et elle est un facteur de progrès humain ?

Oui	68 %
Non	13 %
Sans opinion	19 %
	100 %

C ette question n'avait pas été posée en 1957. L'ancienne Nouvelle Vague interrogée aujourd'hui (les 30-40 ans) est plus nombreuse (73 %) à tenir la compétition pour un facteur de progrès.

C'est, nettement, parmi les étudiants et les femmes de toutes catégories que l'on repousse le plus rigoureusement l'idée de compétition pour lui préférer celle de coopération ou de solidarité.

Parmi les autres catégories, les agriculteurs sont les moins favorables à la compétition (52 %).

Cadres supérieurs, employés et cadres moyens le sont largement (77 et 78 %).

Les ouvriers (64 %).

L'adhésion est parfois sans réserve :

► J'y souscris pleinement. Pas de compétition, pas de société. (Lycéen, 15 ans 1/2.)

► J'y souscris tellement que je le crie à chaque fois que je le peux. (Concepteur de publicité.)

► Absolument. Sans compétition, l'homme devient amorphe. La compétition est inscrite dans sa nature et dans l'univers vivant en général. L'homme peut l'accepter ou la refuser et manifestera ainsi sa solidarité avec l'évolution ou le refus de celle-ci, donc de lui-même. Il est le premier être vivant à avoir cette liberté. (Ingénieur de recherches en géologie.)

► Absolument, mais l'opinion française ne souscrit pas assez à cette théorie. (Conducteur d'appareil.)

► Oh oui ! Le manque de compétition est le défaut du système socialiste et des administrations. (Analyste programmeur.)

► La compétition est indispensable. Sinon, on s'enlise dans sa petite satisfaction personnelle. Qu'il s'agisse d'un individu, d'une société ou d'un pays, cela me paraît également valable. (Secrétaire bilingue.)

► Je souscris à cette opinion, mais ceux qui détiennent les pouvoirs compétitifs ont tous plus de 29 ans. (Employé S.n.c.f.)

► C'est aussi vrai que l'histoire de la carotte et de l'âne. La carotte ne doit pas être placée trop loin de la tête de l'âne. (Directeur de laboratoire de recherches.)

Mais un grand nombre tiennent à nuancer leur adhésion de réserves :

► Oui, mais elle ne doit pas prendre le caractère âpre et cruel qu'elle revêt actuellement. (Etudiant en droit.)

► Oui, à condition de ne pas en arriver à l'excès absurde dans le plus pur style Ena. (Etudiant préparation H.e.c.)

► Oui, si la compétition n'est pas à base d'argent. (Lycéenne.)

► Oui, c'est dommage. (Gérante de cantine — ouvrier coiffeur — ouvrier — secrétaire.)

► Oui, à condition de ne pas avoir un but lucratif. (Inspecteur des impôts.)

► Oui, si ce genre de phrase ne sert pas d'alibi à des théories darwiniennes. Compétition n'est pas écrasement de l'adversaire mais sa reconnaissance comme capable de lutter. (Psychologue.)

► Sans aucun doute, à condition qu'au départ elle offre à chacun les mêmes chances de réussir. (Sous-bibliothécaire.)

► Oui, mais ceux qui détiennent les pouvoirs compétitifs ont tous plus de 29 ans. En France, les industriels manquent de « punch », de cette capacité à se renouveler que possèdent les Américains. (Employé S.n.c.f.)

► Cette formule a depuis longtemps prouvé son authenticité, mais la morale, bien sûr, y perd quelque peu ses droits. (Ingénieur agronome.)

► Oui, à condition de ne pas nuire à autrui. (Diéséliste.)

► Oui, mais il ne faut pas en faire un système à créer des résidus de la sélection. (Mécanicien d'engin de chantier.)

► La compétition stimule certaines qualités humaines, elle en anéantit bien d'autres. (Laborantin parfumeur.)

On souligne largement que l'on tient la compétition pour un facteur de progrès économique mais non de progrès humain. Rares sont ceux qui remarquent :

► Facteur indispensable de progrès économique. Et aucun progrès humain n'est imaginable sans progrès économique. Je suis parfois effrayé de l'ignorance où sont les Français de cette vérité majeure. (Professeur.)

Parmi ceux qui se déclarent hostiles à la compétition, les arguments sont les suivants :

► La compétition stimule en effet les qualités bourgeoises et est donc un facteur d'avancement du capitalisme, donc un facteur de pourrissement de la société. (Etudiant chercheur.)

► La compétition stimule l'égoïsme et l'individualisme. (Professeur.)

► C'est un alibi social à la volonté de puissance. (Psychologie.)

► C'est une source essentielle de nos malheurs, même si elle explique historiquement le progrès technique. (Enquêtrice.)

► Facteur de progrès inhumain, parasite, négatif. (Publicitaire.)

► Elle transforme l'homme en loup pour son voisin. (Professeur.)

► Pour les imbéciles, peut-être. Une fois, j'ai failli me faire écraser par un compétiteur qui compétait trop bien. Je n'ai pas une vocation d'écraseur. (Agronome.)

► Dans la société capitaliste, c'est un fléau social. En régime socialiste c'est une joie de vivre, car les conséquences, les bienfaits ne s'en font pas attendre. (Technicien électronique.)

► Elle stimule l'orgueil, la vanité, l'égoïsme, la fermeture aux autres. Elle tend à éliminer les faibles, les improductifs. (Instituteur.)

► Une constante rivalité rend égoïste et insatiable alors que la solidarité, le travail en commun, apportent et enrichissent beaucoup plus. (Secrétaire auxiliaire de l'Education nationale.)

► Quand on est pion dans une usine à robots, la compétition, vous savez... Et le progrès humain... Quel progrès humain ? (Fonctionnaire P.t.t.)

Dans l'ensemble, il faut, semble-t-il, nuancer le chiffre important d'adhésions au principe de la compétition stimulante. On pourrait dire que la Nouvelle Vague se résigne à sa nécessité plus qu'elle ne se sent avide de la soutenir. ■

Qui peut contribuer le plus au progrès de l'humanité ?

Les hommes de science	72 %
Les enseignants et éducateurs	56 %
Les citoyens de tous les pays	41 %
Les hommes politiques	40 %
Les économistes	26 %
Les prêtres des différentes religions	16 %
Les artistes	14 %
Les militaires	6 %

Total supérieur à 100 % en raison des réponses multiples.

La faveur générale va aux hommes de science.

Ce que l'on attend essentiellement de la science, c'est à la fois l'amélioration des conditions de la vie et le prolongement de sa durée. Cela éclaire la façon dont, pour finir, on conçoit le progrès.

► Ce ne sont pas les hommes politiques qui changent notre vie, mais ceux qui inventent le téléphone ou l'avion, et peut-être ceux qui greffent des cœurs. (Institutrice.)

Enseignants et éducateurs peuvent, pense-t-on, contribuer au progrès. Les 30-40 ans y croient plus (66 %) que la Nouvelle Vague, mais celle-ci continue dans une large proportion à le penser.

Il est assez remarquable que les hommes politiques ne soient cités que par 40 % des jeunes (les 30-40 ans comptent encore moins sur eux : 36 %).

Les autres ne semblent donc pas établir de lien entre la science;

l'éducation et l'enseignement — et le fait que les hommes politiques disposent du pouvoir. Ceux qui en ont conscience observent au contraire que, quelle que soit l'importance de tous les autres éléments, « tout dépend de la politique », et qu'il y a, en tout cas, interdépendance :

► Ce sont les hommes de science qui ont contribué au succès d'Apollo 8. Mais c'est Kennedy qui en a donné le goût aux Américains. Ce sont les enseignants qui ont formé ces hommes. (Employé de banque.)

► Les hommes de science sont tributaires des hommes politiques, eux-mêmes régissent les militaires, les économistes, les enseignants, et, en fait, tous les citoyens. (Commerçant.)

Les citoyens passent pour avoir autant de poids que les hommes politiques, en particulier parmi les étudiants. Mais quelques personnes remarquent :

► La plupart des citoyens ne peuvent contribuer au progrès puisque — et je ne parle que des pays développés — eux-mêmes ne sont pas capables d'assimiler les connaissances actuelles. (Institutrice.)

A propos des citoyens, quelques-uns insistent sur la contribution qu'une bonne information apporterait au progrès. Ce sont souvent les mêmes qui placent en bonne position les économistes. Les militaires ne sont pas seulement mal cotés, ils provoquent une hostilité véhémente :

► Les militaires, jamais, au grand jamais. (Publicitaire.)

► La plaie de l'humanité. (Ingénieur.)

► Tous peuvent contribuer aux progrès, sauf les militaires, mais ils existent ! (Chef d'équipe en bâtiment.)

► Tous peuvent contribuer au progrès, de justice.)

Et les quelques militaires de carrière qui répondent sont apparemment sensibles à cette hostilité, tout en assurant qu'ils ne la méritent pas.

Les prêtres ont une cote un peu meilleure. Meilleure chez les filles que chez les garçons. Mais on les met souvent dans le même sac que les militaires.

► Les militaires et les prêtres sont la cause de tous les maux de l'humanité. (Ingénieur.)

► L'Eglise n'a plus aucun sens. (Cadre administratif.)

► Le principal facteur de régression de l'humanité. (Professeur.)

Il y a cependant plus d'indifférence à l'égard des prêtres de toutes religions que d'hostilité. Et certains remarquent :

► Il y a bien les prêtres révolutionnaires, mais ce ne sont déjà plus des prêtres. (Institutrice.)

► Les prêtres, oui, s'ils étaient ceux d'Amérique latine. (Assistant en parasitologie.)

En recoupant l'ensemble de ces résultats avec ceux de la question : « Vous sentez-vous à la merci des événements ? », il apparaît, comme on pouvait s'y attendre, que plus on se croit en mesure de maîtriser ou d'influencer les événements, plus on pense que toutes les catégories participent au progrès de l'humanité. ■

La crise de mai-juin, est-ce plutôt une raison d'espérer ou d'être inquiet ?

Une raison d'espérer	41 %
Une raison d'être inquiet	47 %
Sans opinion	12 %
	100 %

Espoir ou inquiétude pour l'évolution de la société française : la Nouvelle Vague semble franchement partagée à ce sujet. Parmi les 30-40 ans, l'inquiétude (51 %) l'emporte nettement sur l'espoir (34 %); parmi les 15-29 ans, ce sont les filles qui augmentent le nombre des inquiets. Les garçons sont à jeu.

Par catégories socioprofesionnelles :
— les agriculteurs sont les plus nombreux à ne savoir que penser (26 %);
— les cadres supérieurs, professions libérales et les ouvriers ont des réactions presque identiques. L'inquiétude l'emporte nettement sur l'espoir.

Des raisons d'espérer :

Agriculteurs	26	%
Cadres sup., prof. libérales.	40	%
Ouvriers	40	%
Employés, cadres moyens .	44	%

Des raisons d'être inquiet :

Agriculteurs	48	%
Cadres sup., prof. libérales.	54	%
Ouvriers	52	%
Employés, cadres moyens .	48	%

C'est parmi les employés et les cadres moyens, catégorie sociale qui ressent le plus vivement les contraintes dans le travail, que l'espoir balance le mieux l'inquiétude.

L'espoir, quand il est exprimé, se fonde sur l'idée que cette crise a marqué à la fois le réveil de la jeunesse et de la France, une preuve de vitalité.

► On sent qu'une autre génération monte, avec un large désir de nouveau. (Technicien de laboratoire.)

► Un signe de santé sociale, mais je réprouve la violence qui s'est exercée de part et d'autre. (Professeur de géographie.)

► Mai a introduit une espèce de chantage à la peur qui a permis une évolution qui aurait dû se produire il y a longtemps. (Ingénieur.)

► Elle a prouvé que les Français sont moins amorphes qu'on voulait bien nous le faire croire, les veaux sont devenus « vaches ». (Dessinateur.)

► Une espérance, que les dirigeants actuels dénaturent, défigurent odieusement. (Chef de dépôt.)

► Le premier pas vers la grande révolution culturelle qui bouleversera la France avant la fin du siècle. (Ingénieur.)

► La France avait besoin d'être ébranlée, elle s'endormait. L'occasion de réfléchir, une prise de conscience inespérée... (Ouvrier coiffeur.)

► La crise montre, défoulements physiques mis à part, un certain esprit d'innovation et de création qui manque beaucoup en France. (Héliograveur.)

► Raison d'espérer, mais que cela est triste. Ne peut-on se donner des dirigeants qui agissent autrement que poussés et ballottés par les événements ? (ingénieur.)

► Nous avons été réveillés, c'est positif. (Infirmière.)

► C'est notre plus belle raison d'espérer. (Décoratrice.)

► Son vocabulaire, ses incantations, son manque d'imagination étaient déplorables, mais c'était la première prise de conscience de l'immense absurdité et bêtise dont tout le monde semblait se satisfaire. (Economiste.)

► Cela a permis de remuer pas mal de poussière. (Cadre paracommercial.)

► Tout le monde n'est donc pas blasé et gagné par la routine comme on aurait pu le penser. (Secrétaire bilingue.)

► La crise montre que la jeunesse n'est pas composée de veaux en puissance. (Etudiant en sciences économiques.)

► Crise de croissance de la conscience collective, donc signe de bonne santé. (Externe en médecine.)

► Le mur de ma solitude est percé. (Etudiante.)

► Sur le plan personnel, une crise bénéfique. (Etudiant en droit.)

► Un jaillissement de l'espérance au milieu des absurdités de la société adulte. (Etudiant en sociologie.)

► J'ai ressenti un défoulement extraordinaire. Enfin, tout allait changer. Je suis déçu. (Etudiant en biologie.)

► Une révolte comme il n'y en a jamais eu. Les Français se sont battus non pour des revendications matérielles mais pour une plus grande dignité de l'homme. Pendant deux mois, les hommes ont pu « communiquer ». (Etudiant Droit et Sc. Po.)

L'inquiétude s'exprime ainsi :

► Un échec, un vaste chaut organisé qui n'a contribué qu'à affaiblir la France et à renforcer les pouvoirs gouvernementaux. (Professeur d'électronique.)

► Une raison d'être inquiet au plus haut degré. Pour les ouvriers, c'est l'incertitude du lendemain. (Boucher.)

► Un fiasco complet. Je n'ai jamais pu faire d'études et ceux qui en suivent aux frais du peuple ne doivent en aucun cas faire de la politique. (Commis trafic à la S.n.c.f.)

► Les événements permettent de constater le manque d'information de la classe ouvrière. (Ingénieur.)

► La crise a montré que l'avenir peut devenir intéressant et être une nouvelle aventure des hommes. Mais elle a montré aussi qu'une foule excitée par quelques imbéciles était capable de tout briser. et de se briser elle-même. Une foule qui était mûre pour le fascisme et la tuerie. (Officier marine marchande.)

► Le bilan est négatif pour tout le monde... Et j'aimerais que l'on cesse d'appeler travailleurs les ouvriers, comme s'ils étaient les seuls à le faire. (Ingénieur chimiste.)

► L'intolérance qui s'est montrée est ce qui me fait le plus peur au monde. Et ça me dégoûte. (Etudiant.)

► C'est un énorme sujet d'inquiétude. J'ai été gréviste en mai-juin, j'ai pu apprécier la montagne d'inepties racontées par les délégués syndicaux. (Préparateur de fabrication électronique.)

► C'est une raison d'espérer pour les révolutionnaires, d'être inquiets pour les capitalistes. Je ne suis d'aucun des deux camps. J'attends la suite. (Aide-comptable.)

► Cette crise a montré comment cette société « moderne » de pays développé, peut être comparable à celle de la France sous les guerres de religion. (Etudiant en histoire.)

► Une crise inquiétante, à cause de la folie générale qui a saisi les gens. (Etudiante.)

► Un pays entier peut être à la merci d'une poignée d'enragés. C'est inquiétant. (Etudiant en droit.)

► J'éprouve une espérance inquiète. (Agriculteur.)

► Ca prouve que la population n'était pas satisfaite. Alors, on a eu une augmentation mais la vie a augmenté par conséquent c'est comme si on n'avait rien eu. Et ça va recommencer. (Ouvrière.)

► Inquiet, parce que des révoltes étudiantes, il y en a eu et il y en a partout, avec tout ce qu'elles traduisent de positif, mais dans aucun pays, elle n'a mis en cause le régime. Ce n'est pas que j'y tienne particulièrement. Mais aussi longtemps que les Français croiront qu'il faut commencer par renverser les institutions pour faire quelque chose, ils ne feront rien. Nous vivons au Congo. (Ingénieur.) ■

Le bilan de mai-juin est-il positif ou négatif ?

Pour les étudiants	
Positif	46 %
Négatif	40 %
Sans opinion	14 %
	100 %
Pour les travailleurs	
Positif	36 %
Négatif	53 %
Sans opinion	11 %
	100 %
Pour le gouvernement	
Positif	37 %
Négatif	37 %
Sans opinion	26 %
	100 %

Les chiffres recoupent les résultats obtenus en interrogeant à ce sujet les 30-40 ans. Avec un pourcentage plus fort des personnes sans opinion en ce qui concerne le bilan pour les étudiants.

Pour les étudiants, le bilan est jugé positif ou négatif selon que l'on évoque les réformes qu'ils ont obtenues ou la pagaille, la prise de conscience ou « un an de travail perdu ». Mais on l'estime plutôt positif. Ce sont les bénéficiaires de la crise de mai aux yeux de tous ceux qui ont déjà une profession.

Les travailleurs sont jugés par la majorité comme les victimes de cette crise. Les avantages matériels retirés ont été absorbés par la hausse des prix (quelques-uns observent que c'est faux, du moins pour une bonne part, mais ils sont très rares, comme ceux qui font mention du droit désormais acquis à la section syndicale d'entreprise).

D'autres remarques :

► Les difficultés économiques qu'affrontera l'industrie française en 1969 se traduiront pour eux par le chômage et la réduction des heures supplémentaires. (Ingénieur chimiste.)

Ou encore :

► Un bilan presque nul pour les travailleurs, puisque le système est intact. (Militaire.)

Ou encore :

► On gagne plus, on va payer plus d'impôts, et la hausse nous reprend une partie de ce qu'on gagne. Des impôts pour qui ?

Pour que ces messieurs les étudiants fassent joujou à la révolution. (Ouvrier.)

Les avis sont extrêmement partagés sur le bilan de la crise de la crise pour le gouvernement, avec une forte proportion de gens « qui ne savent pas ».

Chez les étudiants, on est particulièrement frappé par le succès des élections législatives, et il semble y avoir eu aussi cette prise de conscience-là : que la France n'est pas révolutionnaire, y compris la France de la classe ouvrière, et que le contact avec celle-ci n'est pas facile. Mais ils pensent qu'à long terme...

Dans l'ensemble, l'appréciation se fait plutôt en fonction du désir que l'on a de changer de gouvernement ou de garder le même.

► « Mai, il fallait le faire et il faudra recommencer, c'est tout. Bilan ! Vous parlez comme des experts-comptables ! » conclut un ingénieur agronome.

C'est en comptables que parlent, c'est en fait, les représentants de la Nouvelle Vague qui ne sont pas étudiants, et singulièrement les représentants de la classe ouvrière, lorsqu'ils s'interrogent sur le bilan de mai-juin. ■

La Nouvelle Vague a décollé

Quand cela s'est-il passé au juste? Impossible de dire. Mais c'est fait. La Nouvelle Vague a décollé.

Toute une jeunesse a souffert d'avoir 20 ans « après ». Après la guerre, après Hitler, après Staline, après la Résistance, après la Libération, après Dien Bien Phu. Jeunesse frileuse, à l'énergie désaffectée, écrasée par le sentiment d'une pesante continuité entre les générations et n'osant pas, ne parvenant pas à se concevoir et à s'affirmer neuve. La jeunesse d'aujourd'hui ne vit plus « après ». Elle vit « avant », impatiente, mobile, exigeante à l'égard de l'avenir. Jeune, en un mot. Il y a longtemps que cela ne lui était pas arrivé.

Et l'étonnant est qu'en surgissant à la surface de la France, en la réveillant, un peu brutalement, elle a révélé aux 30-40 ans qu'ils voulaient, eux aussi, décoller; mais que chacun d'eux n'en croyait plus les autres capables.

C'est l'un des résultats très remarquables de cette enquête : il n'y a pas ou peu de différence d'attitudes aujourd'hui entre la Nouvelle Vague prise dans sa totalité et les 30-40 ans.

Terre de liberté

La Nouvelle Vague ne croit à rien, mais elle croit en elle, et elle le doit à la crise de mai. Ce n'est pas une jeunesse qui nourrit une rébellion sans cause. Elle voudrait s'intégrer à la société, mais en la réformant, plus ou moins profondément. C'est cette volonté de réforme qui lui tient lieu de morale.

Mais pourra-t-elle s'intégrer en réformant, et réformer en s'intégrant? Ou l'angoisse de ne trouver que portes fermées se transformera-t-elle en une réalité qui, alors, pourrait la rendre méchante? Sa confiance en l'avenir en général va de pair avec son inquiétude sur l'avenir en particulier.

C'est peut-être ce sentiment d'insécurité, de menace, de trahison possible de la part de la société, qui pousse la jeunesse à accorder cette importance à l'amour et surtout à la fidélité, à l'amitié aussi. Le couple, le groupe pour les plus jeunes, devient le point fixe, le lieu d'enracinement.

Les échos du passé sont si bien amortis qu'elle ne souffre pas d'appartenir à un pays qui n'est plus « grand » que dans le langage de l'Onu. Elle est réaliste; ce n'est pas son problème. Sa patrie, c'est la jeunesse. Au demeurant, son pays n'est pas en danger. Mais c'est essentiellement comme « terre de liberté » que l'image de la France est conçue, d'une liberté individuelle dont on voudrait repousser les limites le plus loin possible. Tout ce qui en restreint l'exercice est malheur : l'autorité, la hiérarchie, toutes les formes de dépendance. Des loisirs et des vacances, on n'en aura jamais assez. C'est que là, au moins, on est son maître. On travaille pour soi.

Les Français n'ont jamais été puritains. La jeunesse est de plus en plus persuadée qu'elle est sur terre pour être heureuse et non pour faire son salut.

L'argent, cet instrument

L'argent? On se voile la face. On ne veut pas d'argent. Seulement ce que l'argent procure. Cette vieille contradiction ne semble pas en voie d'être résolue.

L'argent-valeur est condamné. Non l'argent-instrument, dont on souhaiterait qu'il fût également réparti et qu'il serve à des plaisirs jugés nobles : voyager, élargir ses connaissances et, par là, s'épanouir.

L'égalitarisme, sur le plan social, et matériel, se double d'une revendication d'égalité entre les droits des jeunes et des moins jeunes, qui est franchement agressive.

Une partie de la jeunesse, en particulier en milieu étudiant, se trouve presque dans l'attitude psychologique du « colonisé » à l'heure où les libéraux prétendent le guider vers son indépendance. Tout ce qui vient des aînés est suspect. De paternalisme ou de mépris déguisé.

Les biens matériels, la jeunesse française a conscience de n'en être pas ou peu privée. Surtout, elle se sent fortement privilégiée par rapport au tiers monde. La disparité entre les nations lui semble d'ailleurs intolérable. La disparité entre Français aussi. Et ce qu'elle entend par « socialisme » c'est essentiellement la disparition de l'injustice.

Le goût du bonheur

D'une façon générale, elle raisonne en termes de solidarité humaine, internationale. Pas en termes de solidarité nationale. Le nationalisme lui est étranger, ou lui paraît désuet, voire dangereux. Cependant, elle a une vive conscience des traits de caractère et de culture jugés proprement français, fût-ce pour les déplorer. Mais elle semble mieux informée de ce qui se passe au Vietnam, que des problèmes intérieurs de la France, qui l'agacent comme un essaim de frelons.

La jeunesse paraît à son aise dans le monde technique, et en accepte beaucoup plus aisément les contraintes que ses aînés. C'est l'aventure technique, et elle seule, qui la fait rêver jusqu'au lyrisme. L'époque lui semble belle, et à bien des égards fascinante, par tous les « possibles » qu'elle contient.

Le civisme, s'il doit apparaître un jour, ne se manifeste pas encore. Chacun pour soi et la technique pour tous. Il est caractéristique que toutes les critiques — et elles sont nombreuses — commencent toujours par : « Les Français sont ceci ou cela... » Et jamais par : « Nous sommes ceci ou cela... » Ce sont toujours les autres, masse indistincte, qui sont coupables.

Sans être vif, l'esprit de compétition n'est pas absent. Mais on redoute ses effets.

Est-ce une façon de déguiser sous des arguments de moralité une répugnance au combat personnel qui finit par faire collectivement des vaincus? Ou un doute sur la capacité nationale de soutenir victorieusement les formes multiples de la compétition?

Est-ce un frein salutaire, juste assez serré pour éviter le dérapage vers les névroses?

Le goût de la vie, du bonheur, de la liberté individuelle, qui apparaît si fort, permettra peut-être aux jeunes Français de conduire leur pays vers la société la moins cruelle du monde industriel. Ils en ont certainement le désir et l'espoir.

Personne ne peut dire, aujourd'hui, s'ils sauront en concevoir et en prendre les vrais moyens.

F.G. ∎

Pour faciliter votre lecture de la conclusion :
« La Nouvelle Vague a décollé »

Décoller : quitter le sol (en parlant d'un avion); se détacher d'un ensemble.

Au juste : exactement.

La Résistance française : ceux qui, dans la France occupée par les Nazis, ont combattu l'ennemi.

La Libération : la libération de la France a commencé par le débarquement des Alliés en Normandie le 6 juin 1944.

Dien Bien Phu : la défaite française de Dien Bien Phu en 1954 a mis fin à la participation de la France à la guerre d'Indochine.

Frileuse : qui se replie sur elle-même, qui manque d'audace.

A l'égard de : envers.

La crise de mai : les « événements » de mai 1968.

Sans cause : sans raison.

Tenir lieu de : remplacer.

Aller de pair avec : accompagner.

Enracinement (m) : le fait de développer des racines, de se fixer profondément.

Amortis : affaiblis.

L'O.N.U. : l'Organisation des Nations Unies.

Au demeurant : d'ailleurs.

Restreindre : limiter.

Salut : rédemption (f).

Se voiler la face : se cacher la figure pour ne pas voir ce qui dégoûte.

En voie de : en train de.

Répartir : distribuer.

S'épanouir : se développer, réaliser toutes ses possibilités.

Revendication : ce que l'on exige comme son dû.

Être privé de qqch : manquer de qqch.

Le tiers monde : ensemble des pays en voie de développement.

Disparité : inégalité.

Désuet : démodé.

Voire : même.

Fût-ce : même si c'était.

Le Vietnam : ravagé par la guerre à cette époque.

Comme un essaim de frelons : comme un groupe d'insectes qui l'attaquent.

A bien des égards : sous de nombreux aspects.

Civisme : sens civique.

Redouter : craindre beaucoup.

Serré : fort.

Dérapage : le fait de glisser (en parlant d'une voiture).

Introduction
au vocabulaire politique

à travers
les éditoriaux de

JEAN-JACQUES SERVAN-SCHREIBER

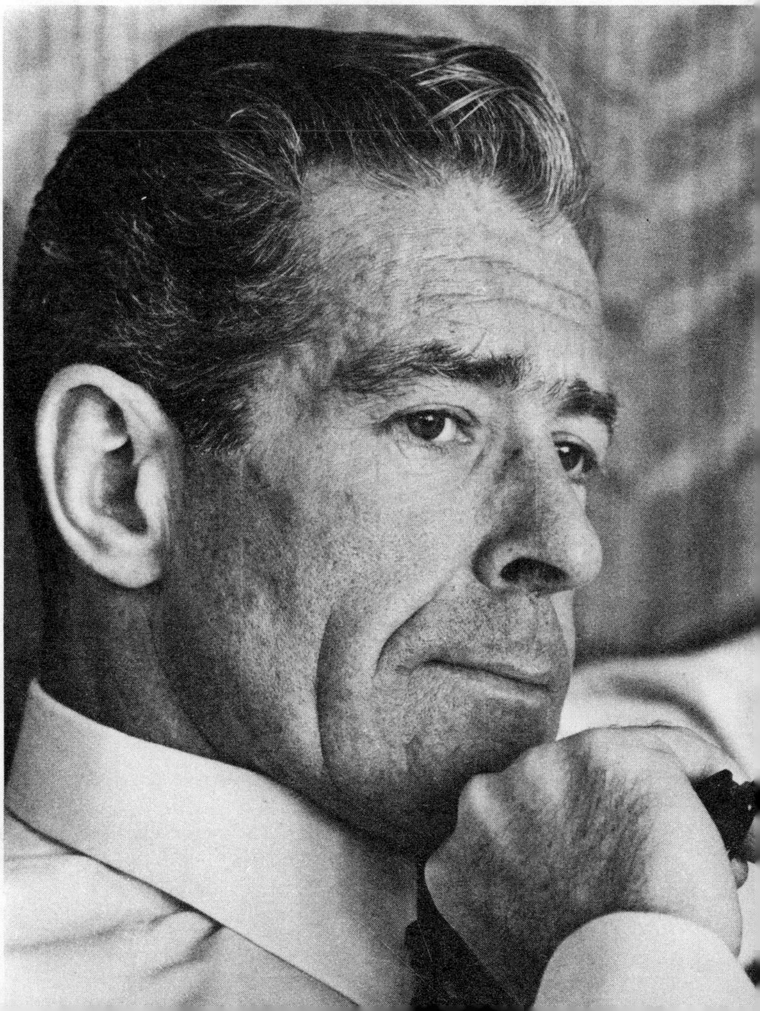

Jean-Jacques SERVAN-SCHREIBER

Journaliste, auteur, homme politique.

Né le 13 février 1924.

Ancien élève de l'École Polytechnique.

Journaliste : Rédacteur de politique étrangère pour le journal *Le Monde* (1948-1953).

Fondateur (avec Françoise Giroud) du magazine hebdomadaire *L'Express* en 1953; Directeur (1953-1970) puis Président-directeur général du groupe Express, il est l'auteur de nombreux éditoriaux sur la vie politique française.

Secrétaire général du Parti radical-socialiste (1969). Président du Parti radical (1971-1975).

Député de Meurthe-et-Moselle (Nancy) depuis 1970.

Fondateur en 1972 (avec Jean Lecanuet) du Mouvement Réformateur.

Ministre des Réformes en 1974 après l'élection du nouveau président Giscard d'Estaing.

Président du Conseil Régional de Lorraine depuis 1976.

En 1977, chárgé par le président Giscard d'Estaing de la mission de « prévoir les réformes ».

Parmi les œuvres dont Jean-Jacques Servan-Schreiber est l'auteur, figurent : *Lieutenant en Algérie* (1957), *Le Défi Américain* (1967), *Le Pouvoir Régional* (1971), *L'Arme de la Confiance* (1976).

1965

10 septembre : M. François Mitterrand constitue la Fédération de la Gauche démocrate et socialiste composée de la SFIO, du parti radical et de divers clubs. Le Parti communiste lui apporte son soutien.

Élection Présidentielle

1er Tour de scrutin : 5 décembre

Général de Gaulle :	44,64 % des suffrages
François Mitterrand* :	31,72 % des suffrages
Jean Lecanuet** :	15,57 % des suffrages

* Candidat de la gauche
** Candidat libéral et européen

2e Tour de scrutin : 19 décembre

Général de Gaulle :	55,19 % des suffrages
François Mitterrand :	44,80 % des suffrages

LE CHOIX RÉPUBLICAIN

Selon de Gaulle, le choix que les Français vont faire cette année, à l'occasion de l'élection présidentielle, n'est pas seulement, ni même essentiellement, le choix d'un homme, mais « un choix définitif sur les formes que l'État doit avoir ».

De Gaulle, sans aucun doute, a raison. S'il a provoqué un certain choc, c'est qu'on oublie trop souvent le sens qu'il entend donner à son aventure historique personnelle et sa résolution absolue de la mener jusqu'à son terme.

Il y a plus de cent cinquante ans que, pour lui, le désordre chronique règne dans ce pays comme dans tous ceux qui ont un régime de nature républicaine. Il faut qu'on en finisse une fois pour toutes, par un vote incontestable.

Ce vote n'a jamais eu lieu. Certes, quatre Républiques, depuis la Révolution française, ont plié les genoux et ont cédé la place à un régime de nature monarchique, de pouvoir personnel. Mais, chaque fois, ce fut par un coup d'État, et le régime qui en est issu était donc révocable dans son essence, ce qui le frappait de précarité. Cette fois, il faut trancher.

La Ire République est tombée devant Bonaparte et le complot du 18 Brumaire. La IIe République devant Louis-Napoléon le 2 décembre. La IIIe devant Pétain et le complot Laval-Weygand de Vichy. La IVe, enfin devant une autre conjuration militaire qui, en mai 1958, remit le pouvoir au général de Gaulle.

De Gaulle ne craint guère de perdre son pouvoir, mais son ambition est plus haute : il veut assurer la pérennité d'un régime dont il a donné, il y a un an, une définition sans équivoque, un régime « dans lequel l'autorité de l'État est indivisible, où elle est confiée tout entière au Président par le peuple qui l'a élu, et il n'en existe aucune autre. »

Monarchie, Empire, Dictature, Pouvoir personnel — peu importe l'étiquette — il s'agit d'une seule et même conception : le destin de la nation est entièrement confié à un homme détenteur de toute la souveraineté sans aucun partage, et qui est donc, au plein sens du terme, un Monarque.

Les Français vont donc être appelés à choisir par élection entre la Monarchie et la République. Épreuve sans exemple dans l'histoire moderne de notre pays.

Comment les Républicains, dans ce combat, comptent-ils l'emporter ?

Ne nous leurrons pas : l'instinct du pays est monarchique. Son instinct, et sa mémoire : aucune des quatre Républiques, même si certains eurent des moments glorieux, n'a pu finalement résister aux coups de boutoir des aventuriers politiques, organiser durablement la stabilité et l'efficacité, et s'implanter d'une manière définitive dans les mœurs, comme dans les pays anglo-saxons ou scandinaves.

Les carrières monarchiques de Napoléon, de Louis-Bonaparte, de Pétain ont été interrompues à Waterloo, à Sedan et à Sigmaringen, non par un soulèvement intérieur. Depuis plus d'un siècle, jamais le pays n'a exprimé spontanément sa volonté de vivre vraiment en République.

Avec de pareils souvenirs, si frappants, si répétés et si frais, comment les Républicains comptent-ils l'emporter ?

Il ne suffira pas de dire que le régime de pouvoir personnel est immoral et que la République, dans son principe, est plus juste et plus digne; qu'il est avilissant d'être un sujet et qu'il est beau d'être un citoyen. Tout cela est vrai, profondément vrai; mais si les Républicains veulent avoir la moindre chance de l'emporter, il faudra accomplir, d'ici au 5 décembre, une sorte de miracle.

Il faut parvenir à faire toucher du doigt, concrètement, aux Français pourquoi la République est plus avantageuse que la Monarchie. Pourquoi elle est capable d'offrir plus de chances à chacun, plus de bien-être, plus de sens profond à la vie, plus de puissance. Aucun discours n'accomplira cela.

Aucune éloquence républicaine ne surmontera à elle seule la profonde tentation monarchique de ce pays. Il y faudra des actes, et des actes exemplaires de la part des quelques hommes qui, aujourd'hui, dans la vie publique, peuvent prendre une responsabilité en vue de l'épreuve de décembre.

Les hommes et les partis à qui de Gaulle vient de déclarer une guerre totale doivent d'abord prendre une pleine conscience du caractère de cette épreuve. C'est seulement à partir de cette prise de conscience que l'on pourra faire la distinction entre les réformes et les replâtrages, entre les actes et les attitudes.

Jusqu'à l'appel aux armes que vient de sonner de Gaulle, on pouvait se satisfaire d'arrangements superficiels, dans les organes de combat politique que sont les partis. Désormais, il est clair qu'il faut créer, du côté républicain, une force organique réelle qui tranche complètement avec les formules du passé, avec les cartels, les fronts, les confédérations et toutes autres formules qui ne font qu'additionner des insuffisances, ne mobilisent vraiment personne et sont condamnées à l'échec — surtout face à la passion que de Gaulle va réussir à susciter.

Il ne peut pas y avoir un cartel des Républicains unis seulement par des principes. La République, si elle doit revivre, doit avoir son organisation, son programme, son équipe, en un mot son Parti.

Si cette mutation ne se fait pas, si les querelles l'entravent, le parti monarchique et son chef ont gagné d'avance la bataille.

J.J.S.S. ∎

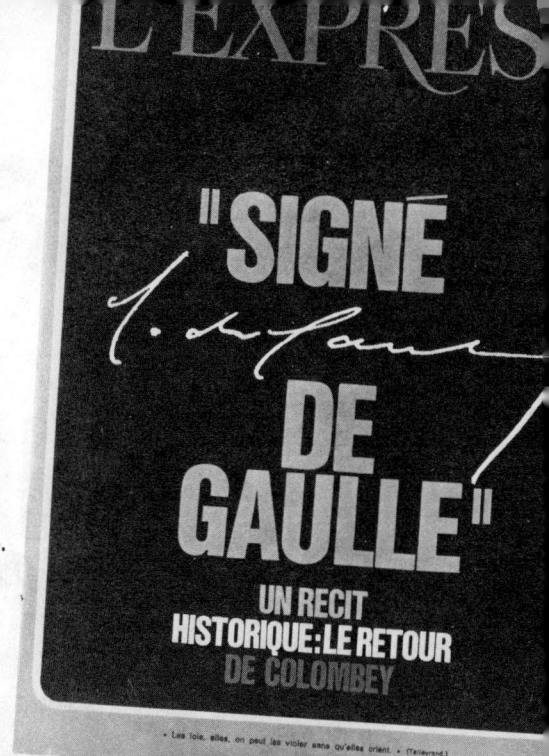

L'EXPRESS

"SIGNÉ

DE GAULLE"

UN RECIT
HISTORIQUE : LE RETOUR
DE COLOMBEY

« Les lois, elles, on peut les violer sans qu'elles aient. » (Talleyrand.)

vocabulaire politique

L'élection présidentielle.
Un vote incontestable.
Un régime de nature républicaine.
Un régime de nature monarchique.
Un régime de pouvoir personnel.
La pérennité d'un régime.
Une Monarchie; un Monarque.
Un Empire; un Empereur.
Une Dictature; un Dictateur.
Un homme détenteur de toute la souveraineté.
La République.
Les Républicains.
Un citoyen.
Un sujet.
Un coup d'État.
Une conjuration militaire.
Un soulèvement intérieur.
Le combat politique.

références politiques

De Gaulle : V.p. 253.

Élection présidentielle : première élection d'un président au suffrage universel; V.p. 189

18 brumaire (an VIII) : c'est-à-dire le 9 novembre 1799; lors de la révolution de 1789, on avait changé le calendrier.

Le complot Laval-Weygand : Laval, conseiller de Pétain, et Weygand, chef de l'État-major français, ont contribué à pousser le Parlement de la Troisième République à donner tous ses pouvoirs au Maréchal Pétain.

Une autre conjuration militaire : tentative de coup d'État par les militaires d'Alger, le 13 mai 1958.

Waterloo : bataille où Napoléon Ier a été vaincu par l'armée réunie des Anglais et des Prussiens le 18 juin 1815.

Sedan : défaite de Napoléon III le 2 septembre 1870.

Sigmaringen : siège (1944-1945) du gouvernement Pétain replié en Allemagne au moment de la Libération de la France.

Les cartels, les fronts, les confédérations : désignent les nombreux groupements politiques et les alliances parlementaires, souvent très fragiles, que ceux-ci se faisaient entre eux.

l'art et la manière de convaincre

Comment J.-J. S. S. introduit-il le sujet de cet éditorial ? Pourquoi ?

Relevez les phrases qui résument les principales étapes de l'argumentation.

Quel rôle joue l'interrogation col. 2, lign. 15-16 et lign. 39-42 ?

Étudiez le procédé de l'énumération dans la présentation des avantages de « vivre en République. » col. 2, lign. 43-49 et col. 3, lign. 1-8.

Remarquez dans le texte la fréquence du nom *de Gaulle* et du mot *République* (et de ses dérivés). Quel est l'effet ainsi produit ?

Les verbes *falloir* et *devoir* sont souvent répétés. Pourquoi ?

Trouvez d'autres exemples d'expressions de grande intensité comme « un vote incontestable », « une définition sans équivoque », « profondément vrai », « des actes exemplaires ». Quelle est leur fonction ?

Dans quel but l'auteur développe-t-il l'image d'une guerre, d'un combat ?

Quels sentiments J.-J. S.S. a-t-il voulu susciter chez ses lecteurs ?

Pourquoi l'auteur ne cite-t-il pas de nom le général de Gaulle au dernier paragraphe ? Quelle est en réalité son attitude à l'égard du général de Gaulle.

N° 757 - 20-26 décembre 1965

(22 F belges - 2 F suisses) 2 Francs

L'EXPRESS

LA REVANCHE DE DE GAULLE

LE GENERAL DE GAULLE ET M. FRANÇOIS MITTERRAND.
« Le profit de l'un est le dommage de l'autre. » (Montaigne.)

GRANDIR C'EST CHOISIR

La passion, en France, s'empare vite des professionnels de la politique à l'approche des échéances électorales. C'est dommage. Ce n'est pas leur métier de prendre feu et flamme, c'est l'inverse. Connaissant les dossiers, les problèmes, les techniques, les choix à faire — en principe, tout au moins — ils devraient les exposer clairement, simplement, calmement, surtout à l'opinion pour qu'elle s'en fasse une idée. Après quoi, après cette clarification, qui est le but même d'une campagne électorale, il est normal et sain que les sentiments, en fin de course, s'embrasent. Toute fin de campagne est une guerre de religion. Mais qu'on commence par là est absurde.

La passion, il est beaucoup trop tôt pour la laisser déborder, il faut la contenir le plus longtemps possible; le problème à l'ordre du jour, et le seul, est d'essayer loyalement d'y voir clair.

L'attitude actuelle des parties en présence est, à cet égard, inquiétante.

Le Premier ministre, en ouvrant effectivement la campagne électorale par sa « causerie au coin du feu », a donné le ton : « Quant à moi, je suis tranquille, entre le passé et le présent, l'impuissance ou l'efficacité, le pays a déjà choisi. » Pour qui nous prend-il? Qui veut être du passé, qui veut être impuissant? Si la campagne gaulliste se déroule à coups de platitudes de cette espèce, en quoi les Français seront-ils éclairés pendant les semaines où ils doivent se préparer à devenir juges souverains, et si possible conscients, de leur avenir?

Le malheur, c'est qu'il est très tentant de tout continuer dans cette gamme. Et le principal reproche que nous faisons, pour le moment, aux candidats opposés au gaullisme, MM. François Mitterand et Jean Lecanuet, c'est de procéder aussi par généralités faciles. On est pour la république des citoyens, pour la démocratie sociale, pour l'élévation du niveau de vie, pour des investissements productifs, pour une Europe plus forte, pour un sort meilleur pour les jeunes et un meilleur sort pour les vieux, et pour un tas de choses extrêmement louables. Mais qui est contre?

D'un côté : l'Indépendance nationale et la Grandeur. En face : l'Unité de la Gauche. Au Centre : la Démocratie et la Justice sociale. Le mieux, sans vouloir froisser personne, est de reléguer, pour quatre semaines encore, tous ces bons mythes confortables à leurs magasins et d'essayer de cerner, un à un, les problèmes beaucoup plus subtils et précis dont dépend concrètement notre avenir.

En deçà de toute idéologie, se pose, d'abord, la question du développement. La France, par une méthode ou par une autre, doit devenir de plus en plus forte, et chaque Français de plus en plus riche, de plus en plus capable d'apprendre et de posséder — le développement, c'est cela. Et le but de toute politique est de l'accélérer, ce qui n'est pas simple.

Nous allons tenter ici, chaque semaine, d'éclairer l'un des aspects du développement français pour pouvoir, en fin de compte, début décembre, juger des politiques proposées en fonction des chances qu'elles comportent réellement de l'assurer, d'épanouir la France.

Où en sommes-nous? Comme ci, comme ça. La France n'est pas la Turquie, elle n'est pas non plus l'Amérique. Le niveau de vie du citoyen français de 1965 est à peu près exactement à mi-chemin entre celui du Turc et celui de l'Américain. Deux fois plus que l'un, deux fois moins que l'autre; pour la richesse individuelle. Et pour la puissance nationale, la France est plus proche de la Turquie que de l'Amérique.

Trois chiffres seulement comme points de repère : le rapport des populations entre la France et l'Amérique est de 1 à 4; le rapport actuel des richesses de 1 à 8; le rapport des puissances d'invention technologique de 1 à 13.

Laissons un instant l'Amérique, qui donne un peu le vertige. Regardons plus près de nous. La Ve République a commencé son œuvre économique en 1958, il y a déjà sept ans. Comment a évolué, depuis, le développement de la France en comparaison de celui de nos voisins immédiats? Pour éviter toute contestation, nous prendrons les chiffres établis par les services officiels. Le produit national de l'Italie a augmenté, dans ces sept années, de 45 %, celui de l'Allemagne de l'Ouest de 46 %. Celui de la France de 36 % (chiffres officiels).

Soyons plus précis encore. Dans les deux dernières années, depuis 1963, l'Allemagne a progressé de 11 %, et la France de 7 %. Et encore : à prix constants, les salaires, en Allemagne, depuis la Ve République, ont augmenté *deux fois plus vite* que les salaires français.

Revenons maintenant à l'Amérique, et nous en aurons fini avec les chiffres (qui, eux, ne mentent pas). Il y a quatre ans, le produit national des Etats-Unis augmentait de la moitié de celui de toute la France chaque année; maintenant, il augmente de la moitié de celui de l'Angleterre; dans quatre ans, il augmentera d'une France entière chaque année. A ce rythme-là, et étant donné les multiplicateurs, déjà signalés plus haut, entre l'accroissement de la richesse et celui de la technologie, aucune industrie française ne sera plus compétitive, dans les secteurs modernes, avec son homologue américaine. Et dans chaque branche — comme déjà dans l'électronique, dans la recherche spatiale, dans l'industrie agricole, dans la chimie, etc. — les entreprises françaises deviendront, automatiquement, *quel que soit le régime*, de droite ou de gauche ou du centre, des sous-traitantes, des filiales, de firmes américaines.

C'est dire que les discours éloquents de nos candidats sur l'Indépendance, la Planification, le Socialisme ou la Grandeur, qui sont déjà un peu irritants aujourd'hui, seront, ce jour-là, si ce jour arrive, vidés de signification.

Peut-on éviter que ce jour n'arrive? La France, qui est, aujourd'hui, un pays industriel semi-développé, va devenir, d'ici à 1970, par rapport aux nations les plus avancées, soit un pays sous-développé et dépendant; soit, au prix d'un très grand effort sur elle-même, et d'abord d'un effort d'intelligence, un pays industriel avancé faisant partie du peloton de tête.

On va nous dire aussitôt : bien sûr, l'Europe, et c'est la tarte à la crème. Non, justement. Ce n'est pas si simple et c'est beaucoup plus intéressant. L'Europe n'est pas, de n'importe quelle manière, la solution. Et l'Europe n'est pas non plus, à la rigueur, la seule façon de rester « dans la course ».

L'Amérique est, certes, le modèle évident d'une nation économiquement avancée. Elle y est parvenue par la taille, le nombre, la concentration des richesses et la puissance d'investissement. Mais la Suède aussi est une nation avancée, en plein dans le peloton de tête. Et la Suisse aussi. Et l'Allemagne. Et la Hollande. Plus même que l'U.R.S.S. Donc la taille n'est pas *le seul* problème, en tout cas pas *tout* le problème. Voilà qui complique les choses. Où est le problème ?

On constate que tous les pays développés du monde industriel se rapprochent de l'un ou l'autre de deux modèles très différents : les États-Unis et la Suisse. L'expérience suisse (ou hollandaise ou même allemande), c'est qu'il n'est pas indispensable d'être grand pour être développé et atteindre le plus haut niveau de vie : il suffit d'être très spécialisé. La Suisse, c'est l'horlogerie, la banque, Nestlé. La Hollande, c'est trois branches hautement développées comme Philips. La Suède, c'est l'acier et la mécanique de précision. L'Allemagne, c'est la chimie, la sidérurgie, les machines-outils. A condition de concentrer la capacité d'investissement national dans quelques domaines précis, un pays peut atteindre le plus haut niveau mondial. Il paye alors, par ses échanges, pour tout ce qui lui manque, avec ce qu'il gagne sur le marché mondial dans les domaines où il s'est spécialisé. C'est la loi même du monde moderne pour les hommes, pour les entreprises, pour les nations.

L'U.R.S.S., bien que de grande taille, n'est pas assez avancée dans suffisamment de domaines pour gagner davantage que ses importations alimentaires — c'est la crise actuelle du système soviétique. C'est une leçon.

Seule l'Amérique, à l'heure actuelle, peut se permettre de développer pratiquement tous ses secteurs industriels à la fois. Elle vit maintenant à 95 % sur elle-même. Aucun pays d'Europe ne peut en faire autant, et l'Europe tout entière non plus si elle n'a pas à sa tête un organe souverain pour arrêter ses choix économiques, ses spécialités — un gouvernement. Une Europe simple marché ne serait pas une solution.

La France est donc placée devant des problèmes et des choix successifs assez clairs :

— Ou bien une politique qu'on peu appeler « nationale », à la mode suédoise ou suisse. Il faut pratiquer des choix rigoureux pour nous concentrer sur les quatre ou cinq secteur où nous sommes capables d'affronter la concurrence internationale. A cet égard, le gaullisme ne propose qu'un nationalisme trompeur : il prétend, et c'est « la Grandeur », faire de la France une petite Amérique en poussant, tout à la fois, l'industrie pétrolière, les fusées, l'aviation supersonique, l'électronique, etc. Ce qui est pure illusion, et nous conduit, à coup sûr, de capitulation en capitulation. Bull n'est que la première, les autres suivront. L'Angleterre l'a appris, elle en tire la leçon;

— Ou bien une politique plus ambitieuse, plus vaste, des États-Unis d'Europe, mais qui n'est guère plus proche de la politique généralement dite « européenne » que le « gaullisme » n'est proche d'une politique vraiment nationale. Cette Europe-là exigera des choix, des sacrifices, des transferts de souveraineté, des migrations de population, bref, l'acceptation d'une autorité politique suprême au-dessus de nos gouvernements régionaux et tout le brassage, forcément douloureux au début, qu'impose comme toujours, à travers l'Histoire, la naissance d'une Nation.

De toute manière, il faut choisir. Ce qui caractérise nos candidats actuels c'est qu'ils apparaissent incapables, justement, de préciser, d'assumer ces choix. Les hommes de la « Grandeur » refusent les abandons de souveraineté, qui sont la condition même du modèle américain, et ils refusent aussi les abandons de secteurs, qui sont la condition du modèle suédois. Donc, ils nous trompent.

Mais les partis de la « gauche » ou du « centre » sont jusqu'à présent très régionalistes : ils veulent bien d'une Europe à condition qu'on ne touche pas aux chantiers navals de Saint-Nazaire, ni aux mines de charbon du Nord, ni à l'agriculture de la Bretagne — ce qui interdit et le schéma américain et le schéma suédois, ce qui est aussi illusoire que la proposition « gaulliste ».

On préfère être d'une confortable imprécision.

Quand M. Jean Lecanuet parle d'une « force de frappe européenne », on est bien obligé de constater qu'il ne sait pas de quoi il parle, car cette expression ne recouvre aucune réalité politique accessible, c'est l'exemple même de la phraséologie. Quand M. François Mitterrand déclare qu'il « faut retirer aux sociétés le cadeau qu'on leur fait de leurs bénéfices d'inflation », il faut bien reconnaître que cet autre slogan, s'il flatte ce qu'on appelle la « sensibilité de gauche », n'a pas de sens économique.

En somme, la campagne nage, pour l'instant, en plein gaullisme, ou en plein poujadisme, ou en plein gauchisme — ce qui est, sur l'essentiel, la même chose : le refus de choisir. Donc le refus de grandir.

Il faut en sortir. La campagne, il est vrai, a seulement commencé. Quatre semaines, et six émissions de télévision, pour chacun, c'est bien suffisant — Kennedy l'a montré en 1960 — pour devenir sérieux et parler de choix concrets. Celui qui le ferait aurait bien mérité du pays, et recueillerait beaucoup de suffrages. Bien sûr, la politique se nourrit de passion. Mais la passion n'existe qu'à partir d'une vérité.

J.J.S.S. ∎

vocabulaire politique

La campagne électorale.
Un discours éloquent.
L'approche des échéances électorales.
Les choix à faire.
La campagne gaulliste.
Les candidats opposés au gaullisme.
Recueillir beaucoup de suffrages.
L'Indépendance nationale.
La Grandeur.
La Justice sociale.
L'élévation du niveau de vie.
L'accroissement de la richesse.
L'accroissement de la technologie.
La question du développement.
Le produit national.
Les chiffres établis par les services officiels.
La Planification.
Un pays industriel avancé.
Les pays développés du monde industriel.
La concurrence internationale.
Le marché mondial.
La crise actuelle.

références politiques

Premier ministre : Georges Pompidou, V.p. 255.

Causerie au coin du feu : discours à la Télévision.

Mitterrand, François : V.p. 265.

Lecanuet, Jean : V.p. 264.

Unité de la gauche : V.p. 189.

Le produit national : la production totale d'un pays.

Les sous-traitantes... américaines : des entreprises dirigées et contrôlées par des sociétés américaines.

La Planification : depuis 1947, la croissance de l'économie française est orientée selon un « Plan de développement économique et social ». En 1965, le quatrième plan se terminait (1962-1965).

Bull : entreprise française d'appareils d'électronique.

Les hommes de la « Grandeur » : allusion au thème gaullien de l'indépendance et de la grandeur de la France.

Saint-Nazaire : ville se trouvant à l'embouchure de la Loire sur la côte Atlantique.

La Bretagne : reste encore une région peu développée industriellement.

Force de frappe : armement nucléaire.

Poujadisme : Mouvement réactionnaire de petits commerçants contre le grand capitalisme. Le chef de ce mouvement qui a connu un succès populaire de 1955 à 1958 s'appelait Pierre Poujade.

Kennedy, John : Président des États-Unis de 1960 à 1963.

l'art et la manière de convaincre

Découvrez dans cet éditorial les moyens d'exposer « clairement, simplement, calmement » une série de problèmes et de présenter ensuite les choix à faire.

Remarquez la fonction des nombreuses phrases interrogatives qui maintiennent l'intérêt du lecteur et marquent les étapes de l'exposition.

Observez comment l'auteur crée une impression d'objectivité et de neutralité. Il refuse la passion qui « s'empare des professionnels de la politique. » (col. 1, lign. 2-3).

Il veut amener son lecteur à partager son point de vue au moyen de constatations appuyées sur des chiffres « qui, eux, ne mentent pas » et sur des comparaisons qui sont l'évidence même.

Notez la façon d'exprimer plusieurs possibilités : *soit... soit; ou bien... ou bien.*

Relevez l'utilisation de *donc, bref, en somme* pour bien marquer une conséquence ou une conclusion à tirer.

A la fin de l'éditorial, l'auteur reprend sous une forme différente l'idée du début : la passion en politique. Pourquoi ?

Jean-Jacques Servan-Schreiber reçu officiellement par le gouverneur suédois à la résidence officielle du Premier Ministre de l'époque, M. Erlander. Assiste à une réunion du cabinet suédois, présidé par M. Erlander, puis passe la nuit à sa demeure de Harpsung.

Sur la photo, Jean-Jacques Servan-Schreiber avec sa femme, amenés en hélicoptère de Stockholm à Harpsung.

L'EXPRESS.

Jean-Régis Roustan, L'EXPRESS.

Jean-Jacques Servan-Schreiber en débat en Europe (ici, à Barcelone) avec les étudiants, sur le Défi Américain. Des réunions comme celles-ci ont eu lieu à Barcelone, Madrid, Milan, Turin, Rome, Stockholm, Francfort, plus 12 villes de province en France.

1966

8 janvier : inauguration du second septennat du général de Gaulle. Constitution du nouveau gouvernement. Premier ministre : G. Pompidou, M. Debré remplace V. Giscard d'Estaing comme ministre des Finances.

8 janvier : le Centre démocrate est fondé par M. Jean Lecanuet.

21 février : au cours d'une conférence de presse, le général de Gaulle annonce que la France entend rétablir sur son territoire sa pleine souveraineté en quittant l'OTAN. Le 10 mars la France demande le retrait de son territoire des commandements atlantiques. Le 20 avril, la décision gaulliste de quitter l'OTAN fait l'objet, à l'Assemblée, d'une motion de censure socialiste rejetée par 282 voix contre 137. Le 31 mars 1967, les quartiers généraux et les forces de l'OTAN quittent la France.

20 décembre : conclusion d'un accord électoral entre la Fédération de la gauche et le parti communiste pour assurer « le succès du candidat de gauche le mieux placé » aux élections.

DRAME AVEC QUI ?

En annonçant et en préparant le retrait de la France de l'organisation militaire atlantique le Président de la République ouvre-t-il la voie, lucidement, à une époque nouvelle de l'après-guerre ou replonge-t-il, aveuglément, l'Europe dans les errements nationalistes de l'avant-guerre ? Est-ce la politique d'un visionnaire, ou d'un attardé ?

Il y a le plan juridique, le plan militaire et le plan politique.

Les Américains ont immédiatement contesté en droit la décision du Président de la République. Pour quel motif ? Parce que, l'Alliance atlantique étant un engagement *multilatéral* et une organisation *intégrée*, aucune nation n'a, théoriquement, le droit de s'en retirer *unilatéralement;* ce doit être l'objet d'un examen et d'une décision collectifs.

Leur position, sur ce point, nous paraît faible. L'Alliance atlantique n'est pas la Communauté européenne, aucune délégation de souveraineté politique n'y a été consentie par l'ensemble des nations participantes. L'intégration n'existe qu'au niveau technique, il n'y a pas l'équivalent de la Commission de Bruxelles, ni du Traité de Rome.

Et l'Amérique, d'ailleurs, en est le meilleur exemple. Il lui est arrivé bien souvent de prendre des décisions politiques et même militaires, dans le monde, et ne consultant ses alliés atlantiques que pour la forme, sinon même après coup. Or ces décisions pouvaient, le plus souvent, comporter des risques de conflit — Berlin, Corée, Congo, Vietnam, etc. — qui auraient inévitablement concerné l'Europe. Il se trouve que les choix américains ont été, en général, sages. Mais les pays européens ont eu davantage à en juger *après* qu'*avant*. Ainsi l'Alliance atlantique n'est pas une Communauté supranationale. La question se pose

à peine : le général de Gaulle a le droit, juridiquement parlant, de modifier les formes de son adhésion.

Militairement, c'est déjà une autre affaire. Si l'on croit à la possibilité, même en la tenant pour très improbable, d'une attaque militaire sur l'Europe, la demande de « désintégration » du système atlantique est un contresens. A l'époque des fusées, l'Alliance est sans contenu si elle n'a pas un commandement intégré à l'avance. Il faut dix minutes pour qu'une fusée partie de l'Est explose sur les villes de l'Europe occidentale. Il faut dix mois, au moins, de travaux complexes et minutieux pour organiser et roder un système de défense, de riposte, qui soit coordonné, entre des forces nationales indépendants. Le but unique de l'intégration atlantique est précisément de supprimer, en temps de paix, ce fossé entre l'attaque et la défense; et, grâce à une intégration permanente, d'organiser la riposte en un certain nombre de minutes — ce qui est le fondement de la dissuasion. Supprimer l'intégration, c'est abandonner pratiquement la dissuasion.

La démarche du général de Gaulle n'est donc cohérente que s'il juge la menace soviétique sur l'Europe désormais inexistante, pour aujourd'hui et pour l'avenir. Telle est, certainement, son appréciation ou, tout au moins, son pari. On peut contester son jugement, et les Américains le font. On ne peut pas prouver qu'il ait tort. Disons même qu'en pariant sur la paix entre l'Europe et l'U.R.S.S., il a très probablement raison.

Ainsi, juridiquement, il est dans son droit; militairement, il ne prend guère de risques. Reste la politique.

Ce n'est certes pas de l'Amérique que nous devons attendre notre avenir. Elle est une puissance trop grande et trop

complète pour avoir besoin de nous, ce qui donne immédiatement la mesure — étroite — de l'association possible. Avec nos voisins européens, c'est le contraire. Ils ont besoin de nous comme nous avons besoin d'eux, il n'y a d'avenir de puissance pour aucun de nous pris séparément. Ou nous conjuguons nos moyens, ou nous condamnons nos espérances. Le coup que vient de porter le général de Gaulle, par sa décision unilatérale, n'est pas tant un « coup au cœur de l'Alliance atlantique », comme vient de lui répondre le président Johnson, qu'un coup, hélas! au cœur de l'Europe.

La manière la plus certaine de disloquer l'Europe est de contraindre en permanence nos partenaires, par des faits accomplis, à des choix brutaux entre la France et les Etats-Unis : leur choix est fait. Et ce n'est pas tout.

On pourrait très bien imaginer que nous amenions nos voisins à considérer des modifications souhaitables au système d'intégration atlantique. Il n'y a pas de dogme en la matière et la marge d'appréciation est considérable. Après tout, l'Angleterre est en train de réviser entièrement son budget de Défense nationale, et l'Allemagne n'a pas encore défini sa politique militaire. Le gouvernement français pourrait donc concevoir de soumettre à ses partenaires de l'U.E.O. (qui réunit, sur le plan militaire, les Six du Marché commun plus l'Angleterre) des propositions à débattre du point de vue de l'intérêt européen pour les négocier ensuite, à front commun, avec les Etats-Unis. Une démarche de cette nature montrerait, de notre part, un état d'esprit communautaire et non pas purement nationaliste. Elle pourrait ainsi, par elle-même, modifier le comportement et les réactions de nos voisins.

La politique du général de Gaulle est inverse : il choisit, par principe, la méthode unilatérale et nationaliste. Il nie qu'il y ait un intérêt commun européen supérieur à l'intérêt particulier de chaque nation. Il n'admet pas qu'une organisation — économique, militaire, politique — supranationale quelconque puisse être de l'intérêt de la France. L'intérêt français est, et demeurera, national.

L à est le fond du problème. Non pas entre la France et l'Amérique, où rien de fondamental ne sera modifié. Les rapports Paris-Washington sont appelés, par la nature des choses, à demeurer des rapports de puissance à puissance. Mais doit-il en être de même en Europe ? Les gouvernements de Paris, Bonn, Rome, Londres peuvent-ils envisager, face à la colossale puissance américaine, un avenir en ordre dispersé ? Le général de Gaulle, en agissant comme il le fait, vis-à-vis de nos associés européens, prépare-t-il la véritable indépendance de la France, ou la vassalisation de chaque morceau d'Europe qu'il prétend vouloir empêcher ? La réponse est trop claire. Notre actuel Président est l'homme d'un autre âge, celui où la sécurité nationale se défendait à chaud avec des mitrailleuses et pas encore à froid avec des ordinateurs. Son intelligence, supérieure, se meut malheureusement dans un univers révolu. Et chaque fois qu'il croit atteindre l'Amérique dans ses intérêts, de l'affaire Bull à l'étalon-or, de la Commission Hallstein à l'organisation de la Défense, c'est une chance européenne de la France qu'il rogne.

L e reste de la politique gaulliste est discutable, arrangeable — mais ce nationalisme, s'il dure trop longtemps, aura miné tant de possibilités pour l'Europe que la prise du pouvoir politique en France sera devenue d'un intérêt préfectoral.

J.J.S.S. ∎

vocabulaire politique

L'Alliance atlantique.
Un engagement multilatéral.
Une décision unilatérale.
Une organisation intégrée.
L'intégration atlantique.
La sécurité nationale.
Des forces nationales indépendantes.
Des rapports de puissance à puissance.
La Communauté européenne.
Nos voisins européens.
Nos associés européens.
Nos partenaires.
Une Communauté supranationale.
Le nationalisme.
Un état d'esprit communautaire et non pas nationaliste.

références politiques

L'O.T.A.N. : Organisation du Traité de l'Atlantique nord créé en avril 1949.

La Communauté européenne (C.E.E.) : V.p. 138

Commission de Bruxelles : Organe administratif de la C.E.E.

Traité de Rome : Traité signé le 25 mars 1957 créant la C.E.E.

Crise de Berlin : 1948-1949.

Guerre de Corée : 1950-1953.

Guerre d'indépendance du Congo : 1959-1960.

Guerre du Vietnam : 1960-1973.

Johnson, Lyndon : président des États-Unis de 1963 à 1968.

U.E.O. : Union d'Europe Occidentale.

Affaire Bull : Le général de Gaulle voulait par l'entreprise Bull, donner à la France une industrie électronique indépendante des États-Unis.

Étalon-or : le général de Gaulle voulait remplacer le « gold exchange standard » par l'étalon-or comme valeur fixe du système monétaire international.

Commission Hallstein : commission européenne pour l'organisation de la Défense.

Intérêt préfectoral : le gouvernement nomme un préfet à la tête de chaque département et de chacune des vingt-deux régions de France.

l'art et la manière de convaincre

Trouvez une phrase du texte qui explique le titre.

L'auteur annonce au début que son analyse de la situation comporte trois parties. Quelles sont ces parties ? Est-ce qu'elles ont toutes la même importance ?

Comparez les exemples que l'auteur fournit dans chaque partie pour illustrer son propos. Est-ce que vous y constatez une progression ? Vers quoi ?

Comment J.-J. S. S. présente-t-il sa conception personnelle de l'Europe ?

Quel ton l'auteur adopte-t-il pour la conclusion ?

A partir de ce texte, explorez les moyens de montrer son désaccord.

N° 852 - 16-22 octobre 1967

LES HIPPIES A PARIS

L'EXPRESS

2 Francs

UN
DOCUMENT
IMPORTANT

LA GAUCHE
QUI EST-CE?

« Il faut, quand on gouverne, voir les hommes tels qu'ils sont,
et les choses telles qu'elles doivent être. » (Louis de Bonald.)

LES TORCHONS ET LES SERVIETTES

Contrairement aux apparences, la situation politique française est en train de se clarifier. Et nous devrions maintenant, selon toute probabilité, aborder la campagne électorale avec des règles du jeu plus simples — ce qui ne veut pas dire meilleures — qu'on ne les imaginait il y a encore un mois.

Entre l'U.N.R. et le Parti communiste, se situe un large secteur d'opinion que se partagent, en gros, MM. François Mitterrand et Jean Lecanuet. A eux deux, ils représentent plus du tiers de l'électorat français, ce tiers dont tout dépend.

Laissons de côté la chronologie de ce qui s'est passé, ou de ce qui ne s'est pas passé, entre eux depuis un an. Ne cherchons pas à situer les responsabilités, ni à recenser les occasions perdues. Ce qui nous concerne, c'est la situation d'aujourd'hui.

Une certaine logique aurait pu conduire à la consolidation d'un large centre entre les gaullistes et les communistes. Une autre logique pouvait, au contraire, écarteler ce centre vers les extrêmes et aboutir à une polarisation. Celle-ci, finalement, a prévalu.

D'une conférence de presse à l'autre, d'une élection partielle à l'autre, le mouvement centrifuge s'accentue. M. Mitterand s'approche de plus en plus d'une alliance générale avec les communistes, ses électeurs en prennent l'habitude et peut-être même le goût.

M. Lecanuet, en même temps, devient l'associé, réticent mais systématique, des gaullistes, sur qui il espère peser, mais dont ses électeurs se séparent de moins en moins.

Les leaders ont-ils suivi leurs troupes, ou l'inverse ? C'est une question académique. Il y a évidemment un mouvement dialectique : chaque indication récente du suffrage universel a poussé les leaders à infléchir leurs options tactiques, et chacun de ces infléchissements d'état-major a amplifié le mouvement électoral. Maintenant, nous sommes tout près d'une situation de coupure nette droite-gauche; alors qu'on pouvait concevoir, avant l'été, que l'essentiel des prochaines élections serait une certaine conjonction des centres. Les dés sont jetés : la Fédération de M. Mitterand sera l'alliée du Parti Communiste, le Centre Démocrate de M. Lecqnuet sera l'allié de la majorité gaulliste.

A qui profite cette affaire ?

Cette polarisation aux extrêmes assure d'avance un succès gaulliste; c'était le meilleur schéma possible pour les chefs de la majorité. Mais ce n'est pas le plus grave. Ce ralliement, de part et d'autre, s'étant opéré par simple « pesanteur », sans discussion réelle sur le fond, sans négociation sur les problèmes, l'influence de M. Lecanuet sur l'U.N.R. risque d'être négligeable, et M. Mitterrand modifiera peu de chose aux objectifs communistes. Pour le moment on commence par perdre sur les deux tableaux.

Et à plus long terme ? Nous nous orientons vers le bipartisme à la mode anglo-saxonne ou allemande. Avec des nuances diverses et des fractions, à l'intérieur de deux grandes masses électorales qui s'organiseront peu à peu. A droite, avec une U.N.R. qui perdra de sa rigidité à mesure que le départ du général de Gaulle approchera. A gauche, avec un Parti Communiste que la détente internationale — irréversible — ouvrira peu à peu à

certains changements. Ce bipartisme est, pour l'avenir, et en théorie politique, séduisant à bien des égards. Il n'a qu'un inconvénient, qui n'en est d'ailleurs pas un pour tout le monde, c'est d'assurer le pouvoir pour très longtemps à la droite.

Elle ne s'y trompe, d'ailleurs, pas. Elle en rêvait. Depuis toujours, M. Michel Debré souhaite un scrutin majoritaire à un tour pour imposer le bipartisme. Et dans une récente analyse, M. Giscard d'Estaing se penchait avec condescendance sur la gauche non communiste, dans les termes suivants : « La gauche non communiste a trop longtemps lorgné vers le centre, où étaient les opportunités d'action, mais aussi les complaisances. Elle n'était pas une véritable gauche. »

La « véritable gauche », pour lui et pour beaucoup d'autres, est celle qui se garde bien de s'approcher des « opportunités d'action » — autrement dit : du pouvoir. C'est celle qui a essentiellement pour vocation de revendiquer, de témoigner, non de gouverner. Une gauche aussi *morale* que possible, c'est l'opium du peuple, et aussi *irresponsable* que possible, c'est l'assurance de la droite.

Eh bien, nous y arrivons. Le fleuve retourne dans son lit : la classe dirigeante à l'occupation du pouvoir, et l'autre, à l'exercice de la protestation. Presque tout le monde, d'ailleurs, s'en satisfait; il est vrai que c'est plus confortable ainsi. La société française n'est moderne encore qu'en apparence. Le fond des choses demeure la ségrégation naturelle, le personnel est mal à l'aise à la table des maîtres, on ne mélange pas les torchons et les serviettes.

J.J.S.S. ∎

vocabulaire politique

La situation politique française.
Les prochaines élections.
La campagne électorale.
Le suffrage universel.
L'électorat français.
Un électeur; une électrice.
Un scrutin majoritaire à un tour.
Le bipartisme à la mode anglo-saxonne ou allemande.
Le mouvement électoral.
Une alliance générale.
La polarisation.
La classe dirigeante.
Les chefs de la majorité.
Les gaullistes.
Le centre.
La gauche non communiste.
Les communistes.

références politiques

Campagne électorale : en vue des élections législatives de mars 1967.

U.N.R. : parti fondé en 1958 pour soutenir la politique du général de Gaulle et qui devient ensuite le principal parti de la majorité; il a changé plusieurs fois de nom; U.D.-V[e] (en 1967); U.D.R. (en 1968); R.P.R. (en 1976).

Parti communiste : fondé en 1920 par une scission au sein du Parti socialiste S.F.I.O.; depuis 1958, trois secrétaires généraux : Maurice Thorez, Waldeck Rochet, Georges Marchais.

Mitterrand, François : V.p. 265.

Lecanuet, Jean : V.p. 264.

Élection partielle : a lieu entre deux élections nationales quand un siège à la Chambre des députés devient vacant.

Bipartisme : Système de deux partis dominants favorisé par un scrutin majoritaire à un tour (et de façon moins nette par un scrutin majoritaire à deux tours). Ce système tend à éliminer les petits partis et à créer une majorité parlementaire stable.

Debré, Michel : homme politique gaulliste; premier ministre de janvier 1959 à avril 1962.

Scrutin majoritaire à un tour : le candidat qui obtient le plus de voix est déclaré élu (majorité relative). Ce système s'oppose à la représentation proportionnelle, qui assure à chaque parti un nombre de sièges proportionnel aux voix.

l'art et la manière de convaincre

Que représentent les torchons? les serviettes?

Par quels moyens l'auteur amène-t-il son lecteur à admettre cette conclusion : « La Société française n'est moderne encore qu'en apparence. » (col. 3, lign. 42-43) ?

Observez la façon dont l'auteur s'identifie avec ses lecteurs en utilisant *nous* et *on*. Relevez-en des exemples.

Quel est l'effet produit par les tournures : *Et à plus long terme ?; Eh bien ?*.

Remarquez les expressions suivantes qui marquent une opposition ou une restriction : « *Contrairement à...; au contraire; ou l'inverse; alors que;* (un inconvénient) *qui n'en est d'ailleurs pas un.*

Apprenez des formules pour orienter l'attention du lecteur : *Laissons de côté... Ne cherchons pas à... Ce qui nous concerne, c'est...* (Au troisième paragraphe).

1967

Élections Législatives

1 er Tour de scrutin : 5 mars
Les gaullistes maintiennent ou améliorent leur nombre de voix; les communistes progressent et devancent la Fédération de la gauche.
Ve République :   37,7 % des suffrages
Centre Démocrate :   12,6 % des suffrages
Fédération de la gauche : 18,9 % des suffrages
Parti Communiste :   22,5 % des suffrages

2e Tour de scrutin : 12 mars
Avec 244 sièges sur 486, la Ve République garde d'extrême justesse la majorité absolue à l'Assemblée; la Fédération de la gauche passe de 91 à 126 députés et le Parti communiste de 41 à 73.

26 avril : le gouvernement demande au Parlement l'autorisation d'agir par ordonnances en matière économique et sociale jusqu'au 31 octobre 1967.

29 mai : les « Six » célèbrent à Rome le dixième anniversaire de la naissance du Marché commun.

2 juillet : le congrès de la SFIO refuse la fusion totale du Parti dans la Fédération de la Gauche démocrate et socialiste.

18 août : publication de trois ordonnances concernant l'intéressement des salariés aux bénéfices des entreprises qui les emploient.

26 novembre : l'UNR-UDT décide de s'appeler « Union des démocrates pour la Ve République ».

N° 819 - 27 février - 5 mars 1967

SOFRES: LA FUTURE ASSEMBLÉE

L'ENJEU
DES ELECTIONS

DES FRANÇAIS DE DEMAIN.
Toute nation a le gouvernement qu'elle mérite. » (Joseph de Maistre.)

8-14 mars 1965

2 Francs — N° 716

L'EXPRESS

LA
FRANCE
VOTE

PREMIER TOUR DES ELECTIONS MUNICIPALES, LE 14 MARS.
« C'est dans l'arène que le gladiateur prend sa décision. » (Sénèque.)

TOUS COMPTES FAITS

Le navire a été secoué, en huit jours, par deux lames successives et opposées. Tout le monde a forcément un peu la tête qui tourne. Ce qui se dit, de part et d'autre, est vrai et faux à la fois : il n'y a plus, à l'heure qu'il est, de réalité politique objective.

Le communiqué du Conseil des ministres met en valeur que le parti gouvernemental a « non seulement maintenu, mais amélioré le nombre de ses suffrages ». C'est vrai. Et qu'à l'Assemblée, il conserve « à lui seul la majorité des sièges »; c'est vrai aussi. Le deuxième tour ne doit pas faire oublier le premier, qui a marqué, après neuf ans d'exercice du pouvoir, un succès du gaullisme.

Pourtant, lorsque le communiqué du Parti Socialiste parle de « la victoire du 12 mars » et du « processus du déclin du gaullisme qui est désormais engagé » — c'est d'un excès un peu agaçant, mais ce n'est pas faux non plus.

Il est vrai que l'espoir a changé de camp. Et cette réalité subjective est, en politique, tout aussi forte que la réalité objective. Des faits aussi précis que le maintien remarquable des suffrages gaullistes et la majorité absolue à l'Assemblée ne paraissent pas, pour le moment, peser aussi lourd que le changement d'humeur : la majorité est triste, l'opposition est gaie.

Néanmoins, il faut revenir aux faits. Pour l'essentiel, ils sont peu nombreux :

1. - Ces élections ont confirmé le pouvoir du général de Gaulle. Il a à sa disposition tous les moyens d'y rester. Et il n'y a pas dans son caractère d'abandonner. La probabilité est donc que le pouvoir ne changera pas de mains de sitôt.

2. - Si le parti proprement gaulliste ne dispose que de 244 voix, à l'Assemblée, l'opposition, pour autant, ne dispose pas des 243 autres.

La gauche a exactement 126 députés fédérés et 73 députés communistes; ce qui fait, en les supposant unis, 199 sièges. Les 42 autres sont des centristes et des divers dont plusieurs ont été élus avec l'apport de voix gaullistes, et presque tous en prenant l'engagement public qu'ils ne rallieraient jamais une majorité avec les communistes. Il y a donc pour le parti gouvernemental une marge de manœuvre qui n'est pas si étroite.

3. - La gauche, unie au second tour dans une démonstration de discipline qui a impressionné, en est pratiquement restée à son score du deuxième tour des présidentielles de 1965 : 1 % de plus. C'est un score intéressant, mais qui demeure très insuffisant pour la conquête de la majorité.

A défaut d'avoir ces évidences à l'esprit, on risquerait une nouvelle illusion lyrique sans lendemain.

Mais elles ne sont pas les seules, et doivent être complétées.

4. - La performance de M. François Mitterrand ne peut pas se mesurer seulement aux chiffres globaux de voix atteints par la Fédération au premier tour (21 %) et par la gauche réunie au second (46 %) qui indiqueraient une stagnation. A l'intérieur de ces chiffres, il s'est produit une mutation politique.

Ces 21 % de la Fédération se portaient, avant, sur des candidats dispersés (radicaux, socialistes, R.G.R., etc.), ils se portent maintenant sur un seul candidat, ce qui change la situation par rapport au Parti Communiste et, par conséquent, la capacité de faire des élus.

Ensuite, le transfert des voix fédérées au second tour sur un candidat communiste est devenu presque égal à celui des voix communistes sur un autre candidat de gauche. Cela est tout à fait nouveau. C'est ce qui a bouleversé les pronostics des ordinateurs, qui ne s'étaient pas, jusque-là, trompés d'un demi-point. Si M. Mitterrand a opéré une petite révolution politique, elle est ici. Elle pourrait aller loin.

5. - La dernière constatation est plus circonstancielle. Elle a joué un rôle important dans les résultats, mais il ne faut pas trop l'extrapoler sur l'avenir. C'est l'agressivité antigaulliste d'une proportion considérable d'électeurs dits modérés. Elle a fait basculer beaucoup de sièges. Mais que demain la gauche, avec les communistes, paraisse vraiment sur le point d'arriver au pouvoir, il ne faudrait pas compter sur ces voix-là.

Bref, même en laissant de côté les humeurs, qui vont se dissiper, pour s'en tenir aux faits, le bilan de l'événement est équivoque. Ses divers éléments doivent être pondérés pour tenter une vue synthétique. Nous en proposerons une.

Il y avait, à gauche, deux écoles, et même, à vrai dire, trois. Chacune symbolisée par un homme.

La gauche de M. Defferre constatait : pas de majorité possible sans la conquête du centre.

La gauche de M. Mitterrand répondait : ce qui est prioritaire, c'est l'unité de la gauche, avec les communistes; c'est ce que les électeurs attendent de nous.

La gauche, enfin, de M. Mendès France contestait : tout cela reste au niveau de la tactique, il n'y aura pas de progrès décisif sans élaboration, d'abord, d'un programme réaliste pour gouverner.

Entre ces trois approches du problème de la conquête du pouvoir, les hommes de gauche étaient divisés entre eux. A qui l'événement a-t-il donné raison? Eh bien, curieusement, et honnêtement, à tout le monde.

M. Mitterrand a eu raison de manière assez éclatante. Son pari était le plus difficile. L'avoir gagné ne l'amène toujours pas près du pouvoir, mais il a engagé le processus du « dégel » du communisme en France, qui est riche de possibilités à terme.

M. Defferre avait, et a, raison. Entre 46 % et 51 %, il y a la marge qui sépare l'opposition chronique de la prise du pouvoir, et cette marge est au centre. Le maître du centre est le maître de l'Etat. Les travaillistes ont eu entre 40 et 48 %

des voix, pendant près de quinze ans, à chaque élection, sans jamais parvenir au gouvernement. Les socialistes allemands, pendant plus de vingt ans. Et la gauche italienne, de même.

Alors, on rejoint M. Mendès France, qui a raison lui aussi. A partir de l'unification électorale réussie de la gauche (Mitterrand) et de cette nécessité de conquérir le centre (Defferre), la seule méthode est l'approfondissement, par la gauche, d'un programme sérieux de gestion des affaires. Les cinq ou six points qui manquent, au suffrage universel, ne seront gagnés que par ce qu'on appelle la « crédibilité », à laquelle l'opposition n'est pas encore parvenue.

Il n'apparaît pas encore raisonnablement « crédible » que la Fédération et le Parti Communiste soient ensemble prêts à gouverner de manière sérieuse. Et la disparition du général de Gaulle ne ferait d'ailleurs qu'aggraver ce déficit de confiance que continue de subir la gauche. La passion antigaulliste améliore de façon éphémère le score de gauche. Contre un leader modéré, contre MM. Edgar Faure, Pompidou ou Giscard d'Estaing, la gauche, pour l'emporter, devrait apparaître autrement mieux préparée à l'exercice du pouvoir qu'elle ne l'est aujourd'hui.

En somme, l'événement des 5 et 12 mars, s'il n'a pas changé la propriété du pouvoir en France, a transformé, les termes du débat interne à la gauche; et c'est important. Il y avait trois écoles, il ne devrait plus y en avoir qu'une. Car la voie est tracée : élaborer une doctrine sérieuse de gouvernement; qui soit, ensuite, discutée à fond avec les communistes pour les mettre face aux responsabilités concrètes; et qui, si elle est raisonnable, emporte, à une prochaine échéance, les suffrages du centre.

Cette entreprise demandera davantage de temps qu'on ne l'imagine ces jours-ci, mais elle ne paraît pas irréalisable. Et il ne devrait plus guère y avoir de divergences, à gauche, sur la méthode à suivre. En matière, précieuse, de simplification, en voilà une.

J.J.S.S. ■

EN RETARD D'UNE GUERRE

Il y a eu, la semaine dernière, autour de l'inspection par le chef de l'Etat des divers éléments de notre « Force de Frappe » nucléaire, une atmosphère d'irréalité qu'il faut essayer d'analyser.

Le scepticisme sur l'utilité de tout cela, de cette machinerie si belle et si coûteuse, vient, au premier abord, du sentiment qu'elle ne sera jamais mise en œuvre militairement contre qui que ce soit, puisque ce serait l'assassinat instantané de la France.

Mais ce sentiment-là n'est pas suffisant pour justifier l'impression de « rococo » que l'on éprouve. Car le fameux argument de l'incertitude sur l'emploi qui, même faible, « suffirait à interdire à l'adversaire potentiel notre sanctuaire national », a une certaine subtilité persuasive qui ne peut pas, et ne doit pas, être balayée d'un revers de la main.

Ce qui est plus grave, et plus frappant, c'est le décalage *croissant* qui se développe devant nos yeux, et spécialement depuis trois semaines, entre les armes que nous fabriquons à grand-peine et celles que « l'adversaire potentiel » en question révèle à l'univers.

En octobre, on a appris que les Russes, comme les Américains, avaient mis au point un système de missiles antimissiles capable de protéger les principaux centres soviétiques contre les coups éventuels d'une puissance nucléaire de deuxième ordre, c'est-à-dire soit la Chine, soit la France. Ce qui sonne évidemment le glas du peu de crédibilité (du « degré d'incertitude ») que la Force de Frappe pouvait revendiquer. Et, depuis la semaine dernière, on sait, en outre, par le discours de M. McNamara et par le défilé du Jubilé sur la place Rouge, que les Russes ont les moyens de mettre leurs bombes H en orbite dans l'espace, d'où elles pourraient alors frapper sans qu'il n'y ait plus aucun préavis.

La rapidité fulgurante avec laquelle se sont ainsi développés et ces nouveaux moyens de défense des superpuissances, et leurs moyens nouveaux d'attaque, nous montre, d'une manière plus brutale que jamais, à quel point seul compte le potentiel économique et technologique dans la course aux armements elle-même. Combien, par conséquent, toute autre voie que la recherche systématique du développement industriel est illusoire, même du strict point de vue de la Défense nationale.

Or, au moment même où le chef de l'Etat s'assurait de ses propres yeux que nous avions bien quelques avions et quelques bombes, l'inspection de la vraie force de la France était faite par l'un des leaders autorisés du parti au pouvoir, qui en tirait une conclusion angoissée.

M. Albin Chalandon a fait, la semaine dernière, dans un rapport économique précis, le recensement de nos moyens de défense et d'attaque dans la compétition industrielle sauvage qui s'ouvre (« Dans 300 jours vendrons-nous encore ? » disent les affiches de mobilisation placardées depuis l'été sur nos murs). Il note, pour l'essentiel, ceci :

1. - Pendant plusieurs années, le gouvernement a laissé l'industrie française vivre dans l'euphorie, sans rien faire qui la prépare vraiment à l'affrontement. Résultat : beaucoup de nos entreprises arrivent à la date fatidique affaiblies, sans profit, sans trésorerie — exsangues.

2. - Le premier et principal choc des « gladiateurs » (où nos entreprises, précise M. Chalandon, lutteront non pour des médailles, mais pour leur vie, et où les vaincus resteront sur le carreau) sera avec l'Allemagne. Or le rapport de forces, pour ce combat imminent, lui paraît extraordinairement préoccupant. Les prix français, écrit-il, dépassent actuellement, pour un grand nombre de produits industriels, les prix allemands de 20 à 50 %.

Cette information est si grave que si M. Mitterrand l'avait livrée, personne ne le croirait. Mais c'est l'un des chefs du parti gaulliste qui l'annonce.

Plus importante encore est une autre conclusion de son enquête : actuellement, à chiffre d'affaires *égal*, les entreprises industrielles allemandes investissent *une fois et demie plus* que les entreprises françaises. Ce qui signifie que leur supériorité de puissance, déjà impressionnante, s'accroît encore.

3. - Alors, une question évidente vient à l'esprit : comment nos dirigeants ont-ils pu, sachant que la guerre industrielle était à l'horizon si proche, laisser la France dans un tel état d'impréparation ?

Réponse de M. Chalandon : d'abord, parce que nous avons continué, contre tout bon sens, de maintenir à grand prix des activités dépassées pour lesquelles nous ne pouvons plus être compétitifs ; ensuite, parce que nous avons voulu tenter de tout faire par nous-mêmes, alors que, dans les secteurs de haute technicité, l'efficacité exige le travail en commun avec d'autres pays.

Ainsi, toute analyse sérieuse, par-dessus les polémiques et les propagandes, aboutit bien à la conclusion, confirmée maintenant avec éclat par un gaulliste très fidèle, que nous sommes bien, comme en 1937, « en retard d'une guerre ».

La politique de la Force de Frappe, dite « d'indépendance nationale », a eu la priorité sur la politique « de compétitivité internationale » qui, seule, pouvait — et pourrait encore, bien sûr — nous préparer au vrai combat qui va décider de l'avenir de la nation.

On voit donc, peu à peu, le débat public se centrer sur l'essentiel : à quel danger prioritaire devons-nous faire face ? Vers quel objectif suprême faut-il faire converger les efforts du pays ?

Et c'est seulement lorsque cette question aura été tranchée, lorsque l'unanimité nationale se sera faite — il le faut — sur ce point capital, que le débat « politique », c'est-à-dire sur le choix des moyens, pourra reprendre à un autre niveau.

Nous aurons alors épousé, enfin, notre époque.

J.J.S.S. ∎

vocabulaire politique

Le Chef de l'État.
L'un des leaders du parti au pouvoir.
L'un des chefs du parti gaulliste.
Nos dirigeants.
Un gaulliste très fidèle.
L'unanimité nationale.
La « Force de Frappe » nucléaire.
L'adversaire potentiel.
Une puissance nucléaire de deuxième ordre.
Les nouveaux moyens de défense.
Les nouveaux moyens d'attaque.
Les superpuissances.
La course aux armements.
La Défense nationale.
La politique « d'indépendance nationale ».

références politiques

McNamara, Robert : Secrétaire d'État américain à la Défense.

Jubilé sur la place Rouge : défilé militaire sur la place Rouge, à Moscou, pour fêter le cinquantième anniversaire de la révolution d'Octobre.

Chalandon, Albin (né en 1920) : banquier (président de la Banque commerciale de Paris, 1964) et homme politique; secrétaire général de l'U.N.R. (1959), il devient député en 1967 et ministre, d'abord de l'Industrie, puis de l'Équipement et du Logement, de 1968 à 1972.

Dans 300 jours ; date fatidique : le 1er juillet 1968, suppression totale des droits de douane entre les pays membres de la C.E.E.

1937 : l'armée française ne s'était pas modernisée en s'équipant des nouvelles armes blindées qui ont permis une victoire rapide à l'armée allemande en 1940.

l'art et la manière de convaincre

Trouvez les phrases clefs qui résument l'argument principal de l'auteur.

Comment pourrait-on caractériser cet argument ? A-t-il « une certaine subtilité persuasive » ?

Sous quel angle l'auteur présente-t-il les arguments pour et contre la « Force de Frappe » ?

Dans quel but J.-J. S. S. accorde-t-il une telle autorité à M. Chalandon ?

Comment résume-t-il le rapport présenté par celui-ci ?

Qu'est-ce que la France aurait dû faire pour éviter d'être « en retard d'une guerre » ?

Relevez des expressions contenant un adjectif émotif comme « une conclusion angoissée ». Quel rôle jouent-elles dans le texte ?

1968

Les événements de mai : V.p. 121.

Élections Législatives

1er Tour de scrutin : 23 juin
UDR, R I : 46 % des suffrages
Centre PDM : 10,3 % des suffrages
Fédération de la gauche : 16,5 % des suffrages
Parti Communiste : 20 % des suffrages

2e Tour de Scrutin : 30 juin
Victoire écrasante des gaullistes (U.D.R.), des Républicains Indépendants (R. I.) et de leurs alliés qui occupent 358 des 485 sièges de la nouvelle Assemblée. Pour la première fois, un parti unique, l'U.D.R., obtient la majorité absolue (294 sièges). La Fédération de la gauche perd 61 sièges et le Parti communiste 39.

1er juillet : suppression des derniers droits de douane entre les Six pays membres de la C.E.E.

1er juillet : signature du Traité de non-prolifération des armes nucléaires par 62 nations. La France ne le signe pas. (Le 24 août, explosion de la première bombe H française à Mururoa dans le Pacifique.)

10 juillet : M. Georges Pompidou remet la démission de son gouvernement au général de Gaulle, qui désigne M. Maurice Couve de Murville comme Premier ministre à la place de M. Pompidou. M. Edgar Faure devient ministre de l'Éducation Nationale.

3 octobre : M. Alain Poher, centre démocrate, est élu président du Sénat.

10 octobre : la loi d'orientation de l'enseignement supérieur est adoptée par l'Assemblée nationale.

7 novembre : M. François Mitterrand abandonne la présidence de la Fédération de la gauche.

22 décembre : le congrès national de la S.F.I.O. décide la création d'un « parti socialiste » rénové.

IL S'AGIT DU POUVOIR

La jeunesse intimide. Quand elle gronde et s'insurge, personne n'ose lui donner tort. Et c'est bien ainsi.

Les multiples analyses qui ont accompagné en une semaine le soulèvement des étudiants font ressortir quelques remarques générales :

1. - Quand des dizaines de milliers d'étudiants prennent ensemble des risques aussi violents, il n'y a plus d'explication partielle qui tienne. Ni la dénonciation des « meneurs » ou des « extrémistes » ni l'absence de « réformes » de telle ou telle faculté. A une pareille vague de fond correspond sûrement une explication de fond.

2. - Les responsables sont, si l'on ose dire, les responsables. C'est-à-dire les hommes qui ont détenu le pouvoir de faire ou de ne pas faire les choses depuis la Libération, depuis maintenant vingt-trois ans. Ce n'est pas le changement d'un recteur de faculté ni l'autocritique d'un ministre de l'Education qui répondent à la question. La société est mal fichue, il faut largement la reconstruire. Problème politique par excellence.

3. - L'âge moderne, les transformations scientifiques et technologiques, l'accélération du rythme de changement en toutes choses (des mathématiques à l'industrie) ont entraîné la dislocation inévitable des notions fondamentales de *tradition* et *d'autorité*. L'enseignement ne peut plus, ni dans la famille ni à l'école, être magistral ; il doit se fonder sur des structures nouvelles de *dialogue*.

Ces leçons ont été tirées par tout le monde, et il est bon qu'elles soient ainsi indéfiniment répétées. On finira par les entendre. Peut-être faut-il simplement, pour les éclairer, s'arrêter sur ce mot clé de « dialogue ».

C'était un mot magnifique — que nous venons de perdre. Quand un gouvernement envoie la police à la Sorbonne au nom du respect nécessaire de l'ordre pour « instaurer le dialogue » ; et que des milliers de jeunes gens partent à l'assaut des institutions, entraînés par ceux d'entre eux qui ont dénoncé le « dialogue » comme étant une duperie ; quand le « oui au dialogue » est devenu le cri des conservateurs, et le « non au dialogue » celui des insurgés ; quand l'idée même de dialogue est ainsi devenue une frontière entre ceux qui sont satisfaits de l'ordre des choses et ceux qui ont encore la volonté de le changer — alors, le problème est au-delà.

Le dialogue, évidemment indispensable, suppose la confiance. Il ne peut s'épanouir que si l'on croit à la volonté du partenaire d'en tirer loyalement les conséquences pour l'action. Sinon, c'est du simple défoulement, et ce stade est dépassé.

Or c'est la confiance qui n'existe plus. Le dialogue est ruiné. Jusqu'au moment où il sera fondé sur quelque chose qui viendra remplacer la confiance détruite : l'assurance concrète de participer aux décisions, et de contrôler leur exécution.

Si l'on cherche d'où vient cette extinction de la confiance, qui explique tout le reste, on trouve. Aussi loin qu'un adulte aujourd'hui puisse se souvenir, ou que son père ait pu le lui raconter, la politique a été un mensonge. Pas seulement en France, mais dans toute l'Europe ; et, au-delà, dans le monde industriel de l'Est comme de l'Ouest (le monde non industriel étant encore pire, mais avec des circonstances atténuantes).

On a menti, ici, pendant trois quarts de siècle sur « l'Empire colonial », qui était à la fois une entreprise de répugnante oppression et une source d'affaiblissement du pays ; on a menti sur « la victoire de 1918 », qui avait été payée de carnages si affreux qu'ils signifiaient l'abaissement définitif de la nation ; on a menti sur « la bonne gestion » de Poincaré et de ses pairs, qui ont, sous le prétexte fallacieux de la stabilité, achevé d'affaiblir la France en diminuant — cela paraît presque incroyable — de 20 % sa production industrielle entre les deux guerres ; on a menti avec « le Front populaire », qui a lâché les Républicains espagnols pour commencer, et qui a conduit la France à Munich et à Pétain pour finir ; on a menti à « la Libération », en installant, au lieu d'une volonté passionnée et lucide, enfin réveillée après tant de fautes et de drames, le chancre des guerres coloniales et la leucémie de l'inflation. On a menti le 6 février 1956, on a menti encore le 13 mai 1958 ; on continue, en 1968, de mentir toujours, d'un côté et de l'autre, quand on prétend construire une indépendance politique alors qu'on en abandonne les bases économiques à la colonisation extérieure ; ou quand on songe encore à la bureaucratie soviétique d'il y a vingt ans comme voie vers la justice et l'épanouissement.

Après tant de dizaines et de dizaines d'années de mensonges, on ne peut plus proposer un dialogue qui suppose la confiance. Les paysans n'y croient plus, les mineurs n'y croient plus, les employés des postes n'y croient plus ; et, moins qu'eux tous, les Etudiants.

Ce qui est vrai ici l'est bien davantage encore dans le corps politique allemand, qui a connu des drames plus atroces et continue de vivre sur des truquages officiels plus patents ; dans l'Université italienne, où le corps enseignant se déshonore par son absence non dissimulée d'intégrité financière ; et, bien entendu, en Espagne et en Pologne, où le mensonge n'est pas seulement une technique du pouvoir, où il est au pouvoir.

La question n'est donc plus celle du contenu des réformes, qui, comme pour l'autonomie octroyée aux anciennes colonies, est dédaigné. Elle n'est plus même celle de l'élaboration des réformes par la libre discussion car le crédit minimum indispensable est épuisé. Le problème est celui du *pouvoir*.

Il faudra désormais le partager, si l'on veut préserver les chances d'une cohérence sociale qui évite à tout le monde des déchirements et des régressions qui engloutiraient ici une ou deux générations dans le gaspillage des énergies et des cerveaux, comme le stalinisme a saigné trois générations de Soviétiques.

Proposer le pouvoir aux insurgés (paysans, mineurs, femmes, chômeurs, étudiants, etc.), c'est trouver le moyen réel, concret, indiscutable, de les faire participer à la prise des décisions politiques, puis leur donner les instruments permanents d'un contrôle de l'exécution. C'est une nouvelle démocratie qu'il s'agit d'inventer.

Et pour cette invention elle-même, il faut incorporer la participation et le contrôle : plus personne ne peut prétendre connaître d'avance les réponses. Et le pouvoir est sans légitimité reconnue. Il n'y a plus rien à perdre.

Si l'on veut prendre une chance d'éviter l'incohérence, c'est en diffusant, le plus concrètement possible, les responsabilités politiques, en les redistribuant. En ce sens, la situation est d'ordre révolutionnaire.

Il s'agira, pour y répondre, d'un acte d'imagination. L'avenir s'ouvrira si l'on est prêt non seulement à prendre, mais à offrir, les plus grands risques.

J.J.S.S. ∎

vocabulaire politique

Le soulèvement des étudiants.
Une situation révolutionnaire.
Les « meneurs ».
Les « extrémistes ».
Le cri des insurgés.
Le cri des conservateurs.
Le respect de l'ordre.
Les hommes qui détiennent le pouvoir.
Le corps politique.
Les responsabilités politiques.
Une indépendance politique.
Participer aux décisions.
Participer à la prise des décisions politiques.
La participation.
Instaurer le dialogue.
Les réformes.
L'autonomie.
Une nouvelle démocratie.

références politiques

Le soulèvement des étudiants : voir aussi *La Société contestée* p. 115.

La Libération : qui met fin, en 1944, à l'occupation nazie de la France.

Ministre de l'Éducation : en raison des manifestations des étudiants, M. Alain Peyrefitte, ministre de l'Éducation nationale, présente au Premier ministre sa démission le 11 mai.

L'Empire colonial : c'est-à-dire les pays colonisés par la France en Afrique, en Indochine, etc.

La victoire de 1918 : la fin de la Première Guerre Mondiale.

Poincaré, Raymond (1860-1934) : président de la République de 1913 à 1920; président du Conseil en 1912, de 1922 à 1924 et de 1926 à 1929.

Le Front populaire : union des partis de la gauche, qui, avec Léon Blum, triomphe aux élections législatives de 1936.

Munich : lors de la Conférence de Munich (septembre 1938), la France, l'Angleterre, et l'Italie, ont permis à l'Allemagne d'annexer la Tchécoslovaquie.

Pétain : le maréchal Pétain demande l'armistice le 17 juin 1940.

6 février 1956 : le Président du Conseil, M. Guy Mollet, est l'objet de manifestations violentes pendant la visite qu'il fait en Algérie où les Algériens mènent une guerre d'indépendance depuis 1954.

13 mai 1958 : tentative de coup d'État par des militaires français à Alger; ce qui provoque la fin de la IVe République.

Le Stalinisme : politique de Joseph Staline (1879-1953).

l'art et la manière de convaincre

En quoi consiste la force du premier paragraphe ?

Dans quel but l'auteur commence-t-il l'exposition de la situation par « quelques remarques générales » (col. 1, lign. 8) ?

Ensuite, il développe trois thèmes. Lesquels ?

Pourquoi, à votre avis, J.-J. S. S. utilise-t-il très souvent dans ce texte le pronom impersonnel *on*, des tournures impersonnelles et la forme passive ?

Quel est l'effet obtenu par la répétition de l'expression « on a menti » ?

Qu'est-ce qui caractérise les exemples cités de mensonges ?

Définissez le ton général du texte.

N° 888 - 15-21 juillet 1968

2,50 Francs

L'EXPRESS

POMPIDOU: LE DEPART

M. GEORGES POMPIDOU,
« Dieu est avec les patients. » (Le Koran.)

ET LE 13 MAI 1978 ?

Un crime a été commis. A un moment donné et par quelqu'un — nous allons chercher où et qui — l'espoir de mai a été étranglé.

Car rien ne peut, surtout aujourd'hui, nous faire oublier ce qu'il y avait d'incontestablement sain, au milieu des désordres et des excès, dans cette révolte de la jeunesse contre le carcan d'une société figée, contre la rigidité des structures économiques et culturelles, contre une impuissance désolante à s'ouvrir au changement, à épouser les temps modernes. Que ce sursaut bienfaisant se soit transformé, un mois plus tard, dans le scrutin, en panique pure et simple, n'est pas normal.

Que reste-t-il, au plan politique, des espérances, des nouveautés, des audaces nécessaires que charriait avec lui le puissant fleuve de mai? Rien. Beaucoup, sans aucun doute, dans les esprits, et aussi bientôt, il faut le croire, dans les mœurs, les méthodes de travail, les inventions sociales — mais, dans l'organisation parlementaire et gouvernementale, rien. Comment se fait-il, et qui est responsable?

On est toujours tenté, devant un résultat électoral de cette nature, d'accuser les électeurs — c'est-à-dire les Français. Seulement, cela n'a pas de sens.

Certes, on se souvient immédiatement que « les Français » ovationnaient leur président d'alors, Edouard Daladier, lorsqu'il rentrait du Bourget sur Paris après avoir signé le pacte de Munich avec Hitler. Et il en était lui-même si navré qu'il dit, dans sa voiture découverte entourée d'enthousiasme, à son ministre des Affaires étrangères : « Les malheureux! S'ils savaient... »

On se souvient aussi que « les Français », et spécialement à Paris, n'hésitaient pas un instant, en pleine année 1944, quelques semaines à peine avant le débarquement allié, entre le vieux chef d'Etat qu'ils aimaient et le faible mouvement de la France Libre. Jusqu'au bout, Pétain, lui aussi, fut plébiscité.

Mais ces souvenirs eux-mêmes qui feraient, comme le scrutin de dimanche, douter de la santé mentale de la nation, ne prouvent rien. Il n'y a pas de mauvais peuple, il n'y a que de mauvais bergers. Un peuple ne se trompe pas, il est trompé. Il ne peut, aux urnes, que se prononcer entre des choix qu'on lui offre, il ne peut pas en fabriquer d'autres.

Si ce n'est pas la faute des Français, ce n'est pas, bien entendu, non plus la faute du général de Gaulle. Il a joué son jeu, et il l'a bien joué. De la faillite complète, presque incroyable, dans laquelle baignait son système fin mai, il a tiré, fin juin, un triomphe. Qui songerait à le lui reprocher?

Et pourtant, les faits sont là, paradoxaux, mais irrécusables. Et dans l'ordre suivant : d'abord, l'échec, sans aucune comparaison ni précédent dans l'Europe industrielle, du régime français dont tous les rouages ont soudain grippé, plus même qu'on ne pouvait le craindre et l'annoncer; ensuite, et pour sortir de la brutale paralysie, les accords de Grenelle, qui ont à la fois distribué des avantages fallacieux et fait déraper la France hors de la voie de la compétition, et du progrès, où elle entrait à peine; enfin, après cet échec multiplié par cet affolement, la caution étonnante accordée par le pays, dimanche, aux hommes responsables de l'un et de l'autre. Voilà les faits. Comment peut-on les expliquer?

Il n'y a pas le choix, et il n'y a plus même d'ambiguïté : c'est la carence de l'opposition, et singulièrement de la gauche. Si crime il y a eu contre l'espoir de mai, et tout simplement contre l'avenir du pays, c'est la direction politique de la gauche qui en porte la responsabilité.

Elle n'a su, à aucun moment, « gouverner » le mouvement de mai, ni l'exprimer, ni le décanter, ni l'orienter. Elle a paru sans prise, d'un bout à l'autre, sur l'événement. Embarrassée d'une idéologie sans correspondance avec ce qui se produisait, volontairement étrangère, aussi, à l'intelligence des mécanismes du développement industriel, incapable, par conséquent, de faire entre les deux la délicate mais indispensable synthèse, elle ne parut à personne être porteuse d'un projet de civilisation, et pas même de gouvernement provisoire.

Les Français, dimanche, n'ont pas tant voté *pour* de Gaulle, en qui leur confiance est forcément très ébranlée, depuis le deuxième 13-Mai, ils l'ont fait, et avec brutalité, *contre* la gauche telle qu'elle se présentait à eux. Ils ont voté pour ce qui leur est apparu, semble-t-il avec éclat, comme le moindre de deux maux.

La victoire de la majorité est, si on l'analyse au fond, précaire. Elle a été acquise dans la précipitation, elle ne règle aucun des problèmes dramatiques que la conduite de cette majorité elle-même avait créés pour le pays. Mais la défaite de la gauche n'est pas. Elle n'est ni précaire ni accidentelle. Elle est une vérité de fond.

L'explosion de mai aurait fait craquer n'importe quel gouvernement et n'importe quel régime s'il y avait eu, en face, une autre option cohérente. Il est clair qu'il n'y en avait pas.

Il n'est de l'intérêt de personne que la France continue d'être condamnée à être le seul pays d'Europe occidentale à n'avoir aucun choix politique. C'est une situation intolérable pour un peuple, et plus encore pour sa jeunesse. Après le 13 mai 1958, et le 13 mai 1968, il faut espérer que les hommes qui ne renoncent pas à ce qu'il y ait, dans ce pays comme dans les autres, un parti du peuple, et du progrès, n'attendront pas le 13 mai 1978 pour réagir. En commençant par réfléchir.

J.J.S.S. ∎

vocabulaire politique

L'espoir de mai.
Le mouvement de mai.
L'explosion de mai.
La révolte de la jeunesse.
La rigidité des structures économiques et culturelles.
L'organisation parlementaire et gouvernementale.
Lé scrutin.
Le scrutin de dimanche.
Aller aux urnes.
Un résultat électoral.
Les électeurs.
La victoire de la majorité.
La défaite de la gauche.
La direction politique de la gauche.
Un parti du peuple.
Un parti du progrès.
Une idéologie.
Un choix politique.

références politiques

L'espoir de mai : les événements de mai 1968, V.p. 121.

Le scrutin : les élections législatives de juin 1968 qui sont un triomphe pour les gaullistes et les partis conservateurs; après la crise sociale de mai, une forte majorité des électeurs votent pour l'ordre et la stabilité.

Daladier, Édouard : président du Conseil de 1938 à 1940, il représente la France à la conférence de Munich de 1938 qui autorise l'annexion par Hitler d'une partie de la Tchécoslovaquie. Le compromis de Munich ne préserve la paix en Europe que pendant un an; la guerre éclate en 1939.

Le Bourget : l'aéroport du Bourget.

Le débarquement allié : les troupes alliées débarquent en Normandie le 6 juin 1944.

Le vieux chef d'État : le maréchal Pétain (1856-1951), chef du gouvernement français pendant l'Occupation nazie.

La France libre : mouvement de Résistance fondé par le général de Gaulle et hostile au gouvernement de Pétain qui collaborait avec les vainqueurs nazis.

Le général de Gaulle : président de la République.

Les accords de Grenelle : le 27 mai, signature d'un accord entre le gouvernement, le patronat et les syndicats sur l'augmentation du S.M.I.G. et des salaires, la réduction des horaires et l'abaissement de l'âge de la retraite. Le gouvernement espérait ainsi mettre fin à la grève générale.

La carence de la gauche : le Parti communiste et le Parti socialiste, n'ayant pas compris au début l'importance de la révolte de mai inspirée et dirigée par les gauchistes, n'avaient pas préparé de nouveaux programmes politiques et sociaux en fonction de cette situation.

Le 13 mai 1958 : révolte militaire à Alger qui provoque la fin de la IVe République et le retour au pouvoir du général de Gaulle.

Le 13 mai 1968 (« le deuxième 13-Mai ») : réouverture et occupation par les étudiants de la Sorbonne fermée depuis les violents affrontements entre la police et les étudiants qui ont eu lieu le 3 mai; également le 13, des défilés rassemblent à Paris et en province des centaines de milliers d'étudiants, de lycéens et de travailleurs.

l'art et la manière de convaincre

Quels sentiments J.-J. S. S. a-t-il voulu susciter chez le lecteur au moyen de la métaphore dramatique du premier paragraphe ?

A quel moment introduit-il le sujet précis de l'éditorial ?

Quelle est la valeur du mot *rien* (col. 1, lign. 24) ? Pourquoi l'auteur modifie-t-il ce jugement absolu dans la phrase suivante ?

Dans quel ordre l'auteur présente-t-il les trois « responsables » possibles ? Comment élimine-t-il les deux premiers ?

Quel est le rapport entre la conclusion (le dernier paragraphe) et le reste de l'éditorial ?

Relevez des exemples des procédés de l'énumération et de l'accumulation.

Observez l'emploi de *d'abord, ensuite* et *enfin* dans la présentation des faits (col. 2 lign. 22-40). Comparez l'emploi d'*aussi* et de *par conséquent* (col. 3 lign. 3-10).

Cet éditorial et *Tous comptes faits* (p. 205) présentent les résultats d'une élection. Comment expliquez-vous la différence de ton entre les deux textes ?

Jean-Jacques Servan-Schreiber pendant sa campagne électorale, à Nancy, en Juin 1970. Dédicace le Manifeste Radical après une réunion.

1969

2 mars : premier vol à Toulouse de l'avion supersonique Concorde.

Référendum du 27 avril sur la régionalisation et la réforme du Sénat.
Votes oui : 47,58 % des suffrages exprimés
Votes non : 52,41 % des suffrages exprimés
Abstentions : 19,4 %

28 avril : le général de Gaulle démissionne de ses fonctions de président de la République.

10 mai : le général de Gaulle part pour l'Irlande où il séjournera pendant toute la campagne présidentielle.

Élection Présidentielle

1er Tour de scrutin : 1er juin
Georges Pompidou (candidat gaulliste) : 44,4 % des suffrages
Alain Poher (candidat centriste) : 23,3 % des suffrages
Jacques Duclos (candidat communiste) : 21,3 % des suffrages
Gaston Deferre (candidat socialiste) : 5 % des suffrages

2e Tour de scrutin : 15 juin
Georges Pompidou : 58,2 % des suffrages
Alain Poher : 41,7 % des suffrages

21 juin : M. Jacques Chaban-Delmas est nommé Premier ministre. V. Giscard d'Estaing revient au gouvernement comme Ministre de l'Économie et des Finances.

11-13 juillet : le congrès du Parti socialiste indique une volonté d' « ouverture à gauche ».

16 septembre : M. Chaban-Delmas à l'Assemblée parle du projet d'une « nouvelle société ».

2 octobre : à l'Assemblée le groupe du nouveau parti socialiste remplace celui de la F.G.D.S. M. Mitterrand refuse de s'y apparenter.

N° 929 · 28 avril · 4 mai 1969

2,50 Francs

APRÈS LUI, QUI ?

« L'ingratitude envers les grands...

N° 925 · 31 mars · 6 avril 1969

2,50 F

L'EXPRESS

document
le mois qui a fait craquer johnson

OUI ou NON ?
le dossier du référendum

« Ce serait une imprudence de n'employer pas toutes ses forces où l'on hasarderait toute sa fortune. »
(Cardinal de Retz)

N° 928 · 21-27 avril 1969

L'EXPRESS

la fronde des commerçants

LES CHANCES DU «NON»

LA FAMILLE GAULLISTE DIVISÉE.
« Il ne faut tirer de rien... » (Alfred de Musset)

DÉTOURNEMENT D'ESPÉRANCE

Il est, d'ores et déjà, très probable que, de toutes les « questions de confiance » posées au pays par le général de Gaulle « depuis près de trente ans », celle-ci va obtenir, dimanche en huit, la réponse la plus médiocre. Comment se fait-il?

Il y a là, au premier abord, une sorte de mystère. Du moins si l'on s'en tient aux simples données de l'équation du référendum. Il semble, en effet, qu'on puisse les énumérer ainsi :

1. - La grande majorité des Français est favorable à la régionalisation.

2. - La grande majorité des Français se soucie fort peu du Sénat.

3. - La grande majorité des Français ne ressent pas vraiment les objections juridiques.

4. - La grande majorité des Français a voté, il y a neuf mois à peine, pour le maintien du gaullisme.

Sur cette trame de fond, qui ressemble à un tapis de billard, il se trouve qu'en plus le Général a joué avec finesse et efficacité. Il a replacé, très justement, la renaissance des régions de France, et la question du Sénat, dans une perspective historique non surfaite, qu'on a suivie avec intérêt et à laquelle on est prêt à adhérer. C'est d'ailleurs une grande supériorité intellectuelle qu'il manifeste, dans des occasions comme celles-ci, sur la plupart de ses adversaires : il s'efforce d'élargir et d'élever le débat pour dominer les arguments de circonstance; c'est la bonne manière.

Bref, tout paraît se présenter le mieux possible pour lui. Pourtant, il va perdre.

Non qu'une majorité hostile soit probable, mais parce qu'une majorité boudeuse l'est, qui altérerait gravement l'image triomphante de la consultation électorale de juin dernier. De Gaulle aura donc commis une erreur stratégique, en croyant, par ce référendum, renforcer son emprise sur une nation troublée. Et — il le savait autrefois mieux que personne — ce genre de faute se paye, à la politique comme à la guerre.

Quelle est l'origine de ce faux calcul? En quoi consiste-t-il? A quel moment le Général s'est-il trompé?

La réponse gouailleuse des opposants les plus passionnés est qu'il « avait un référendum rentré » depuis mai dernier. Ce n'est pas très satisfaisant. On a intérêt, pour tenter d'y voir clair, à ne jamais sous-estimer le général de Gaulle. Il doit s'être déterminé pour des raisons plus sérieuses.

En se situant dans sa perspective, telle qu'il l'a décrite encore une fois jeudi, il faut lui prêter une intention supérieure.

Il a ressenti, profondément, ce qu'il appelle à juste titre « l'éruption de mai ». Il lui a accordé une importance historique. Il y a retrouvé les vieilles et vastes interrogations philosophiques qu'il portait en lui depuis longtemps sur la place de l'homme dans les mécanismes de production, sur la nature du lien entre le capital et le travail, entre la productivité et le bonheur. Il a conçu la grande ambition d'être l'auteur de la «réponse française de notre époque». Réponse à un appel qui vient des profondeurs, et dans le monde entier, vers une organisation de la vie en société qui réconcilie, dans une synthèse qui pourrait marquer la fin de ce siècle, le progrès industriel, indispensable et féroce, avec la difficile fraternité des hommes qui peut en être soit la victime, soit l'enfant.

Le Général a mis un mot sur cette voie qui est à découvrir — et qu'il estime, à tort, être la « troisième » — c'est : la participation. Adoptons-le pour le moment. C'est un mot noble, comme l'idée qu'il traduit, et il n'est pas inexact.

Or cette participation, à tout le moins, exige, pour de grands amendements à l'organisation sociale, un effort collectif de réflexion, une prise de conscience de l'enjeu, une décision calme et grave; elle exige d'accomplir un acte positif, clarificateur, dans l'histoire remplie des bruits et des fureurs de notre fascinante époque. Pouvait-on interpréter le vote des Français en juin dernier, dominé par la panique, déclenché par un appel quasi militaire, comme l'approbation histo-

rique, consciente et volontaire, du projet à long terme de « participation »? Evidemment non. Et c'est en quoi le général de Gaulle eut raison de ne pas vouloir s'en tenir à ce verdict.

S'il veut amener les Français à signer entre eux, sur sa suggestion, une sorte de nouveau « contrat social » renouvelé par les exigences et les chances qu'apportent avec elles l'industrie et la science, il faut les interroger spécialement, hors de toute crise, et le référendum est une technique adéquate. Jusque-là, on peut suivre son raisonnement, ou son intuition; et déchiffrer les motifs de sa démarche.

Mais jusque-là seulement. Car, entre ce raisonnement et la question qui nous est posée pour le 27 avril, il y eut dérapage. Ni la réforme régionale, mal agencée, superficielle, ni la création d'une Chambre corporative, émettant des avis, ne présentent un rapport cohérent avec l'organisation d'une société moderne à vocation participatrice. Alors non seulement le décalage paraît considérable entre un habillage si ample et un corps si maigre, mais on se trouve vivement heurté par ce qui ressemble à une supercherie.

On se sent doublement trompé. On éprouve le sentiment que pour obtenir, au meilleur compte, une majorité de oui, l'auteur du référendum s'est livré à un astucieux double jeu : sous le drapeau, attirant pour beaucoup, de la « participation », il propose un projet de loi tout mince, pour ne heurter presque personne; et il escompte donc faire le plein.

C'est ainsi qu'on nous présente comme un « problème national capital », comme l'un des grands actes d'une série « d'initiatives et de risques exceptionnels » remontant à Juin 40, ce qui n'est qu'une réforme de deuxième ordre. C'est ainsi qu'on heurte le bon sens, et, par conséquent, l'esprit de confiance auquel on fait appel. Il y a détournement de crédit, de pouvoir, et, pour ainsi dire, d'espérance. Voilà une grande faute.

J.J.S.S. ∎

vocabulaire politique

Un référendum.
Une consultation électorale.
Une perspective historique.
Élargir et élever le débat.
Le maintien du gaullisme.
Les opposants.
La grande majorité des Français.
Une majorité hostile.
Une majorité boudeuse.
Une majorité de oui.
Le Sénat.
Être favorable à la régionalisation.
La renaissance des régions de France.
La réforme régionale.
La participation.
L'organisation sociale.
Un contrat social.
Un effort collectif de réflexion.
Une crise.
Un projet de loi.
Une réforme de deuxième ordre.

références politiques

Le référendum : il s'agit du référendum du 27 avril 1969 sur la régionalisation et une réforme du Sénat qui provoque la démission du général de Gaulle le 28 avril. .

Les objections juridiques : le Conseil d'État avait donné un avis négatif sur le recours au référendum pour la réforme du Sénat.

Il y a neuf mois ; la consultation électorale de juin dernier : les élections législatives de juin 1968 qui ont donné une victoire écrasante au parti gaulliste.

Il « avait un référendum rentré » : il voulait organiser un référendum qui montrerait que sa popularité n'avait pas diminué à la suite des événements de mai 1968.

La participation : il s'agit de la participation des travailleurs aux comités de gestion et aux bénéfices de l'entreprise où ils sont employés.

Un nouveau « contrat social » : c'est Jean-Jacques Rousseau (1712-1778) qui a élaboré l'idée d'un contrat social qu'il définit ainsi : « Trouver une forme d'association qui défende et protège de toute la force commune la personne et les biens de chaque associé, et par laquelle chacun, s'unissant à tous, n'obéisse pourtant qu'à lui-même et reste aussi libre qu'auparavant ».

Juin 1940 : le général de Gaulle refuse d'accepter l'armistice avec les Allemands et lance le célèbre appel du 18 juin.

l'art et la manière de convaincre

En vous référant au texte, illustrez les démarches suivantes :

Si l'on cherche à expliquer un certain comportement, on peut commencer par énumérer les données de la situation.

Ensuite on peut poser les problèmes au moyen d'une série de questions.

Alors on considère des explications qui ne sont pas satisfaisantes avant de passer à l'analyse des intentions de la personne en question et de donner enfin son avis personnel.

J.-J. S. S. écrit que « c'est la bonne manière » de s'efforcer « d'élargir et d'élever le débat pour dominer les arguments de circonstance » (col. 1 lign. 38-41). Montrez qu'il adopte lui-même cette démarche dans cet éditorial.

A partir de quel moment est-il difficile de suivre le raisonnement du général de Gaulle ?

Comment l'auteur met-il en relief l'assertion qu' « il va perdre » (col. 1 lign. 44) ?

Observez au dernier paragraphe l'emploi et la répétition de l'expression *C'est ainsi que*. Quelle en est la fonction ?

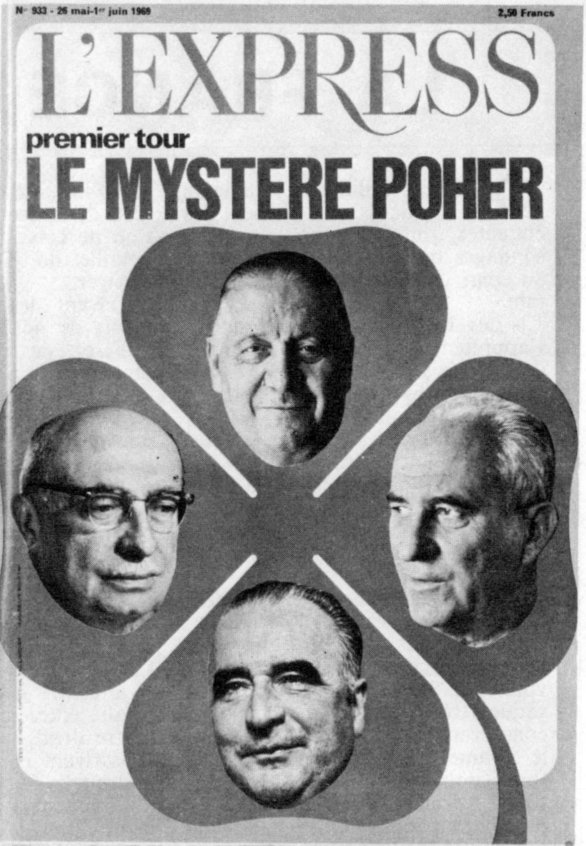

N° 933 - 26 mai-1er juin 1969   2,50 Francs

L'EXPRESS

premier tour
LE MYSTERE POHER

23-29 septembre 1968   2,50 Francs

L'EXPRESS

NTRETIEN
VEC MARCUSE

LES PREUVES D'EDGAR FAURE

LE MINISTRE DE L'ÉDUCATION NATIONALE.
« Je vois qu'il n'y a que M. Turgot et moi qui aimons le peuple. » (Louis XVI)

N° 930 - 5-11 mai 1969

L'EXPRES
...iciers parlent...

LA COURSE AU POUVOIR

M. GEORGES POMPIDOU, CANDIDAT A LA PRÉSIDENCE DE LA RÉPUBLIQUE.
« Les temps changent, et nous changeons avec eux. » (Lothaire Ier, petit-fils de Charlemagne.)

LA FRANCE D'EDGAR FAURE

Deux faits politiques, d'ailleurs concordants, se détachent des enquêtes, informations, analyses, sondages qui auscultent la France au cœur de cette campagne électorale.

1. - Les trois quarts des Français s'apprêtent à voter pour un candidat conservateur. C'est ce que donne l'addition des clientèles actuelles de MM. Pompidou et Poher.

2. - Si, au deuxième tour, M. Pompidou se trouvait, non pas face à M. Poher, mais face à un candidat de gauche, il l'emporterait dans une proportion au moins égale à celle du général de Gaulle il y a quatre ans.

Au total, la France est fondamentalement conservatrice.

Ce n'est pas d'aujourd'hui. Pour ne prendre que l'après-guerre, on voit que la IVe République est venue très vite à une majorité conservatrice; on voit que devant le drame algérien c'est vers la force politique la plus conservatrice, l'armée, que la France a basculé; on voit qu'en 1968, atteinte à son tour par l'agitation universelle des étudiants, la France a immédiatement envoyé au Parlement la majorité de droite la plus nombreuse de son histoire; on voit enfin, aujourd'hui, que le vide creusé par le départ de De Gaulle, la France ne le remplit pas tant d'une volonté de réforme que d'un immense désir de calme et de tranquillité.

Il y a donc là une donnée de notre situation politique. Que traduit-elle?

Les Français sont-ils réactionnaires? Ce serait peu plausible. On interprétera sans doute mieux leur penchant en disant qu'il exprime une peur de l'avenir, une crainte du changement. Et plus les temps deviennent changeants, plus les rythmes de la science et de l'industrie bouleversent la vie d'un pays désormais soumis, quoi qu'on fasse, aux tempêtes de la concurrence internationale, plus l'appréhension grandit.

La France du Marché commun était plus conservatrice l'année dernière qu'en 1965, et moins qu'aujourd'hui. De même, face aux ouragans de la décolonisation, la crispation ne cessa de s'accentuer, de la bataille du Tonkin à la bataille d'Alger.

Devant les grands bouleversements de notre époque, notre pays préfère, de manière plus constante, les hommes qui ferment les fenêtres à ceux qui les ouvrent. Ce sera probablement ainsi jusqu'à ce que nous ayons doublé le cap de l'industrialisation.

Tant que nous demeurons relativement sous-développés, que nous n'avons pas encore vraiment relevé le défi industriel, que nous restons essentiellement une nation d'agriculture, de petit commerce et d'industries primaires, le réflexe du pays sera plus conservateur qu'ailleurs. Là où la Suède oscille entre la gauche et le centre gauche, l'Allemagne et l'Italie entre le centre gauche et le centre droit, nos variations à nous s'inscrivent entre le centre droit et la droite.

Comment fait-on, au gouvernement, pour opérer des réformes quand la consultation populaire ne s'y prête pas?

Il y a un homme qui représente assez bien le centre de gravité de la vie politique française, qui illustre, par sa position sur l'échiquier comme par sa méthode d'action, cette sorte de crypto-réformisme — c'est le ministre de l'Education nationale.

M. Edgard Faure, à l'heure qu'il est, pourrait être aussi bien le meilleur Premier ministre de M. Poher que celui de M. Pompidou. Voilà donc un personnage qui fait réfléchir. Il incarne cette France mi-Pompidou, mi-Poher, et à accès de fièvre gauchiste, qu'est notre pays.

Il nous permet de mieux discerner le mécanisme politique bizarre par lequel, jusqu'à présent, avant, pendant et après de Gaulle, se produisent les changements ou les réformes.

M. Edgar Faure ne croit pas à la gauche parce qu'il croit au gouvernement. Il aime être au pouvoir, et il sait depuis longtemps que la gauche française n'y tient pas; donc il s'est séparé d'elle. Il croit à la droite parce qu'elle est la majorité, c'est-à-dire le pouvoir. Mais comme il a toujours compris que de grands changements étaient inévitables, il s'est employé, en collant carrément à la droite, à la rassurer suffisamment, par ses discours et par sa présence, pour lui faire adopter, sans drame, les réformes au dernier moment.

C'est ainsi qu'il s'est servi, en 1955, de M. Pinay et d'une Assemblée de droite pour faire passer l'indépendance des protectorats d'Afrique du Nord, qui était à l'époque le problème le plus aigu; et c'est de la même manière qu'il s'est servi du général de Gaulle et d'une nouvelle Chambre gaulliste pour faire adopter la réforme de l'Université, nouveau brûlot.

Il y a une intéressante symétrie entre M. Edgar Faure et M. Guy Mollet, aussi représentatifs l'un que l'autre. Leurs vues politiques, en théorie, sur ce qu'il faut faire sont bien proches. Dans la pratique, la politique française étant ce qu'elle est, M. Guy Mollet au pouvoir applique sous un habillage de gauche la volonté de la droite, et M. Edgar Faure sous un langage de droite la volonté de la gauche. C'était vrai il y a vingt ans, comme ce sera vrai dans l'après-gaullisme. Et le Général lui-même n'a rien fait d'autre, faisant opérer l'indépendance algérienne par M. Debré, la déflation par M. Giscard d'Estaing ou la réforme syndicale par M. Couve de Murville. Même technique, même double langage, même prestidigitation, s'agissant de concilier un pays aussi craintif avec une époque aussi tourmentée.

Voilà la France comme elle est dans cette phase de son histoire. Il faut la prendre ainsi. Et la vérité de dimanche demeure, elle aussi, simple, sinon exaltante. La capacité de réforme « à la Faure » d'un éventuel régime Poher ne l'emportera sur l'immobilisme que si se réunissent au premier tour sur la gauche non communiste un nombre encourageant de suffrages. La politique n'a jamais été que le choix entre des inconvénients.

J.J.S.S. ∎

références politiques

Cette campagne électorale : il s'agit de l'élection d'un nouveau président à la suite de la démission du général de Gaulle.

Pompidou, Georges : V.p. 255.

Poher, Alain (né en 1909) : sénateur depuis 1946, il est élu président du Sénat en 1968; en cas de vacance de la présidence de la République, le président du Sénat devient Président intérimaire jusqu'à de nouvelles élections présidentielles. C'est ainsi que M. Poher a été Président intérimaire après la démission du général de Gaulle et encore après la mort du président Pompidou. Militant démocrate chrétien, et membre du M.R.P., il a été le candidat centriste aux élections présidentielles de juin 1969 et a obtenu au premier tour le plus grand nombre de suffrages après M. Pompidou.

Il y a quatre ans : aux élections présidentielles de 1965.

L'après-guerre : la période après la Deuxième Guerre Mondiale.

Le drame algérien ; la bataille d'Alger : la guerre d'Algérie (1954-1962).

La bataille du Tonkin : la guerre d'Indochine (1945-1954).

Faure, Edgar : V.p. 264.

A accès de fièvre gauchiste : secouée à intervalles irréguliers par des mouvements révolutionnaires.

Pinay, Antoine (né en 1891) : président du Conseil en 1952, il devient célèbre par une série de mesures qui arrêtent l'inflation et restaurent la confiance dans la monnaie française; son image politique, qui lui vaut l'admiration et le respect de la bourgeoisie et des classes moyennes, est celle d'un conservateur, économe et modeste, honnête et rassurant, qui parle le langage du bon sens.

Les protectorats d'Afrique du Nord : le Maroc et la Tunisie.

Mollet, Guy (1905-1975) : Secrétaire général du Parti socialiste S.F.I.O. (1946-1969); il est, sous la IVᵉ République, cinq fois Ministre et une fois Président du Conseil (1956-1957). En 1956 il envoie le contingent en Algérie. En mai 1958 il se rallie au général de Gaulle qui le nomme Ministre d'État (juin 1958-janvier 1959). Il s'oppose par la suite à la politique gaulliste.

Debré, Michel : Premier ministre, V.p. 260.

Giscard d'Estaing, Valéry : Ministre des Finances et de l'Économie, V.p. 257.

Couve de Murville : Premier ministre, V.p. 260.

l'art et la manière de convaincre

Comment l'auteur arrive-t-il à la constatation que « la France est fondamentalement conservatrice » (col. 1, lign. 19-20) ?

Pourquoi cette constatation est-elle suivie d'exemples qui l'illustrent ?

Quelles sont les principales étapes de la démonstration qui est faite dans cet éditorial ?

Par quel moyen stylistique l'auteur introduit-il la deuxième et la troisième étape ?

Comment met-il en relief les mérites de M. Faure ?

Relevez des exemples de la répétition des mêmes tournures dans le texte. Est-ce qu'elles influencent le ton général de l'éditorial ?

Remarquez l'alternance de phrases courtes et de phrases longues. Quel est l'effet ainsi produit ?

Comment pourrait-on qualifier le dernier paragraphe qui constitue la conclusion ?

Quelle attitude J.-J. S. S. y exprime-t-il ?

N° 936 - 16-22 juin 1969

2,50 Fran

LE PRÉSIDENT

M. GEORGES POMPIDOU, PRÉSIDENT DE LA RÉPUBLIQUE.
« La victoire est belle, mais il est encore plus beau d'en bien tirer. » (Polybe.)

LA PENSÉE DU PRÉSIDENT

Si le premier « message au Parlement » du nouveau président de la République, lu solennellement devant les deux Assemblées la semaine dernière, a reçu dans l'ensemble un accueil très favorable, c'est d'abord, qu'il n'est pas signé de Gaulle.

Le changement de ton est sensible; et il est le bienvenu. L'homme de l'Elysée est davantage un « homme comme les autres »; c'est un sentiment agréable. M. Georges Pompidou s'emploiera sans aucun doute à le développer. Et c'est une forme qui compte pour la démocratie.

Sur le fond, le message présidentiel est moins satisfaisant.

Est-ce l'excès de respect pour la « pensée du Général » (comme on dit « la pensée de Mao »), toujours est-il que le message, sur les points essentiels, au lieu d'ouvrir des perspectives neuves, reprend, sous une forme seulement atténuée, les fausses vérités qui ont marqué l'esprit de nos gouvernants depuis onze ans.

La première est celle de l' « indépendance ».

M. Pompidou, comme le Général, a tenu à la placer en tête des urgences nationales. Sa phrase exacte est celle-ci : « Notre pays va affronter des problèmes difficiles. Il s'agit d'abord de maintenir notre indépendance... »

Or le mot lui-même est un attrape-nigaud. La vérité de l'époque, c'est d'abord qu'il n'y a plus d'indépendance pour personne. Dans une dépendance croissante des nations les unes par rapport aux autres, il y a des pays qui ont un poids, et d'autres qui n'en ont pas. La France, avec les autres pays d'Europe, doit prendre du poids si elle veut avoir de l'influence. Mais en refusant — au nom de l'indépendance — l'union organique avec ses voisins, elle se condamne, au contraire, à l'impuissance.

Rien n'est plus démodé que cette notion traditionnelle d'indépendance. Surtout si, de plus, on l'applique aux choses militaires (comme le suggère le message). Ce n'est pas la semaine où les Russes et les Américains révèlent publiquement, et ensemble, qu'ils veulent aboutir à un accord sur le développement — ruineux, absurde et dangereux — des armements nucléaires stratégiques, qu'il est raisonnable de réveiller pour les Français l'ambition ridicule d'une « indépendance » militaire. M. Pompidou aurait pu rompre avec ce rêve empoisonné.

La deuxième fausse vérité, spécifiquement gaulliste elle aussi, c'est la manière de concevoir la construction de l'Europe.

Le général de Gaulle a toujours répété que l'Europe ne pourrait vraiment exister — se doter du pouvoir fédéral indispensable — que le jour où les pays qui la composent se seraient mis d'accord sur la « politique » à suivre.

Ainsi considérait-il comme un préalable que l'Allemagne cesse, en politique étrangère, de « coller » à l'Amérique; que l'Angleterre rompe les liens spéciaux qui existent entre sa machinerie militaire et le dispositif nucléaire américain; ou que la Hollande et l'Italie révisent leur politique de libre-échange vers l'Atlantique. Et qu'ainsi, à partir d'une définition de ce que serait une « politique européenne », on pourrait ensuite passer aux actes de fédération.

M. Georges Pompidou redit la même chose. Il s'agit d'abord, écrit-il, « de conduire notre continent à la conscience politique », pour lui permettre ensuite d'affirmer sa personnalité, de construire et d'exercer sa puissance.

Il y a dans ce raisonnement gaulliste une curieuse pétition de principe. Pour qui connaît l'état de l'industrie, de la science, de l'armement, dans chacun de nos pays d'Europe, divisés et souverains, il est clair qu'aucune volonté d'émancipation, aucune envie réelle de relever le défi, aucune « conscience politique » ne peut sortir de ces faiblesses additionnées.

L'Europe doit commencer par exister, avant d'avoir une politique — et non l'inverse. Dans dix ou quinze ans, si elle a acquis les moyens économiques de la puissance, et par conséquent une relative autonomie de décision, elle pourra se poser les problèmes de sa « politique » dans le monde. Or ces moyens de la puissance économique passent — c'est l'essentiel — par l'acte fédéral limité. Par une politique industrielle commune, une exploration intégrée des champs immenses de la « big science », une répartition des tâches militaires, etc.

D'abord, la puissance économique, qui suppose des décisions communautaires, ensuite, une politique extérieure que, seule, cette base nouvelle permettra; voilà comment on peut concevoir l'Europe. La conception gaulliste reste à l'opposé : politique d'abord. L'illusion lyrique de Maurras.

Enfin, la « crise de civilisation » due, selon M. Georges Pompidou, à « une course éperdue vers le progrès matériel, progrès dont on n'aperçoit pas les limites, et qui ne fournit aucune réponse aux aspirations profondes » — c'est un dernier écho bizarre de la philosophie aristocratique du gaullisme.

Si l'on a présent à l'esprit le niveau des revenus dans un pays comme le nôtre, y compris dans les régions réputées les plus « riches »; si l'on observe simplement un seul chiffre, celui du revenu moyen des Français (10 000 Francs par personne et par an), on ne peut pas trouver inouï le progrès matériel, ni prétendre que nous sommes dans une société d'abondance aux problèmes métaphysiques. Ce sont là des vues de « happy few », comme disent les Anglo-Saxons, de ceux qui ont de très bons diplômes, de très bons revenus et qui fréquentent leurs pairs. Ce sont des idées de seigneurs. Notre pays ne souffre pas d'un excès de richesse mais d'une incapacité à produire assez vite et assez bien : ce n'est pas la même chose.

Le nouveau président, en somme, s'est exprimé comme le parti qui l'a porté au pouvoir. C'est naturel. Mais si l'action du gouvernement devait vraiment s'inscrire dans cette pensée, ce serait dangereux.

J.J.S.S. ∎

vocabulaire politique

Les deux Assemblées.
L'homme de l'Élysée.
Le message présidentiel.
La politique extérieure.
La notion traditionnelle d'indépendance.
Le développement des nucléaires stratégiques.
Le dispositif nucléaire américain.
La construction de l'Europe.
Une politique européenne.
Une politique industrielle commune.
Une politique de libre-échange.
La puissance économique.
Le niveau des revenus.
La société d'abondance.

références politiques

Message au Parlement : après son élection, le nouveau président adresse traditionnellement un « message » au Parlement, où il annonce les principales orientations de ce que sera sa politique. Selon la Constitution, le président n'a pas le droit d'entrer lui-même dans l'Assemblée.

Le nouveau président : Georges Pompidou, élu le 15 juin 1969.

L'Élysée : le palais de l'Élysée à Paris est la résidence officielle du président de la République.

La pensée du Général : la doctrine politique du Général de Gaulle.

Mao : Mao Tsé-toung (1893-1976), président de la République populaire de Chine.

Depuis onze ans : la présidence du général de Gaulle a duré onze ans (1958-1969).

Maurras, Charles (1868-1952) : penseur politique, animateur du mouvement nationaliste et monarchiste de l'*Action française*.

l'art et la manière de convaincre

Les moyens d'exprimer son désaccord à propos d'un message.

Pourquoi l'auteur fait-il une distinction entre la forme et le fond ?

Comment juge-t-il le « changement de ton » (col. 1, lign. 9) ?

Cependant quelle réaction provoque chez lui le contenu du message ?

De quelle façon J.-J. S. S. procède-t-il pour en analyser le contenu ?

Pourquoi l'auteur cite-t-il directement des extraits du texte de M. Pompidou ?

La conception qu'a J.-J. S. S. de l'Europe est à l'opposé de la conception gaulliste. Comment s'efforce-t-il de persuader le lecteur de la « vérité » de sa propre conception ?

Quels moyens J.-J. S. S. utilise-t-il afin de réfuter l'opinion que « la crise de civilisation est due à une course éperdue vers le progrès matériel... » (col. 3, lign. 21-27) ?

Relevez dans le texte les expressions contenant un adjectif péjoratif, comme « l'ambition ridicule ».

Comment l'auteur renforce-t-il son point de vue dans la conclusion ?

1970

28 juin : M. Jean-Jacques Servan-Schreiber est élu député de Nancy.

28 septembre : pour la première centrale française à uranium enrichi, l'E.D.F. choisit un réacteur nucléaire à eau pressurisée.

15 octobre : à l'Assemblée nationale, M. Chaban-Delmas expose sa politique qui est approuvée par 382 voix contre 89.

9 novembre : mort du général de Gaulle. Journée de « deuil national », quatre-vingts chefs d'État et de gouvernement assistent à une cérémonie solennelle à Notre-Dame de Paris. Le 13 : le Conseil de Paris décide de donner le nom de Charles de Gaulle à la place de l'Étoile.

13 décembre : M. Mitterrand se prononce pour l'unification de la Convention des institutions républicaines et du Parti socialiste.

N° 1010 - 16-22 novembre 1970

2,50 Francs

L'EXPRESS SPECIAL

LE GÉNÉRAL DE GAULLE.
« Je ne suis l'homme de personne. » (Charles de Gaulle.)

LE DERNIER DES CHEFS

Avec lui s'achève, dans la majesté, l'ère militaire. D'un bout à l'autre de sa vie, de son commerce avec le pouvoir, il fut un « chef », comme il y en eut à la proue de toutes les civilisations du passé dont les guides furent toujours de grands capitaines.

Alexandre, César, Napoléon, Cromwell, Frédéric, Staline, Churchill ne furent « grands », comme on dit, et certes ils le furent, que dans le fracas, la gloire des armes. Le dernier de ces « grands » vient, dans ce coin de province française, d'achever, avec sa vie, cette part de l'Histoire.

Ainsi s'explique peut-être l'émotion universelle, l'hommage exceptionnel, et en vérité sans précédent, qui l'ont accompagné au tombeau. Puissants et misérables savent ou ressentent qu'au-delà de la méditation sur un homme, c'est l'espèce humaine, chacun de nous, que l'événement, le symbole élèvent au-dessus du cours des choses. Ni seulement de Gaulle, ni seulement la France, mais l'humanité tout entière est concernée : ce qui a été ne sera plus. L'éternel retour appartient au passé. Une autre Histoire commence.

Non plus la conquête, la hiérarchie, la pénurie, la méfiance, le calcul qui, dans et par la nation, ont dominé le sort des hommes, mais, vraiment, une autre Histoire où ce jeu-là n'a plus de sens, où les règles de vie, pour les hommes et les collectivités, vont s'inverser.

Pour s'enrichir, ou simplement survivre, une nation n'avait, hier, d'autre moyen que la conquête et la guerre. Tout s'ordonnait autour de ces périls, de ces nécessités; l'Etat, c'était la défense nationale. Aujourd'hui, l'industrie scientifique, si elle doit apporter la croissance illimitée, exige, au contraire, l'organisation politique des rapports de paix, malgré ou contre les raisons d'Etat, la symbiose entre les agents de création, malgré ou contre les frontières, les uniformes, les hiérarchies. Tout ce qui ressemble au passé devient un obstacle à la création.

Les rapports entre les hommes, forgés nécessairement, hier, avec l'armure de la guerre, commandés par la loi éternelle de la fixité (« ce qu'on donne aux uns on le prend aux autres ») étaient fondés sur la méfiance, la ruse et la force. Entre classes et individus, comme entre les Etats, la « nature des choses » entretenait les hostilités.

Aujourd'hui, l'initiative, la délégation, la confiance, la responsabilité sont, à l'inverse, les seuls principes qui peuvent fonder les collectivités et leur permettre l'épanouissement. C'est une autre aventure.

Personne, ni ici ni ailleurs, ne succédera à de Gaulle. Il est l'antithèse de ce qu'exigent les hommes et les inventions de notre temps. Au point que, vers la fin, son génie lui en donna une sorte de pressentiment. Après avoir vécu, corps et âme, dans un rôle de fer, celui des « chefs » de toujours, il devina confusément que tout allait changer. Il lança alors des idées de demain sur le pouvoir dans la région, la participation dans l'entreprise, le fait culturel — que l'émotion profonde de mai 68 avait éclairés en France et dont il déchiffra quelques éléments. Mais entre le Chef et la Réforme, il n'y avait pas de mariage possible.

Quels qu'aient pu être, après juin 1968, les rapports apparents des forces politiques, c'est bien la Réforme qui tenait l'avenir et le Chef qui devait s'en aller. Le magnétisme de l'homme nous aura fait perdre des années d'illusions et de fixité. Aujourd'hui encore, il y a ce qu'il a laissé dans l'esprit de ses disciples, à qui l'Etat continue d'appartenir.

L'économie centralisée de la France, l'administration paramilitaire, les structures de castes, le blocage forment l'héritage gaulliste. Aucun autre pays moderne n'est resté dans cette rigidité, aucun ne fonde à ce point sa gestion sur la méfiance envers les citoyens, aucun ne sacrifie autant la vie quotidienne des hommes au prestige de la nation, aucun ne se présente comme une organisation guerrière où l'Etat prétend, si manifestement, être le maître, et pour ainsi dire le propriétaire des citoyens.

Ainsi le message politique du général de Gaulle m'apparaît-il aussi contraire à l'intérêt des Français que le fut l'essentiel de son règne.

Il reste, heureusement, que pour l'avenir, qui se fondera sur la ressource humaine, le héros laisse un exemple superbe, à l'occasion de deux erreurs majeures auxquelles il fit face sans hésiter, sans regretter, sans broncher : en septembre 1940, la débâcle de son expédition, qu'il avait déclarée nécessaire et déterminante, dans la rade de Dakar; en 1946, son brusque départ du gouvernement, destiné à mieux assurer son pouvoir et dont l'échec changea tout son destin.

« Ces jours, écrit-il sur Dakar, me furent cruels. J'éprouvais les sentiments d'un homme dont un séisme secoue brutalement la maison et qui reçoit sur la tête la pluie des tuiles tombant du toit... J'achevais d'apprendre ce que peuvent être les réactions de la peur, tant chez des adversaires qui se vengent de l'avoir ressentie, que chez les alliés effrayés soudain par l'échec. »

Ce de Gaulle face à l'adversité, c'est à chaque homme et à chaque femme qu'il s'adresse. Chacun, dans sa vie, à sa place, et à sa mesure, rencontre, et rencontrera, l'échec, l'hostilité et la peur. Pour faire face aux « jours cruels » de toute destinée, chacun doit trouver ressource en lui-même; car si l'Histoire n'était que celle des nations, entité abstraite, artificielle, hiérarchique et militaire, elle devient l'Histoire des hommes. Ce n'est pas d'un « chef » que le souvenir de Colombey pourra nourrir l'univers, mais d'un être humain maître de soi.

J.J.S.S. ∎

vocabulaire politique

L'ère militaire.
La conquête.
La défense nationale.
L'industrie scientifique.
La croissance illimitée.
La participation dans l'entreprise.
Les rapports des forces politiques.
Son départ du gouvernement.
L'héritage gaulliste.
Le prestige de la nation.

références politiques

Alexandre : Alexandre le Grand (356-323 av. J.-C.).

César : Jules César (101-44 av. J.-C.).

Napoléon : Napoléon Ier, le Grand (1769-1821).

Cromwell : Olivier Cromwell (1599-1658).

Frédéric : Frédéric II le Grand (1712-1786).

Staline : Joseph Staline (1879-1953).

Churchill : Winston Churchill (1874-1965).

Ce coin de province : Colombey-les-Deux-Églises, petite ville de l'Est de la France où se trouvait la résidence privée du général de Gaulle.

L'éternel retour : De Gaulle ne pourra plus revenir au pouvoir pour sauver la France comme il l'avait fait lors des crises nationales de 1940 et de 1958.

Le pouvoir dans la région : un projet de réforme qui accorderait une certaine indépendance administrative aux 22 régions de France faisait partie du référendum qui a provoqué la démission du général de Gaulle le 29 avril 1969.

La participation dans l'entreprise : De Gaulle a lancé, au cours d'un entretien télévisé le 7 juin 1968, l'idée de la participation des ouvriers à la gestion et aux bénéfices de l'entreprise.

La Réforme : mouvement politique du centre animé par J.-J. Servan-Schreiber et qui propose en particulier une plus grande justice sociale et fiscale et une politique de réforme régionale.

L'administration paramilitaire : c'est-à-dire fortement hiérarchisée.

Les structures de castes : une structure sociale très rigide qui rend difficile la communication et le passage entre les classes sociales (« le blocage »).

L'expédition de Dakar : tentative faite par le général de Gaulle d'installer une base de la France libre à Dakar, capitale du Sénégal.

Son brusque départ en 1946 : chef de la France Libre, le général de Gaulle devient président du Gouvernement provisoire de la République lors de la Libération en 1944. Cependant il ne réussit pas à faire accepter une Constitution qui aurait donné davantage de pouvoir au Président qu'au Parlement — seul moyen, selon lui, d'assurer la stabilité politique en France — et il démissionne en janvier 1946.

l'art et la manière de convaincre

Dégagez dans ce texte la part de l'éloge et celle de la critique.

Comment pourrait-on qualifier le ton de la première partie du texte ? Remarquez l'emploi d'une majuscule pour « Histoire », les comparaisons et les images majestueuses.

Quelle fonction joue la répétition du mot *aujourd'hui* dans la deuxième partie ?

Comment J.-J. S. S. prépare-t-il la conclusion de cette partie (col. 3, lign. 7-10) ? Quelle est son opinion de « l'héritage gaulliste » ?

Sous quel aspect J.-J. S. S. considère-t-il le général de Gaulle dans la troisième partie ?

Acceptez-vous les conclusions de l'auteur ?

Qu'est-ce qui pourrait le plus étonner un lecteur gaulliste dans ce portrait du général de Gaulle ?

Relevez dans le texte des exemples de la répétition des mêmes tournures et du changement de l'ordre normal des mots dans la phrase. Définissez alors le style que J.-J. S. S. adopte ici.

1971

7 janvier : lors d'un remaniement du gouvernement Chaban-Delmas, création d'un Ministère de l'Environnement.

25 mai, 4 septembre, 12 décembre : l'avion supersonique Concorde fait trois vols d'endurance hors du territoire national.

23 juin : accord conclu, à Luxembourg, entre les Six et la Grande-Bretagne sur l'adhésion de celle-ci à la C.E.E. le 1er janvier 1973.

11 juin : « Congrès d'unification » du Parti socialiste; M. François Mitterrand est élu premier secrétaire du nouveau parti socialiste.

16 octobre : M. J.-J. Servan-Schreiber est élu président du Parti radical.

3 novembre : le Parti radical et le Centre démocrate constituent le Mouvement réformateur.

N° 1032 - 19-25 avril 1971

2,50 Francs

chaban à l'assemblée

QUE PEUT-IL CHANGER ?

M. JACQUES CHABAN-DELMAS.

« Nous en avons le pouvoir, mais c'est un pouvoir dont nous ne sommes pas en pouvoir d'user. » (Shakespeare.)

N° 937 - 23-29 juin 1969

2,50 Francs

L'EXPRESS

MITTERRAND:
"ma part de vérité"

gouvernement
LE
PREMIER
TEST

M. JACQUES CHABAN-DELMAS, PREMIER MINISTRE.
« Il faut souvent changer d'opinion pour rester de son parti. » (Cardinal de Retz.)

L'IDÉE D'UNE NOUVELLE SOCIÉTÉ

Assemblée nationale. Après le discours d'espoir de septembre 1969, le discours de sursis d'octobre dernier, celui de cette semaine donne un sentiment d'épilogue.

Le discours de 1969, après le départ de De Gaulle, sur l'idée d'une nouvelle société, était politique. Un projet.

Deux parties essentielles. L'analyse : la société est bloquée par la fragilité économique; par le fonctionnement défectueux de l'Etat; par la rigidité des structures sociales. L'esquisse : la nouvelle société doit être prospère (croissance économique), généreuse (solidarité, égalité des chances), et libérée (responsabilités à la base).

Ce projet allait, ou devait, se traduire dans les orientations du VIe Plan; par une transformation de l'Etat féodal; dans un effort de compétitivité; enfin, par d'autres structures sociales : dialogue, représentation des travailleurs, meilleure connaissance des revenus réels, aménagement des charges fiscales, autre distribution du pouvoir public.

Le discours d'octobre dernier fut une reprise de quelques-uns de ces termes. On notait déjà le fléchissement. Ce n'est plus « la société » qui est visée, mais, plus modestement, le « cadre de vie ». On sent les difficultés politiques : la majorité parlementaire est celle de la grande peur, de la magie gaulliste. Et les difficultés de gestion : on poursuit dans la stratégie désastreuse du gaullisme industriel.

Quatre problèmes, tout de même, demeurent privilégiés :

1. - La difficulté de vivre dans les villes.

2. - La rigidité des structures sociales.

3. - L'absence de formation professionnelle.

4. - L'asphyxie française due à la centralisation.

Quelques mesures sont encore énoncées.

Sur la formation professionnelle : une réforme de l'enseignement technique. C'est effectivement l'un des projets en préparation.

Une politique de *réserve foncière* à long terme pour les collectivités, une adaptation des procédures d'acquisition et de *réservation des sols*. « Si besoin est, une adaptation de la fiscalité foncière. » C'est un point concret.

Sur la décentralisation, cependant, l'ampleur du recul s'annonce. Les expériences pilotes de régionalisation, un moment envisagées, sont remises à plus tard. Quelques allégements de tutelle administrative; c'est tout ce qui reste.

Nous voici, cette semaine, à l'Assemblée. Ce troisième cours ne peut plus cacher, il traduit, un malaise profond. C'est un discours tout entier défensif et, par bien des côtés, franchement conservateur. Eloge de l'ordre, délestage des réformes de fond.

Il reste un peu du contenu technique de gestion.

En essayant de le cerner, on voit l'extrême réduction, sur les mesures proposées, de l'ambition politique.

Sur l'organisation du territoire, le Premier ministre parle de « création d'établissements publics, disposant de ressources propres et des compétences nécessaires, et dotés de deux assemblées ». Le propre de l'établissement public est précisément d'être *sous tutelle*. Les assemblées, d'ailleurs, ne seront pas élues; c'est dit.

Sur le logement, on veut prévoir un accroissement du rythme de la construction, mais on ne dit rien des chiffres qui restent inscrits au VIe Plan, et qui sont *en régression*. Rien, non plus, des moyens financiers éventuels pour cet effort.

Vient alors le problème foncier. C'est le cœur même des difficultés rencontrées, à tous égards, par les Français, dans leurs villes. Et c'est là que le recul politique devient déroute. On emploie maintenant, dans un style gêné, une expression transparente : « Maîtriser progressivement le prix des terrains ». Plus question de réserve foncière, ni de fiscalité foncière, ni de capacités conférées aux villes, aux régions. Il reste, sur ce scandale, l'ombre d'une vague intention; sur ce nœud de tant de drames français une main qui lâche prise.

Le Premier ministre a essayé, pour conclure, un mot économique : « Si je devais en un mot vous livrer la clé du VIe Plan, je dirais que c'est *la sélectivité* ». Or c'est le contraire. Les maîtres de l'Etat accumulent ce qu'ils appellent encore des « priorités ». Si bien, justement, qu'il n'y en a plus.

Le chef du gouvernement s'est donné, devant l'Assemblée, trois priorités : les équipements collectifs, la formation et l'enseignement, l'aménagement des allocations. Si ce sont de véritables priorités, elles supposent que les ressources nécessaires soient dégagées par d'autres économies de dépenses publiques. Sinon, ce sera l'accélération des hausses de prix, contre laquelle on veut lutter — autre priorité. Or, dans le même programme, demeure la « priorité » sacrée du VIe Plan, encore une : l'industrialisation à l'aide de diverses subventions étatiques. Nous sommes donc à cinq. Or ce n'est pas tout.

Le même jour, M. Pompidou déclare, en effet, que « l'heure de la déflation des dépenses militaires est passée et que la nation doit assurer les sacrifices indispensables ». Il y a donc, au moins, six « priorités ». C'est l'abdication du pouvoir, sa négation.

Aussi la déclaration gouvernementale nous laisse-t-elle une impression d'évanescence. On a pu dire, il y a bientôt deux ans, que le gouvernement « n'avait pas la majorité de sa politique, ou bien pas la politique de sa majorité ». L'expérience montre que, des deux, c'est la majorité qui a pesé le plus lourd. Le gouvernement a donc changé sa politique. Plus précisément, il l'a vidée. Sans, pour autant, avoir repris l'ascendant sur sa majorité.

J.J.S.S. ∎

vocabulaire politique

L'Assemblée nationale.
La majorité parlementaire.
La déclaration gouvernementale.
Un malaise profond.
Les priorités.
Les réformes de fond.
Une nouvelle société.
La société bloquée.
La rigidité des structures sociales.
La centralisation.
La décentralisation.
Les expériences pilotes de régionalisation.
Les collectivités.
Le cadre de vie.
La formation professionnelle.

références politiques

Discours d'espoir : le nouveau président Pompidou nomme M. Jacques Chaban-Delmas premier ministre le 21 juin 1969. Dans un discours prononcé devant l'Assemblée Nationale le 16 septembre, M. Chaban-Delmas lance son projet de nouvelle société.

VIᵉ Plan : le sixième Plan de développement économique et social (1971-1975).

État féodal : État caractérisé par une hiérarchie rigide au sommet de laquelle se trouve un Chef très puissant.

Aménagement des charges fiscales : répartition plus équitable des impôts à payer par chaque catégorie sociale.

Majorité de la grande peur : majorité conservatrice qui a été élue en juin 1968 à la suite de la révolte de mai qui avait fait peur à un grand nombre d'électeurs.

Réserve foncière à long terme : garder en réserve des terrains afin d'en permettre l'exploitation future à intervalles réguliers.

Fiscalité foncière : impôts à payer sur les terrains et sur les terres.

Tutelle administrative : contrôle par une autorité centrale.

Dépenses publiques : argent dépensé par l'État.

Subventions étatiques : aides financières accordées par l'État.

Il y a bientôt deux ans : au début du gouvernement Chaban-Delmas.

La majorité de sa politique : la majorité parlementaire gaulliste n'approuvait pas entièrement la politique d'une nouvelle société proposée par le gouvernement.

l'art et la manière de convaincre

Sous quelle forme l'auteur présente-t-il l'analyse des trois discours du Premier ministre ?

Que laissait espérer le discours de septembre 1969 ?

Quels étaient les côtés positifs et négatifs du deuxième discours ?

Quel était l'état d'esprit révélé par le troisième discours ?

Par quel procédé l'auteur démontre-t-il « qu'il n'y a plus de priorités » (col. 3, lign. 16-17) ?

Quel est le risque évoqué par J.-J. S. au dernier paragraphe ?

Quel effet est produit dans ce texte par le nombre élevé de phrases courtes ? Analysez en particulier les trois dernières phrases.

1972

Référendum du 23 avril sur l'élargissement de la Communauté Économique Européenne

Votes oui :   67,7 % des suffrages exprimés
Votes non :   32,3 % des suffrages exprimés
Abstentions : 39,5 %

24 mai : pour dissiper le malaise se développant dans la majorité, M. Chaban-Delmas obtient un vote de confiance (368 voix contre 96) à l'Assemblée nationale.

27 juin : le Parti Communiste et le Parti Socialiste se mettent d'accord sur un « Programme commun de gouvernement » auquel les Radicaux de gauche se rallieront le 12 juillet.

5 juillet : démission-surprise du gouvernement Chaban-Delmas; le président Pompidou nomme M. Pierre Messmer comme Premier ministre.

12 décembre : les trois formations de la majorité présentent la liste de leurs candidats aux élections législatives; ceux-ci portent le titre de « Candidats d'union des républicains de progrès pour le soutien au président de la République ».

N° 1083 - 10-16 avril 1972

3 Franc

L'EXPRE

VIETNAM
LES ENJEUX

POMPIDOU :
POURQUOI
IL JOUE
L'EUROPE

M. GEORGES POMPIDOU, LE 2 AVRIL, DANS SON JARDIN DE CAJARC (LOT).
« L'Europe...! L'Europe...! L'Europe ! » (Charles de Gaulle en 1965.)

QUELLE EST L'ARRIÈRE-PENSÉE ?

La notion même de référendum est intéressante et peut être fructueuse. Pour l'essentiel, il s'agit de pouvoir interroger directement l'ensemble des citoyens sur un problème si fondamental, ou si nouveau, qu'il soit éclairant d'obtenir leur avis, et d'enregistrer leur vote, au terme d'un débat public national.

S'il s'agit, par exemple, de modifier fondamentalement — problème majeur à l'horizon des sociétés industrielles — la part du Produit national qui s'engouffre dans les consommations privées (voitures, réfrigérateurs, résidences secondaires, etc.) par rapport à celle que l'Etat affecte aux équipements collectifs (santé, enseignement, infrastructure, logements sociaux, etc.), c'est un choix considérable, délicat, affectant chacun dans son mode de vie, et la nation dans son développement comme dans son harmonie. Un choix de civilisation. On peut, et l'on doit, en débattre au Parlement. Mais il serait aussi d'un légitime intérêt de porter la question finale telle qu'elle sortirait, décantée, raffinée, simplifiée, des débats parlementaires devant l'ensemble des citoyens. C'est tout leur avenir qui serait en jeu et l'on peut juger bon qu'ils en prennent, individuellement, la mesure et la responsabilité. Quel beau référendum !

On peut aussi, naturellement, imaginer qu'au moment, inévitable, où l'on devra faire de l'Europe une unité politique, avec des organes exécutifs issus du suffrage universel européen, des délégations précises de souveraineté, comme celle qu'appelle déjà de manière urgente l'union économique et monétaire, on doit concevoir qu'un tel saut historique appellera l'information, la méditation, l'interpellation de chaque citoyen. Noble et juste référendum !

Et lorsqu'il s'agira de proposer aux Français d'épouser leur époque, de sortir de la tutelle féodale de l'Etat centralisateur pour prendre en main, directement, une grande part de la gestion de leurs affaires, dans chaque région là où ils vivent, par des élus régionaux et des exécutifs régionaux ayant la capacité de décision et les disponibilités financières, lorsqu'on s'apercevra à Paris que cette négociation entre l'Etat et les régions doit s'ouvrir si l'on ne veut pas aller aux aliénations, aux révoltes, et aux crises, alors oui, là encore, ce sera un changement si profond, touchant à tant d'aspects du sentiment national comme de la gestion collective, qu'il faudra sans doute, après les débats parlementaires indispensables, interroger, en finale, chaque citoyen. Référendum.

C'est dire qu'on aperçoit, dans une époque où tout va se modifier et à une telle allure, bien des sujets vitaux dont l'esprit même de la démocratie suggère que l'on devra les soumettre aux pleins feux du débat public et du vote populaire; bien des occasions de référendums légitimes, passionnants, et dans la logique démocratique d'une véritable controverse et d'un choix nécessaire.

L'élargissement du Marché commun à l'Angleterre et aux pays nordiques correspond-il à ces critères ? Non.

Quel citoyen français y est opposé ?

Pas celui qui est attaché à la construction de l'Europe. Il se réjouit que cette Europe, qui n'est encore qu'une zone économique sans volonté politique communautaire, comporte pour ses progrès ultérieurs des nations aussi fécondes et complémentaires que celles qui sont venues s'ajouter aux Six.

Pas celui non plus qui, tout en reconnaissant les mérites économiques du Marché commun, se méfie de toute délégation de souveraineté à un Parlement et à un gouvernement de l'Europe. Celui-là qui, par nationalisme, veut en rester à l'Europe des Etats, est satisfait de l'arrivée de l'Angleterre, dont il pense qu'elle sera un obstacle supplémentaire à toute velléité supranationale.

Alors ? Il semble bien qu'en soi le référendum prévu n'ait pas grand sens. Du moins en ce qui concerne son objet même : l'approbation de l'élargissement de la Communauté. A-t-il un sens caché ?

Hypothèse pessimiste : M. Georges Pompidou a trouvé un procédé, sans risque, pour recueillir sur son nom 75 % de oui et se servir de l'impact de ce petit plébiscite à des fins de politique intérieure. Certains l'en accusent déjà. Et leur appréhension n'est pas sans fondement.

Hypothèse optimiste : M. Georges Pompidou veut mobiliser le débat public autour du thème de l'Europe pour s'émanciper d'un héritage nationaliste et pouvoir ensuite aller plus loin vers l'unité européenne. Le référendum serait un préalable à un nouvel élan de la politique française vers une Europe réelle.

Habillage pour une opération électorale ultérieure; étape pour fonder une nouvelle entreprise européenne ?

L'hypothèse pessimiste a, aujourd'hui, les apparences pour elle. L'hypothèse optimiste suppose que le président de la République s'explique bien davantage dans les semaines qui viennent.

J.J.S.S. ∎

vocabulaire politique

Un référendum.
Un petit plébiscite.
Un débat public national.
Les débats parlementaires indispensables.
Les sociétés industrielles.
L'État centralisateur.
La politique intérieure.
La négociation entre l'État et les régions.
Les élus régionaux.
Les consommations privées.
Les équipements collectifs.
L'élargissement du Marché commun.
La construction de l'Europe.
L'unité européenne.
Le suffrage universel européen.
L'union économique et monétaire.
Une volonté politique communautaire.
La délégation de souveraineté.
Le nationalisme.

références politiques

Référendum : selon l'article II de la Constitution de 1958, le Président de la République a le droit d'utiliser le moyen du référendum pour poser une question directement au peuple. Pendant la présidence du général de Gaulle, le référendum a tendu à être transformé en plébiscite — plutôt qu'une véritable réponse à la question posée, le vote des électeurs devient une expression de la confiance accordée au président lui-même. Il s'agit ici du référendum du président Pompidou portant sur l'élargissement de la C.E.E.

Produit national : ensemble de ce qui est produit par un pays.

Résidences secondaires : un deuxième lieu de résidence (maison de campagne, etc.).

Infrastructure : routes, voies de communication, etc.

État centralisateur : le gouvernement et l'administration centralisée, dont les bureaux se trouvent à Paris, gardent un contrôle très strict sur les organismes régionaux et empêchent ainsi une véritable décentralisation adaptée aux intérêts des citoyens d'aujourd'hui.

Délégation de souveraineté : attribution de pouvoirs appartenant à des organismes nationaux comme le Parlement dont la souveraineté nationale est fondée sur une élection au suffrage universel.

L'Europe des États : une confédération de pays selon laquelle chaque pays conserve entièrement son indépendance nationale.

l'art et la manière de convaincre

A partir de ce texte, étudiez les moyens d'émettre des hypothèses :

Quelle est la fonction du premier paragraphe ?

L'auteur envisage ensuite les sujets qui justifieraient un référendum. Quelle forme prend la dernière phrase des deuxième, troisième et quatrième paragraphes ? Pourquoi ?

Quelle est la fonction du cinquième paragraphe ?

Comment l'auteur formule-t-il ses objections au sujet du référendum sur l'élargissement du Marché commun ?

Montrez que ces objections donnent lieu à une nouvelle hypothèse qui se dédouble en une hypothèse optimiste et une hypothèse pessimiste.

Quelle hypothèse est alors retenue pour le moment ?

Qu'est-ce qui remettrait en cause cette hypothèse ?

1973

1er janvier : naissance officielle de l'Europe des Neuf avec l'entrée dans la C.E.E. du Danemark, de la République d'Irlande et de la Grande-Bretagne.

27 janvier : signature de l' « accord de Paris » entre les États-Unis et les divers représentants du Vietnam « pour la cessation de la guerre et le rétablissement de la paix au Vietnam ».

Élections Législatives

1er Tour de scrutin : 4 mars

La majorité : 38,84 % des suffrages
Les Réformateurs : 12,56 % des suffrages
L'Union de la gauche : 46,49 % des suffrages

2e Tour de scrutin : 11 mars

Étroite victoire de la majorité qui, avec 42,99 % des suffrages, conserve 276 des 490 sièges de la nouvelle Assemblée (perte de 96 sièges).
L'Union de la gauche, avec 43,23 % des suffrages obtient 175 sièges (102 pour le parti socialiste et les radicaux de gauche et 73 pour le parti communiste).

---

5 avril : formation du nouveau gouvernement de M. Messmer. M. Debré n'y figure plus. M. Edgar Faure est élu président de l'Assemblée nationale.

5 juin : annonce par l'Élysée de la réduction des activités de représentation de M. Pompidou.

18 juin : décision sans précédent des salariés des usines Lip à Besançon, qui, menacés de perdre leur emploi, dirigent eux-mêmes la production et la vente des montres.

23 décembre : annonce par l'OPEP du doublement des prix du pétrole brut vendu par les six pays du Golfe Persique.

LE ROUGE, MONSIEUR, C'EST LA FRANCE !

En juin, les rares communications téléphoniques qui ont pu atteindre le Pacifique-Sud m'apportaient toujours ce même message, désolant : « Ne vous faites pas d'illusions : les essais nucléaires, les Français s'en fichent. Ils s'intéressent au Tour de France, et aux vacances; vaguement un peu aux conséquences des crises monétaires. Mais, sur la bombe, non, rien. »

Diagnostic complété par une remarque peut-être encore plus pertinente, et plus navrante : « D'ailleurs, ceux qui prennent quelques instants pour y réfléchir se disent qu'après tout les Russes, les Américains et les Anglais en ont fait autant; alors, pourquoi pas nous ? »

Et enfin : « Si l'on se prive de l'arme nucléaire, alors comment va-t-on défendre la France ? Ceux qui, en 1938, n'ont pas compris qu'il fallait doter notre pays des armes les plus modernes l'ont cruellement regretté deux ans plus tard avec la victoire nazie. »

En post-scriptum : « Et, d'ailleurs, même si l'on n'a aucune sympathie pour la bombe, elle est là. On pouvait discuter du bien-fondé ou non d'une force de frappe pour la France au début. Mais, aujourd'hui, on a déjà dépensé plus de 100 milliards de nouveaux francs pour la construire, les silos sont faits, les sous-marins sont en chantier, les bombes A sont sur le point de devenir les détonateurs des bombes H; le point de non-retour (le fameux point de non-retour, qui permet de ne plus se poser de question) est atteint depuis longtemps... On ne peut pas de même pas tout jeter cela à la mer. »

Voilà l'essentiel de l'argumentation des partisans de la bombe. Elle ne manque pas de poids, au point de paraître à des hommes de très bonne foi tout à fait irréfutable — d'où leur silence. Ils savent bien que poser en soi la question vraie, nue, de savoir si l'on accepte ou non l'idée d'une guerre nucléaire appelle une réaction d'horreur, de refus absolu, quasi biologique. Donc, en enrobe, on habille la question pour éviter l'effroi, ou la fureur; c'est la fatalité, c'est trop tard, on n'arrête pas le progrès, et puis les autres en font autant! Avec un ruban tricolore pour empaqueter le tout : si l'on est contre la bombe, c'est qu'on est contre la France, qu'on renonce à défendre le territoire national. La bombe, c'est la France.

Nous retrouvons là, il faut le noter, l'une des constantes de l'attitude de la droite — au sens le plus exact, le plus historique — qui consiste, curieusement d'ailleurs, à prendre ce qu'il y a de plus stupide dans l'arsenal du prétendu patriotisme pour en faire le critère du dévouement au pouvoir.

C'est en 1913 — il y a soixante ans — qu'un député très raisonnable, membre de la commission de la Défense nationale, à l'Assemblée, revenant d'une tournée d'inspection de nos armées dans l'Est, décida, dans son discours à la Chambre, d'attirer l'attention du gouvernement sur le fait que tous nos soldats étaient habillés des couleurs les plus voyantes, donc les plus dangereuses, et suggéra à la tribune de remplacer, en particulier, les pantalons d'un rouge spectaculaire, qu'ils portaient tous, par une tenue plus neutre par rapport au paysage, par exemple le brun ou le kaki. Réponse immédiate et définitive du ministre de la Guerre de l'époque : « Comment, monsieur! Mais le rouge, c'est la France! »

D'où les tueries particulièrement absurdes de 1914, jusqu'au jour où l'on décida, devant les statistiques de morts en enfilade, que la France pouvait tout autant, et à vrai dire beaucoup mieux, être défendue en uniforme moins « prestigieux », mais de couleur adaptée aux combats.

Si je devais résumer d'un seul trait ce qui me paraît caractériser le plus, depuis six ans que je m'applique à l'étudier, la notion de force de frappe nucléaire, je ne dirais pas que c'est son aspect horrible, mais davantage son absurdité.

On veut nous faire croire, à nous Français, qu'avoir ou ne pas avoir la bombe, c'est cela qui fait la différence entre être ou ne pas être une « grande » nation. La grandeur, c'est la bombe. Or, si une chose saute aux yeux, c'est bien l'inverse : l'avoir ou ne pas l'avoir n'a jamais fait depuis trente ans la moindre différence. Et pour une raison toute simple, que les enfants de 12 ans comprennent spontanément, pendant que leurs grands-pères en discutent en termes irréels, liés à tous les schémas du passé : elle est inutilisable.

Regardons le monde. Non seulement l'U.R.S.S. nucléaire est impuissante à mettre ses bombes au service de ses intérêts, et on la voit ainsi amenée non pas à l'antique tentation de la conquête, qui ne rapporterait aujourd'hui que cendres, mais à l'humiliation d'être quémandeuse; non seulement l'Amérique aura versé jusqu'au bout son sang et ses larmes dans l'impasse asiatique, sans que son arsenal la serve mieux qu'un tombeau, mais voici le plus frappant : dans l'extrême difficulté où se trouve l'U.R.S.S., et dans la crise monétaire et morale où se débat l'Amérique, les deux pays qu'on appelle au secours sont ceux auxquels il a été solennellement interdit de fabriquer le moindre arsenal nucléaire — le Japon et l'Allemagne.

Le yen et le mark font, ces jours-ci, la loi. Non pas malgré le défaut de force de frappe, à Bonn et à Tokyo, mais parce que, parmi les puissances industrielles, ce sont les deux pays qui n'ont aliéné aucun de leurs chercheurs, de leurs savants, de leurs ingénieurs, aucune de leurs ressources, aucune parcelle de leur invention, de leur énergie, dans l'impasse absolue de l'armement nucléaire.

Ce n'est pas tout. Non seulement la bombe ne sert vraiment à rien pour la défense d'un pays, car, encore une fois, elle ne peut rien signifier d'autre que le suicide, mais encore la préparation, la construction, le développement, pour une nation, d'un arsenal nucléaire est le chemin le plus sûr de sa dislocation et, éventuellement, de sa destruction. En raison des problèmes économiques, sociologiques et moraux qui en sont les conséquences directes.

Une panoplie militaire moderne a de telles ramifications industrielles, financières, scientifiques, administratives, qu'elle pèse d'un poids déterminant sur l'orientation d'un pays. Fermer une caserne n'était pas un grand problème; fermer un arsenal était déjà plus difficile; fermer des usines électroniques, métallurgiques, aéronautiques, avec leurs sous-traitances, qui convergent par mille canaux dans une panoplie nucléaire moderne, devient presque impossible. C'est la nation tout entière qui est liée. Et même, au-delà de la nation, c'est aussi son rôle dans le monde.

Comme l'a remarquablement démontré l'étude faite par des ingénieurs au nom des Eglises catholique et protestante de France, sur la production et le commerce des armes, on est fatalement conduit, pour rentabiliser les productions militaires les plus modernes, et par conséquent les plus coûteuses, à des efforts constamment accrus d'exportation. Ainsi, non seulement la poursuite de l'armement nucléaire, et de son environnement, finit par orienter l'économie et la politique du pays, mais aussi sa diplomatie, et, si l'on ose dire, sa morale internationale.

Ce n'est pas tout. Car, à mesure que ce processus s'éclaircit et se révèle, on voit s'ouvrir sous nos pieds l'ultime piège : la révolte intérieure.

D'abord, celle des jeunes, qui refusent de plus en plus d'être les jouets, puis les futures victimes d'une logique aussi implacable et aussi monstrueuse. D'où, pour une grande part, le phénomène de rejet de cette société qu'on ose leur proposer. Et puis tous ceux, jeunes ou non, qui ont du mal à vivre et qui finissent par trouver que la « défense » du pays, ce serait bien davantage de leur permettre d'avoir logements, formation santé, culture et avenir, que d'atteler la nation aux armes atomiques.

Abaissement du pouvoir politique civil, dilution de la fibre nationale, dislocation de la solidarité sociale, destruction du lien avec la patrie — tels sont, sans même regarder l'hypothèse d'une guerre nucléaire elle-même, les résultats *actuels* en Russie, en Amérique, en Angleterre et en France, sous des formes multiples et diverses, de l'entreprise militaire atomique.

Ceux qui veulent poursuivre, envers et contre tout, les explosions dans le ciel du Pacifique sont bien l'anti-France Ce n'est pas seulement la Polynésie qu'ils sont en train de perdre — ce qui est déjà un bien grand crime — mais c'est aussi l'effritement en Bretagne, en Lorraine, en Alsace, au Pays Basque, en Provence, et, de proche en proche, dans chaque région de France, où ils fomentent la colère contre le gaspillage de notre énergie et de nos ressources.

Croire que nos gouvernants, serviteurs dociles et aveugles de la logique nucléaire, servent les intérêts de la France, c'est à pleurer. Espérons qu'un jour on en rira. Comme de leur magnifique ancêtre pour qui « le rouge, monsieur, c'était la France ». Car, comme lui, ils sont sans doute plus bêtes que méchants.

J.J.S.S. ∎

vocabulaire politique

La Défense nationale.
La défense du pays.
L'entreprise militaire atomique.
Une panoplie militaire moderne.
Doter un pays des armes les plus modernes.
La production et le commerce des armes.
L'arme nucléaire.
Un arsenal nucléaire.
La force de frappe nucléaire.
Une guerre nucléaire.
Les essais nucléaires.
La bombe A.
La bombe H.
Les partisans de la bombe.
Le patriotisme.
Les intérêts de la France.

références politiques

En juin : en juin 1973, J.-J. Servan-Schreiber est parti pour Tahiti avec un « bataillon de la paix » composé de parlementaires, d'hommes d'Église et du général de Bollardière pour protester sur place contre la septième campagne d'essais nucléaires français en Polynésie. Malgré leurs efforts et les protestations de la Nouvelle-Zélande, de l'Australie et du Japon, cinq explosions nucléaires ont lieu dans l'atmosphère entre le 21 juillet et le 28 août.

Le Tour de France : course cycliste à travers la France qui a lieu tous les ans en juin-juillet et qui passionne les Français.

En 1938 : à la veille de la Deuxième Guerre mondiale.

Les sous-marins : les sous-marins atomiques *le Redoutable* et *le Terrible.*

Un ruban tricolore : un ruban aux couleurs bleu-blanc-rouge du drapeau français.

La Chambre : la Chambre des Députés, c'est-à-dire l'Assemblée Nationale.

1914 : début de la Première Guerre mondiale.

L'U.R.S.S. quémandeuse : l'Union Soviétique, ne réussissant pas à produire suffisamment de blé pour satisfaire à ses besoins, avait été obligée d'en acheter à l'étranger.

L'impasse asiatique : allusion à la guerre du Vietnam.

Leurs sous-traitances : des usines, moyennes et petites, qui fournissent des commandes à une grande usine.

l'art et la manière de convaincre

Pourquoi l'auteur utilise-t-il des citations au début du texte ?

Quelle est « l'argumentation des partisans de la bombe » (col. 1, lign. 43-44) ?

Comment J.-J. S. S. réfute-t-il l'affirmation que « La bombe, c'est la France » (col. 2, lign. 1-2) ?

Quels sont les principaux arguments qu'il propose pour démontrer que la bombe, c'est « l'anti-France » ?

A quoi sert l'anecdote de la réponse faite par le ministre de la guerre en 1913 ?

Qu'est-ce qui, selon J.-J. S. S., caractérise la force de frappe nucléaire française ? Pourquoi ?

Quels problèmes économiques, sociaux et moraux sont les conséquences directes de la préparation d'un arsenal nucléaire ?

Dans quel nouveau contexte faudrait-il envisager la « défense du pays » ?

Quelle attitude J.-J. S. S. adopte-t-il au dernier paragraphe ?

Comparez ce texte et celui de Françoise Giroud, p. 151

N° 1188 - 15-21 avril 1974

L'EXPRE

4 Francs

LE PLAN MITTERRAND

LE DUEL
GISCARD
CHABAN

MM. JACQUES CHABAN-DELMAS ET VALERY GISCARD D'ESTAING
« L'Histoire ne connaît ni scrupules ni hésitations. » (André Fontaine.)

N° 1187 - 8-14 avril 1974

L'EXPRE

4 Fra

SPECIAL

L'APRÈS
POMPIDOU

GEORGES POMPIDOU.
« L'avenir n'est interdit à personne. » (Gambetta.)

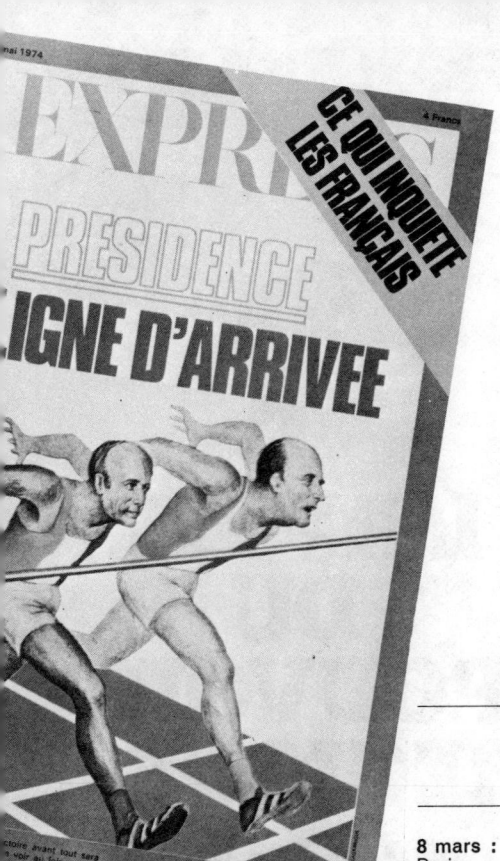

1974

8 mars : ouverture de l'aéroport international Charles-de-Gaulle à Roissy, près de Paris.

2 avril : mort du président Georges Pompidou.

Élection Présidentielle

1er Tour de scrutin : 5 mai
François Mitterrand (candidat de la gauche) : 43,24 % des suffrages
Valéry Giscard d'Estaing (candidat centriste) : 32,60 % des suffrages
Jacques Chaban-Delmas (candidat gaulliste) : 14,6 % des suffrages

2e Tour de scrutin : 19 mai
Valéry Giscard d'Estaing : 50,81 % des suffrages
François Mitterrand : 49,10 % des suffrages

---

27 mai : installation du président Giscard d'Estaing à l'Élysée. M. Jacques Chirac est nommé Premier ministre.

28 mai : formation du gouvernement Chirac, qui comprend 5 U.D.R., 4 réformateurs, dont MM. Servan-Schreiber et Lecanuet, 3 R. I., et parmi les autres ministres, une femme Mme Simone Veil (ministre de la Santé).

9 juin : M. J.-J. Servan-Schreiber quitte le gouvernement à la suite de sa désapprobation publique de la continuation des essais nucléaires français.

28 juin : la loi sur la majorité à dix-huit ans est votée.

16 juillet : nomination au gouvernement de Mme Françoise Giroud comme secrétaire d'État à la condition féminine.

25 juillet : lors de sa première « réunion de presse », le président Giscard d'Estaing réaffirme sa volonté de « changement » et de libéralisme.

9 décembre : « Sommet » des Neuf à Paris. Création d'un fonds régional. Élections du Parlement européen au suffrage universel en 1978.

N° 1262 - 15-21 septembre 1975

5 Fr

L'EXPRESS

O
m'a d
le dialogue avec
Pauline Réage
P. 102

L'APPEL DU POUVOIR REGIONAL

PAR J.J.S.S.
PAGE 58

« On ne perd des États que par timidité. » (Voltaire.)

N° 1193 - 20-26 mai 1974

4 Francs

L'EXPRESS

SPECIAL

GISCARD
100 JOURS POUR TOUT CHANGER

M. VALÉRY GISCARD D'ESTAING, PRÉSIDENT DE LA RÉPUBLIQUE
« La saine politique n'est pas la science de ce qui est, mais de ce qui doit être. » (Abbé Sieyès.)

L'ÉTAPE NOUVELLE

« **N**ous sommes ici pour changer la France. » Un temps d'arrêt... Le nouveau président, qui réunit, ce mercredi, ses ministres pour la première fois autour de la table du Salon Murat, à l'Elysée, les regarde l'un après l'autre. Comme s'il voulait bien ancrer dans l'esprit de chacun cette volonté de changement.

Puis, pendant près de quarante minutes, et s'aidant méticuleusement de notes, contrairement à son habitude, il va détailler les priorités, les méthodes et les objectifs.

« Le secret des délibérations du Conseil doit être, pour chacun de vous, une règle absolue. Je ne l'ai pour ainsi dire jamais vue être vraiment respectée. C'est insupportable. Sans le respect du secret, il n'y a pas de vraie délibération possible, et le Conseil devient formel. Sans la capacité de s'en tenir au secret d'Etat, il n'y a pas d'homme d'Etat. »

Après quoi, le président de la République commence sa longue explication sur les voies et les moyens du « changement de la France », raison d'être suprême de ce gouvernement.

En écoutant, j'observe l'équipe de France, homme par homme (il y a aussi une femme, auréolée d'une grande réputation : Simone Veil), puis je songe : pourquoi suis-je ici ?

« **R**éforme — c'est un mot que l'on emploie couramment, à tort et à travers. Un arrangement de la gestion n'est pas une réforme. Toute vraie réforme est révolutionnaire. » Ainsi s'exprime le préambule du « Manifeste radical », qui parut il y a exactement quatre ans (mars 1970).

Je songe, en regardant cette table : allons-nous révolutionner la France ? Pouvons-nous le faire ? Peut-on le faire par la volonté politique et par la loi, ou bien sommes-nous la dernière équipe démocratique avant la révolution par la force ?

Très peu de temps après que j'eus fondé l'Express (mai 1953), un homme d'Etat, qui inspirait notre journal et notre ambition, M. Pierre Mendès France, déclarait publiquement : « Nous sommes en 1788. » S'agissant de ce qui tenait à la gorge le pouvoir public français, et la France toute entière : le cancer colonial, il avait raison. Un an plus tard, c'était l'effondrement de Dien Bien Phu et des illusions : 1789! Il était alors appelé au pouvoir et s'employait, avec une équipe réduite, et très peu de temps devant lui, à « changer les choses », à travers tout le système colonial qui, de Saigon à Alger, en passant par la Tunisie, l'Afrique noire, le Maroc, enserrait la France et minait ses bases vitales. Mais il était trop tard.

L'agonie du système était trop avancée, les illusions et les intérêts, étroitement mêlés, étaient plus forts que la volonté de quelques-uns. Et, le 13 mai 1958, la République s'effondrait devant le putsch militaire.

Vingt ans plus tard exactement (mai 1954-mai 1974), nous voici de nouveau, comme disait M. Mendès France, en 1788. A sa manière, à la table du Conseil des ministres, M. Giscard d'Estaing vient de l'exprimer à son tour.

Cette fois, il ne s'agit plus de Vietnamiens, de Tunisiens, d'Algériens; il s'agit des Français, en France. C'est eux, et ici, qu'il faut de toute urgence *décoloniser*. Le jeune président de la République est, sur ce point, aussi précis que possible : « La France d'aujourd'hui est, en vérité, une Administration *représentée* par ses élus; il faudra désormais qu'elle soit *gouvernée* par eux. »

De cette prison intérieure, il va falloir libérer les Français. Ils sont dans leur travail, dans leur vie, dans leur information, dans leurs espérances, encore des sujets. Peuvent-ils devenir maîtres de leur destin? Etre au pouvoir?

La France peut-elle être *réformée* ? En esprit, on peut le concevoir, et la réponse est oui. En politique, en pratique, la réponse est suspendue. Elle va dépendre de la capacité d'action et de l'audace révolutionnaire du nouveau pouvoir public.

Voici le texte même que M. Giscard d'Estaing a paraphé avec moi avant le second tour de l'élection présidentielle et sur lequel j'ai fondé ma prise de position et mon vote. Il s'intitule — l'expression est de M. Giscard d'Estaing : « Pour un modèle français ».

Il faut aujourd'hui renouveler pour les Français l'organisation de la société, face aux agressions et aux dangers du monde économique moderne. L'économie non maîtrisée peut asservir l'homme. Le devoir collectif est de protéger l'individu, dans la liberté, contre cette insécurité. C'est la mission urgente du pouvoir; et elle doit inspirer un modèle français, à partir de l'élection présidentielle de 1974.

1. - La sécurité des personnes contre les risques économiques, l'égalisation des chances sociales — telles seront les priorités pour l'emploi de l'argent public.

De nouveaux arbitrages devront donc intervenir. La prise en compte par l'Etat des charges liées aux diverses modalités d'un revenu garanti et l'accroissement régulier des crédits consacrés aux équipements collectifs commandent, en effet, un réexamen rigoureux des dépenses et subventions improductives ou socialement peu utiles.

2. - Ces nouvelles priorités ne doivent pas conduire à un alourdissement de l'appareil d'Etat. Elles passent, au contraire, par la renaissance des responsabilités locales, qui supposent la reconnaissance d'une structure régionale de décision.

Les Régions devront, ainsi, être administrées par des élus.

La mission des structures régionales devrait recouvrir deux grandes catégories : le développement économique, social et culturel de la Région; les grands équipements collectifs régionaux.

La Région devra disposer de ressources propres, qui lui donnent les moyens de ses responsabilités.

3. - L'équité fiscale est au cœur du progrès. La justice fiscale fonde l'assentiment des citoyens à l'œuvre collective.

La connaissance exacte des revenus est la première nécessité. Elle seule entravera la grande fraude, permettant ainsi l'allégement fiscal pour les plus faibles.

La prise en compte de l'enrichissement conduira à l'égalité de traitement fiscal entre les revenus provenant du travail et les avantages du capital.

Sincérité, équité de la fiscalité mesureront la solidarité et la justice concrètes. Elles sont la condition de la paix sociale, et du développement. La mise en chantier de ces trois grandes tâches peut ouvrir la voie, sans pause ni rupture, à un modèle français.

J.J.S.S. ∎

**vocabulaire
politique**

Les délibérations du Conseil des Ministres.
Le secret d'État.
Une vraie réforme révolutionnaire.
Détailler les priorités.
L'égalisation des chances sociales.
Décoloniser.
Des structures régionales.
La renaissance des responsabilités locales.
La justice fiscale.
Un modèle français.

**références
politiques**

Le nouveau président : M. Valéry Giscard d'Estaing.

Ses ministres : nommé ministre de la Réforme dans le gouvernement Chirac constitué après l'élection de M. Giscard d'Estaing, J.-J. Servan-Schreiber démissionnera douze jours plus tard en raison de sa désapprobation d'une nouvelle campagne française d'essais nucléaires qui commence en Polynésie le 16 juin.

Salon Murat : le Conseil des Ministres, composé des membres du gouvernement, se réunit le mercredi matin de chaque semaine dans le Salon Murat du palais de l'Élysée, résidence officielle du Président de la République; celui-ci préside la réunion du Conseil.

Simone Veil : ministre de la Santé.

Manifeste radical : nouvelle plate-forme politique du parti radical proposée par J.-J. Servan-Schreiber, secrétaire général du parti, et approuvée ensuite par le congrès radical.

1788 : l'année avant la Révolution française.

Le cancer colonial : les colonies françaises agitées par des mouvements d'indépendance nationale.

Dien Bien Phu : défaite de l'armée française par le Viet-Minh à Dien Bien Phu le 7 mai 1954, ce qui provoque la fin de la guerre d'Indochine que la France menait depuis sept ans et demi.

13 mai 1958 : la IVe République n'avait pas pu résoudre les problèmes de la décolonisation de son ancien Empire; c'est la guerre d'Algérie qui a mis fin à cette République en 1958.

Avant le second tour : J.-J. Servan-Schreiber, président du parti radical, soutient la candidature de M. Giscard d'Estaing contre celle de M. Mitterrand.

**l'art
et la
manière
de
convaincre**

Comment J.-J. S.S. indique-t-il l'importance de cette première réunion du Conseil des Ministres ?

Relevez les mots clefs du discours du nouveau Président.

Quel sens particulier J.-J. S. S. attribue-t-il au mot *Réforme* (col. 1, lign. 35) ?

Dans quels contextes peut-on comparer la situation en France à cette date et celle de 1788 ?

Sur quel ton J.-J. S. S. décrit-il la réunion du Conseil ?

Relevez les thèmes du texte « Pour un modèle français. »

DEUX PORTRAITS DE VALÉRY GISCARD D'ESTAING

par Françoise Giroud

Naissance d'un dauphin [1]

Il n'est plus ministre, il n'est plus député, et c'est le moment où, en quarante-cinq minutes de télévision, M. Valéry Giscard d'Estaing a pris soudain la physionomie d'un homme politique.

Celui que le public considérait, depuis sept ans, comme une sorte de grand commis spécialisé jouissant de cette hostilité teintée de respect qui entoure les « argentiers » énergiques, est brusquement apparu, à 40 ans, comme le chef naturel des conservateurs qui prendront la succession du gaullisme.

Plus que jamais, l'homme public devient prisonnier de son « image de marque ». Il est passionnant de voir comment il peut maintenant la fabriquer — et jusqu'où. C'est au début de cette fabrication que nous avons assisté.

Celui que ses amis appellent Vali jouit d'une maîtrise parfaite de ses facultés intellectuelles. Il s'en est intelligemment servi, non pour écraser ses interlocuteurs ou pour jouer les victimes — c'est à gauche qu'il faut faire figure de victime pour plaire — mais pour conduire un débat qu'il a contrôlé de bout en bout. C'est de la grande technique. Le général de Gaulle passe pour en être le maître dans les conversations privées. Elle consiste à se soustraire à l'imprévisible dynamique du dialogue en substituant des boutades aux réponses, lorsque les questions ne s'inscrivent pas dans la ligne où l'on souhaite se tenir.

Le procédé, qui n'est pas sensible au public, nuit parfois au brio et au brillant (mais qui aime tellement à voir briller ?). Et de nombreux spectateurs se sont étonnés de trouver un peu terne ce jeune homme réputé pour l'agilité de son esprit.

Quoi ? Pas un mot un peu vif ? Pas un trait cinglant ou drôle à l'égard de son successeur ou du gouvernement qui l'a expulsé ? Non. Pas un. Pour l'heure, il convient à M. Giscard d'Estaing d'apparaître comme un homme sérieux, plus intéressé par l'avenir de la France que par son propre sort, respectueux envers le général de Gaulle et soucieux néanmoins d'élaborer une doctrine pour le jour où il ne s'agira plus de proposer aux électeurs gaullistes « de voter, non pour quelqu'un mais pour quelque chose ».

Il y est parvenu. A peine l'œil impitoyable de la caméra aura-t-il saisi, dans son regard, cette tension particulière de l'homme qui réfléchit à ce qu'il va dire plus qu'il n'écoute ce qu'on lui dit.

Qu'avons-nous vu encore ? Un technicien. La technique lasse parfois, mais, en même temps, elle rassure. Chacun sait qu'aujourd'hui le lyrisme des tribuns n'est tolérable que lorsqu'il tient lieu de chair aux chiffres. Le lyrisme — ou simplement la chaleur humaine — ce n'est certes pas la spécialité de M. Giscard d'Estaing. Froid et « grand bourgeois » jusqu'au bout des ongles, ce membre du Polo de Paris n'a sûrement pas déclenché de ces élans violents de sympathie tels qu'on en ressentit au moment de la campagne présidentielle.

Mais ni le passé de M. Giscard d'Estaing ni son inscription actuelle dans la constellation politique ne sont de nature à nourrir les passions. Quand il se trouvera en position de chef de parti, saura-t-il écraser les suffrages des électeurs, saura-t-il en susciter ? Faire passer ce mystérieux courant qui créa en d'autres temps la popularité d'Antoine Pinay et qui donna, en quinze jours, à un inconnu nommé Lecanuet une stature nationale, des supporters enthousiastes, des ennemis déchaînés ?

Le parti conservateur, s'il vient à exister, devra recruter ses électeurs — comme en Angleterre, comme en Allemagne — bien au-delà de la clientèle naturelle d'un grand bourgeois sportif. La moitié conservatrice d'un pays ne se définit pas seulement à partir de l'argent et des mœurs. C'est aussi une certaine façon d'incarner les traditions, de faire claquer le drapeau et de sentir la terre.

Il reste que nous avons assisté, mardi soir, à la naissance d'un dauphin. Et que la Cour, secouée, commence à se demander s'il n'y a pas un diable caché au fond de ces étranges lucarnes.

Giscard contre Mitterrand [2]

M. François Mitterrand eût été prisonnier de la fraction communiste de son électorat.

M. Giscard d'Estaing sera prisonnier de la fraction conservatrice de son électorat.

Selon que l'on a rallié, l'autre semaine, le camp du premier ou celui du second, ces choses-là sont affirmées avec plus ou moins de force.

Pour avoir pensé et dit le contraire en ce qui concerne M. Mitterrand, j'ose dire que je ne crois nullement à l'impossibilité où sera M. Giscard d'Estaing d'avoir de l'audace, et dans le meilleur sens, s'il en a la volonté, le courage et le talent.

A M. Mitterrand, on faisait procès de naïveté. Bien sûr, il était insoupçonnable, mais avec de tels alliés, capables de mobiliser de telles forces, on allait bientôt le retrouver défenestré, nouveau Masaryk.

A M. Giscard d'Estaing, le procès est plutôt d'intention. Bien sûr, il a affirmé d'excellentes, mais accorde-t-on crédit à un homme qui vouvoie sa mère pour comprendre les aspirations du peuple...

Il n'est pas certain, en effet, qu'il les comprenne, car il y faut autre chose que de l'intelligence. Mais alors, ce serait tant pis pour lui.

En tout cas, les jugements symétriques portés par les adversaires irréductibles de MM. Giscard d'Estaing et Mitterrand ignorent, semble-t-il, une dimension entièrement nouvelle de la politique moderne, qui s'appelle télévision. Comme si l'on avait oublié ce que Charles de Gaulle sut en faire. Encore en usait-il comme s'il avait été l'Enchanteur Merlin.

Ni M. Mitterrand, s'il avait été élu, ni M. Giscard d'Estaing ne sont des personnages magiques. Et ce n'est pas de sorcellerie ou de « charisme » qu'il s'agit d'user. Mais tout simplement d'un art que le nouveau président de la République maîtrise parfaitement : la pédagogie. Faire comprendre ce que l'on fait, et pourquoi, ce que l'on ne peut pas faire, et pourquoi, disposer d'un moyen de communication instantané avec la nation, regarder chaque électeur en face, pénétrer chez lui, lui parler sans surestimer l'étendue de son vocabulaire mais sans sous-estimer son intelligence, ce n'est pas seulement un puissant moyen de gouvernement. C'est aussi un puissant moyen de court-circuiter les forces sociales qui prétendent gouverner à travers vous et contrarier vos desseins.

Le Président de la République, dans le système où nous sommes, n'est véritablement prisonnier que de lui-même. Ce n'est pas la moindre des prisons.

1. En 1966, au moment où il est remplacé comme ministre des Finances lors d'un remaniement gouvernemental.

2. Au moment où il est élu Président de la République en 1974.

Biographies
d'hommes politiques
de la Ve République

Les présidents

Charles DE GAULLE

(1890-1970)

Reçu à 18 ans à l'école de Saint-Cyr, il en sort en 1912 comme sous-lieutenant au 33e Régiment d'Infanterie.

Pendant la guerre de 1914-1918, le lieutenant de Gaulle est deux fois blessé avant d'être promu capitaine en 1915. Fait prisonnier à Verdun en 1916, il essaie cinq fois de s'évader.

Libéré par l'Armistice du 11 novembre 1918, il accompagne le général Weygand dans une mission en Pologne, puis est appelé à l'école de Saint-Cyr pour enseigner l'histoire militaire.

Après sa sortie de l'École Supérieure de Guerre en 1924, il est affecté à l'état-major de l'armée du Rhin, puis attaché au Conseil Supérieur de la Guerre.

Entre les deux guerres, il se fait connaître comme théoricien militaire et propose dans son livre *Au fil de l'épée* la création d'un nouveau type de force militaire mécanisée.

De 1929 à 1931, promu commandant, puis lieutenant-colonel, il est affecté à Beyrouth.

En 1937, il est nommé colonel.

En 1939, le colonel de Gaulle reçoit le commandement de la 4e Division Cuirassée cinq jours après l'invasion de la Belgique et de la Hollande et repousse une attaque allemande devant Laon le 17 mai. A la suite de cette action, il devient, à 49 ans, le plus jeune général de l'armée française.

Le 6 juin, il assume les fonctions de sous-Secrétaire d'État à la Défense Nationale et à la Guerre dans le Cabinet de Paul Reynaud.

Lors de la défaite, le gouvernement Reynaud démissionne. Le général de Gaulle prend l'avion pour Londres et au micro de la B.B.C. lance son « Appel du 18 juin » : « La France a perdu une bataille, mais la France n'a pas perdu la guerre ».

En décembre 1940, le général de Gaulle crée le Mouvement de la France Libre.

Après la libération de l'Afrique du Nord au début de 1943, il constitue, le 3 juin, à Alger un comité de libération nationale qui, un an plus tard, se transforme en « Gouvernement provisoire de la République française ».

Le 25 août 1944, le général de Gaulle arrive à Paris avec les forces qui libèrent la capitale.

L'Assemblée Constituante, élue en novembre 1944, confirme le Chef du Gouvernement provisoire dans ses fonctions et, par un vote unanime, lui donne pleins pouvoirs pour constituer le gouvernement. Devant l'impossibilité d'obtenir de la part des divers partis l'unité d'action indispensable à la réalisation de son programme, le général de Gaulle démissionne en janvier 1946. Il se retire à Colombey-les-Deux-Églises, crée en 1947 le Rassemblement du Peuple Français et rédige ses Mémoires de guerre (*L'Appel* (1954); *L'Unité* (1956); *Le Salut* (1959).

A la suite d'une révolte à Alger, le 13 mai 1958, le général de Gaulle est appelé par le président Coty à constituer un nouveau gouvernement. Le 1er juin, l'Assemblée Nationale l'investit comme Chef du Gouvernement et le 3 juin lui donne le pouvoir de préparer une nouvelle Constitution qui sera adoptée par référendum le 28 septembre 1958 avec une majorité de 79,5 % des suffrages exprimés.

Le 21 décembre 1958, le général de Gaulle est élu *premier Président de la Cinquième République*.

Réélu président au suffrage universel, en 1965, à l'expiration de son premier septennat, le général de Gaulle démissionne le 28 avril 1969.

Georges POMPIDOU

(1911-1974)

Agrégé de lettres.

Ancien élève de l'École normale supérieure (promotion 1931).

Diplômé de l'École libre des Sciences politiques.

Breveté du Centre des Hautes Études administratives.

Professeur de lettres au lycée Saint-Charles de Marseille (1936) puis au lycée Henri IV à Paris (1939-1944).

Chargé de mission au cabinet du général de Gaulle (1944-1946).

Maître des requêtes au Conseil d'État (1946) honoraire (1957).

Directeur général de la Banque Rothschild (1956-1962).

Directeur du cabinet du général de Gaulle, président du Conseil (1er juin 1958-7 janvier 1959).

Membre du Conseil Constitutionnel (février 1959-avril 1962).

Premier ministre (15 avril 1962-10 juillet 1968).

Élu député du Cantal le 23 juin 1968.

Nommé président d'honneur du groupe U.D.R. à l'Assemblée nationale (11 juillet 1968).

Élu le 15 juin 1969 *Président de la République française*.

Georges Pompidou est auteur de divers ouvrages d'histoire littéraire et d'une Anthologie de la poésie française (1961).

Valéry GISCARD d'ESTAING

Né le 2 février 1926.

Comme lycéen, il participe à la Résistance et prend part à la Libération de Paris.

Engagé volontaire à 18 ans dans la première Armée française de De Lattre. Campagnes de France et d'Allemagne. Croix de guerre.

Reçu au concours de l'École Polytechnique en 1946, puis à l'École Nationale d'Administration. Nommé Inspecteur des Finances en 1952.

Directeur adjoint du Cabinet de M. Edgar Faure, Président du Conseil en 1955.

A 29 ans, élu député du Puy de Dôme, le 2 janvier 1956 ; réélu lors des élections législatives de 1958, 1967 et 1968.

Nommé Secrétaire d'État aux Finances, en janvier 1959. Il est le plus jeune Ministre de la Ve République.

1962 : chef des Indépendants qui votent pour l'élection du Président de la République au suffrage universel ; élu président de la Fédération Nationale des Républicains Indépendants fondée en 1966.

1962-1966 : Ministre des Finances et des Affaires Économiques.

1966-1969 : adopte envers le général de Gaulle et l'U.D.R. une politique de « oui, mais ».

1969 (après l'élection du Président Pompidou)-1974 : Ministre de l'Économie et des Finances.

Élu le 19 mai 1974 *Président de la République française*.

Valéry Giscard d'Estaing publie en 1976 *Démocratie française* où il expose sa conception de la « société libérale avancée ».

Les premiers ministres

M. P. Guéna.

Michel DEBRÉ

Né le 15 janvier 1912.

Docteur en droit et diplômé de l'École libre des Sciences politiques.

Fait prisonnier en mai 1940, il s'évade et entre dans la Résistance.

En 1945, il est membre du cabinet du général de Gaulle, alors chef du Gouvernement provisoire. Il a la tâche de préparer la réforme administrative, et crée notamment l'École Nationale d'Administration.

Garde des Sceaux, Ministre de la Justice dans le gouvernement constitué par le général de Gaulle en juin 1958, Michel Debré participe à l'élaboration de la nouvelle Constitution. Il est aussi l'un des fondateurs de l'UNR.

Premier Ministre (janvier 1959-avril 1962).

Rappelé au gouvernement en 1966, Michel Debré exerce les fonctions de Ministre de l'Économie et des Finances. En juin 1968, il est nommé Ministre des Affaires étrangères et en juin 1969 Ministre d'État chargé de la Défense nationale, poste qu'il garde jusqu'en mars 1973.

Georges POMPIDOU

Voir à la page 255.

M. P. Guéna.

M. P. Guéna.

Maurice COUVE DE MURVILLE

Né le 24 janvier 1907.

Docteur en droit et diplômé de l'École libre des Sciences politiques. Inspecteur des Finances.

Après la Libération, il mène une carrière diplomatique, étant élevé à la dignité d'Ambassadeur de France en 1950. Quand le général de Gaulle revient au pouvoir en 1958, il le nomme Ministre des Affaires étrangères. Il garde ce poste jusqu'en 1968.

Premier Ministre (juin 1968-juin 1969).

Jacques CHABAN-DELMAS

Né le 7 mars 1915.

Docteur en droit et diplômé de l'École libre des Sciences politiques.

Inspecteur des Finances.

Il participe à la Résistance et en 1944 devient délégué militaire national chargé de la coordination militaire sur l'ensemble du territoire; nommé général de brigade à 29 ans.
Secrétaire général au Ministère de l'Information (1945-1946).

Maire de Bordeaux (depuis 1947).

Député de la Gironde à l'Assemblée Nationale depuis 1946.

Trois fois Ministre au cours de la IVᵉ République (Cabinet Mendès-France 1954-1955; Cabinet Guy Mollet 1956-1957; Cabinet Félix Gaillard 1957-1958).

Après les premières élections législatives de la Vᵉ République, il est élu Président de l'Assemblée Nationale le 9 décembre 1958 et exercera ces fonctions jusqu'en 1969.

Premier Ministre (juin 1969-juillet 1972).

M. P. Guéna.

Pierre MESSMER

Né le 20 mars 1916.

Docteur en droit.
Diplômé de l'École nationale des langues orientales vivantes.
Gouverneur général de la France d'outre-mer.

Après avoir fait une carrière dans l'administration des colonies il occupe, sous la Vᵉ République, le poste de Ministre des Armées de 1960 à 1969.

Élu député de la Moselle en 1968.

Ministre d'État chargé des Départements et Territoires d'outre-mer (1971-1972).

Premier Ministre (juillet 1972-mai 1974).

Jacques CHIRAC

Né le 29 novembre 1932.

Diplômé de l'Institut des Sciences Politiques. Ancien élève de l'École Nationale d'Administration (1957-1959). Auditeur puis Conseiller référendaire à la Cour des Comptes.

En 1962, appelé au Cabinet du Premier Ministre, Georges Pompidou, il y reste jusqu'en 1967.

Élu député de la Corrèze en 1967, il deviendra successivement Secrétaire d'État à l'Emploi, Secrétaire d'État à l'Économie et aux Finances (poste qu'il conservera dans les gouvernements Pompidou, Couve de Murville et Chaban-Delmas), Ministre délégué auprès du Premier Ministre chargé des relations avec le Parlement, Ministre de l'Agriculture et du Développement rural et, en mars 1974, Ministre de l'Intérieur.

Premier Ministre (mai 1974-août 1976).

Élu président du Rassemblement pour la République en décembre 1976 et maire de Paris en mars 1977.

Raymond BARRE

Né le 12 avril 1924.

Agrégé des Facultés de Droit. Diplômé de l'Institut d'Études Politiques.

Professeur d'Économie Politique à la Faculté de Droit et des Sciences Économiques de Paris et professeur à l'Institut d'Études Politiques.

Directeur du Cabinet du Ministre de l'Industrie 1959-1962. Vice-Président français de la Commission unique des Communautés Européennes (Marché Commun) : responsable, au sein de la Communauté, des Affaires économiques et financières (1967-1972).

Membre du Conseil Général de la Banque de France depuis 1973.

Ministre du Commerce Extérieur (janvier-août 1976).

Premier Ministre et Ministre de l'Économie et des Finances depuis août 1976.

Ministres et chefs de partis

Egdar FAURE

Né le 18 août 1908.
Agrégé des Facultés de Droit.
Diplômé de l'École des langues orientales vivantes.
Avocat à la cour de Paris.
Secrétaire général adjoint chargé des services législatifs de la présidence du Comité français de la Libération (1944).
1946-1958 : député du Jura, appartenant au Parti radical.
Sous la IVe République, il est deux fois Président du Conseil (1952; 1955-1956) et sept fois Ministre (notamment des Finances et des Affaires Économiques; également Ministre des Affaires étrangères, 1955).
Sous la Ve République, il est Ministre de l'Agriculture (1966-1968), de l'Éducation nationale (1968-1969) et Ministre d'État chargé des Affaires sociales (1972-1973).
Député du Doubs depuis 1967, année où il se rallie à la majorité gaulliste.
Président de l'Assemblée Nationale depuis 1973.

Jean LECANUET

Né le 4 mars 1920.
Agrégé de philosophie.
Maître de requêtes au Conseil d'État depuis 1956.
Directeur de plusieurs cabinets ministériels jusqu'en 1959, il est élu député de Seine-Maritime (1951-1956).
Élu sénateur de Seine-Maritime en 1959 et réélu en 1968.
Président du groupe des Républicains populaires et du Centre Démocratique de 1960 à 1963 au Sénat, président national du Mouvement Républicain Populaire de 1963 à 1965, il se présente à l'élection présidentielle de 1965.
Fondateur et président national du Centre démocrate depuis 1966, il participe à la création du Mouvement réformateur en décembre 1971.
Ministre d'État, Garde des Sceaux, Ministre de la Justice (1976).
Ministre d'État chargé du Plan et de l'Aménagement du Territoire (1976-1977).

Georges MARCHAIS

Né le 7 juin 1920.
Mécanicien ajusteur à la Société nationale de construction aéronautique du Centre (1940).
Déporté du travail en Allemagne, il s'évade en 1942.
Secrétaire du Syndicat des métaux d'Issy-les-Moulineaux (1946).
Secrétaire de l'Union des syndicats de travailleurs de la métallurgie de la Seine (1953-1956).
Membre du Parti Communiste français depuis 1947.
Membre du comité central du Parti Communiste français depuis 1959.
Secrétaire Général du Parti Communiste français depuis 1972.
Élu député du Val-de-Marne en 1973.

François MITTERRAND

Né le 26 octobre 1916.
Licencié en droit et licencié ès lettres.
Diplômé de l'École libre des sciences politiques.
Avocat au barreau de Paris depuis 1954.
Prisonnier de guerre, il s'évade et fonde en 1942 le principal mouvement de résistance des prisonniers de guerre.
1946-1958 : député de la Nièvre, appartenant à l'Union Démocratique et Socialiste de la Résistance. En 1947, nommé à 30 ans Ministre des Anciens Combattants, il est le plus jeune ministre depuis l'Empire.
De 1947 à 1957, il est Secrétaire d'État ou Ministre dans onze gouvernements. Ministre de la Justice (1956-1957), il refuse ensuite d'assurer des responsabilités ministérielles en raison de la politique menée par le gouvernement en Algérie.
En 1958, il s'oppose au retour au pouvoir du général de Gaulle et à la nouvelle Constitution.
Sénateur de la Nièvre (1959-1962) et à nouveau député de la Nièvre depuis 1962.
En 1965, candidat unique de la gauche à l'élection présidentielle, il obtient au deuxième tour, contre le général de Gaulle, 44,80 % des suffrages.
1965-1968 : président de la Fédération de la Gauche Démocrate et Socialiste.
Premier secrétaire du Parti Socialiste depuis 1971.
En 1974, candidat unique de la gauche à l'élection présidentielle, il obtient au deuxième tour, contre Valéry Giscard d'Estaing, 49,10 % des suffrages.

Appendices

Appendices

Chronologie des événements politiques de la Cinquième République

I. — Les années 1958-1965

1958

13 mai : émeute à Alger qui provoque la désintégration de la IVe République.

1er juin : l'Assemblée nationale investit le général de Gaulle comme chef du Gouvernement et, le 3 juin, lui donne le pouvoir de préparer une nouvelle Constitution.

4-7 juin : premier voyage du général de Gaulle en Algérie.

28 septembre : référendum sur la nouvelle Constitution qui renforce l'exécutif; elle est adoptée par 79,5 % des votants.

1er octobre : les gaullistes créent l'U.N.R. (Union pour la Nouvelle République) pour soutenir la politique du général de Gaulle.

10 octobre : adoption du scrutin uninominal à deux tours.

23-30 novembre : élections législatives; l'U.N.R. arrive en tête avec 194 sièges sur 537; de nombreux leaders de la gauche sont battus.

Novembre-décembre : onze Républiques d'Afrique noire, membres de la Communauté française, deviennent indépendants.

21 décembre : le général de Gaulle est élu président de la République et de la Communauté par 78 % des voix.

1959

1er janvier : commencement de la diminution des droits de douane entre les six pays membres de la Communauté Économique Européenne.

8 janvier : M. Michel Debré est nommé Premier ministre.

16 septembre : le général de Gaulle propose l'autodétermination « aux populations d'Algérie ».

24 décembre : la loi Debré consacre l'aide de l'État à l'enseignement privé et rompt nettement avec la tradition républicaine des laïcités.

1960

24 janvier : la « Semaine des barricades » à Alger.

14 février : première explosion atomique française au Sahara.

25 octobre : vote de la loi-programme prévoyant la création d'une force de dissuasion nucléaire.

1961

8 janvier : lors d'un référendum, 75,2 % des votants se prononcent en faveur de l'autodétermination en Algérie.

20 avril : ouverture de la conférence d'Évian sur l'Algérie.

25 avril : échec d'un putsch militaire organisé à Alger par quatre généraux français.

11 septembre : les anciennes colonies françaises d'Afrique créent l'Union africaine et malgache.

Novembre-décembre : l'O.A.S. (Organisation de l'Armée Secrète) intensifie ses activités en faveur de l'Algérie française. Les partis de gauche et les syndicats organisent des manifestations en faveur de la paix en Algérie.

1962

19 mars : proclamation du cessez-le-feu en Algérie.

8 avril : lors d'un référendum, les accords d'Évian reconnaissant l'indépendance de l'Algérie sont approuvés par 90,6 % des votants.

14 avril : M. Georges Pompidou est nommé Premier ministre.

28 octobre : référendum sur l'élection au suffrage universel du Président de la République; 61,7 % des votants l'approuvent.

18-25 novembre : aux élections législatives, l'U.N.R. obtient 233 sièges sur 482 et avec l'appui des Indépendants devient majoritaire à l'Assemblée.

29 novembre : accord franco-anglais pour la construction de l'avion supersonique Concorde.

1963

22 janvier : signature du Traité de coopération franco-allemande.

25 juillet : la France refuse de signer le Traité de Moscou sur l'arrêt des expériences nucléaires dans l'atmosphère.

23 décembre : accord des six pays membres de la C.E.E. sur la politique agricole.

1964

27 janvier : la France reconnaît la Chine populaire.

14 mars : création de 21 régions économiques placées sous la direction d'un Préfet de région assisté de la Commission de Développement économique régional (C.O.D.E.R.).

21 septembre : L'Express change de format.

II. — Depuis 1975

1975

1er janvier : l'O.R.T.F. est remplacé par Radio-France et trois chaînes de télévision autonomes.

17 janvier : vote par l'Assemblée nationale de la loi sur l'avortement.

10-12 avril : M. Giscard d'Estaing effectue la première visite d'un président français en Algérie depuis l'indépendance.

1er août : signature à Helsinki par tous les pays européens (sauf l'Albanie) les États-Unis et le Canada d'un accord sur la sécurité et la coopération en Europe.

15-17 novembre : à Rambouillet, conférence « au sommet », sur la crise économique internationale.

16-19 décembre : à Paris, conférence Nord-Sud sur l'énergie, les matières premières et les problèmes de développement.

1976

4-8 février : XXIIe congrès du Parti communiste français qui abandonne la notion de « dictature du prolétariat ».

3 mai : mise en liquidation de la société Lip.

17-22 mai : voyage aux États-Unis de M. Giscard d'Estaing qui réaffirme la fidélité de la France à ses alliances.

10 juillet : adoption à l'Assemblée nationale du projet de taxation des plus-values.

25 août : démission du gouvernement Chirac; M. Raymond Barre est nommé Premier ministre.

22 septembre : publication du plan Barre contre l'inflation.

5 décembre : l'U.D.R. se transforme en Rassemblement pour la République (R.P.R.) et élit comme président M. Jacques Chirac.

1977

28 janvier : inauguration à Strasbourg du nouveau Palais du Conseil de l'Europe.

30 janvier : inauguration du Centre National d'Art et de Culture Georges Pompidou.

13-20 mars : aux élections municipales, vive progression des listes d'Union de la gauche qui remportent de nombreux succès.

25 mars : réunion des chefs d'État et de gouvernement de la Communauté Économique Européenne pour célébrer le vingtième anniversaire des traités de Rome.

1er avril : formation du 2e gouvernement Barre.

30 mai - 2 juin : à Paris, 2e conférence Nord-Sud au Sommet.

8 juin : prise de participation de l'État au capital de la société privée d'aéronautique Dassault-Breguet.

20 juin : voyage de M. Brejnev à Paris.

mots et expressions fonctionnels

A cet égard : à ce sujet; dans ce domaine.
A coup sûr (fam) : sans aucun doute.
A croire que : comme s'il y avait.
A des degrés divers : de façons différentes.
A l'appui de : ce qui confirmerait, justifierait.
A la suite de : après.
A l'échelon de : au niveau de.
A l'effet de : en comparaison avec.
A l'égard de : envers.
A leur tour : eux (elles) aussi.
Aller croissant : augmenter.
Allons bon ! (fam) : exprime la surprise mêlée d'une certaine irritation.
Allons donc ! : pas du tout, absolument pas.
A long terme : sur une longue période.
A l'origine : au début.
Alors que : tandis que.
A part : excepté.
A peine : ne... guère; presque pas; seulement.
A peine... que : aussitôt que.
A plus ou moins brève échéance : tôt ou tard.
A ses côtés : avec lui (elle).
A son gré : selon son bon plaisir.
A son propos : à son égard; envers lui (elle).
A son tour : lui (elle) aussi.
Au-delà de : qui va plus loin que, qui dépasse.
Au demeurant : cependant.
Au fond : en fin de compte, finalement; au plus profond de soi-même.
Au gré de : selon, suivant.
Au niveau de : à la hauteur de; au plan de; par.
Au premier chef : en premier lieu, d'abord.
Auprès de : en comparaison avec.
Au sein de : dans, au milieu de.
Au sens propre du mot (du terme) : en donnant au mot son sens originel (*contr.* au sens figuré).
Au service de : aidant à; employé pour.
Aussi bien... : et en plus.
Au stade de : au moment de; à la période de.
Autrement : dans le cas contraire; d'une façon différente.
Autrui : les autres.
Avoir beau + *inf:* en vain.

Bref : en bref, en un mot, en somme, en peu de mots.

(Cela) eût été : cela aurait été.
Cela va de soi : bien entendu, naturellement, évidemment.
Ce faisant : ainsi, de cette façon.
Ce par quoi : le trait par lequel.
Ce qui s'appelle + *inf:* vraiment; au sens propre du terme.
Ce qui s'appelle : véritablement, réellement.
C'est bien + *S :* c'est en effet.
Chacun le sait : comme chacun sait.
Compte tenu de... : étant donné.

D'ailleurs : de plus, au reste.
Dans les plus brefs délais : très rapidement.
Dans l'immédiat : dans la situation présente.
Dans l'ordre de : dans le domaine de.
D'autant plus + *Adj :* encore plus + *Adj.*
D'autant que : surtout parce que; étant donné que.
De façon que : de sorte que.
De la part de : exprimé par.
De nature à : capable de.
De part et d'autre : de chaque côté; d'un côté comme de l'autre.
De quoi + *inf:* voilà une raison de...
Dès lors : à partir de maintenant.
Dès lors que : quand; alors que; à partir du moment où.
Désormais : à partir de maintenant.
De surcroît : de plus.
De toutes parts : de tous les côtés; partout.

D'ordre + *Adj* : concernant + *S*
D'un coup : immédiatement.
D'une part... d'autre part : d'un côté... de l'autre.
Du temps que : à l'époque où.

En bref : en un mot, en somme.
Encore que : bien que.
Encore (+ *inversion*) : bien que (*introduisant une restriction*).
En définitive : finalement, en conclusion.
En fonction de : en raison de.
En la matière : dans ce domaine.
En l'occurrence : dans ce cas précis.
En matière de : au sujet de.
En passe de : en train de.
En premier lieu : d'abord.
En premier lieu... en second lieu : premièrement... deuxièmement.
En présence : qui se présentent, existent.
En quelque sorte : d'une certaine façon.
En revanche : par contre, au contraire.
En situation de : en mesure de, capable de.
En somme : finalement; somme toute, après tout; en définitive; au fond.
En tant que : comme.
En tête (de) : au premier rang (de).
En tout genre : de toutes sortes.
En toute hypothèse : dans tous les cas.
Entre-temps : en attendant.
En un mot : bref, en résumé.
En vertu de : (*langue administrative*); selon.
En voie de : sur le point de; en train de.
Et voilà : (*pour conclure un argument*); c'est tout; il n'y a rien à dire.

Faute de : en l'absence de.
Faute de quoi : sinon.
Fût-il : même s'il était.
Fût-il + *Adj* : même s'il était + *Adj*
Fût-ce : même.

Grâce à quoi : ce qui a pour conséquence.

Hors : excepté.

Il s'agit de : il est question de.
Il s'en faut (de beaucoup) : loin de là.
Il s'en faut de peu : de justesse; presque.

Le cas échéant : si l'occasion se présente; éventuellement.
Le plus fort est que... : ce qu'il y a de plus surprenant c'est que.
Le propre de... : le caractère essentiel de...
Mais enfin : en définitive; après tout.
Moyennant quoi : en conséquence, grâce à quoi.

Ne fût-ce que : ne serait-ce que; même si ce n'était que.
Ne... pas autrement : ne... guère.
Ne... plus que : seulement (et désormais).
N'importe : cela n'a pas d'importance.
Non que (+ *subjonctif*) : ce n'est pas parce que.
Nous y sommes : nous sommes arrivés à cette date, à cet endroit.

Or : exprime une conséquence ou marque une transition entre deux idées; introduit une réflexion nouvelle en contradiction avec ce qui précède.
↑ **Outre** : en plus de.
Outre que : sans compter que.

Par omission : par son silence (à ce sujet).
Par rapport à : en comparaison de, par comparaison avec.
Peu importe : cela n'a pas d'importance.

Plus haut : ci-dessus.
Pour l'heure : actuellement, en ce moment.
Pour l'immédiat : actuellement.
Pour ma (ta, sa...) part : quant à moi (toi, lui, elle...).
Pour peu que (+ *subjonctif*) : il suffit que... pour que.
Pour tout dire : bref, en somme.
Pour une bonne part : en grande partie.

Quant à : au sujet de.
Quasi : presque (préfixe utilisé seulement avec un *S* ou un *Adj*).
Quasiment : presque.
Que diable ! : expression qui souligne une remarque de bon sens.
Quoi qu'on en dise : malgré toutes les explications.

Relatif à : concernant.
Rien de plus, rien de moins : C'est tout.

Sans rien dire de : sans parler de.
↑ **Sauf à** + *inf:* à l'exception de.
Semble-t-il : apparemment.
S'entend (cela s'entend) : bien entendu, naturellement.
Serait-on : même si l'on était.
Soit... soit : ou... ou.

Tour à tour : l'un après l'autre.
Tous comptes faits : après tout; à la réflexion.
Tout court : tout simplement.
Tout de même : quand même, malgré tout, pourtant.
Tout juste bon à : qui sert seulement.
Tout se passe comme si : (exprime une hypothèse rhétorique); c'est comme si.

Voire : et même.

Y compris : inclus.

sigles et abréviations

Vie politique

AE : Affaires Étrangères.
CD : Corps Diplomatique.
CDP : Centre Démocratie et Progrès.
CDR : Comité de Défense de la République.
CDS : Centre des démocrates sociaux.
CF : Communauté Française.
CFDT : Confédération Française Démocratique du Travail.
CFTC : Confédération Française des Travailleurs Chrétiens.
CGA : Confédération Générale de l'Agriculture.
CGC : Confédération Générale des Cadres.
CGT : Confédération Générale du Travail.
CIDUNATI : Comité d'Information et de Défense de l'Union Nationale des Artisans et Travailleurs Indépendants.
CJD : Centre des Jeunes Dirigeants.
CJP : Centre des Jeunes Patrons.
CNC : Comité National de la Consommation.
CNJA : Centre National des Jeunes Agriculteurs.
CNPF : Conseil National du Patronat Français.
CNR : Conseil National de la Résistance.
CODER : Commission de Développement Économique Régional.
DATAR : Délégation à l'Aménagement du Territoire et à l'Action Régionale.
DOM : Département d'Outre-Mer.
DST : Direction de la Surveillance du Territoire.
FDES : Fonds de Développement Économique et Commercial.
FFI : Forces Françaises de l'Intérieur.
FFL : Forces Françaises Libres.
FGDS : Fédération de la Gauche Démocrate et Socialiste.
FIDES : Fonds d'Investissement pour le Développement Économique et Social.
FLB : Front de Libération de la Bretagne.
FLN : Front de Libération Nationale.
FNSA : Fédération Nationale des Syndicats Agricoles.
FNSEA : Fédération Nationale des Syndicats d'Exploitants Agricoles.
FNRI : Fédération Nationale des Républicains Indépendants.
FO : Force ouvrière.
FTPT : Francs Tireurs et Partisans Français.
GAM : Groupe d'Action Municipale.
JAC : Jeunesse Agricole Chrétienne.
JCR : Jeunesse Communiste Révolutionnaire.
JO : Journal Officiel.
JOC : Jeunesse Ouvrière Chrétienne.
MRP : Mouvement Républicain Populaire.
OAS : Organisation de l'Armée Secrète.
OCAM : Organisation de Coopération Africaine Malgache et Mauritanienne.
PC (F) : Parti Communiste (Français).
PDM : Progrès et Démocratie Moderne.
PS : Parti Socialiste.
PSU : Parti Socialiste Unifié.
RF : République Française.
RGR : Rassemblement des Gauches Républicaines.
RI : Républicains Indépendants.
RPF : Rassemblement du Peuple Français.
RPR : Rassemblement Pour la République.
SDECE : Service de Documentation Extérieure et de Contre-Espionnage.
SFIO : Section Française de l'Internationale Ouvrière,
TOM : Territoire d'Outre-Mer.
UD-V^e : Union des Démocrates pour la Ve République.
UDCA : Union pour la Défense des Commerçants et des Artisans.
UDR : Union des Démocrates pour la République.
UJP : Union des Jeunes pour le Progrès.
UNATI : Union des Travailleurs Indépendants.
UNR : Union pour la Nouvelle République.
VGE : Valéry Giscard d'Estaing.
ZUP : Zone à Urbaniser en Priorité.

Europe

BENELUX : Union douanière de la Belgique, du Luxembourg et des Pays-Bas.
CECA : Communauté Européenne du Charbon et de l'Acier.

CED :	Communauté Européenne de Défense.
CEE :	Communauté Économique Européenne (Marché Commun).
CEEA :	Communauté Européenne de l'Énergie Atomique.
CERN :	Conseil Européen des Recherches Nucléaires.
FED :	Fonds Européen de Développement.
OEC :	Organisation Européenne du Charbon.
OECE :	Organisation Européenne de Coopération Économique.
RFA :	République Fédérale d'Allemagne,
UEO :	Union de l'Europe Occidentale.

Organismes et Groupements Internationaux

FMI :	Fonds Monétaire International.
OCDE :	Organisation de Coopération et de Développement Économique.
ONU (UNO) :	Organisation des Nations-Unies.
OPEP :	Organisation des Pays Exportateurs de Pétrole.
OTAN :	Organisation du Traité de l'Atlantique Nord.
OTASE :	Organisation du Traité de l'Asie du Sud-Est.
OUA :	Organisation de l'Unité Africaine.
SDN :	Société des Nations.
UNESCO :	(Organisme rattaché à l'ONU : enseignement, sciences et culture).
UNICEF :	Fonds des Nations-Unies pour l'Enfance.
URSS :	Union des Républiques Socialistes Soviétiques.
USA :	États-Unis d'Amérique.

Vie Économique et Sociale

AF :	Allocations Familiales.
ANPE :	Agence Nationale Pour l'Emploi.
BNP :	Banque Nationale de Paris.
CFP :	Compagnie Française des Pétroles.
CNE :	Caisse Nationale d'Épargne.
CRS :	Compagnie Républicaine de Sécurité.
EDF :	Électricité de France.
EGF :	Électricité-Gaz de France.
FNAC :	Fédération Nationale des Achats des Cadres.
HLM :	Habitations à Loyer Modéré.
INS :	Institut National des Sports.
INSEE :	Institut National de la Statistique et des Études Économiques.
MJC :	Maison des Jeunes et de la Culture.
MLF :	Mouvement de Libération de la Femme.
OQ :	Ouvrier Qualifié.
OS :	Ouvrier Spécialisé.
PDG :	Président-Directeur Général.
PME :	Petites et Moyennes Entreprises.
PNB :	Produit National Brut.
P et T :	Postes et Télécommunications.
PTT :	Postes Télégraphes Téléphones.
RATP :	Régie Autonome des Transports Parisiens.
RER :	Réseau Express Régional.
RN :	Route Nationale.
RD :	Route Départementale.
RTL :	Radio-Télévision Luxembourgeoise.
SECAM :	Séquentiel à Mémoire (procédé français de télévision en couleur).
SMAG :	Salaire Minimum Agricole Garanti.
SMIC :	Salaire Minimum Interprofessionnel de Croissance.
SMIG :	Salaire Minimum Interprofessionnel Garanti.
SNCF :	Société Nationale des Chemins de fer Français.
SS :	Sécurité Sociale.
TEE :	Trans-Europ-Express.
TTC :	Toutes Taxes Comprises.
TVA :	Taxe sur la Valeur Ajoutée.
UTA :	Union des Transports Aériens.

Enseignement

BELC :	Bureau pour l'Étude de la Langue et de la Civilisation françaises.
BEP :	Brevet d'Études Professionnelles.
BEPC :	Brevet d'Études du Premier Cycle.
BT :	Brevet de Technicien.
BTS :	Brevet de Technicien Supérieur.

CAP :	Certificat d'Aptitude Professionnelle.
CAPES :	Certificat d'Aptitude au Professorat de l'Enseignement Secondaire.
CAPET :	Certificat d'Aptitude au Professorat de l'Enseignement Technique.
CEG :	Collège d'Enseignement Général.
CEP :	Certificat d'Études Primaires.
CES :	Collège d'Enseignement Secondaire.
CET :	Collège d'Enseignement Technique.
CNRS :	Centre National de la Recherche Scientifique.
CNTE :	Centre National de Télé-Enseignement.
CRDP :	Centre Régional de Diffusion Pédagogique.
CREDIF :	Centre de Recherche et d'Étude pour la Diffusion du Français.
CROUS :	Centre Régional des Œuvres Universitaires et Scolaires.
DES :	Diplôme d'Études Supérieures.
DGRCST :	Direction Générale des Relations Culturelles Scientifiques et Techniques.
DUEG :	Diplôme Universitaire d'Études Générales.
DUEL :	Diplôme Universitaire d'Études Littéraires.
DUES :	Diplôme Universitaire d'Études Scientifiques.
ENA :	École Nationale d'Administration.
ENS :	École Normale Supérieure.
ESSEC :	École Supérieure des Sciences Économiques et Commerciales.
FEN :	Fédération de l'Éducation Nationale.
FNEF :	Fédération Nationale des Étudiants de France.
FPA :	Formation Professionnelle des Adultes.
HEC :	Hautes Études Commerciales.
IDHEC :	Institut des Hautes Études Cinématographiques.
IEP :	Institut d'Études Politiques.
INDRP :	Institut National de Recherche et de Documentation Pédagogique.
IUT :	Institut Universitaire de Technologie.
MNEF :	Mutuelle Nationale des Étudiants de France.
RTS :	Radio-Télévision Scolaire.
SGEN :	Syndicat Général de l'Éducation Nationale.
SNES :	Syndicat National de l'Enseignement Secondaire.
SNESSUP :	Syndicat National de l'Enseignement Supérieur.
SNET :	Syndicat National de l'Enseignement Technique.
SNI :	Syndicat National des Instituteurs.
TP :	Travaux Pratiques.
UER :	Unité d'Enseignement et de Recherche.
UNEF :	Union Nationale des Étudiants de France.
UV :	Unité de Valeur.
X :	École Polytechnique.

Divers

AFP :	Agence France Presse.
BD :	Bande Dessinée.
CEA :	Commissariat à l'Énergie Atomique.
CENS :	Centre d'Études Nucléaires de Saclay.
CNES :	Centre National d'Études Spatiales.
CRF :	Croix Rouge Française.
FFAJ :	Fédération Française des Auberges de Jeunesse.
IFOP :	Institut Français d'Opinion Publique.
JMF :	Jeunesses Musicales de France.
ONM :	Office National Météorologique.
ORTF :	Office de la Radio et de la Télévision Française. (Remplacé en 1975 par TF1, 1ere chaîne de télévision; A2, Antenne 2, deuxième chaîne; FR3, troisième chaîne; et Radio-France).
PMU :	Pari Mutuel Urbain (Tiercé).
PV :	Procès Verbal (Contravention).
SOFRES :	Société Française d'Études Statistiques.
SPA :	Société Protectrice des Animaux.
TNP :	Théâtre National Populaire.
VO :	Version Originale (Film).
VQPRD :	Vin de Qualité Produit dans des Régions Déterminées.
VSOP :	(Vieil alcool supérieur).

Bibliographie sélective

Établie avec l'aimable concours de Françoise de Charnacé, documentaliste au B.E.L.C.

Deux numéros spéciaux du *Français dans le monde* fournissent des éléments de base indispensables :
Le Carnet du professeur de français, N° 105 (juin 1974);
Documentation et enseignement du français, N° 117 (nov.-déc. 1975).
Afin de se tenir au courant de l'actualité culturelle, scientifique et économique :
Nouvelles de France, revue éditée par l'Association pour la Diffusion de la Pensée Française et diffusée par les Services Culturels de l'Ambassade de France;
France, ouvrage de référence pratique publié chaque année par LA DOCUMENTATION FRANÇAISE (31 Quai Voltaire, 75007 Paris).
Des informations plus détaillées concernant plusieurs sujets abordés dans ce livre peuvent se trouver dans des dossiers publiés par la Documentation Française et dans les *Dossiers et Documents* publiés par le journal, *Le Monde.*

La vie moderne

Callet, C. et Granrist, C. de : *Place aux femmes,* Paris, Stock, 1973.
Chalumeau, J.-L. :*La Pensée en France de Sartre à Foucault,* Paris, F. Nathan, 1974.
Crubellier, M. : *Histoire culturelle de la France, XIXe-XXe siècle,* Paris, A. Colin, 1974.
*Duquesne, J. : *Les 13-16 ans,* Paris, Grasset, 1975.
*Duvignaud, J. : *La planète des jeunes,* Paris, Stock, 1975.
Gentil-Baichis, Y. de : *Les grandes questions des jeunes,* Paris, Le Centurion, 1973.
*Granet, D. : *Journal d'une Institutrice,* Paris, Lattès, 1973.
Halimi, G. : *La Cause des femmes,* Paris, Grasset, 1973.
Mariano, A. P. : *Métamorphoses de l'économie française 1963-1973,* Paris, Arthaud, 1973.
*Miler, P., Mahé, P. et Cannavo, R. : *Les Français tels qu'ils sont,* Paris, Fayard, 1975.
Olivier, J.-P. : *Une certaine idée des Français,* Paris, Laffont, 1976.
Rey, J.-N. et Sartoni, G. : *Quand les Français parlent,* Rowley (Mass.), Newbury House, 1975.
*Sartin, P. : *Aujourd'hui la femme,* Paris, Stock, 1974.
Steele, R., Gentier, C. et Vigliano, C : *La France des Français,* Sydney, Angus & Robertson, 1972.
Sullerot, E. : *Les Françaises au travail,* Paris, Hachette, 1974.
*Vincent, G. : *Le peuple lycéen,* Paris, Gallimard, 1974.

Quelle crise ? Quelle société ? Grenoble, Presses Universitaires, 1974.
(Débats radiophoniques de « France-Culture ».)
Radio-France : *Les dossiers de France-Inter,* Paris, Presses de la Cité, 1977.

La vie politique

Borella, F : *Les partis politiques dans la France d'aujourd'hui,* Paris, Ed. du Seuil, 1973.
Charlot, J. : *Le gaullisme,* Paris, A. Colin, 1970.
Giesbert, F. : *François Mitterrand ou la Tentation de l'Histoire,* Paris, Ed. du Seuil, 1977.
Giscard d'Estaing, V. : *Démocratie française,* Paris, Fayard, 1976.
Goguel, F. et Grosser, A. : *La Politique en France,* Paris, A. Colin (coll. « U »), 1975.
Laurens, A. : *D'une France à l'autre,* Paris, Gallimard, 1974.
Louis, F. : *Les institutions politiques et administratives de la France,* Paris, Hachette (Coll. « Faire le Pont »), 1976.
Peyrefitte, A. : *Le mal français,* Paris, Plon, 1976.
Thibaudeau, J. : *Mai 1968, en France,* Paris, Ed. du Seuil, 1970.
Viansson-Ponté, P. : *Lettre ouverte aux hommes politiques,* Paris, Albin Michel, 1976.

Approche du langage politique. Centre International d'Etudes Pédagogiques, *Les Amis de Sèvres,* N° 4, 1975.

(*) Un astérisque indique les ouvrages contenant des enquêtes et des interviews.

Documents visuels et sonores

La France par huit. Diapositives et dossiers avec une documentation photographique sur la France divisée en huit régions. Paris. La Documentation française, 1976.

Patrimoine architectural de la France. 120 diapositives en couleur avec un livret. Paris. La Documentation française 1975.

Français de notre temps. Collection de disques 30 cm. Des personnalités parlent de leur profession. Réalisations sonores H. Desalle, 5 rue d'Artois, 75008 Paris.

1975 : L'année des femmes. Disque reproduisant 24 chansons enregistrées depuis 1930. EMI, 1975.

Radioscopie. Reproductions sur cassette de l'émission radiophonique durant laquelle Jacques Chancel interviewe des personnalités très diverses. Radio-France, 116, avenue du Président Kennedy, 75016 Paris.

Éléments de filmographie

Week-end. Jean-Luc Godard, 1967.

Tout va bien. Jean-Luc Godard, 1972.

Les Zozos. Pascal Thomas, 1972.

Lacombe Lucien. Louis Malle, 1973.

L'horloger de Saint-Paul. Bertrand Tavernier, 1973.

Les doigts dans la tête. Jacques Doillon, 1974.

Mai 68. Gudie Lawaets, 1974.

La Gifle. Claude Pinoteau, 1974.

La Femme de Jean. Yannick Bellon, 1974.

Vincent, François, Paul... et les autres. Claude Sautet, 1974.

Souvenirs d'en France. André Téchiné, 1975.

Le juge Fayard dit le Shériff. Yves Boisset, 1976.

La communion solennelle. René Ferret, 1976.

Le Diable dans la boîte. Pierre Lary, 1976.

Violette et François. Jacques Rouffio, 1977.

L'une chante, l'autre pas. Agnès Varda, 1977.